Amigdala

La *routine* della comunicazione

fenomenologia dei media e neuroscienze sociali

di
Gianfranco Pecchinenda

*Ciò che è davvero familiare semplicemente
tace e non si manifesta come tale.*
Ludwig Wittgenstein

*Capita che un giorno, un giorno soltanto,
il "perché" emerge, e tutto comincia in questa
stanchezza tinta di stupore.
"Comincia", questo è l'importante.
La stanchezza è alla fine degli atti di una vita
meccanica, ma inaugura allo stesso tempo
il movimento della coscienza.
Essa si sveglia e provoca ciò che segue.
Ovvero il ritorno inconscio alla routine,
oppure il risveglio definitivo.*
Albert Camus

*Ogni essere umano ha bisogno, diceva,
di un'abitudine come questa per sopravvivere.
E foss'anche la più folle delle abitudini,
egli ne ha bisogno.*
Thomas Bernhard

*Ci sono due giovani pesci che nuotano uno vicino all'altro
e incontrano un pesce più anziano che, nuotando in
direzione opposta, fa loro un cenno di saluto e poi dice:
"Buongiorno ragazzi. Com'è l'acqua?"
I due giovani pesci continuano a nuotare per un po',
e poi uno dei due guarda l'altro e gli chiede:
"ma cosa diavolo è l'acqua?"*
David Foster Wallace

Oggi è stato un giorno felice; solo routine!
Mario Benedetti

INDICE

Parte I
COMUNICAZIONE E SOCIETÀ

5

Parte II
COMUNICAZIONE E IDENTITÀ

Introduzione:
La Comunicazione come *Routine*

Studiare la comunicazione non significa soltanto studiare i media e le loro continue innovazioni; implica soprattutto studiare esseri umani che comunicano, non sempre intenzionalmente, nell'ambito di un incessante processo di interazione dialettico con il mondo circostante, ovvero con la cosiddetta "realtà".

L'oggetto di tale processo non riguarda, dunque, soltanto la semplice trasmissione di messaggi, dati e informazioni da un emittente a un ricevente (un essere vivente, un oggetto inanimato o anche, come vedremo, con "Sé stessi"), ma anche la condivisione di emozioni, sentimenti e stati dell'essere.

I modi in cui comunichiamo, e gli strumenti di cui gli esseri umani, interagendo (la *società*), dispongono per attivare tale processo, costituiscono un indicatore indispensabile per comprendere come costruiamo la "realtà" in cui viviamo e come gli attribuiamo senso e significato attraverso il riferimento al nostro io (la *coscienza*).

Abbiamo finora utilizzato delle virgolette ogniqualvolta abbiamo fatto riferimento al concetto di *realtà*. È davvero molto difficile evitarle, ma è comunque necessario provarci. Almeno nell'ambito della cultura occidentale, la diversa definizione del concetto di realtà può essere considerata, di fatto, uno degli indicatori fondamentali di differenziazione tra le diverse epoche. Nel contesto dell'attuale digitalizzazione pervasiva dei processi comunicativi, una tale affermazione riveste un significato particolare. Per importanza, la digitalizzazione è infatti paragonabile alla scoperta della stampa. Difficilmente il concetto di *realtà* affermatosi a seguito della diffusione della scrittura e della lettura a livello globale reso possibile dalla stampa, potrà resistere di fronte allo strapotere degli algoritmi.

Al fine di comprendere alcune delle possibili implicazioni della rivoluzione apportata dai nuovi media per la definizione del concetto di realtà, può essere d'aiuto una sintetica ricognizione storica[1].

Se le origini del concetto di *verità* si possono far risalire alla Grecia del IV secolo avanti Cristo, il concetto di *realtà* più influente per la cultura occidentale è stato certamente elaborato per la prima volta, nei termini con cui ancora oggi noi ne discutiamo, nell'Europa del XVI secolo. L'uno discende dall'altro: a partire dal momento in cui s'impone l'idea di una *verità*, dire la verità rinvia alla descrizione della *realtà* in quanto tale.

Platone e Aristotele sono stati coloro che hanno imposto la verità come mezzo per superare le obiezioni scettiche dei loro avversari sofisti, opponendo l'esistenza di un mondo più reale del mondo sensibile che i sofisti riuscivano agevolmente a dimostrare essere un mondo illusorio. I neoplatonici situeranno questo mondo in cui si trova la verità in seno allo spirito umano, dove esso assumerà poi la forma di uno spazio di modellamento il cui strumento favorito sarà, come sappiamo, di carattere essenzialmente matematico.

Nel corso del XVI e del XVII secolo, una generazione di studiosi quali Copernico, Keplero e Galileo inventerà, come accennato, il concetto di realtà "oggettiva", assimilando le discipline

---

[1] Cfr., per approfondimenti, Gianfranco Pecchinenda, *L'Essere e l'Io. Fenomenologia, Esistenzialismo e Neuroscienze Sociali*, Meltemi, Milano 2018.

scolastiche dell'astronomia (inserendo la prova analitica in materia di cosmologia sotto forma di modelli matematici) e quello della fisica (inserendo la prova dialettica sulle stesse questioni). A partire da allora, tutti i tipi di prova tendenti a legittimare lo statuto di verità di un dato sapere, in rapporto alla realtà, cominceranno ad assumere le caratteristiche di una dimostrazione matematica.[2]

La storia di questo processo è abbastanza nota, in quanto completamente assimilata alla concezione del mondo affermatasi in Occidente nel corso degli ultimi due millenni.

Le innovazioni continue che si sono succedute nel corso degli ultimi decenni in campo scientifico e tecnologico hanno creato, in particolar modo in seno alle società occidentali, una situazione per molti versi paradossale: le forme di conoscenza tradizionali, connesse a narrazioni di carattere mitologico o religioso, sono state sostanzialmente abolite. Al loro posto si è fatto sempre più spazio un modello di conoscenza basato su un approccio che tende ad avvicinarsi all'analisi della realtà di tipo fisico, chimico o biologico.

Al contempo – come ha sottolineato il filosofo francese Jean-Francois Mattéi – il mondo attuale ha visto la definitiva consacrazione delle immagini e dei simulacri a spese di quella che a prima vista può essere definita la realtà vissuta. Stiamo così assistendo, egli scrive, "al capovolgimento radicale dell'ontologia fondamentale che aveva dominato la storia del pensiero occidentale a partire da Platone fino a Einstein. Il mondo visibile e le immagini prodotte sotto forma di ombre, di riflessi o di sogni, di disegni, di dipinti e di fotografie, non è più, come in Platone, lo specchio di idee intelligibili a cui viene

---

[2] Paul Jorion, *Comment la vérité et la réalité furent inventées*, Gallimard, Paris 2009, pp. 7-9.

conferita una consistenza apparente, ma l'effetto di simulacri suscettibili di produrre paradossalmente una realtà virtuale più reale della realtà attuale".[3]

Si pensi all'uso delle mappe digitali di un comune navigatore satellitare per la localizzazione o la scelta di un percorso da seguire; oppure all'uso delle proiezioni algoritmiche relative alla determinazione del clima (oggi, soprattutto i più giovani, per decidere se portare l'ombrello consultano l'app del meteo piuttosto che osservare il cielo, dando un'occhiata al di là della finestra di casa); oppure allo statuto di verità attribuito agli strumenti tecnologici (il bisogno, per ogni notizia, di una conferma o legittimazione mediata dalla televisione o da internet), per rendersi conto del capovolgimento del senso che attribuiamo al significato di "reale" o a quello di "rappresentazione" o "simulazione" del reale.

Uno dei testi più importanti prodotti nell'ambito delle scienze sociali per affrontare questa tematica è stato certamente *La realtà come costruzione sociale*, di Peter L. Berger e Thomas Luckmann.[4] Si tratta di un saggio teorico apparso per la prima volta nel 1966, che da allora non ha cessato di influenzare diverse generazioni di studiosi. In estrema sintesi questi due autori si occupano di definire in modo chiaro alcuni concetti di riferimento, quali, appunto, *conoscenza* e *realtà*. Tutto questo, dopo aver provveduto a specificare in che termini il metodo fenomenologico di derivazione husserliana possa servire da modello teorico di riferimento.

---

[3] Jean-Francois Mattéi, *La puissance du simulacre. Dans le pas de Platon*, Bourin, Paris 2013, p. 7.

[4] Peter L. Berger – Thomas Luckmann (1966), *La realtà come costruzione sociale*, Il Mulino, Bologna 1969.

Uno dei meriti fondamentali della fenomenologia di Husserl a cui i due sociologi fanno riferimento, è stato a tal proposito quello di aver individuato la realtà come struttura e di averla resa pertanto un concetto passibile di "accrescimento". Tanto più la trama delle relazioni sociali si fa fitta, tanto più la "realtà" viene esperita come *reale*. Con ciò cade l'opposizione tra apparenza e "realtà", e al suo posto subentrano i diversi gradi dell'essere reale.

Ed è proprio grazie a questa dimensione dell'*accrescibilità del reale*,[5] che la fenomenologia può fungere da teoria universale per i diversi approcci allo studio della realtà dei media e del mondo digitale, rendendo possibile l'uso di un concetto oggi così tanto diffuso come quello di *Realtà Aumentata*.

Ma c'è almeno un ulteriore aspetto della fenomenologia husserliana, richiamata da Berger e Luckmann, le cui caratteristiche possono risultare determinanti per accedere a un'analisi rigorosa e scientifica dei processi comunicativi, la questione della *Routine*.

Studiare la comunicazione focalizzando l'attenzione sugli aspetti abitudinari e consuetudinari dell'uso dei media, rende possibile la spiegazione di alcuni processi sociali e culturali altrimenti difficilmente comprensibili.
"Tutta l'attività umana è soggetta alla *consuetudinarietà*" – essi scrivono. "Ogni azione che venga ripetuta frequentemente viene cristallizzata secondo uno schema fisso, che può quindi essere riprodotto con una economia di sforzo e che, ipso facto, viene percepito dal suo autore come quel dato schema. L'abitualizzazione implica inoltre che l'azione possa essere

---

[5] Cfr. per approfondimenti, Ferdinand Fellmann, *Fenomenologia ed Espressionismo*, InSchibbolleth, Roma 2020.

eseguita ancora in futuro nello stesso modo e con lo stesso sforzo economico. Questo vale sia per l'attività sociale, sia per quella non sociale; anche l'individuo solitario nella proverbiale isola deserta *abitualizza* la propria attività".[6]

Se, da un lato, l'attività svolta dagli individui nel corso delle loro attività sociali tende ad essere indirizzata dall'esterno verso l'esecuzione di modelli di comportamento e schemi di condotta routinari, bisogna anche sottolineare come i più recenti studi neuroscientifici sul funzionamento cerebrale tendano d'altro canto a confermare l'ipotesi secondo cui il cervello potrebbe essere definito alla stregua di uno "strumento" il cui compito principale sarebbe quello di risolvere incertezze al fine di risparmiare energie. In altri termini, quando il nostro cervello si trova di fronte a compiti impegnativi dal punto di vista mentale (come ad esempio quando, posti di fronte a un'incertezza, siamo obbligati a individuare la scelta più adeguata dal punto di vista razionale, al fine di prendere la decisione più adatta alla circostanza), dovendo pertanto far ricorso a un elevato consumo di energia (attivando ad esempio le reti neurali neocorticali necessari ad attivare un ragionamento logico), esso è portato ad attivare meccanismi mentali schematici, in modo tale da attuare in automatico comportamenti routinizzati (che pertanto non implicano l'attivazione della corteccia prefrontale) e risparmiando così grosse quantità di riserva energetica.

Un'alternativa escogitata dall'essere umano, come vedremo, è quella di delegare tali compiti complessi (ad esempio il calcolo logico o matematico) alle diverse tecnologie di cui può disporre e non a caso, sempre più spesso, dotate di cosiddette *Intelligenze Artificiali*. Insomma, il sempre più massiccio ricorso a tecnologie "intelligenti" è molto probabilmente più una

---

[6] Berger–Luckmann (Op. cit.), p. 75.

questione di *abitudine* che non di efficienza. Come avremo modo di approfondire, tuttavia, ogni volta che un essere umano utilizza una tecnologia, il suo cervello si modifica. L'uso delle tecnologie, pertanto, in un incessante processo dialettico, finisce fatalmente per modificare il nostro sistema neuronale e il significato che attribuiamo alle nostre stesse percezioni.

Vediamo così come le istituzioni, che, come spiegano brillantemente Berger e Luckmann, non sarebbero altro che il risultato di un complesso processo sociale alle cui origini si pone sempre e comunque un problema condiviso che necessita di una soluzione permanente (un comportamento istituzionalizzato è, perlopiù, definibile come un comportamento abitudinario eseguito seguendo schemi di azione standardizzati), implica a sua volta l'esistenza di esseri umani dotati di cervelli in grado di venire incontro in modo coerente alle aspettative sociali (ovvero alle aspettative di altri esseri umani dotati di cervelli evoluti allo stesso grado di complessità, in grado pertanto di coordinare le proprie attività facendo riferimento ad astrazioni linguistiche e concettuali schematiche e abitudinarie).[7]

---

[7] Su questo tema cfr. Norbert Elias (infra)

Parte I
COMUNICAZIONE E SOCIETÀ

I
Comunicazione e processi culturali

1
Comunicazione, informazione e conoscenza

Lo studio della comunicazione nell'ambito delle scienze umane e sociali presuppone la seguente premessa, di derivazione squisitamente *fenomenologica*: la comunicazione non è un oggetto, una cosa o un fatto; la comunicazione è un *processo*, ovvero implica il riferimento a un collegamento, a una relazione dialettica tra esseri umani e tecnologie. Una tale premessa implica, di conseguenza, che lo sguardo dello studioso venga necessariamente rivolto non direttamente ai soggetti del processo comunicativo – siano essi gli emittenti, i riceventi, i messaggi (le cosiddette informazioni) – né tantomeno agli strumenti tecnologici (i cosiddetti media) necessari alla comunicazione, quanto innanzitutto e soprattutto ai processi e alle reti di *relazioni* che intercorrono tra essi. Si tratta di una premessa necessaria, in quanto serve a sgombrare il campo d'indagine da una confusione alquanto ricorrente, non solo nel senso comune ma anche in relazione al dibattito tuttora irrisolto con tutte quelle discipline della comunicazione, ovviamente altrettanto degne di legittimità scientifica, che fondano i loro interessi di ricerca partendo da assunti di tipo diverso.

Cosa significa, dunque, comunicare?
Per ciò che concerne le scienze umane e sociali, lo studio della

comunicazione ha come compito principale quello di individuare i presupposti che conducono gli esseri umani ad assumere una determinata posizione epistemologica nei confronti dei processi di trasmissione della conoscenza piuttosto che un'altra.

La tesi di fondo è che ogni tipo di società può essere meglio analizzata, dal punto di vista storico e culturale, soltanto se si individuano i presupposti di ciò che in esse viene considerata essere "conoscenza". I modi attraverso cui *conosciamo*, sono infatti indissociabili dalle pratiche comunicative e dalle reti relazionali che grazie ad esse vengono a costituirsi.

Le lotte sociali, politiche e culturali sono attraversate dai *modi di conoscenza*, dai tipi di discorsi, dai linguaggi e dalle immagini che in ultima analisi le rappresentano. Le battaglie per l'egemonia culturale, per la costituzione delle nuove gerarchie dei valori e di potere, per la civilizzazione e la costruzione delle realtà collettive e individuali, si giocano prevalentemente su questo territorio, che è innanzitutto un territorio comunicativo, ovvero linguistico e narrativo.

La capacità di conoscere è strettamente legata alla capacità di pensare, la quale a sua volta è indissolubilmente connessa alla parola. *Parlare una lingua significa assumere un mondo, una cultura.*[8] Se vogliamo caratterizzare l'epoca in cui viviamo, dal punto di vista dei modi di comunicazione in essa prevalenti, difficilmente si può sottovalutare la radicata e sempre più diffusa tendenza alla *svalorizzazione* dell'uso della parola, a vantaggio della componente conoscitiva più strumentale, quella digitale, che va sotto il nome tecnico di *informazione*.

L'essere umano, tuttavia, appartiene ad una specie che può a

---

[8] Frantz Fanon, *Peau noire, masques blancs*, Seuil, Paris 1971, p. 30.

ragione essere definita *affabulatrice*.[9] Parlare, significa innanzitutto costruire delle relazioni, tessere dei legami tra gli individui appartenenti ad una comunità e, in particolare, tra gli individui e il loro essere interiore. Affidarsi alla parola presuppone cioè compiere un processo assai complesso di acquisizione di una fiducia profonda nella lingua e nella realtà che essa contribuisce a costruire.

Le esperienze che accadono all'uomo nel corso della sua esistenza, coinvolgendolo più o meno attivamente in essa, non hanno alcun senso di per sé; esse assumono un significato solo ed esclusivamente a partire dal momento in cui vengono intrecciate nelle maglie di un linguaggio e delle narrazioni che un tale strumento consente di raccontare a sé stessi e agli altri.

Ogni lingua, dunque, così come ogni strumento comunicativo – dall'epoca della *pittura rupestre* a quella dello *smartphone* – contribuisce a creare una sua realtà, e questa viene a sua volta dialetticamente caratterizzata attraverso modi di conoscenza sociali particolari.

La linguistica contemporanea spiega oggi molto chiaramente come, diversamente da quello che ci raccontano praticamente tutte le tradizioni, le lingue fossero già diverse tra loro nel momento in cui comparvero i primi miti e le prime religioni, ovvero le narrazioni più antiche attraverso le quali la realtà è stata elaborata e poi trasmessa, attribuendo un senso e un significato all'esistenza degli esseri umani. L'immensa diversità delle lingue presenti nel mondo, porta con sé le culture, i modelli di conoscenza, i modi di vivere, pensare e agire di tutti coloro che le parlano.

Una prima importante riflessione da introdurre a proposito dei processi comunicativi nel mondo contemporaneo, è pertanto la

---

[9] Nancy Huston, *L'Espèce fabulatrice*, Actes Sud, Arles 2008.

seguente: il ritmo con cui al giorno d'oggi scompaiono diverse lingue è impressionante. Tale scomparsa è dovuta principalmente alla pressione esercitata su di esse da lingue a vasta diffusione mondiale, che finiscono a loro volta per determinare i modelli comunicativi di cui siamo più o meno consapevolmente interpreti. Si tratta evidentemente di un dispositivo di predominio materiale e, al contempo, simbolico: ogni predominio linguistico porta con sé una sorta di colonizzazione delle coscienze, che si manifesta soprattutto nei modi in cui la realtà viene descritta, narrata, "affabulata": *modi di conoscere, modi di vivere, modi di dare senso e significato all'esistenza.*

In altri termini, una lingua dominante invade le coscienze spingendo ad adottare i sogni, i progetti, i modi di conoscenza della realtà di cui essa è portatrice.

Ad uno sguardo superficiale, l'esempio più eclatante potrebbe essere quello riguardante la diffusione e la penetrazione della lingua inglese a livello globale. Una volta chiarito che nessuna lingua è "innocentemente neutrale", ciò che però è interessante notare è che questa lingua inglese che oggi minaccia apertamente numerose altre lingue, a cominciare da quelle abitualmente utilizzate nel mondo dell'insegnamento, della ricerca, della cultura e dell'informazione, non è però esattamente l'inglese così ricco di significati e sfumature umanistiche di derivazione shakespeariana, bensì quello di derivazione tecnica.[10] Quelli che tendono ad essere colonizzati, insomma, sembrano essere i *modi di comunicazione* della contemporaneità, sottoposti alla pressione di un codice tecnico

---

[10] Le motivazioni originarie di tale spinta potrebbero derivare dalla pressione del linguaggio del commercio e degli affari, il cosiddetto linguaggio di *Wall Street*, che a sua volta avrebbe condotto a una diffusione in senso tecnico dello stesso.

– sempre più digitalizzato – che tende a sostituire, ridurre e semplificare la variegata profondità, e la ricca diversità, di tutte le lingue (compreso la stessa lingua inglese).

È – quello digitale – uno strumento comunicativo molto particolare; esso pretende di poter fare praticamente a meno della *dimensione affabulatrice*, pretende di poter ignorare i sogni (e ovviamente gli incubi) di cui ogni linguaggio è immancabilmente portatore; pretende di poter conoscere e rappresentare direttamente la *Realtà* senza doverla interpretare (elaborarla, o anche inventarla, grazie all'uso narrativo delle parole). Si tratta, insomma, di un modello comunicativo completamente formalizzato sulla base di una combinazione di segni numerici che pretende di poter imporre – attraverso l'esclusivo trattamento digitale dell'informazione – un tipo di comunicazione fondato sull'assurda equivalenza tra *informazione* e *conoscenza*: questa riduzione della parola al suo solo aspetto tecnico, rappresenta una vera e propria rivoluzione antropologica, i cui esiti sono ancora tutti da studiare.

Per poter almeno introdurre una più attenta riflessione su tale tematica si rende necessaria qualche ulteriore riflessione riguardante la storia della complessa relazione tra parole e numeri. Se, infatti, in tutti gli ambiti principali della vita sociale, l'informazione è stata in grado di sostituire la parola, ciò è dovuto principalmente alla diffusione di un determinato uso della matematica e del trattamento digitale dei dati che la statistica e la potenza dei computer hanno reso possibile.

"Questa trasformazione della natura del sapere – come ha notato il filosofo francese Roland Gori – che privilegia la parte tecnica, strumentale del linguaggio – l'informazione – a spese della sua parte affabulatrice, della fiction e della narrazione, non è emersa in modo casuale; si tratta di *un fait de civilisation*, di una macchina di governo così come di una fabbrica di soggettività.

La *matrice* che consente una decifrazione numerica del mondo, a partire dal concetto di informazione, riposa sull'ipotesi della possibile riduzione a delle *frequenze formali discrete* degli oggetti del sapere che ogni sistema di conoscenza è chiamato a trattare in un modo o nell'altro.

L'economia sperimentale, la teoria dei giochi, le neuroscienze, le scienze cognitive e la neuroeconomia, ad esempio, ognuna a modo suo, nel loro settore e con i loro metodi, non hanno fatto altro che assicurare un trattamento parziale di un progetto più ampio, quello di un mondo digitale costituito unicamente dalla combinazione di segni. L'informazione è il valore sicuro dell'insieme di queste discipline, in quanto elemento di base ridotto alla pura materialità di un *segno distintivo* svuotato di ogni senso. Esso può essere combinato con tutti gli altri e diventare oggetto di un trattamento matematico, di un'analisi logica o di una caratteristica numerica di una determinata attività (sociale, biologica o comportamentale, ad esempio). È necessario comprendere che questo modo di vedere il mondo s'inscrive a sua volta in una ricomposizione e trasformazione della natura del sapere, della cultura in cui nasce e si realizza e delle politiche di cui si nutrono.

Il computer non rappresenta in questo senso soltanto l'affascinante e meraviglioso strumento che permette delle scoperte; esso è anche *la matrice formale* che le determina.[11] A queste condizioni, il linguaggio può essere compreso da una macchina solo perché esso è stato preliminarmente ridotto, scomposto e ricomposto dall'analisi numerica. Sono questi

---

[11] Ho sviluppato la riflessione su questi temi (i videogiochi come strumenti attraverso i quali il computer e la cultura informatica ad essa associata penetrano in maniera diffusa nella società) in Gianfranco Pecchinenda (2003), *Videogiochi e cultura della simulazione. La nascita dell'homo game*, Laterza, Roma-Bari 2010.

simboli numerizzati che i nostri computer digitali possono manipolare ed è ad essi che noi dobbiamo adattare i nostri metodi e i nostri oggetti.

È il *nuovo conformismo* al quale il pensiero si deve piegare, fondato sull'idea di una cultura completamente tecnologizzata secondo la quale è possibile trasmettere delle informazioni in modo assolutamente oggettivo, negando così in partenza il valore antropologico del linguaggio. Alla polisemia e alla polifonia implicite nelle azioni e nelle parole che espongono gli uomini all'incertezza, all'errore, agli equivoci e – soprattutto – alle infinite possibilità che nascono dalle enormi potenzialità della finzione e dalla menzogna come strumento evolutivo[12] tende a subentrare, in ambiti sempre più vasti del sociale, un'analisi formale e semiotica della risoluzione dei problemi attraverso il trattamento informatico.[13]

Non sfuggirà, oltre al riferimento diretto alla cultura cibernetica, anche il peso crescente che deriva dal rinnovato entusiasmo suscitato dalle possibili applicazioni della teoria dei giochi (teorie che traggono le loro origini dagli inizi degli anni Venti, grazie alle intuizioni di eminenti matematici dell'epoca quali John Von Neumann), per poter analizzare le interazioni strategiche tra gli individui (in particolare quelle con interessi divergenti) grazie all'aiuto di strumenti puramente logico-matematici.

Giova ricordare, inoltre, che l'analisi matematica delle scelte strategiche ha contribuito a produrre modelli formali fondati

---

[12] Ho approfondito questo tema in Gianfranco Pecchinenda, *Fingere per davvero. Scritti su Emmanuel Bove e altre menzogne*, Quaderni di Funes, Napoli 2014.

[13] Cfr., per approfondimenti, Roland Gori, *La Dignité de penser*, Actes Sud, Arles 2013, pp. 26-28

sulla trasformazione di un problema logico-matematico in un sistema di codici di istruzione. Tale trasformazione dei problemi in analisi numeriche ha consentito a sua volta la costruzione di macchine cibernetiche (calcolatori che elaborano dati) in grado di analizzare le scelte strategiche e comportamentali nella risoluzione dei problemi.

Oltre all'enorme uso che ne è stato fatto nell'ambito dell'analisi della scelta delle strategie economiche, ad esempio, l'applicazione di tali modelli puramente formali alla soluzione dei problemi si è nel tempo estesa ai più svariati ambiti della vita sociale, fino a creare una vera e propria cultura, oggi dominante, che potremmo definire una cultura della conoscenza digitale.

Essa è oramai assolutamente imprescindibile in ogni settore strategico di tipo militare o industriale, nella ricerca delle scienze fisiche e naturali, in quelle sociali e della vita biologica, fino ai più recenti usi nell'elaborazione di modelli strutturali del cervello umano e dei suoi rapporti con l'ambiente circostante.

"Questo modo di problematizzare attraverso i sistemi formali e digitali i dati di una situazione si rivela oggi essenziale – scrive ancora Gori – per comprendere come si stia venendo a realizzare l'unione tra l'economia, le neuroscienze e la psicologia dei comportamenti decisionali. Questa nuova branca della matematica prefigura una *figura antropologica di un mondo e di un uomo digitali* i cui tratti tendono ad essere essenzialmente formali e informazionali, allontanandosi sempre più dalle esigenze proprie delle *società della parola*".[14]

La tesi che ne consegue, e che credo di poter condividere con molti altri studiosi contemporanei, è che il modo di conoscenza umanistico correlato al concetto di comunicazione inteso come *narrazione di una storia di avvenimenti del passato o del*

---

[14] Gori (op. cit.), pp. 25-26.

presente,[15] rischia di essere progressivamente sostituita a favore di un modo di conoscenza fondato essenzialmente sul concetto di comunicazione (informazione) intesa come trattamento di dati e segni numerici o alfanumerici.

Ed è proprio a partire da questo tipo di analisi sui modi conoscenza emergenti, che occorre riflettere in termini processuali e storico-sociologici al fine di chiarire alcune delicate e complesse questioni che caratterizzano la comunicazione nel mondo contemporaneo.

Con questo non s'intende svilire il contributo fondamentale della matematica allo sviluppo della cultura della comunicazione occidentale; casomai il contrario. I linguaggi della matematica – come a suo tempo faceva acutamente notare George Steiner – possono essere immensamente ricchi. Essi però, come appena accennato, rischiano di produrre delle conseguenze di enorme rilievo nella costruzione della realtà umana, che potremmo sintetizzare affermando che esse *tendono a sostituire il dubbio e le incertezze dell'animale linguistico in certezze e verità fondate su una concezione antropologica sostanzialmente diversa* dell'essere umano.

Il fatto che l'uomo sia stato definito già dagli antichi greci come un "animale dotato di linguaggio", non può essere considerato un fenomeno casuale o arbitrario. Evidentemente il linguaggio ha tutte le qualità di un *organo abilitante del nostro essere,* "di quel dialogo con l'io e con gli altri che compone e stabilizza la nostra identità. Le parole, pur imprecise e vincolate alla temporalità come sono, costruiscono la memoria e danno espressione al futuro. La speranza si declina al tempo futuro del verbo. Anche quando sono usati ingenuamente in senso figurato

---

[15] La *mise en récit* in termini aristotelici (cfr. per approfondimenti Paul Ricoeur, *Tempo e Racconto*, 3 voll., Jaca Book, Milano 1986-1988).

e senza pensarci, i sostantivi che attribuiamo a concetti come vita e morte, all'ego e all'altro, sono prodotto di parole".[16]
Le parole, certo, vanno a tentoni e ingannano. Alcune epistemologie negano loro l'accesso alla realtà. Perfino la poesia più bella viene circoscritta dalla propria lingua. Nondimeno è la lingua naturale che conferisce al genere umano il proprio centro di gravità (di questo termine si notino le connotazioni morali e psicologiche).[17]

Quindi la lingua delle scienze umane e sociali che intendono studiare la complessità dei fenomeni comunicativi deve necessariamente essere una lingua letteraria e non tecnica. Qualsiasi atto cognitivo, qualsiasi tentativo di *pensare il pensiero*, tranne la possibile eccezione costituita dalla logica formale (matematica) e simbolica, sono irrimediabilmente linguistici.
Non sappiamo se qualcosa di simile esista, se possa esserci pensiero prima dell'enunciazione. Ineluttabilmente l'uomo – *l'animale dotato di linguaggio* – abita le delimitate immensità della parola, degli strumenti grammaticali. Il *Logos* equipara sin nei suoi fondamenti la parola alla ragione. Si tratta di una risorsa delicata, che chi intende occuparsi di comunicazione deve assolutamente provare a coltivare con cura.

---

[16] George Steiner, *La poesia del pensiero. Dall'Ellenismo a Paul Celan*, Garzanti, Milano 2012, pp. 21-22.
[17] Ivi, p. 24.

2
La Comunicazione e il metodo sociologico

Noi sociologi abbiamo ereditato, dai fondatori della nostra disciplina, una prospettiva di analisi del comportamento umano fondata su un paradigma ampiamente condiviso, quello dello *strutturalismo*. Tale paradigma sostiene che, indipendentemente dai suoi presupposti biologici e fisiologici – la cui importanza può essere più o meno importante a seconda dei casi specifici – l'essere umano è determinato nei suoi comportamenti essenziali da una serie di variabili di carattere socio-strutturale: dalla classe sociale alla famiglia, dal livello educativo alla religione o alla morale collettiva.

Una delle idee fondamentali dello stesso Auguste Comte – generalmente considerato il "padre fondatore della sociologia – era quella secondo cui, per studiare la società scientificamente, fosse innanzitutto necessario porsi delle questioni di metodo: quelle relative ai modi attraverso i quali condurre una ricerca empirica, quelli di carattere epistemologico, quelli di carattere storiografico.

La crisi sociale che stava investendo la società francese della sua epoca, era per Comte essenzialmente una crisi *intellettuale*. Per risolverla, era necessario comprendere e fissare la legge dell'evoluzione intellettuale dell'Umanità. Come sappiamo il grande sociologo francese orienterà la sua soluzione proponendo l'introduzione di un'unità di metodo nel sistema delle scienze, superando la dicotomia fra metodo positivo, adottato all'epoca dalle scienze naturali, e metodo teologico-metafisico, ancora dominante nelle scienze sociali.

Trattandosi di due metodi inconciliabili, Comte propose di estendere il metodo positivo all'analisi di tutti i fenomeni umani, compresi quelli sociali, finendo per fondare quella che lui stesso definì *Fisica Sociale*: "In effetti – scrive Comte nel suo *Corso di Filosofia Positiva* – si nota una lacuna essenziale relativa ai fenomeni sociali i quali, benché compresi implicitamente fra i fenomeni fisiologici, meritano di formare una categoria a parte sia per la loro importanza sia per la difficoltà inerente al loro studio. È evidente che quest'ordine di fenomeni non è ancora entrato nel dominio della filosofia positiva. Ecco dunque la grande, ma evidentemente la sola lacuna che si tratta di colmare per condurre a termine la costituzione della filosofia positiva. Dopo la fisica celeste, terrestre, organica, si tratta ora di fondare la *fisica sociale*".[18]

Con il metodo tratto dalla *Fisica* e dalle altre scienze naturali, la spiegazione sociologica si troverà a dover pagare, da allora in avanti, un suo prezzo empirico. Avendo a che fare con *i fatti della realtà effettuale*, essa non potrà più autoalimentarsi dall'interno senza uscire da sé e senza misurarsi con l'imprevedibile realtà empirica della vita culturale, o storica nel senso più lato del termine, pena lo scadere nel formalismo gratuito, pena, in altre parole, la perdita del suo *oggetto*. Anche se la ricerca sociologica non si riterrà mai completamente soddisfatta del paradigma implicito nella prospettiva comtiana, il determinismo strutturalista che ne accompagnerà le diverse versioni e revisioni non sarà mai messo così profondamente in crisi come sta accadendo in questi ultimi trent'anni, ovvero da quando una serie di approcci sociologici di derivazione fenomenologica, saranno rivitalizzati dal crescente successo delle nuove scienze cognitive.

Mentre già a partire dai primi del Novecento la *fisica classica* e i suoi metodi tradizionali venivano infatti messi in discussione

---

[18] Auguste Comte, *Corso di filosofia positiva*, a cura di Franco Ferrarotti, UTET, Torino 1967, pp. 11-12.

dal loro interno, grazie soprattutto all'enorme impatto legato alla diffusione della *fisica quantistica*, le scienze sociali avevano continuato ad affidarsi, incuranti della rivoluzione epistemologica in atto, alle metodologie ereditate quella fisica sociale che la fisica stessa cominciava a rivedere: il mondo circostante non andava più considerato come un dato stabile e definito nel tempo; gli oggetti (l'ambiente, gli altri) non erano delle cose ma dei processi. Inoltre, il ruolo dell'osservatore (la sua prospettiva) doveva essere considerato fondamentale nel determinare le caratteristiche assunte in ciò che si intendeva analizzare. Detto diversamente, nelle scienze sociali la distanza tra soggetto e oggetto doveva essere completamente rivisitata, così come stava accadendo nelle scienze naturali.

L'epistemologia che aveva accompagnato le grandi imprese culturali, artistiche e tecnologiche verificatesi tra la fine dell'Ottocento e i primi trent'anni del Novecento avevano suggerito in sostanza che non poteva più esistere una realtà "oggettiva" (quella su cui si riversavano ancora gli eredi della sociologia strutturalista), soprattutto se continuiamo ad assumere un solo punto di vista; che quante più prospettive, quanti più punti di vista abbiamo su una realtà, tanto più questa diventa completa e, appunto, oggettivamente *reale*. In altri termini l'idea che cominciava ad affermarsi, per poi diventare scientificamente dominante, era quella secondo cui la realtà non si presenta a noi in modo predefinito, in una forma data, ma essa è sempre un processo in divenire, frutto dell'interazione dialettica e incessante tra soggetto e oggetto: *la realtà è un fenomeno incerto; la verità è una previsione probabilistica.*

Come appena ricordato, tra i diversi movimenti artistici e culturali emersi in questo periodo, la *fenomenologia* e la *meccanica quantistica* sono state certamente tra le più straordinarie rivoluzioni del XX secolo. I modelli di pensiero di cui esse si sono fatte portatrici, hanno provocato quello che può essere considerato il più radicale cambiamento di prospettiva nel pensiero umano verificatosi da quando i primi filosofi greci cominciarono ad abbandonare il Mito a favore della ricerca di princìpi razionali nella spiegazione dei fenomeni umani.

Grazie alle teorie introdotte dalla meccanica quantistica e dal metodo fenomenologico, la nostra visione della realtà si è totalmente modificata. Il prezzo che i nuovi approcci scientifici hanno dovuto pagare per poter integrare queste nuove prospettive nei loro modelli di spiegazione della realtà, è stato quello di dover accettare molte idee apparentemente *controintuitive*.

Questo significa, in parole povere, che diversamente da quanto abitualmente accade nella nostra quotidianità, governata dai solidi paradigmi del buon senso comune, ciò che percepiamo attraverso i sensi comincia a diventare sospetto. Come dicono i fenomenologi, "l'atteggiamento naturale" (quello secondo cui la "realtà" e i fenomeni che la caratterizzano sono quelli che possiamo vedere, toccare e in generale percepire con i nostri sensi) comincia ad essere una garanzia sempre meno attendibile per poter spiegare in modo adeguato quello che accade intorno a noi.

Tra le varie intuizioni tipiche di ogni essere umano adulto e socializzato, c'è quella per cui gli *oggetti* che ci circondano (il tavolo, il computer, la sedia, i libri, la lampada, il cane), esistono in modo indipendente da noi e possiedono certe proprietà oggettive.

A tali intuizioni se ne aggiungono altre, più o meno date per scontate a seconda del nostro grado di istruzione, ovvero della più o meno approfondita conoscenza di alcune elementari teorie elaborate dalla fisica classica, in base alle quali abbiamo la certezza (la "naturale" e "assoluta" *certezza*, aggiungerei), del fatto che se con un lieve movimento della mia mano lascio cadere la penna dal tavolo, questa precipiterà sul pavimento. E con altrettanta certezza saprò prevedere che, ripetendo lo stesso gesto migliaia di volte, l'evento si ripeterà sempre allo stesso modo, seguendo una legge pressoché universale (o "naturale"), traducibile peraltro in formule matematiche affidabili e precise. Queste intuizioni, ovviamente, continuano a esserci di grande aiuto nella vita quotidiana, proprio perché agevolmente intuitive e pertanto prevedibili con "matematica certezza".

Quello che suggeriscono invece le nuove visioni del mondo novecentesche, però, e con altrettanta "matematica certezza", è che se cambiamo la prospettiva, ovvero, in questo caso, se osserviamo gli stessi fenomeni assumendo come punto di vista (per esempio grazie a un microscopio) una dimensione molto più ridotta (per esempio a livello atomico), cominciamo ad osservare negli stessi oggetti dei fenomeni strani e imprevedibili che ci obbligano a mettere in dubbio il nostro "atteggiamento naturale", ovvero le teorie scientifiche stesse che sostenevano la nostra unica "verità". Una verità che, a questo punto, tende a diventare sempre meno certa: *probabilità* e *indeterminazione* cominciano così a sostituire le nostre vecchie *certezze* e *previsioni*; la verità tende a somigliare sempre più a un preconcetto.

Ma come è stato possibile che la fisica classica, quella di Galileo e di Newton, che riusciva a prevedere e calcolare in modo così elegante ed efficace, con poche equazioni, i moti dei corpi celesti – così come la caduta della penna dalla mia scrivania – risultasse invece fallimentare per descrivere fenomeni come quelli che si manifestano a livello atomico? Eppure, era stato solo grazie alla fisica classica che si erano potute progettare le ali per gli aeroplani, i grattacieli o i ponti in grado di resistere a venti e terremoti. Perché tutto funziona così bene, se la meccanica quantistica ci mostra con evidenza scientifica che il mondo non funziona affatto come pensavamo?

A tal proposito si rende necessario il riferimento al *contesto*, alla circostanza, alla *struttura sociale*[19] o, più nell'immediato, può venirci in soccorso l'esempio tratto dal concetto di *emergenza* così come teorizzato dal neuroscienziato Marcello Piazza: "L'emergenza – come egli sostiene – è la capacità di un oggetto di possedere caratteristiche differenti a seconda del contesto in cui si trova". In genere, abbiamo la tendenza a considerare gli attributi di un oggetto come inerenti a esso: cioè delle proprietà che mantiene sempre e ovunque. Ma gli oggetti hanno anche – e delle volte soprattutto – delle caratteristiche emergenti che si manifestano o meno in base all'ambiente. Gli oggetti del mondo fisico ci somigliano veramente più di quanto pensiamo!
Prendiamo l'esempio dell'acqua: è costituita da due atomi di idrogeno e un atomo di ossigeno. La composizione atomica dell'acqua, H_2O, è la sua proprietà inerente. Le caratteristiche dell'acqua che noi percepiamo sono invece delle proprietà *emergenti*. Abbiamo l'abitudine di pensare all' H_2O come a un liquido, e il nome comune "acqua" che usiamo per designare questa molecola corrisponde bene alla sua forma liquida. Tuttavia, basta modificare il contesto, per esempio abbassando la temperatura, perché smetta di essere dell'acqua in cui si può nuotare, e si trasformi in ghiaccio, un solido sul quale è possibile camminare o meglio pattinare. Invece, se la temperatura aumenta, l'acqua evapora e diventa vapore che forma nuvole che possiamo solo osservare. Le manifestazioni dell'essere di una

---

[19] Per approfondimenti relativi a tali concetti cfr. infra

cosa, in questo caso l'H_2O, non sono dunque tutte inerenti, ma piuttosto emergenti e dipendenti dal *contesto*.[20]

Approfondiremo in seguito le possibili implicazioni relative all'uso di tale fondamentale concetto. Intanto, per poter meglio comprendere il significato sociologico dei temi introdotti, e spiegare analiticamente le manifestazioni empiriche del comportamento umano, è necessario introdurre un'ulteriore riflessione, legata alla cosiddetta emancipazione simbolica.

Per comprendere come funziona la comunicazione umana da un punto di vista evoluzionista è sempre più urgente – come avvertiva il sociologo tedesco Norbert Elias – il ricorso a *modelli multidimensionali* di riferimento. "La difficoltà – egli scriveva – consiste nel fatto che gli scienziati sociali, e in particolare i sociologi, sono ancora prigionieri di una teoria scientifica filosofica che ha avuto inizio con Cartesio ed è stata rafforzata dai fisici dell'epoca. A quello stadio non c'era bisogno di modelli teorici multidimensionali. Tutti gli oggetti della fisica, cioè secondo molti filosofi tutti gli oggetti, sembravano appartenere ad un medesimo e unico livello di integrazione. In sostanza la sociologia avrebbe bisogno non soltanto di sviluppare la percezione e la rappresentazione simbolica in termini processuali, ma anche e soprattutto di orientare la propria ricerca nella piena comprensione del fatto che gli eventi devono essere collocati in una sequenza di *livelli di integrazione* differenti.

Succede questo – spiegano in modo chiaro ed efficace il premio Nobel per la fisica Leon Lederman e il suo collega Christopher Hill: che quando enormi quantità di atomi si uniscono a formare oggetti macroscopici (come aeroplani o ponti), "gli inquietanti e

---

[20] Cfr. Marcello Piazza, *Homo Biologicus. Come la biologia spiega la natura umana*, Rizzoli 2019, pp. 50-51.

controintuitivi fenomeni quantistici, con il loro carico di incertezza, sembrano cancellarsi a vicenda e riportare i fenomeni nell'alveo della precisa prevedibilità della fisica newtoniana. Il motivo per cui ciò accade, in soldoni, è di natura statistica. Quando leggiamo che il numero medio di componenti delle famiglie americane è pari a 2,637 individui, siamo di fronte a un dato preciso e deterministico. Peccato però che nessuna famiglia abbia esattamente 2,637 componenti".[21]

Quando cambia la dimensione dell'oggetto osservato, cambiano i criteri di legittimazione della verità, insieme alla prospettiva stessa dell'osservatore: è un fatto evidentemente sociologico: due o più individui sono una cosa diversa dalla somma dei due singoli individui; si tratta, paradossalmente, di uno dei principi fondamentali del nostro vecchio e solido approccio strutturalista.

Ciò che questo può significare, molto semplicemente, è che modificando la dimensione dell'oggetto osservato, anche la legittimità dei criteri di verità viene fatalmente a cambiare, insieme alla prospettiva dell'osservatore stesso. È un fatto sociologicamente ovvio: due o più individui sono una cosa diversa dalla somma dei due stessi (o più) individui. La definizione della realtà è sempre il frutto di un processo dialettico in cui il riferimento al contesto (e all'osservatore) non può mai essere eluso.

Sembrerebbe un paradosso, ma ci troviamo di fronte allo stesso principio fondamentale proposto dall'approccio strutturalista e che, secondo alcuni, sarebbe minacciato dalle prospettive delle nuove filosofie e scienze emergenti.

In effetti, vale la pena ricordare, a tal fine, che lo stesso Comte, che aveva gettato le basi della sociologia classica (o *fisica*

---

[21] Leon M. Lederman – Christopher T. Hill (2010), *Fisica quantistica per poeti*, Bollati Boringhieri, Torino 2013, p. 16.

sociale), è anche colui che aveva affermato che la spiegazione sociologica deve sempre mantenere un atteggiamento interdisciplinare e aperto alla complessità dei fenomeni sociali, in grado di affrontare i processi evolutivi delle istituzioni senza dimenticare di comprendere i rapporti di influenza reciproca.

In sintesi, la spiegazione sociologica è sempre stata, sin dalle sue fondamenta istituzionali, essenzialmente anti-riduzionista e aperta alle teorie prodotte dalle altre scienze. Da qui il suggerimento di non averne paura o di non vivere come una minaccia le nuove conoscenze e i contributi che ci arrivano oggi dalla meccanica quantistica, dalle scienze cognitive, dalle neuroscienze, dalla fisica, dalla biologia e dalle scienze naturali in generale, ma piuttosto cercare di integrarle in teorie socio-fenomenologiche che possano servire da stimolo per affrontare in modo più originale ed efficace le grandi sfide che ci vengono da un tipo di società (e di esseri umani) che le grandi innovazioni tecnologiche e culturali stanno profondamente contribuendo a ridefinire[22].

---

[22] Cfr., per approfondimenti, Pecchinenda 2018, (Op. cit.).

3
La Realtà e i realismi

I modi in cui comunichiamo sono un indicatore fondamentale per comprendere come costruiamo la *realtà* in cui viviamo e interagiamo, e come le attribuiamo *senso* e *significato*. La diversa definizione del concetto di *realtà* può essere considerata, come abbiamo già notato, uno degli indicatori fondamentali di differenziazione tra le diverse epoche.

La sociologia di derivazione fenomenologica definisce la "realtà" come una caratteristica propria di quei fenomeni che noi riconosciamo come indipendenti dalla nostra volontà, stabilendo con fermezza il ruolo centrale che la "conoscenza" di senso comune, *quel tipo di conoscenza che si forma e si trasmette nella vita quotidiana*, e che si sostiene e si diffonde basandosi sulla certezza che i fenomeni reali possiedano caratteristiche oggettive: le cose e gli esseri viventi "reali", per definizione, non possono essere messi in dubbio; essi si impongono ai nostri sensi e "non possiamo farli sparire semplicemente desiderando che spariscano".

In sostanza è necessario rivolgere la propria attenzione a tutto ciò che la gente considera "naturalmente" come *reale* nella vita quotidiana, a livello irriflesso e pre-teoretico. In tal modo, oggetto centrale della ricerca diventano non più le teorizzazioni intorno alle "idee", ma la conoscenza del cosiddetto "senso comune" diffuso e utilizzato nella vita quotidiana.

L'uomo della strada – come scrivono Berger e Luckmann – vive in un mondo che per lui è "reale", anche se non sempre nella stessa misura, e "sa", con gradi diversi di certezza, che il mondo ha precise caratteristiche. Un filosofo, o un fisico teorico, ovviamente, potrà mettere in discussione l'assolutezza sia di questo tipo di "realtà", sia di questo genere di "conoscenza", invitandoci a chiederci: che cos'è *reale*, come si fa a *saperlo*? Sarà pertanto necessario soffermarsi, come faremo tra breve, sul concetto di *senso comune*. Prima, però, risulterà certamente utile soffermarsi brevemente sul modo in cui, nel corso della storia della filosofia occidentale, è stato affrontata la questione della definizione della *realtà*.

Come è noto, esiste un antico dibattito sul concetto di *realtà*, che può essere indagato a diversi gradi o livelli di approfondimento epistemologico. In estrema sintesi, i filosofi e gli scienziati possono essere divisi tra coloro che considerano la *realtà* come qualcosa di già dato e di esistente "al di fuori" e "indipendentemente" da colui che la conosce o la percepisce con il proprio pensiero o con i propri sensi, e coloro che, al contrario, considerano che la *realtà*, senza un linguaggio e le categorie da esso prodotte (come, ad esempio, quelle di *pensiero*, di *mente*, di *coscienza* o anche di *società*), di fatto, non possa esistere.

Chiariamo meglio: è difficile, oggi come oggi, pensare che possano ancora esserci dei cosiddetti "negazionisti" radicali della realtà, o antirealisti estremisti. Nessuno tende ragionevolmente a negare l'esistenza di una realtà che si trovi "al di fuori" delle nostre menti. Tuttavia, sono stati molti, soprattutto tra la fine e gli inizi del nostro secondo millennio[23], a sostenere posizioni che si caratterizzano per una decisa negazione dell'idea di una realtà oggettiva e indipendente da un linguaggio che la pensa e la comunica.

Come ha recentemente ricordato un noto filosofo italiano,[24] sarebbe opportuno affrontare il problema del *realismo* in modo più sfumato; a ben vedere, "nessun filosofo serio è stato mai del

---

[23] Storicamente possono essere definiti antirealisti gli scettici, gli idealisti, i nominalisti, i relativisti, così come, più recentemente, i decostruzionisti e i postmodernisti).

[24] Mario De Caro, *Realtà*, Bollati Boringhieri, Torino 2020.

tutto realista o del tutto irrealista". In genere, il vero problema è un problema di gradi e va affrontato cercando di determinare quale possa essere la giusta dose di realismo da adottare a seconda dei casi.

Diciamo innanzitutto che è necessario distinguere tra un *realismo ordinario* e un realismo di tipo *scientifico*. Il primo, è quel tipo di atteggiamento – molto diffuso nel *senso comune*[25], secondo il quale la realtà è qualcosa che esiste indipendentemente da noi e a cui si può accedere solo ed esclusivamente grazie all'esperienza diretta mediata dai nostri sensi, oppure attraverso l'introspezione. La tastiera del mio computer, sulla quale sto digitando il testo che state leggendo, è reale così come lo sono il tavolo su cui la stessa tastiera è poggiata, la sedia sulla quale sono seduto, o la musica che sto ascoltando. Lo dimostrano, per me "senza ombra di dubbio", l'esperienza percettiva diretta dei miei sensi: il tatto, la vista, l'udito.

Lo stesso statuto di realtà viene riconosciuto, nel realismo ordinario, a tutte quelle esperienze indirette che coinvolgono i miei sensi attraverso la mediazione di strumenti tecnologici che ne estendono la portata, come ad esempio uno smartphone, un apparecchio televisivo, le casse di uno stereo.

Non meno reali saranno, per me, queste stesse esperienze (*dirette* o *indirette*), nel momento in cui, in futuro, rifletterò su di esse attraverso l'introspezione.

Il *realismo scientifico* è invece una concezione che parte dal presupposto che, talvolta, i nostri sensi possono indurci in errore sulla vera "realtà", alla quale sarebbe possibile accedere solo

---

[25] Cfr. infra.

grazie all'aiuto del ragionamento e della prova scientifica. Lo statuto di realtà, insomma, viene in questa secondo caso riconosciuto solo alle entità e agli eventi (anche quelli non osservabili direttamente) che possono essere descritti e spiegati dalle scienze.

In pratica, quando la scienza ci parla di *entità* che non si possono percepire con i «sensi» (come gli astri, gli atomi, i raggi x) e nemmeno con gli strumenti che amplificano i «sensi» (come i telescopi, i microscopi, gli scanner) – come ad esempio sono i colori, i suoni, gli odori (ossia le proprietà qualitative che, sulla base della testimonianza dei sensi, ci sembrano collocate nel mondo esterno) – possiamo dire che esse esistono veramente «là fuori» o invece sono solo un prodotto interno della nostra mente, ovvero un prodotto delle nostre (peculiari) capacità percettive?

Tutte quelle entità della fisica non direttamente osservabili, come gli elettroni o i buchi neri, esistono oggettivamente o sono solo utili costrutti teorici? La stessa domanda può ovviamente valere per le entità macro, il Tempo, lo Spazio, collettive (la *società*) o individuali (la *coscienza*).

Insomma, partendo dal presupposto dell'indubitabilità di una realtà autonoma (là fuori), il dibattito sembrerebbe essersi piuttosto spostato sugli strumenti più adeguati per accedervi.

Riducendo agli estremi il discorso: ci dobbiamo fidare di più dei nostri sensi (e del «senso comune») oppure di ciò che ci dice la scienza su che cos'è la realtà? (come è fatta "realmente" e come si accede ad essa?).

4
La questione del *senso comune*

Il *senso comune* – sosteneva Karl Raimund Popper – è da considerarsi sempre il punto di partenza della nostra conoscenza del mondo. Sia che ci guadagniamo da vivere vendendo verdure al mercato, sia che lo facciamo insegnando epistemologia alla Sorbona, è innanzitutto il *senso comune* a fornirci le basi per orientare la nostra condotta quotidiana, nonché i fondamenti su cui sono state edificate, ed ancora oggi vengono erette, le più diffuse e complesse teorie filosofiche della conoscenza.

Tuttavia, pur riconoscendone la centralità "pratica" – e si tratta di un aspetto estremamente importante ai fini del nostro discorso – il senso comune e tutte le teorie del senso comune, non possono essere accettate acriticamente da un punto di vista sociologico.

La teoria del senso comune – scriveva Popper – è molto semplice. "Se tu o io vogliamo conoscere qualcosa non ancora nota sul mondo, dobbiamo aprire gli occhi e guardare intorno. E dobbiamo drizzare le orecchie e ascoltare i rumori, e specialmente quelli fatti da altre persone. Così i nostri vari sensi sono le fonti della nostra conoscenza – le fonti o ingressi della nostra mente."

In molteplici occasioni Popper ha definito tale paradigma come *teoria della mente-recipiente*.

La tesi più importante di tale teoria è basata sull'idea che l'uomo impara tutto, o almeno la maggior parte di ciò che impara, "attraverso l'ingresso dell'esperienza delle nostre aperture sensoriali; cosicché tutta l'esperienza consiste di informazioni ricevute attraverso i sensi."

Popper sostiene che tale teoria della mente-recipiente sia sostanzialmente erronea e fuorviante, oltre che ingenua in tutte le sue possibili versioni. In sintesi, la teoria della conoscenza del senso comune, così come l'abbiamo appena descritta, conterrebbe una serie di errori. Il primo è quello di non riconoscere che esiste sia una *conoscenza* di tipo *soggettivo* – che consiste di disposizioni e aspettative – sia una *conoscenza* di tipo *oggettivo* – che consiste di aspettative linguisticamente formulate e assoggettate alla discussione critica e collettiva.

La teoria del senso comune – e le teorie della conoscenza che si basano su di essa – non riesce a vedere che la differenza tra tali modalità della conoscenza è del più ampio significato.

In effetti, non si può evitare di riconoscere, anche solo basandosi su di una prima e superficiale riflessione, come tutta la nostra conoscenza sia in realtà impregnata di teoria fin dal principio. Non si può evitare di riconoscere – come direbbe Popper – che tutta la conoscenza umana è quasi sempre di carattere *congetturale*.

Dato che *tutta* la conoscenza è impregnata di teoria "essa è anche costruita sulla sabbia; ma le sue fondamenta possono essere migliorate scavando criticamente più a fondo; e non prendendo per garantito nessun dato presentato. Quindi, ad ogni livello di evoluzione della vita e dello sviluppo di un individuo, si deve assumere l'esistenza di una conoscenza sotto la forma di disposizioni e aspettative.

"Concordemente – scriveva Popper – assumiamo che la crescita di tutta la conoscenza consista nella modificazione della conoscenza precedente – nella sua alterazione o nel suo rigetto su larga scala. La conoscenza non comincia mai dal nulla, ma sempre da qualche conoscenza di sfondo – insieme con qualche difficoltà, qualche problema. Questi di regola nascono dallo scontro tra aspettative inerenti alla nostra conoscenza di sfondo da un lato e, dall'altro, alcune scoperte nuove, come nostre osservazioni o ipotesi da esse suggerite".[26]

La questione del senso comune e della conoscenza ad esso relativa, così come i modelli di analisi delle ingenuità, della sostanziale fallacia e della confusione tra il concetto di conoscenza proprio del senso comune e quello utile all'analisi scientifica della realtà sociale, si imporrà nel corso di tutta la seconda metà del Novecento, come una delle problematiche chiave affrontate dalla sociologia dei processi culturali e comunicativi, e sulla quale avremo modo ripetutamente di tornare nel corso della pagine che seguono.

La teoria dei tre mondi e l'evoluzionismo esosomatico

Per il momento sarà opportuno soffermarsi e approfondire alcuni degli argomenti proposti dallo stesso Popper, che costituiscono senza alcun dubbio le basi epistemologiche più adatte alla comprensione delle questioni relative alla costruzione sociale della *realtà.*

Popper sostiene che l'esistenza umana si manifesti su quelli che possono essere definiti tre diversi "livelli di realtà", che egli definisce "universi o mondi": Il *mondo 1*, ovvero il livello della *realtà fisica* (naturale o artificiale) e quindi di tutto ciò che consideriamo "al di fuori" della mente; *il mondo 2*, ovvero li livello della *realtà interiore*, psicologica, o "ideale"; *il mondo 3*, ovvero il livello della cosiddetta conoscenza oggettiva. Fanno parte di questo mondo (o universo), tutte quelle produzioni umane che appartengono al *mondo 2* ma che possono essere condivise con tutti gli esseri che appartengono a una società.

---

[26] Karl.R. Popper, *Conoscenza Oggettiva. Un punto di vista evoluzionistico*, Armando, Roma 1986.

Appartengono a questo livello la religione, la morale, la filosofia, le scienze. Va sottolineato che il mondo 3, ovvero questo universo costituito dai contenuti oggettivi prodotti dal pensiero umano, è un mondo autonomo e indipendente rispetto al mondo 1 e al mondo 2. Per quanto esso scaturisca a seguito delle attività proprie degli altri due mondi, una volta oggettivato, esso continua ad esistere e – come vedremo, ad evolvere – in modo del tutto indipendente.

Ad esempio, la teoria della psicoanalisi, pur essendo il prodotto di uno specifico *mondo 2* (cioè delle riflessioni interiori del signor Sigmund Freud e delle sue elaborazioni mentali), una volta trascritte attraverso la tecnologia della scrittura su dei fogli di carta, poi trasferiti su un'altra tecnologia, quella del libro stampato, è entrato a far parte di un altro livello di realtà, quello del *mondo 1* (il libro in quanto oggetto fisico, a sua volta autonomo rispetto al *mondo 2*). La questione fondamentale che Popper mette in rilievo è che la conoscenza soggettiva prodotta da Freud, ovvero la sua specifica teoria della psicoanalisi, una volta oggettivata, rappresenterà un contenuto oggettivo autonomo sia rispetto al *mondo 2*, sia rispetto al *mondo 1*.

A questo punto c'è un ulteriore aspetto da considerare, molto importante ai fini del nostro discorso, e che riguarda l'autonomia di tutti i prodotti della cultura umana oggettivata.

Popper, in un suo importante saggio, paragonava l'evoluzione tecnologica a quella darwiniana: "così come l'evoluzione animale procede in larga misura attraverso l'emergere di nuovi organi e della loro trasformazione – egli scriveva – così l'evoluzione della cultura umana procede, in larga misura, attraverso lo sviluppo di nuovi organi al di fuori del corpo: *esosomaticamente* o, *extrapersonalmente*. "L'uomo, cioè, invece di sviluppare migliori occhi e migliori orecchie, produce occhiali, microscopi, telescopi, telefoni, cornette acustiche, etc... e invece di sviluppare gambe sempre più veloci, produce automobili sempre più rapide. E ancora – ed è questo un aspetto dell'evoluzione culturale che coinvolge in modo assolutamente centrale tutti i *processi comunicativi* di cui ci stiamo occupando – invece di sviluppare memorie e cervelli migliori, l'uomo produce carta, penne, macchine da scrivere, computer, libri e biblioteche".[27]

Questo *mondo 3* è sostanzialmente *autonomo* (a dispetto del fatto che sia un nostro prodotto e che abbia un forte effetto di feed-back su di noi) e i suoi contenuti crescono e si sviluppano attraverso la continua interazione che noi abbiamo con esso, seguendo dei processi la cui direzione è fatalmente *imprevedibile*.

Il riconoscimento di una tale prospettiva non deve però indurre ad abbracciare facili paradigmi deterministici. Uno dei principali problemi degli studi sulla comunicazione è infatti sempre stato quello di dover fronteggiare due opposti modelli di interpretazione alquanto deterministi: un *determinismo tecnologico*, in base al quale si ritiene che lo sviluppo tecnico, sostanzialmente autonomo, sia il motore trainante che determina il mutamento sociale (la tecnologia, in sostanza, spiegherebbe le trasformazioni sociali); e un *determinismo socio-culturale* opposto, che sostiene invece che le innovazioni tecnologiche si manifestino solo ed esclusivamente a seguito di una spinta sociale sottostante; solo, cioè, quando alcuni bisogni umani determinano l'emergere e l'affermarsi di nuovi media.[28]

---

[27] Popper (1986), Op. cit.. Cfr. anche Gianfranco Pecchinenda, *Epistemologia e sociologia in Karl R. Popper*, L'Ateneo, Napoli 1991, pp. 83-84.

[28] Per un brillante esempio volto al superamento della prospettiva deterministica, attraverso un approccio storico-fenomenologico, cfr. Stephen Kern (1983), *Il tempo e lo spazio. La percezione del mondo tra Otto e Novecento*, Il Mulino, Bologna 1988.

Assumendo una prospettiva processuale di tipo dialettico, così suggerisce il nostro approccio fenomenologico, ogni possibile rischio di cadere in queste o altre forme di determinismo dovrebbe risultare alquanto attenuato.

Per approfondire meglio la questione, possiamo far riferimento al celebre studioso canadese Marshall McLuhan il quale aveva elaborato, nel corso degli anni Sessanta del Novecento, quella che può essere senz'altro considerata ancora oggi la più influente teoria generale sui media. L'importanza dei suoi lavori deriva probabilmente, più che dal rigore scientifico con cui egli proponeva le sue teorie, dal carattere originale, suggestivo e provocatorio assunto dalle stesse.

Più che di una vera e propria "filosofia" o "critica sociologica" dei media, la sua sembra infatti essere *un'esplorazione* sull'evoluzione degli strumenti tecnologici elaborati dagli uomini nel corso della storia, al fine di produrre *comunicazione*. La posizione teorica generale di McLuhan è di quelle che possono senz'altro essere definite nei termini di un *determinismo tecnologico*. Vale a dire che le grandi innovazioni tecnologiche verificatesi nel corso della storia dell'umanità avrebbero avuto, per questo autore, un ruolo causale primario nell'influenzare la vita degli uomini, ovvero l'organizzazione sia sociale sia psicologica delle loro rispettive epoche.

In *Galassia Gutenberg*[29] McLuhan sosteneva, ad esempio, che l'invenzione della stampa avesse modellato la cultura dell'Europa occidentale tra il 1500 e il 1900, influendo soprattutto sul sistema sensoriale dei suoi abitanti. L'invenzione della stampa, che può essere considerata l'ultima estensione

---

[29] Marshall McLuhan (1962), *La Galassia Gutenberg. Nascita dell'uomo tipografico*, Armando, Roma 1976.

della conoscenza fonetica, avrebbe praticamente disgregato il precedente *ordine tribale*. Questo nuovo *medium*, ripetibile, lineare e uniforme, inteso come un'estensione dell'organismo umano, avrebbe modellato e trasformato tutti i suoi ambiti, psichici e sociali, e si sarebbe reso responsabile della nascita di fenomeni estremamente diversi ed eterogenei quali il nazionalismo, la Riforma, la catena di montaggio, la Rivoluzione Industriale. Ma non solo; anche i principi di causalità e razionalità, così come quelli legati alla visione newtoniana e cartesiana dell'Universo, nonché della prospettiva in campo artistico, o anche della cronologia narrativa in letteratura, sarebbero una conseguenza diretta della diffusione della scrittura (e della lettura) dovuta all'invenzione della stampa.

McLuhan prende spunto da un'idea non molto diversa da quella proposta dall'*evoluzionismo esosomatico* di Karl Popper, ovvero quella secondo cui le tecnologie presenti sulla terra possano essere considerate delle estensioni delle estremità e dei sensi dell'uomo (una pala, ad esempio, può essere considerata un'estensione della mano, così come il telefono lo è dell'orecchio e la televisione lo è sia della vista che dell'orecchio).

È questo il motivo per cui egli sottolinea la necessità di conoscere il meglio possibile le tecnologie di cui disponiamo, piuttosto che criticarle o giudicarle.

Secondo McLuhan, ogni epoca sarebbe in ultima analisi determinata da una tecnologia che ne rappresenta il motore e ne configura la forma. Volendo sintetizzare, si può dire che le innovazioni tecnologiche fondamentali considerate dallo studioso canadese siano:

1) l'invenzione dell'alfabeto fonetico, che ha dato inizio al predominio della vista, in contrapposizione al mondo prevalentemente auditivo e tattile proprio dell'epoca tribale;

2) l'introduzione della stampa, che ha accelerato il processo messo in moto in precedenza, fornendogli un carattere esplosivo;
3) l'invenzione del telegrafo, nel 1844, che ha dato il via all'epoca che ha condotto all'elettronica, restaurando il vecchio equilibrio sensoriale.

Si avrebbero così quattro epoche perfettamente definite:
a) tribalismo pre-alfabetico;
b) periodo della scrittura (post-omerico);
c) l'età della stampa (dal 1500 al 1900 circa);
d) l'era dei mezzi elettronici (iniziata con il Novecento).

In pratica l'uomo, questo animale in grado di costruire tecnologie quali il linguaggio, la scrittura o la televisione, avrebbe dato origine, con il loro utilizzo, all'ampliamento di alcuni dei propri organi sensoriali. Ogni nuova tecnologia, una volta diffusa, si trasformerebbe in parte integrante dell'ambiente, rendendosi impercettibile all'uomo stesso. I momenti di transizione da una tecnologia a un'altra sono gli unici che consentono di osservare la sua vera influenza, ma per farlo adeguatamente dovremmo essere in grado di porre l'accento sullo studio dei media e non sul loro contenuto: questo è il motivo per cui, egli diceva, "il medium è il messaggio".
Come avremo modo di approfondire, tuttavia, ogni volta che un essere umano utilizza una tecnologia, il suo cervello si modifica, in virtù della *neuroplasticità* che lo caratterizza.[30] L'uso delle tecnologie, pertanto, in un incessante processo dialettico, finisce fatalmente per modificare il nostro sistema neuronale e il significato che attribuiamo alle nostre stesse percezioni.

---

[30] Cfr. infra.

II
Fenomenologia, sociologia, comunicazione

5
La Fenomenologia:
senso comune e costruzione sociale della realtà

Riprendiamo il tema del *realismo ordinario*, mettendolo in relazione con alcune delle questioni emerse dall'analisi del "senso comune". Innanzitutto, il senso comune ci suggerisce che la nostra percezione tende a farci accedere al mondo esterno così come esso è "realmente" (pertanto, nel mondo esterno ci sarebbero effettivamente quelle proprietà che, sulla base delle nostre percezioni, noi tendiamo a collocarvi). Tale "suggerimento" è valido sia per ciò che concerne le cosiddette «proprietà primarie», come le forme e le dimensioni degli esseri e degli oggetti, sia per le «proprietà secondarie», come i colori, gli odori, i suoni relativi a esseri e cose.

In secondo luogo, il senso comune ci invita anche a considerare come le proprietà degli oggetti di medie dimensioni da noi percepiti *non siano* in realtà identiche alle proprietà microfisiche che li costituiscono, né siano interamente riducibili a esse. Ciò significa, ad esempio, che una sedia possiede delle caratteristiche funzionali ed estetiche che non sono riducibili alle proprietà microfisiche che la costituiscono (ad esempio la tessitura del legno, la sua composizione chimica, etc.) come oggetto materiale. Di conseguenza, nessuna descrizione di un oggetto che menzioni solo le sue proprietà fisiche potrà dar conto, nemmeno in linea di principio, delle sue caratteristiche funzionali ed estetiche.

Il senso comune, infine, ci spinge a credere che le nostre pratiche siano "naturalmente" adatte, anche quando non sono riconducibili al punto di vista delle "scienze" naturali: ai giudizi morali, per esempio, viene attribuita una "naturale" oggettività che sembrerebbe derivare da aspetti reali del mondo (una certa azione, per esempio, è oggettivamente buona, perché esemplifica una proprietà morale, o un valore, ritenuto *reale* e irriducibile).

Una difesa molto rigorosa del realismo ordinario, incentrata sul senso comune e sulla "naturale" predisposizione delle nostre modalità percettive, è quella proposta dalla *fenomenologia* di Edmund Husserl. A suo giudizio, le indagini fenomenologiche provano che l'unico mondo reale è il mondo della vita quotidiana così come esso viene rappresentato "naturalmente" dall'esperienza di *senso comune*: un mondo in cui i valori e le proprietà secondarie sono reali. «Questo *mondo* – egli diceva – è «*il dimenticato fondamento di senso della scienza naturale*». Per Husserl i *concetti scientifici* non sarebbero altro, pertanto, che delle mere *idealizzazioni* con fini pratici (come la misurazione e la previsione), ma *non* si riferirebbero a *entità reali*.

Ma che cos'è la fenomenologia? Diciamo innanzitutto che si tratta dello lo *studio di ciò che appare*. Non si tratta però di un banale processo di rispecchiamento di una "realtà" data "oggettivamente", in quanto della cosiddetta "realtà" noi non conosciamo se non "ciò che appare", ovvero ciò che si manifesta nei contenuti delle percezioni e della coscienza.
Ogni approccio di tipo fenomenologico impedisce innanzitutto di *guardare* alle cose in quanto oggetti. Nella prospettiva fenomenologica, di fatto, non ci sono oggetti o persone, ma solo *processi*, ovvero *relazioni* tra persone e oggetti, tra oggetti e oggetti, tra persone e persone.

Come dire che in ogni possibile esperienza della realtà, *soggetto* e *oggetto* si compenetrano e che la fenomenologia è un approccio che si occupa di come, nell'esperienza, soggetto e oggetto si costituiscono come poli complementari.

Il paradosso di ogni forma di conoscenza è che il "soggetto che conosce" è esso stesso parte del "mondo della vita", ovvero della realtà che cerca di afferrare. Al contempo, esso è però anche quell'entità che "costituisce" sé stessa e il mondo come elementi distinti e separati.

La *consapevolezza* della *co-appartenenza,* di soggetto e oggetto, rappresenta uno dei tratti più significativi che caratterizzano la fenomenologia, oltre a renderla radicalmente antipositivista, antidogmatica e critica nei confronti di ogni feticizzazione di qualsivoglia forma di sapere.

Alcuni critici sostengono che, più che una scienza, la fenomenologia debba essere considerata uno "stile di pensiero": essa non si impara dai libri ma attraverso l'insegnamento orale, attraverso gli esempi e il "pensare insieme". Non ci sono metodi o formule da apprendere a memoria per conoscere la fenomenologia: si tratta di "imparare a *vedere*", restando "continuamente in *dubbio*", rivedendo "ciò che diamo per scontato" implicitamente con l'uso quotidiano delle categorie e delle parole del "senso comune".

Al cuore di tale approccio vanno collocate alcune idee fondanti di Edmund Husserl (1859-1938) e in particolare il suo metodo dell'*epoché*: la "messa tra parentesi" continua di tutto quanto già sappiamo sul mondo, al fine di avvicinarci "al di qua" delle categorie, al di qua del "mondo della vita". Si tratta in sostanza di un metodo di "riduzione fenomenologica" fondato sulla sospensione del giudizio, sulla sospensione di ogni nozione di *senso comune*, così come esso si presenta nella *realtà* della *vita quotidiana*, al fine di liberare le capacità intuitive originarie della *coscienza*. Per Husserl – in breve – il punto di partenza per analizzare l'esperienza umana è la comprensione del concetto di *intenzionalità della coscienza*; non vi è atto di coscienza che non sia riferito a uno specifico oggetto, non vi è se non una coscienza relazionale, ovvero una *coscienza di qualcosa*.

Secondo la fenomenologia, affinché si determini il *senso della realtà* è necessario che si verifichino due condizioni:
  - che si rivolga la nostra attenzione ad un oggetto; che si crei cioè una *relazione* tra noi e l'oggetto (ricordando che *la coscienza è sempre intenzionale*);
  - che l'esperienza in questione non sia contraddetta.
Si danno così due diversi ordini di realtà, ciascuno dotato di uno specifico e separato modo di esistenza. Il che significa che il *senso della realtà* si presenta con gradi e modalità differenti in ciascun sotto-universo. Tra essi, quello che esercita il maggior potere di stimolo – il *nucleo della realtà* – è il mondo dei sensi o delle cose fisiche.
Tali sotto-universi di realtà sono ciò che Alfred Schütz – uno dei padri della sociologia fenomenologica – definisce appunto *province finite di significato*, sotto-universi – cioè – in cui è il significato delle nostre esperienze e non la struttura ontologica degli oggetti a costituire la realtà. Più nello specifico, una *provincia finita di significato* è un certo insieme delle nostre esperienze che manifesta uno specifico *stile cognitivo*. La "finitezza" della *provincia* indica la natura interna della coerenza di un insieme di esperienze e al contempo l'impossibilità di tradurre "direttamente" l'esperienza di una *provincia* nello *stile cognitivo* di quella di un'altra, senza mutarne il significato.

Il passaggio da una *provincia* all'altra avviene attraverso un "salto", una discontinuità, pur all'interno di una stessa coscienza, come ad esempio avviene quando ci risvegliamo di soprassalto, nel corso di un sogno, o quando – al cinema – distogliamo momentaneamente e repentinamente l'attenzione dallo schermo durante la proiezione di un film particolarmente coinvolgente («quando il fuoco della nostra attenzione seleziona un oggetto secondo uno *stile cognitivo*, viene conferito *l'accento di realtà* alla provincia da esso costituita, mentre le altre restano sullo sfondo e divengono non-reali»).

Il numero delle province è pressoché infinito e all'interno di esse è possibile individuare delle sotto-province. Schütz indica, ad esempio: il mondo della *vita quotidiana* dei *sogni*, dell'*arte*, del *gioco,* della *scienza*, della *religione*, del cinema, del teatro, della letteratura e dei vari mondi fantastici. Tra questi, il mondo della *vita quotidiana* rappresenta il mondo della realtà fondamentale, l'archetipo della nostra esperienza della realtà. Tutte le altre "province" possono essere considerate come delle sue modificazioni.

Tale "realtà" possiede una sua struttura *autoevidente*. È un mondo semplicemente "dato".

L'autoevidenza del reale implica la mancanza della necessità di una spiegazione («io trovo costantemente di fronte a me la realtà spazio-temporale a cui appartengo io stesso ed appartengono tutti gli altri uomini, che si trovano in essa e che ad essa si riferiscono nel mio medesimo modo… il mondo della realtà è sempre *là*»).

La fenomenologia si caratterizza così come un'analisi dell'atteggiamento "naturale", essenzialmente come un metodo per l'analisi dei processi attraverso i quali si costituisce la struttura del *senso comune*, del mondo *dato per scontato* nell'atteggiamento comune degli esseri umani.

Soggetto e oggetto, individuo e società risultano dunque inseparabili nella teoria sociale fenomenologica: il "mondo" è *sempre* "il mondo esperito dal soggetto", è *sempre* "esperienza del mondo".

Riassumendo, possiamo considerare la fenomenologia, in termini più schematici, come un approccio caratterizzato dalla condivisione di alcuni principi basilari su cui si fondano le cosiddette *strutture costanti* della percezione umana. Esse sono:

- 1) Intenzionalità della coscienza
- 2) Carattere gestaltico della percezione
- 3) Incompletezza prospettica della percezione
- 4) Carattere fenomenico e temporale della percezione

1) La *coscienza* è sempre *intenzionale* nel senso, come abbiamo già ricordato, che essa tende sempre, o è diretta, verso oggetti. Noi non possiamo mai percepire la coscienza (o un suo aspetto) in quanto tale (in astratto) ma solo la coscienza di una cosa o di un'altra. Questo vale sia per gli oggetti della coscienza appartenenti al mondo fisico esterno (il *mondo 1*), sia per quelli appartenenti a una realtà soggettiva interiore (il *mondo 2*). In altri termini, il carattere intenzionale della mia coscienza si manifesterà sia che io veda o abbracci mia madre in carne e ossa (nel *mondo 1* della realtà fisica percepita attraverso i miei sensi), sia che io, pensando a qualche mia esperienza vissuta con lei in passato, provi un sentimento soggettivo e puramente mentale di affetto, tristezza o gioia (nel *mondo 2* della mia realtà interiore, la cui esperienza è indipendente da qualunque possibile percezione relativa al *mondo 1*).

In ogni caso avrò sempre *coscienza* di un «oggetto» verso cui la mia coscienza sarà orientata in modo *intenzionale*. A questo si aggiunga che, come già ricordato, che oggetti differenti si presentano alla coscienza come costitutivi di *differenti sfere di realtà* (io riconosco le persone con cui interagisco nella vita quotidiana come appartenenti a una realtà del tutto diversa dalle figure con cui interagisco durante i miei ricordi, i miei sogni, o durante la visione di un film o la lettura di un romanzo). In ogni caso la mia coscienza sarà tesa, o "attenta", verso i due tipi di "provincia", in modo del tutto diverso. *La mia coscienza*, quindi, sarà in grado di muoversi attraverso *sfere differenti di realtà*.

2) Tra le molteplici realtà, ve n'è una che si presenta, sempre e comunque, come la realtà per eccellenza: la *realtà della vita quotidiana*. Io percepisco tale realtà come una realtà dotata di un suo ordine già predeterminato. I suoi fenomeni sono predisposti secondo una forma (*gestalt*), ovvero secondo schemi o modelli che sembrano indipendenti dalla mia percezione di essi e che, anzi, si impongono alla mia percezione. Come spiegano molto bene autori come José Ortega y Gasset o Wilhelm Schapp[31], la realtà della vita quotidiana appare già oggettivata in strutture formali, cioè costituita da un ordine di oggetti che precede la nostra percezione di essi. Il linguaggio stesso usato nella vita quotidiana può essere considerato lo strumento per eccellenza in grado di rifornirmi incessantemente delle necessarie oggettivazioni affinché io possa percepire la realtà come qualcosa dotata di senso che riveste un significato ai miei stessi occhi. Nel capitolo nove delle *Meditaciones del Quijote*, intitolato *Las cosas y su*

---

[31] Cfr. infra.

sentido, Ortega y Gasset propone quello che a mio avviso può essere considerato uno dei suoi più lucidi contributi all'analisi fenomenologica della realtà sociale. L'elemento più innovativo presente in tale riflessione riguarda il concetto di struttura, che spiega molto bene il carattere gestaltico della nostra percezione. Leggiamo uno dei brani più indicativi:

Quando apriamo gli occhi – egli scrive – *c'è un primo istante in cui gli oggetti penetrano convulsi nel campo visivo. Sembra che si allarghino, si stirino, si disuniscano come se fossero di una corporeità gassosa tormentata da una raffica di vento. Ma a poco a poco subentra l'ordine. Per prime si acquietano le cose che cadono al centro della visione, poi quelle che occupano i bordi. Questo acquietarsi e questa fissità dei contorni provengono dalla nostra attenzione che le ha ordinate, che ha teso, cioè, fra di esse una rete di relazioni.*
Una cosa non si può determinare o delimitare se non in relazione ad altre. Se continuiamo a prestare attenzione a un oggetto, questo si andrà determinando sempre più, perché troveremo in esso più connessioni e riflessi delle cose circostanti. L'ideale sarebbe fare di ogni cosa il centro dell'universo.
Questa è la profondità: ciò che in qualcosa è riflesso, allusione alle altre cose. Il riflesso è la forma più sensibile di esistenza virtuale di una cosa in un'altra. Il "senso" di una cosa è la forma suprema della sua coesistenza con le altre, è la sua dimensione profonda.[32]

---

[32] José Ortega y Gasset, *Meditazioni del Chisciotte*, Guida, Napoli 1986 p. 75 (Cfr., infra, il rapporto con Schütz e Husserl; l'approccio di Schapp: le relazioni che acquisiscono senso solo se intese come narrazioni; i diversi linguaggi delle narrazioni determinano tipi diversi di strutture, di società, che

Come sarebbe una cosa considerata isolatamente? – si chiede a questo punto il filosofo spagnolo. *Povera, sterile, confusa. Si direbbe che c'è in ogni cosa una certa segreta potenzialità di essere molte altre cose, potenzialità che si libera e si espande quando un'altra o altre entrano in relazione con essa. Si direbbe che ogni cosa è fecondata dalle altre; si direbbe che esse si desiderino, come maschi e femmine; si direbbe che si amino e che aspirino a unirsi, ad aggregarsi in società, in organismi, in edifici, in mondi. Ciò che chiamiamo natura non è altro che la massima struttura in cui sono entrati tutti gli elementi materiali. E la natura è un'opera d'amore, perché significa generazione, nascita di una cosa da un'altra in cui era premeditata, preformata, virtualmente inclusa.*[33] Quindi – per Ortega – la struttura, o *gestalt*, potrebbe essere considerata una particolare realtà, una sorta di "cosa di secondo grado", che emerge aggiungendo ai singoli elementi qualcosa d'altro, qualcosa di diverso da essi, cioè un ordine; questo è qualcosa di non riducibile ad essi in quanto tipo di realtà. *È evidente* –conclude – *che la realtà di quest'ordine ha un valore e un significato diverso dalla realtà che possiedono i suoi elementi le cose unite in una relazione formano una struttura.*[34]

Ciò che Ortega y Gasset chiama struttura, è dunque una realtà già preformata secondo una *gestalt* che include in sé gli elementi di cui è costituita secondo un certo ordine, una certa disposizione o *relazione*. La conseguenza è che la cosa, presa singolarmente, ha una realtà molto scarsa, isolata; e le realtà effettive sono strutture in cui agli elementi materiali si sovrappongono *gestalt* (ordini o disposizioni) di diverso valore o significato.

---

a loro volta determineranno tipi di versi di atteggiamenti narrativi: di tipo argomentativo o di tipo narrativo).

[33] Ortega y Gasset (op. cit.), pp. 74-75.

[34] Ibid.

3) L'atteggiamento fenomenologico si affianca ad una serie di trasformazioni di carattere sia tecnologico sia culturale che, portando a maturazione diversi fenomeni verificatisi a partire almeno dal XVI secolo, hanno investito le società occidentali tra la fine dell'Ottocento e la prima metà del Novecento. Mentre nella fisica e nella geometria, nella biologia e nella sociologia, nell'arte e un po' in tutti i campi del sapere vengono lanciati attacchi di vario genere alle idee tradizionali di spazio e tempo, autori come Nietzsche, in chiara reazione alla credenza positivista nella verità dei fatti oggettivi, lanciava la sua battaglia teorizzando il *prospettivismo*, modello filosofico della conoscenza con il quale sollecitava ad utilizzare proprio la diversità dei punti di vista, delle prospettive e delle interpretazioni di tipo affettivo-emotivo. Nel 1887, nella Genealogia della morale, Nietzsche rende esplicito il suo metodo "prospettico":

D'ora innanzi guardiamoci meglio – egli scriveva – *dal pericoloso, antico favoleggiamento concettuale, che ha impiantato un puro, senza volontà, senza dolore, atemporale soggetto della conoscenza; guardiamoci dalle prensili braccia di tali concetti contraddittori come pura ragione, assoluta spiritualità, "conoscenza di sé";* ... *Esiste soltanto un* vedere prospettico, *soltanto un* conoscere prospettico*; e quanti più affetti lasciamo parlare sopra una determinata cosa, quanti più occhi, differenti occhi sappiamo impegnare in noi per questa stessa cosa, tanto più completo sarà il nostro concetto di essa, la nostra obiettività. Ma eliminare in genere la volontà, sospendere tutte quante le passioni, ammesso che di questo* *fossimo capaci: come? Non significherebbe castrare l'intelletto?* [35]

Il più brillante successore, pochi anni dopo, di questo *approccio prospettivistico* che rappresenterà uno degli aspetti caratterizzanti di ogni metodologia fenomenologica, è stato ancora una volta José Ortega y Gasset. Nel 1910 nelle *Meditaciones del Quijote*, il filosofo spagnolo partendo dalla celebre metafora del bosco,[36] scriverà quanto segue:

Alcuni non vogliono ammettere la profondità di qualcosa perché esigono che il profondo si manifesti allo stesso modo di ciò che è superficiale. Non accettando l'esistenza di varie specie di chiarezza, danno importanza esclusivamente alla chiarezza peculiare delle superfici. Essi non si accorgono che per ciò che è profondo è essenziale nascondersi dietro la superficie e presentarsi solo per il suo tramite, palpitando sotto di essa. Non c'è nulla di tanto illecito quanto rimpicciolire il mondo con le nostre manie e le nostre cecità, sminuire la realtà, sopprimere immaginariamente parti di ciò che è.

Questo accade quando si chiede alla profondità di presentarsi allo stesso modo della superficie.

Tutte le cose profonde hanno una condizione analoga. Gli oggetti materiali, ad esempio, che vediamo e tocchiamo, possiedono una terza dimensione che costituisce la loro profondità, la loro interiorità. Senza dubbio, non possiamo né vedere né toccare questa terza dimensione. Troviamo, è vero, sulle superfici, allusioni a qualcosa che giace al loro interno; ma questo interno non può mai venir fuori e manifestarsi nella stessa forma delle parti esteriori all'oggetto. Sarà vano

---

[35] Friedrich Nietzsche, *Genealogia della morale*, Rizzoli, Milano 1976, p. 323.
[36] Ortega y Gasset (Op. cit.), pp. 51-79.

sezionare in strati superficiali la terza dimensione: per quanto precisi siano i tagli, gli strati avranno sempre uno spessore, vale a dire una profondità, un interno invisibile e intangibile (...). Come la profondità ha bisogno di una superficie dietro cui nascondersi, la superficie, per essere tale, ha bisogno di qualcosa su cui estendersi e da ricoprire.

Con gli occhi noi possiamo vedere una parte, ad esempio, di un'arancia, ma il frutto intero non ci si offre mai in forma sensibile: la porzione maggiore del corpo dell'arancia si trova nascosta ai nostri sguardi (...); non è quindi necessario ricorrere a sottili e metafisici oggetti per dimostrare che le cose possiedono modi diversi di presentarsi; modi che, a differenti livelli, sono ugualmente chiari. C'è dunque tutta una parte di realtà che ci si offre senza altro sforzo che quello di aprire gli occhi e le orecchie – il mondo delle pure impressioni. Chiamiamolo mondo evidente.
Ma c'è un oltremondo costituito da strutture di impressioni, che se è latente rispetto al primo, non è per questo meno reale. Affinché questo mondo esista davanti a noi, abbiamo bisogno, è vero, di aprire qualcosa più degli occhi, di compiere atti e sforzi maggiori; ma la misura di questi sforzi non toglie e non dà realtà a quel mondo. Il mondo profondo è chiaro come quello superficiale, solo che esige di più da noi. (...).

Questo bosco mi ha insegnato che esiste un primo livello di realtà che mi s'impone in modo violento: sono i colori, i suoni, il piacere e i dolori sensibili. Di fronte ad esso la mia condizione è passiva. Ma dietro quella realtà ne appaiono altre (...) ma queste realtà superiori sono più pudiche; non piombano su di noi come su di una preda. Al contrario, per manifestarsi ci pongono una condizione: volere la loro esistenza e sforzarci di raggiungerla. Vivono, quindi, in qualche modo sorrette dalla nostra volontà. La scienza, l'arte, la giustizia, la cortesia, la religione sono orbite di realtà che non ci invadono barbaramente, come la fame o il freddo; esistono solo per chi le vuole, per chi le desidera.

È questo ciò che accade con la letteratura e, più in generale, con i prodotti dell'arte. Ci sarebbe, insomma, come una gerarchia di piani di realtà; la prima tra questa – che s'impone in modo violento – contempla i colori, i suoni, i piaceri e i dolori sensibili. Queste sensazioni, che cadono su di noi, non richiedono una nostra attività, ma, al contrario, sono manifestazioni cui si oppone un nostro comportamento passivo. In seguito, emergono "altri piani di realtà", ogni volta più profondi e suggestivi; questi "attendono" che realtà superiori ci collochino nella seguente posizione: che noi si desideri la loro esistenza e che ci si rivolga con forza verso di esse. La dimensione della profondità, spaziale o temporale, visiva o uditiva, si presenta – nella teoria di Ortega – sempre in una superficie. Di modo che questa superficie possiede a rigore due valori: uno quando la consideriamo per ciò che materialmente è; l'altro, quando la vediamo nella sua seconda vita virtuale. Nel secondo caso la superficie, senza smettere di essere tale, si dilata in un senso profondo, che chiamiamo scorcio, prospettiva. La prospettiva è l'organo della profondità visiva; è un caso limite, in cui la semplice visione è fusa in un atto puramente intellettuale.

Questo tipo di analisi è a mio avviso della più grande utilità per comprendere l'importanza dell'arte e della letteratura per la ricerca sociologica e comunicativa. Così, infatti, come esiste un vedere che è un guardare, così c'è un leggere che è *intelligere* (*del mismo modo en que hay un ver que es mirar, hay un leer que es intelligere o leer lo de dentro, un leer pensativo*), o *leggere dentro*, un leggere col pensiero. Il modo di vedere attivo interpreta vedendo e vede interpretando. *Quelle che chiamiamo cose sono "interpretazioni del reale"*. Solo a queste condizioni si manifesta il senso profondo del Don Chisciotte – afferma lo stesso Ortega – il senso profondo della letteratura o delle arti in genere.

Nell'approfondire il suo discorso, il filosofo spagnolo affermava che bisognerebbe riconoscere due tipologie (delle specie di *idealtipi*) di uomini: i *meditativi* e i *sensuali*. Per i sensuali, il mondo si presenta come una riverberante superficie; il loro regno è lo splendente aspetto dell'universo – *facies totius mundi* –, di cui parlava Spinoza. I primi, i meditativi, vivono al contrario nella dimensione della profondità. Come per il sensuale l'organo sono la retina, il palato o i polpastrelli, allo stesso modo il meditativo possiede l'organo del concetto. Il concetto viene infatti considerato da Ortega l'organo naturale della profondità.

Quando, oltre al sentimento del bosco attorno a noi come un enorme abbraccio (in senso fenomenologico), possediamo il concetto di bosco, che guadagniamo? Per il momento il concetto si pone come una ripetizione o una riproduzione della cosa stessa, svuotata in una materia spettrale. Pensiamo a ciò che gli egiziani chiamavano il Doppio di ogni essere, umbratile duplicato dell'organismo. Comparato alla cosa stessa, il concetto non è che uno spettro o ancor meno di uno spettro: Il concetto non può essere una specie di nuova e sottile cosa destinata a soppiantare le cose materiali. La missione del concetto non consiste, quindi, nel prendere il posto dell'intuizione, dell'impressione reale. La ragione non può, non deve aspirare a sostituire la vita. Ciò che dà al concetto quel carattere spettrale è il suo contenuto schematico; il concetto trattiene solamente lo schema della cosa.

4) Un'ultima caratteristica propria della nostra struttura percettiva è il suo carattere fenomenico e temporale. *La temporalità*, di fatto, è una proprietà intrinseca della *coscienza*, il cui flusso è sempre ordinato temporalmente (Brentano, Bergson, Husserl, Ricoeur),[37] così come lo è anche dell'intersoggettività nella quale siamo immersi nella nostra esperienza della vita quotidiana. Il mondo comune ha il suo proprio tempo standard, che è intersoggettivamente accessibile e che può essere considerato come l'intersezione tra il tempo cosmico e il suo calendario socialmente stabilito, basato sulle sequenze temporali della natura, e il tempo interiore, nelle sue differenziazioni. Non vi può mai essere una piena simultaneità tra questi livelli di temporalità. La *struttura temporale* della realtà della vita quotidiana si pone di fronte a noi come una *fattualità* con la quale dobbiamo inevitabilmente sempre fare i conti, con la quale, cioè, dobbiamo necessariamente sincronizzare il nostro tempo interiore. Nella realtà della vita quotidiana incontriamo un tempo continuo e finito. Tutta la nostra esistenza in essa è continuamente ordinata dal suo tempo; anzi, la nostra vita biografica non è che un episodio nel flusso esteriormente fittizio del tempo collettivo. Esso c'era prima della nostra nascita e ci sarà dopo la nostra morte. In tal senso la consapevolezza della nostra morte rende questo tempo *finito* per noi, nel senso che sappiamo di avere solo una certa quantità di tempo disponibile per la realizzazione dei nostri progetti, e una

---

[37] Cfr. infra.

tale consapevolezza influisce sul nostro atteggiamento nei confronti di ogni nostro possibile progetto.

Tale *struttura temporale*, comunque è fattuale e coercitiva (*oggettiva* e *autonoma*). La stessa struttura temporale determinerà anche la storicità da cui dipende la nostra situazione nella realtà della vita quotidiana. Io sono nato in una certa data, ho cominciato ad andare a scuola in un'altra data ed entrambe queste date sono comunque collocate all'interno di una storia molto più vasta, e tale collocazione configurerà in modo decisivo (determinante!) la mia situazione biografica. La struttura temporale della vita quotidiana, duqneu, non solo impone sequenze predisposte sull'agenda di ogni mio singolo giorno, ma si impone anche sulla mia biografia complessiva. Io le percepisco entrambe (ecco il suo carattere *fenomenico*) all'interno delle coordinate imposte da questa struttura temporale di carattere sociale e collettivamente condiviso attraverso strumenti come gli orologi e i calendari.

Oltre al riferimento alle strutture costanti della percezione, l'approccio fenomenologico si caratterizza per una metodologia d'indagine della "realtà" fondata su quattro cardini principali:

* 1) Epoché
* 2) Riduzione fenomenologica
* 3) Variazione eidetica
* 4) Corroborazione intersoggettiva

1) L'*epoché* costituisce il principale metodo fenomenologico di analisi della realtà sociale. L'atteggiamento "naturale" della coscienza umana di senso comune è quello di credere a ciò a cui tutti coloro

che condividono la sua "realtà" credono. La conoscenza di senso comune è la conoscenza che io condivido con gli altri nelle normali, autoevidenti, *routines* della vita quotidiana. La realtà della vita quotidiana, insomma, viene data per scontata come realtà e pertanto essa *non richiede una verifica ulteriore oltre la sua semplice presenza*. Anche quando, in talune circostanze (le cosiddette situazioni marginali, come ad esempio "la morte"), può capitare che io *cominci a dubitare* della sua "realtà", sono costretto a *sospendere un simile dubbio* mentre esisto nella routine della vita quotidiana. Questa *sospensione del dubbio* è così solida che, per abbandonarla, (come ad esempio nella contemplazione religiosa o metafisica), dovrei compiere un totale cambiamento di prospettiva, dovrei impegnarmi in uno sforzo deliberato e per niente facile e, soprattutto, per niente "naturale". L'*epoché* costituisce un atto deliberato attraverso cui, invece, assumendo un atteggiamento tipicamente fenomenologico, io mi sforzo di *sospendere* tale atteggiamento naturale di "sospensione del dubbio". Definiamo pertanto epoché la sospensione intenzionale della credenza che la realtà sia un "dato" scontato e naturale, sforzandomi di analizzare l'insieme dei processi sociali che mi conducono, insieme agli altri, a costruire una tale credenza.

2) Una delle conseguenze fondamentali dell'*epoché* è quella di consentire una riduzione dei fenomeni percepiti alla loro essenza fenomenica originale, ovvero la possibilità di percepire la "realtà" dei fenomeni prima che i nostri pregiudizi (le nostre *aspettative* socialmente determinate, o i nostri "pregiudizi") ne pregiudichino il senso.

La *riduzione fenomenologica* di Husserl fa riferimento, quindi, all'essenza della percezione del fenomeno. Lo sfondo rimane quello del vissuto.

3) Per arrivare all'oggetto eidetico Husserl propone il metodo della *variazione eidetica*: presi tutti gli aspetti relativi alla percezione di un certo fenomeno, questi aspetti vengono sottoposti a variazione. Ciò che variando cambierà il significato del fenomeno verrà scartato; ciò che non muta il significato del fenomeno costituirà invece l'essenza percettiva del fenomeno stesso. Ciò che resterà di una variazione eidetica sarà dunque il suo residuo fenomenologico: la fenomenologia si configura così come una scienza delle essenze, ma essenze nel significato di contenuti universali della percezione.

Sia la *riduzione fenomenologica*, sia la *variazione eidetica*, possono essere meglio comprese attraverso un esempio: proviamo a chiederci cos'è, da un punto di vista fenomenologico, *una tazza di caffè*.
Potremmo rispondere definendola, per cominciare, in base alla sua composizione chimico-farmacologica; dal punto di vista botanico, rispetto alla pianta del caffè, e aggiungere una sintesi di come i suoi chicchi vengano coltivati ed esportati, del processo di macinazione, di come l'acqua calda venga fatta filtrare attraverso la polvere di caffè e quindi versata in un recipiente modellato per essere presentato a un membro della specie umana che lo ingerisce per via orale. Potremmo analizzare l'effetto della caffeina sul corpo o discutere del commercio internazionale del caffè. Potremmo riempire un'enciclopedia con questi fatti, senza però riuscire a chiarire

che *cosa sia*, fenomenologicamente, *questa particolare tazza di caffè che abbiamo davanti*. Diversamente, se avessimo seguito un'altra strada e rievocato un insieme di associazioni squisitamente personali e sentimentali – come fa Proust quando inzuppa la sua madeleine nel tè e da lì parte a comporre sette volumi –, nemmeno questo ci avrebbe consentito di *cogliere questa tazza di caffè come un fenomeno immediatamente dato*.

Questa tazza di caffè – potremmo proseguire nella nostra ricerca fondata sulla *variazione eidetica* e la sua conseguente *riduzione fenomenologica* – è un aroma ricco, a un tempo terroso e fragrante; è il pigro movimento di un riccio di vapore che sale dalla sua superficie. Quando la portiamo alle labbra, è un liquido che ondeggia placidamente e un peso nella nostra mano contenuta in una tazza dal bordo spesso. È un tepore sempre più prossimo, dopodiché diventa un gusto scuro e intenso sulla nostra lingua, che inizia con una scossa lievemente austera per poi rilassarsi in un piacevole calore, che si diffonde dalla tazza lungo tutto il nostro corpo, recando con sé una promessa di lucidità e ristoro duraturi.

Questa promessa, le sensazioni già descritte, l'aroma, il colore e il gusto, fanno tutti parte del caffè in quanto *fenomeno*. Ed emergono tutti dal suo essere esperito.

Se li trattassimo come degli elementi puramente "soggettivi", da dover rimuovere per poter essere "oggettivi" riguardo al nostro caffè, non rimarrebbe più nulla della nostra tazza di caffè in quanto fenomeno – ossia, come essa appare alla nostra esperienza, di noi che beviamo il caffè.

Questa *tazza esperenziale di caffè* è la sola di cui noi possiamo parlare con sicurezza, mentre tutto ciò che concerne la crescita dei chicchi e la composizione chimica sono voci riportate. Esse potrebbero essere interessanti, colte, scientificamente importanti, chiarificatrici, anche.

Ma la nostra attenzione, talvolta, più che essere attratta da ciò che spiega, distingue o, appunto, chiarisce, viene sollecitata dalla richiesta di senso soggettivo, dal bisogno di significati fenomenologici (né del tutto *soggettivi*, né del tutto *oggettivi*) che prescindano da queste distinzioni logiche.

4) La *corroborazione intersoggettiva* è, infine, quell'aspetto del metodo che fa riferimento alla necessità di considerare ogni *fenomeno*, sempre e comunque, alla luce della conferma di coloro che condividono socialmente la sua definizione di realtà. Come avremo modo di approfondire quando affronteremo il tema della costruzione sociale dell'identità, lo scopo ultimo di ogni processo di socializzazione è proprio l'elaborazione di una simmetria (o corrispondenza) tra la cosiddetta realtà oggettiva (quella che è al di fuori di noi) e la realtà soggettiva (quella che percepiamo al nostro interno). In poche parole, la società, generalmente, pretende che i suoi significati siano uguali ai nostri significati (di qui l'importanza che la società attribuisce alla comunicazione e alla "condivisione del significato" e il continuo bisogno di una conferma (la corroborazione intersoggettiva, appunto) da parte degli "altri" che le nostre definizioni della realtà corrisponda a quella di tutti gli altri (o, quanto meno, di tutti gli "altri" per noi significativi). Nel momento in cui l'individuo interiorizza l'insieme dei significati che la società gli impone riesce a dare ordine soggettivo alla propria esperienza, dà un senso alla propria biografia. E cioè ordina gli elementi della sua passata esperienza e li integra nell'ordine societario. Il tempo acquista un senso: passato presente e futuro diventano quel *continuum* necessario per l'esistenza stessa dell'individuo. Come ha

scritto lo psicologo Erik Erikson a proposito delle fasi di "crisi" che, in modo più o meno continuo, si presentano nell'ambito del processo di socializzazione, la personalità umana può essere considerata "una combinazione di fattori reciprocamente legati, una combinazione di capacità create nel lontano passato e di occasioni colte nel presente; una combinazione di precondizioni totalmente inconsce sviluppatesi nella crescita dell'individuo e di condizioni sociali create e ricreate nel precario gioco reciproco delle generazioni. In alcuni giovani, in alcune classi, in alcuni periodi storici, questa crisi è minima; in altre persone, classi ed epoche essa assume l'aspetto definito di un periodo critico, di una specie di 'seconda nascita' che può essere aggravata da una nevrosi o da una acuta insicurezza ideologica. Alcuni giovani soccomberanno a questa crisi in forme di comportamento nevrotico, psicotico o delinquenziale; altri la risolveranno grazie alla partecipazione ad intensi movimenti ideologici a sfondo religioso, politico, naturistico o artistico. Altri ancora, sebbene sofferenti e smarriti, la supereranno in quella che sembra essere un'adolescenza prolungata, finendo con l'arrecare un sia pur minimo contributo originale ad uno stile di vita emergente: il pericolo stesso che hanno avvertito li ha costretti a mobilitare capacità di vedere e di esprimersi, di sognare e di programmare, di ideare e di costruire in nuove forme".[38] L'operazione di costruzione dell'ordine riveste però ancora un'altra funzione: quella di difendere l'uomo dal terrore dell'esistenza. Questo terrore dell'esistenza è *la perdita*

---

[38] Eric H. Erikson, *Il giovane Lutero*, Armando, Roma 1967, pp. 24-25.

del significato. La perdita di significato è il *caos*, che, come tale, deve essere tenuto a bada ad ogni costo. In poche parole, vivere nel mondo sociale significa avere un'esistenza normale e significativa, uscirne fuori, nel senso della impossibilità di condividerne i significati, costituisce una minaccia per l'individuo perché si perde l'orientamento dell'esperienza. Nei casi estremi – dice Berger – si perde il senso della realtà e dell'identità. Quest'aspetto protettivo dell'ordine sociale è molto evidente nelle cosiddette *situazioni marginali*. Queste sono quelle situazioni della vita che lo portano vicino ai confini dell'ordine che regola la sua vita quotidiana. Sono situazioni che si presentano spesso nei sogni, anche in quelli ad occhi aperti. A volte queste fantasie si presentano come "dubbi" sulla consistenza della realtà che ci circonda, che diventa precaria, incerta. Questi dubbi possono coinvolgere gli strati profondi della coscienza (gli psichiatri li chiamano stati nevrotici o psicotici), allora costituiscono una minaccia per l'individuo che ne rimane terrorizzato. Ciò che terrorizza è il fatto che venga messo in crisi l'ordine stesso su cui tutta la sua esistenza si basava. Queste situazioni possono essere chiamate "situazioni marginali" proprio perché stanno ai margini della realtà stabilita, la sfiorano o la coinvolgono profondamente. La situazione marginale per eccellenza, come abbiamo già ricordato, è la *morte*. La morte infatti sconquassa, mette in crisi, insinua dei dubbi sulle precedenti definizioni della realtà. Essa mina appunto i presupposti dell'ordine stabilito. Allora ci si rende conto che ogni realtà a fianco possiede un'irrealtà che è terrorizzante. Detto in termini diversi, quando questa irrealtà si presenta fa difetto la comunicazione. Berger la chiama *conversazione* e cioè la possibilità di rassicurazione che si ottiene attraverso la condivisione e la corroborazione intersoggettiva dei significati. In altri termini le situazioni marginali dell'esistenza umana mettono in luce la precarietà di quanto è stato costruito dall'uomo: *vi è un'irrealtà possibile che minaccia ogni forma di realtà.* Dietro l'ordine vi è l'anomia, che vuol dire assenza di norme. D'altronde ogni ordine costruito è uno spazio di significatività "estratto" in un mucchio di non-senso. Ogni ordine costruito è un edificio contro le forze del caos. Ed è evidente che questo caos deve essere tenuto a bada. Il che vuol dire che ogni società sviluppa dei meccanismi di difesa atti a difendere la realtà costruita. Dei meccanismi cioè in grado di aiutare i suoi membri a restare orientati nella realtà e – nel caso fosse necessario – a tornare nella *realtà* (quella realtà così come ufficialmente è stata definita). Uno dei meccanismi più efficaci è quello di fare accettare il mondo sociale come "dato per scontato". La socializzazione ha successo quando spinge ad accettare i significati-chiave della società come inevitabili. Non basta cioè che l'individuo li consideri utili, giusti o desiderabili, è necessario che sia convinto che essi sono inevitabili, cioè immutabili. Ed è proprio questa una delle principali funzioni che le narrazioni – e in particolare le cosiddette *Grandi Narrazioni* di carattere mitico-religioso o anche filosofico-ideologico – hanno svolto nel corso della storia dell'umanità. Insomma, gli uomini sono costretti "antropologicamente" a costruire il senso della realtà (esteriorizzazione), a reificarlo (oggettivazione) e a riappropriarsene nel corso della socializzazione (interiorizzazione).

Tutto quanto detto finora e gli argomenti che or ora abbiamo trattato devono essere intesi come un bagaglio concettuale, una "cassetta degli attrezzi" con i quali poter costruire una griglia di interpretazione sociologica dei fenomeni culturali e comunicativi.

6
La Società come prodotto narrativo

La sociologia, oltre ad essere una disciplina scientifica, può anch'essa essere portatrice di uno stile fenomenologico di pensiero, di un modello di organizzazione e di gestione della conoscenza. Anche le teorie e i metodi che la sociologia propone possono in un certo senso essere considerate strumenti per pensare il mondo. Esse sono un modo di rappresentare e ordinare, attraverso adeguate narrazioni, l'esistenza collettiva.

Una prima sintetica definizione dell'oggetto stesso della sociologia può essere in tal senso la seguente: *la società* è un insieme di relazioni più o meno stabili (e più o meno istituzionalizzate) che coinvolge individui e gruppi di individui. Ciò che rende "più o meno" stabili tali insiemi di relazioni sono principalmente le *narrazioni* che ad esse si riferiscono e che fanno sì che la società possa essere considerata un fenomeno essenzialmente *relazionale*, basato su processi culturali e comunicativi.

Le narrazioni, detto in altro modo, rappresentano un po' il tessuto di cui è costituita la tela del cosiddetto *immaginario collettivo*, ovvero di quell'insieme di conoscenze tacite che comunemente condividiamo con tutti i membri dei gruppi ai quali apparteniamo, e che costituisce lo sfondo che ci consente di vivere insieme senza dover fare alcuno sforzo di comprensione teorica. Insomma, come approfondiremo in seguito, le narrazioni che servono ad alimentare l'immaginario collettivo sono le radici stabili su cui si fonda la cosiddetta conoscenza di *senso comune*, ovvero la nostra indubitabile e quotidiana certezza di far parte di una realtà sociale stabile e duratura.[39]

La conoscenza di "senso comune" però – come abbiamo visto – è un tipo di conoscenza che, per quanto necessario, non è da confondere con il sapere elaborato nell'ambito delle scienze sociali. Sarà proprio questo uno dei principali aspetti da dover affrontare ed approfondire nelle pagine che seguono.

Proviamo dunque, al fine di poter operare una netta distinzione tra sapere sociologico e sapere del "senso comune", a riformulare più chiaramente la risposta alla domanda: di cosa parliamo quando parliamo di *società*?

Come capita con tutti i concetti di cui la sociologia condivide in gran parte l'uso con il linguaggio di *senso comune*, anche la risposta alla domanda "che cos'è una società" appare a prima vista intrisa di ovvietà.

La società è la "società"! Un insieme di persone, un insieme di gruppi di persone, oppure un insieme di istituzioni e così via. Nessuna di queste risposte può dirsi erronea o in qualche modo incompleta. Il punto è un altro: in queste risposte è contenuto un pregiudizio, proprio del *senso comune*, che le rende sociologicamente poco interessanti, se non addirittura inutili.

---

[39] Nell'accezione filosofica italiana di derivazione vichiana, il senso comune viene inteso come *l'insieme delle certezze primarie universali dalle quali procede ogni conoscenza umana, sia ordinaria che scientifica*. Ai nostri fini, il riferimento principale su queste tematiche resta il celebre volume di Berger e Luckmann (Op. cit.). Nell'introduzione di questo lavoro appaiono, tra l'altro, le seguenti utili definizioni: Per *realtà* si intende la "caratteristica propria di quei fenomeni che noi riconosciamo come indipendenti dalla nostra volontà"; per *conoscenza*, "la certezza che i fenomeni sono reali e possiedono caratteristiche precise".

Tale pregiudizio è quello di dare per scontato che le società siano costituite da una qualche *essenza*, da una qualche sostanza.

Da questo tranello ontologico in cui siamo destinati, chi più chi meno, a cadere un po' tutti, deriva una delle conseguenze più significative che può servire a distinguere il concetto di società generalmente condiviso nel senso comune, da quello sociologico: ovvero quello di ritenere che una tale "sostanza", l'*essenza* di cui sarebbe costituita la società, sia di natura *materiale*.

Una volta caduti in questo tranello, automaticamente non si può che continuare ad imbarcarsi in una serie potenzialmente infinita di ulteriori confusioni, talvolta anche grossolane, spesso traditi dalle forme del linguaggio stesso che condividiamo e adoperiamo nella vita quotidiana. Possiamo ad esempio ritenere di poter "vedere" una società, di poterla "toccare" o "visitare", come se si trattasse di oggetti dotati di una propria struttura materiale.

Le società, invece, pur essendo a tutti gli effetti degli "oggetti", non sono costituite da nulla di materiale, bensì sono prodotti di un'attività umana di carattere assolutamente "immateriale". Si tratta di prodotti sociali a tutti gli effetti, nel senso che la loro realizzazione avviene solo ed esclusivamente a seguito dell'azione reciproca di individui o gruppi di individui in grado di attribuire "senso e significato intenzionale" al proprio agire.[40]

Prima di proseguire è necessario a questo punto introdurre un altro concetto sociologico, assolutamente inscindibile da quello di società: il concetto di *cultura*.

---

[40] I presupposti teorici di un tale approccio vano fatti risalire alla sociologia weberiana e, in particolare, alla sua rilettura in chiave fenomenologica operata da Alfred Schütz e dalla scuola sociologica da lui ispirata. Per approfondimenti cfr. infra.

Ai fini della presente analisi introduttiva, sarà sufficiente definire la cultura come il prodotto dell'attività umana. Ogni prodotto scaturito dall'attività umana può essere considerato un prodotto culturale. Ciò che è però assolutamente necessario rilevare, riguarda le caratteristiche di una tale produzione: gli uomini sono infatti in grado di dar vita sia a prodotti culturali *materiali* che a prodotti culturali *immateriali*. I primi, cui è possibile accedere direttamente attraverso i sensi, sono costituiti da materiali naturali o artificiali (prodotti ovviamente anch'essi dall'uomo), e contribuiscono a creare quella che viene definita la realtà materiale in cui siamo immersi. Il nostro mondo è pieno di realtà materiale: i nostri corpi, i tasti di "plastica" che in questo momento sto digitando per scrivere le frasi che state leggendo, il tavolo di "legno" su cui è poggiato il computer, la "tela" della camicia che indosso, il "cuoio" delle scarpe che calzo, la "carta" e il "cartoncino" di cui è composto il libro che avete tra le mani. E potremmo proseguire così all'infinito: siamo circondati da "oggetti" materiali in ogni istante della nostra esistenza; parte di tali oggetti sono stati prodotti e manipolati dall'uomo, altri li troviamo direttamente in natura (ad esempio il mare, gli alberi e così via).

Va chiarito, a scanso di equivoci, che la distinzione stessa tra "natura e cultura" potrebbe risultare superflua. Ma un discorso sulla contaminazione degli ambienti naturali e sul rapporto tra uomo e natura nella società contemporanea potrebbe portarci molto lontano ma, per quanto interessante, finirebbe col distoglierci dagli obiettivi di questo lavoro.

Ciò che invece va rilevato è che, oltre che di realtà materiale, il nostro mondo è altrettanto ricco di realtà immateriale. Innanzitutto, fanno parte di questa categoria il linguaggio e tutti i suoi sottoprodotti: i pensieri, le teorie, le formule. Lo stesso libro che state leggendo ha una sua componente materiale (carta, cartoncino, inchiostro, collanti vari, etc.) e una sua componente immateriale (le parole in esso contenuti, le frasi, i pensieri, le teorie e i loro significati, etc.). Potremmo anche discutere di cosa sia più rilevante, nel testo, tra i suoi contenuti materiali e quelli immateriali. Ciò che però ci interessa maggiormente è tenere presente il senso di una tale distinzione.

Materiali o immateriali che siano, tali prodotti dell'attività umana, perché di questo si tratta, sono a tutti gli effetti dei prodotti culturali.

In secondo luogo, bisogna aggiungere che in entrambi i casi si tratta di prodotti oggettivi e fanno pertanto parte della nostra realtà oggettiva. Quando siamo in presenza di un fenomeno che fa parte della realtà oggettiva, questa si impone a noi in tutta la sua pregnanza; non possiamo "fare finta" che non esista. La presenza di un tavolo di legno è oggettivamente reale così come lo sono il nome e il cognome che mi identificano. In entrambi i casi non posso "fare finta" che essi non siano oggettivamente reali; essi mi (e ci) si impongono in tutta la loro presenza.

Volgendo nuovamente la nostra attenzione alla domanda precedente, la complessità della possibile risposta si rivela ora sempre di più: la società può essere infatti definita come un prodotto umano, nient'altro che un prodotto dell'attività umana. Essa non ha altra esistenza se non quella che le viene conferita dall'attività e dalla coscienza dell'uomo. Non esiste, né vi può essere nessuna realtà sociale che prescinda dalla presenza e dall'operosità dell'uomo, nonché dalla sua presa di coscienza su tale presenza e tale esercizio. Tuttavia, nell'ambito della prospettiva dialettica che qui adotteremo, è possibile affermare anche esattamente il contrario: ovvero che l'uomo è un prodotto esclusivo della società.

In effetti la società esisteva prima che l'individuo nascesse, esiste durante il corso della sua vita ed esisterà dopo che egli sarà morto. È proprio all'interno della società infatti, e proprio come risultato di complessi processi sociali, che l'individuo diventa tale, diventa cioè persona che acquisisce e mantiene una propria *identità*, un individuo che si costruisce una "sua" vita. In parole povere la società non può esistere senza l'uomo; e l'uomo non può esistere senza società; entrambe si co-producono reciprocamente, questo è il cuore di ciò che abbiamo chiamato processo dialettico e che è intrinseco ad ogni fenomeno sociale. Ed è solo riconoscendo tale carattere che la società può essere intesa nei termini che sono più consoni alla *ricerca sociologica*: la società come realtà empirica.

Ora, rifacendoci come anticipato ad alcuni studi della sociologia della conoscenza di derivazione fenomenologica, è possibile sostenere che tale processo dialettico (uomo-produttore/società-produttrice) consiste in tre momenti o gradi: l'esteriorizzazione, l'oggettivazione, l'interiorizzazione.

Intendiamoci, è solo se questi tre momenti vengono intesi congiuntamente che si può avere una visione empiricamente adeguata della società. La loro suddivisione è di carattere analitico e non va intesa neppure in senso cronologico.

a) L'*esteriorizzazione* può essere definita come il processo attraverso il quale l'uomo – per alcune fondamentali necessità antropologiche – si riversa nel mondo circostante (lo modella), al fine di costruire una realtà adatta alla sua sopravvivenza (nel senso più ampio del termine). Tale processo si manifesta semplicemente attraverso l'attività degli uomini, un'attività che è sia fisica che mentale;

b) L'*oggettivazione* a sua volta, è il processo che sta ad indicare proprio la realizzazione di tale realtà, costruita tramite i prodotti dell'attività sia fisica che mentale. È importante sottolineare sin d'ora che, una volta realizzata, tale realtà *oggettiva* si pone davanti ai suoi originali produttori come un dato esterno, diverso, appunto, *oggettivo*;

c) L'*interiorizzazione,* infine, consiste in quel processo di riappropriazione, da parte degli uomini, di quella realtà così costruita, la quale – proprio attraverso questo processo – viene ri-trasformata in una struttura della coscienza soggettiva.

Va qui ribadito, anzi non può essere assolutamente dimenticato, che la successione di tali processi non segue una cronologia precisa: essi sono tre momenti compresenti di un unico mega-processo che va considerato in termini circolari e mai lineari.

Ora cerchiamo di vedere più nello specifico – e più approfonditamente – in cosa consiste ognuno di questi tre processi, prima di passare a collocare l'oggetto dei nostri interessi, i processi comunicativi, nell'ambito di una tale prospettiva *culturologica.*

L'esteriorizzazione – secondo una definizione di Peter Berger – può essere considerata una vera e propria necessità antropologica. «L'uomo – egli scrive –, da come lo conosciamo empiricamente, non può essere concepito prescindendo dall'incessante riversamento di sé stesso dal mondo in cui si trova; non può venire inteso come un essere ripiegato su sé stesso, chiuso in una qualche sfera d'interiorità, e che poi cominci a esprimersi nel mondo che lo circonda. L'essere umano si esteriorizza nella sua essenza e fin dall'inizio. Questo fondamentale fatto antropologico ha molto probabilmente le sue radici nella costituzione biologica dell'uomo».[41]

Per semplificare diciamo che, essendo biologicamente privo di un mondo fatto per sé, di un *mondo-uomo*, egli è costretto a costruirselo. Il risultato di tale costruzione è, naturalmente, ciò

---

[41] Peter Berger, *La sacra volta*, SugarCo, Milano 1984, p. 15.

che chiamiamo cultura, il cui scopo fondamentale è quello di dare alla vita umana quelle solide strutture che biologicamente le mancano. Quest'ipotesi di tipo *culturologico* è fondata su dati e teorie di tipo eminentemente antropologico. Una di queste – tra le più vecchie, ma anche tra le più affascinanti – fu formulata da un certo Ludwig Bolk.[42]

Prima di esaminarla va preso in considerazione innanzitutto un dato di fatto: esiste nell'uomo una lentezza nello sviluppo motore, nella crescita, molto particolare e molto diversa rispetto agli altri animali. "Avere una lunga infanzia – come sosteneva Erik Erikson – è proprio dell'uomo, ed è proprio di un'umanità civilizzata avere un'infanzia ancora più lunga. Una lunga infanzia consente all'uomo di diventare un tecnico di un virtuoso dell'intelligenza, ma essa lascia anche in lui la traccia, destinata a durare per il resto della sua vita, di una immaturità emotiva. Le società primitive e civili si servono, in varie forme, del periodo infantile dell'apprendimento per radicare nell'individuo la loro specifica forma di identità umana; ma in pari tempo esse sono sconvolte dalle paure irrazionali originatesi in quell'infanzia stessa che esse sfruttano al loro specifico modo".[43]
Se, ad esempio, noi collochiamo all'età di 12 anni, età della pubertà, la prima sostanziale autonomia dell'essere umano, (questa d'altronde è l'età in cui nella maggior parte delle civiltà si collocano i riti d'iniziazione), e a 70 il tasso medio della vita umana, il rapporto tra "inizio della età adulta" e "lunghezza della vita" è pari a 1/6. Ora non esistono specie animali in cui questo rapporto scende al disotto di 1/12, 1/10. Il che vuol dire che esiste un enorme differenza tra l'uomo e l'animale per svilupparsi sul piano motorio. Va detto inoltre che la lentezza

---

[42] Cfr. Gérard Mendel, *La révolte contre le père*, Payot Paris 1968.
[43] Eric H. Erikson, *Infanzia e società*, Armando, Roma 1966, p. 16.

78

dello sviluppo è nell'uomo molto più marcata nel corso del primo anno di vita. Questo è molto importante in quanto per la psicoanalisi i processi più importanti si svolgono nel primo anno di vita. Qui si inserisce la teoria di Bolk.

Così, in una conferenza, si esprimeva questo studioso (era un professore di anatomia ad Amsterdam negli anni '20): "Se volessi esprimere in una frase un po' lapidaria l'essenziale della mia teoria, presenterei l'uomo, dal punto di vista corporale, come un feto di primate geneticamente stabilizzato".[44]

Non esiste un mammifero con una crescita così lenta come quella dell'uomo; non esiste un mammifero che resti per così lungo tempo dipendente dai suoi genitori. Non esiste mammifero che dopo uno sviluppo così lento abbia una senescenza così lunga. Quale animale dopo la fine delle sue possibilità germinative può godere – dice Bolk – di una così lunga esistenza puramente somatica? Secondo quest'autore vi sono alcune caratteristiche morfologiche proprie all'uomo, come ad esempio l'ortognatismo, l'assenza di pelo, la situazione centrale del *Foramen magnum,* il peso elevato del cervello, la persistenza della fontanella, la forma del bacino, l'orientamento ventrale dell'orifizio genitale femminile etc. etc. che hanno tra di loro una proprietà comune. Sono – dice Bolk – delle condizioni o stati fetali divenuti permanenti. in altre parole, delle proprietà strutturali che sono passeggere nel feto degli altri primati e che si sono stabilizzate nell'uomo. Per quest'immaginifico autore l'uomo è il prodotto di un ritardo fisiologico della crescenza e della maturazione. Quali le conseguenze di una tale teoria?

Da una parte – fisicamente – il volume della scatola cranica dovuto alla non-sutura della fontanella rende possibile lo sviluppo del cervello; dall'altra la nascita prematura e la lentezza

---

[44] In Mendel (Op. cit)., p. 54.

della maturazione rende indispensabile la protezione degli adulti e giustifica così le complesse relazioni psicologiche che si sono create.

Questo spiega inoltre il bisogno dell'uomo se vuole sopravvivere a costruirsi e a compensare la sua carenza dominando la natura attraverso la creazione della cultura. Quest'essere incompleto crea protesi per dominare un esterno che altrimenti non sarebbe in grado di dominare; un essere incompleto e impotente che modifica un ambiente che gli è completamente estraneo. Riempie mancanze, attualizza assenze. Se non l'avesse fatto sarebbe scomparso. Possiamo ora capire cosa sia la "cultura".

La cultura consiste *nella totalità dei prodotti dell'uomo*. Alcuni di questi prodotti sono materiali, altri no. L'uomo produce attrezzi d'ogni genere tramite cui modifica il suo ambiente fisico e piega la natura al proprio volere. L'uomo produce anche il *linguaggio* e, sulla base e per mezzo di esso, un importante edificio di simboli che permeano ogni aspetto della sua vita. È in tal senso che – dal punto di vista che stiamo qui adottando – bisogna intendere ed analizzare la centralità dei *processi comunicativi* nell'ambito delle scienze sociali.

A tal proposito è opportuno ricordare la tesi popperiana dell'evoluzionismo esosomatico già discussa in precedenza: L'uomo, invece di sviluppare migliori occhi e migliori orecchie, produce occhiali, microscopi, telescopi, telefoni, computer, smartphone... e produce soprattutto *linguaggio*. Attraverso il linguaggio, in effetti, l'uomo detta un ordine all'esperienza. Il linguaggio "ordina", creando una differenziazione e una struttura nel flusso incessante dei fatti che l'esperienza ci propone. Un frammento dell'esperienza non appena viene *nominato* esce immediatamente da quel flusso e acquisisce una stabilità tipica della designazione. Ogni volta che l'uomo s'inventa e impone un linguaggio assicura un ordine di rapporti, afferma perentoriamente che *questo è proprio questo e non quello.*

Sul linguaggio si fonda tutto l'edificio *cognitivo* e *normativo* che noi definiamo conoscenza. Sappiamo che ogni società impone un ordine comune d'interpretazione dell'esperienza, ordine che diventa conoscenza "oggettiva". Fare parte di una società vuol dire condividerne la "conoscenza".

A questo punto potremmo già cominciare ad addentrarci in qualche esempio più direttamente connesso alla domanda specifica riferita alla "sostanza" di cui è composta la società.

Nessuno può dire in effetti di aver mai visto, toccato o annusato una società. Tuttavia, non è necessario essere sociologi per poter definire indubitabile la realtà della sua esistenza: una esistenza oggettivamente inequivocabile. Così come non si può dire di aver mai visto o toccato un'istituzione, della cui esistenza, ancor più, possiamo dirci certi.

Quando uno studente, uscendo di casa al mattino, dice ai propri genitori "vado all'Università" è vero che con questa frase egli intende comunicare la sua intenzione di recarsi in un luogo oggettivamente reale, ma sarebbe sociologicamente ingenuo ritenere che si tratti necessariamente anche di un luogo "materiale". In effetti l'edificio in cui "si trovano" le Facoltà, le aule, i banchi, le cattedre sono effettivamente materiali; ciò che però le rende un'istituzione universitaria non ha niente a che vedere con le mura delle pareti degli edifici, né con il legno dei banchi e delle cattedre: quegli elementi materiali "diventano" un'Università soltanto nel momento in cui si realizza per intero il processo dialettico di cui stiamo cercando di descrivere la realizzazione. Se non ci fossero degli esseri umani in carne ed ossa: docenti, bidelli, allievi, addetti alle segreterie o alla pulizia quegli stessi edifici e quelle stesse aule cesserebbero di essere un'istituzione per trasformarsi in "insignificanti" oggetti materiali, dove il termine "insignificante" deve essere inteso in tutta la sua pregnanza etimologica come "qualcosa senza significato".

Detto in altri termini, senza delle persone che, interpretando dei ruoli specifici, ne incarnano il "senso" e ne elaborano il "significato", nessuna istituzione potrebbe esistere.

Si tratta di un processo sociale la cui comprensione può essere meglio approfondita facendo appunto riferimento al fenomeno della cosiddetta oggettivazione.

Con il processo di *oggettivazione*, il mondo umanamente prodotto, la cultura, diventa qualcosa che sta al di là di noi, sta "al di fuori". Esso consiste in "oggetti", sia materiali che non materiali, capaci di "resistere ai desideri dei loro produttori". Il che, in poche parole vuol dire che una volta prodotto, questo mondo non può essere spazzato via da un semplice desiderio. Esso è là, nella sua incombenza, spesso nella sua opacità, sempre nella sua oggettività.

L'uomo costruisce un attrezzo e tramite tale azione arricchisce la totalità degli oggetti fisici presenti nel mondo. Una volta prodotto, però, l'attrezzo acquista una vita propria che non può facilmente venire cambiata da quanti lo usano. In realtà l'attrezzo, diciamo un utensile agricolo, può persino giungere a imporre la sua logica agli utenti, a volte in un modo che può anche non risultare loro particolarmente gradevole.

Per esempio un aratro, per quanto ovviamente prodotto umano, è un oggetto esterno non solo nel senso che i suoi utenti, o i suoi produttori, possono anche cadervi sopra e farsi male – come potrebbero parimenti farsi male cadendo su un sasso o su un tronco o su qualsiasi altro oggetto materiale – ma anche nel senso, qui più importante, che può costringere i suoi utenti a riorganizzare l'attività agricola, e forse anche altri aspetti della loro vita, conformemente alla sua logica, né immaginata né prevista da coloro che in origine hanno inventato l'uso dell'attrezzo stesso.

Come sappiamo, un uso di un aratro più profondo, derivato da una tecnica più facile di aggiogamento dei buoi, modificò a suo tempo notevolmente l'agricoltura elevando considerevolmente la produttività agricola (consentendo l'alternanza dei terreni) e contemporaneamente il benessere generale. La medesima oggettività, comunque, caratterizza pure gli elementi non materiali della cultura. Pensate ad un'idea o ad una ideologia (cioè un insieme ideativo volto a indirizzare l'azione), a dei valori, ad una visione del mondo etc. etc.

Per ciò che concerne la comunicazione, è un dato di fatto che gli uomini inventano un linguaggio e poi scoprono che sia il loro parlare che il loro pensare vengono regolati, meglio costretti, dalla grammatica che essi stessi hanno prodotto (*oggettivato*). D'altronde il linguaggio è l'oggettivazione più importante che l'uomo abbia prodotto. I suoi fondamenti sono naturalmente nella capacità umana di vocalizzare, ma si può parlare di linguaggio solo se l'espressione vocale è capace di distacco. La vita in genere è tale perché io posso attraverso il linguaggio condividerla.

Uno dei mutamenti più straordinari dovuto ad una oggettivazione particolare, è stata l'invenzione e la diffusione della *stampa* (non a caso tutti questi fenomeni sono nati nell'ambito della comunicazione). Essa fu l'equivalente moderno della straordinaria rivoluzione avvenuta con l'invenzione e la diffusione della *scrittura*.[45] E per certi aspetti, la stampa, ha completato o portato a termine quanto già

---

[45] Cfr. Jack Goody, *La raison graphique. La domestication de la pensée sauvage*, Editions de Minuit, Paris 1979.

introdotto con l'invenzione della scrittura e cioè nel momento – come approfondiremo più avanti – del passaggio da una civiltà "orale", ad una "scritta".

Una delle prime conseguenze della diffusione della stampa si ebbe – come ci spiega nel suo straordinario studio Elizabeth L. Eisenstein[46] – nella trasformazione della *memoria collettiva*. Infatti, con la stampa l'apprendimento veniva quasi esclusivamente fatto attraverso la lettura, facendo diminuire di molto l'importanza degli ausili mnemonici. Non erano più necessari i trucchi mnemonici per ricordare formule e ricette, bastava conservare il libro e leggere. In questo modo il libro a stampa rendeva inutili le smisurate memorie di una volta, nonché le tecniche atte a esercitarla. Inoltre, la stampa permise la diffusione delle innovazioni, quelle innovazioni che precedentemente rischiavano di restare lettera morta, perché poco o scarsamente diffuse e quindi sconosciute.

Lo stesso senso del passato diventa diverso a seguito di questa invenzione. In effetti, la Eisentein ritiene, a ragione, impossibile che prima della pubblicazione di manuali e di dizionari geografici «si potesse sviluppare una visione totale e razionalizzata di qualche civiltà del passato».[47]

Ma l'effetto più importante della stampa fu probabilmente sul processo di individualizzazione e su quello della secolarizzazione.

Sul primo punto vanno menzionati la nuova importanza data alla ritrattistica e l'impulso dato alla ricerca dell'affermazione individuale. Prima del Quattrocento anche gli autoritratti (il che è tutto dire) erano assolutamente privi d'individualità,

---

[46] Elizabeth L. Eisenstein, *Le rivoluzioni del libro, L'invenzione della stampa e la nascita dell'età moderna*, Il Mulino, Bologna 1995.
[47] Ibidem, p. 132.

determinando una cultura fondamentalmente poco narcisistica, e quindi poco adatta all'esaltazione dell'individuo. Inoltre, le storie personali, anche quelle dei grandi maestri, non potevano essere perpetuate fino a quando i materiali scritti non diventarono relativamente abbondanti. Si sa poi che nelle culture a larga diffusione della parola scritta, ognuno sa che la sua opera resisterà nel tempo e questo aspetto favorisce il riconoscimento individuale nonché l'attività creatrice.

Sul secondo punto i dati sono fin troppo abbondanti. Basti pensare alla diffusione della Bibbia tradotta da Lutero e messa in mano (almeno all'inizio) ad ogni uomo, che così diventava libero di attingere individualmente alla parola divina, e di rifiutare la mediazione ecclesiastica, al controllo delle informazioni che i libri diffondevano, alla conseguente relativizzazione che fonti di diverso tipo suscitavano, alla razionalità e allo scetticismo conseguente. Fra parentesi va notato che gli esempi qui riportati riguardano (non a caso) la comunicazione. D'altronde la variazione dei modi della comunicazione è spesso più importante di quella dei modi di produzione. Cos'è poi, in effetti, la cultura se non una serie di atti di comunicazione?
Come ultima cosa diciamo che il mondo delle oggettivazioni sociali, prodotto dall'uomo nell'ambito del processo di esteriorizzazione, si pone di fronte all'uomo stesso come *fattualità esterna* e come tale viene dunque acquisito.

L'*interiorizzazione*, infine, è invece il processo mediante il quale il mondo oggettivato viene riassorbito nella coscienza dell'uomo, in modo tale che le strutture di questo mondo giungano a determinare le strutture soggettive della coscienza stessa.

La società, vale a dire, ora funziona come una sorta di agenzia formativa della coscienza individuale. Proprio in seguito all'interiorizzazione, l'individuo si appropria contemporaneamente di vari elementi del mondo oggettivato traducendoli in fenomeni interni alla sua coscienza (che cioè gli appartengono personalmente) e distinguendoli dai fenomeni della realtà esterna. In effetti ogni società che si prolunga nel tempo, o che ne abbia la pretesa, si trova a fronteggiare il problema della trasmissione da una generazione all'altra dei suoi significati oggettivati, della sua "conoscenza oggettivata". Questo problema viene affrontato mediante i processi di *socializzazione*, vale a dire i processi tramite cui s'insegna a una nuova generazione a vivere in accordo con i programmi istituzionali della società.

O, detto in altro modo, la socializzazione si verifica quando una generazione comunica alla generazione successiva i contenuti essenziali della cultura da essa prodotta. Questo è un tema importante in quanto ogni società e ogni istituzione che ha intenzione di prolungare la sua esistenza nel tempo si trova a dover affrontare il problema della trasmissione dei suoi significati, significati che essa ha prodotto e anche oggettivato. E lo fa fondamentalmente attraverso il processo della socializzazione, che vuol dire non solo far apprendere alla nuova generazione i significati della cultura, ma anche i ruoli e le identità. E questo avviene anche attraverso un processo di identificazione che permette al singolo abitante di questo universo di "modellarsi", di costruirsi, attraverso questi significati.

Lo scopo ultimo della socializzazione è la costruzione di una simmetria (o corrispondenza) tra la cosiddetta realtà oggettiva (quella che è al di fuori di noi) e la realtà soggettiva (quella che percepiamo al nostro interno).

In poche parole, la società, generalmente, pretende che i *suoi* significati "oggettivi" siano uguali ai *nostri* significati "soggettivi" (di qui l'importanza che la società attribuisce alla comunicazione e alla "condivisione del significato").

Questa è una pretesa impossibile ad attuarsi (almeno nella sua forma più estrema) perché la socializzazione, per una serie di motivi, è sempre imperfetta. Va detto inoltre che una socializzazione troppo parziale finisce per mettere in crisi la società stessa, in quanto, al limite, nessuno condividerebbe i significati e i valori che la società si è data.

Anche qui – come abbiamo già ricordato – va sottolineato come emergano i problemi fondamentali della comunicazione: la trasmissione dei "messaggi" e la condivisione del *significato*.

7
La Comunicazione Orizzontale

Anche a causa della sempre crescente portata sociale connessa alla diffusione dei media, la comunicazione si è venuta imponendo, nel corso degli ultimi decenni, come uno dei temi dominanti dell'analisi sociologica. Eredi di una tradizione di studi di matrice ingegneristica, gli approcci che in genere vengono utilizzati nelle scienze sociali tendono però a considerare solo alcune delle molteplici, possibili dimensioni del fenomeno, quelle direttamente connesse alla questione della trasmissione delle informazioni che si verificano nell'ambito delle diverse società prese in considerazione.

Naturalmente, anche solo a questo primo livello di approssimazione, sarebbe possibile proporre una serie di complesse distinzioni, a seconda che si consideri, ad esempio, l'analisi dei processi comunicativi che interessano un'istituzione più o meno ampia, una famiglia, un gruppo di studenti e il loro docente, una semplice diade; o ancora, sarebbe possibile distinguere tra una comunicazione unidirezionale, bidirezionale o multidirezionale e così via; oppure si potrebbe distinguere a seconda delle caratteristiche della fonte, prendendo in considerazione il medium. Allora si tenderà ad analizzare la qualità dello stesso, proponendo approcci diversi a seconda che si abbia a che fare con la televisione, il testo scritto, la fotografia, il cinema, internet, lo smartphone, i videogiochi.

Altri generi di distinzione che potranno caratterizzare e diversificare i vari approcci potrebbero poi essere introdotti a seconda del riferimento alla tipologia di utenti: siamo ad esempio in una fase della storia della cultura occidentale in cui si dibatte molto sulle trasformazioni dei mezzi di comunicazione "di massa" e sui mutamenti socioculturali che tale fenomeno comporta, sia dal punto di vista della produzione dell'industria culturale, sia dal punto di vista del consumo, soprattutto a seguito delle più recenti innovazioni tecnologiche che riguardano i nuovi media digitali.

Al di là dei numerosissimi possibili interessi di ricerca che tali approcci comportano, c'è però da dire che, nel loro insieme, essi si caratterizzano tutti per un particolare orientamento che tende a considerare soprattutto il versante orizzontale dei processi comunicativi, relegando il versante verticale in secondo piano, se non addirittura dimenticandolo del tutto.

Parlare di dimensione orizzontale o verticale della comunicazione significa innanzitutto non perdere di vista uno degli aspetti che, indipendentemente dalla particolarità dell'approccio teorico al quale il ricercatore tende in misura maggiore o minore ad aderire, caratterizza la disciplina sociologica nel suo insieme: il suo costante monitoraggio di quel complesso insieme di interdipendenze e di interconnessioni in cui è avviluppata ogni forma di esistenza umana, sia individualmente che collettivamente intesa.

In altre parole, il *presente* di ogni processo sociale, quella che può essere definita la sua *dimensione orizzontale*, non può esaurire di per sé la spiegazione sociologica di un fenomeno comunicativo. Ogni esistenza umana – ripeto, sia singolarmente, che collettivamente intesa – ha sempre una dimensione di carattere verticale che accompagna e sostiene l'*hic et nunc*. E ciò è particolarmente rilevante per quel che concerne gli aspetti legati alla comunicazione.

Nessun comportamento sociale può essere compreso appieno se non inserito nel complesso tessuto delle sue derivazioni legate al passato, così come non può essere compreso se non in relazione alla progettualità più o meno intenzionale di cui fa parte.

Volendo schematizzare, possiamo dire che, seguendo la felice espressione di Zygmunt Bauman, nel corso della nostra vita noi possiamo avere esperienza di quattro categorie di nostri simili: i consociati, ovvero persone con cui intratteniamo rapporti diretti (che, invero, rappresentano soltanto una minima parte di un ben più ampio insieme di persone); i contemporanei, che appunto sono la gran maggioranza delle persone con cui condividiamo lo stesso periodo temporale di esistenza senza tuttavia interagire mai direttamente con essi; i predecessori, ovvero coloro con i quali possiamo intrattenere rapporti di carattere soltanto unilaterale, nel senso che, essendo già morti, essi non sono in grado di interagire con noi, non possono aspettarsi risposte ai messaggi che loro invece ci hanno inviato con i loro lasciti, la loro eredità, attraverso la tradizione e la memoria collettiva; e infine ci sono i successori, ovvero coloro ai quali noi trasmettiamo dei messaggi senza però poterci attendere alcuna risposta, perché intanto il nostro tempo sarà esaurito e non avremo possibilità alcuna di poterlo condividere con essi.

Tutti questi esseri, che in un modo o nell'altro popolano le nostre esistenze, sono perlopiù conosciuti da noi attraverso un'esperienza che può essere definita una forma di comunicazione "narrativa". Possiamo ad esempio dire che un individuo nato quando i suoi genitori avevano trent'anni, avrà la possibilità di conoscerli direttamente soltanto in quelli che saranno i giorni personalmente trascorsi in loro presenza, condividendone cioè lo stesso spazio fisico. A ben vedere, ben poca cosa rispetto alla totalità dei giorni della loro esistenza. Eppure, i propri genitori possono essere ragionevolmente considerati tra le persone meglio conosciute nella vita di ognuno, tra quelle con cui si instaurano i legami più stretti e diretti.

Il resto di ciò che di essi si giungerà a conoscere potrà essere trasmesso a quell'individuo solo ed esclusivamente attraverso delle narrazioni. Racconti relativi ai primi trent'anni della loro vita (in cui fisicamente egli non poteva esserci); poi racconti relativi ai suoi primi anni di vita (in cui, pur essendoci fisicamente, non ne aveva ancora maturato la coscienza necessaria); eppoi, successivamente, crescendo, racconti relativi a tutti quei periodi di "assenza, di mancata "co-presenza" fisica che, come è noto, con il passare degli anni sono in genere destinati ad diventare sempre più ampi.

L'approccio che abbiamo finora adottato, nel considerare la *comunicazione* come prodotto culturale, pone tale concetto come uno degli elementi essenziali della *sociabilità* dell'essere umano.

Ciò che differenzia in sostanza l'uomo da ogni altra specie, è proprio questa sua capacità di *produrre simboli e codici complessi* e di trasmetterli, *comunicarli* appunto, sia orizzontalmente (tra i suoi contemporanei) che verticalmente (da una generazione all'altra). Chiarito ciò, è necessario ora definire alcuni concetti fondamentali per lo studio dei processi comunicativi i quali, indipendentemente dalle loro effettive origini, possono essere considerati patrimonio comune di diverse discipline, tra cui (sociologia a parte) vanno certamente annoverate almeno la filosofia, la psicologia, la linguistica e, in particolare, la semiologia.

Suddivideremo due aspetti di fondo che caratterizzano i processi comunicativi, a seconda che – come abbiamo già accennato – si riferiscano all'orizzontalità del processo o alla sua verticalità. Stando a quanto appena ricordato, l'ambito della comunicazione orizzontale può essere definito come quello che interessa i "consociati" e i "contemporanei", ovvero coloro che condividono il presente del processo comunicativo in cui sono inseriti, mentre la comunicazione verticale interessa le altre due categorie cui facevamo precedentemente riferimento.

In generale, una prima e utile definizione di cosa sia la comunicazione e del ruolo della sociologia al riguardo, è possibile trarla dal dizionario di Luciano Gallino: «Intendendo genericamente per *comunicazione* – egli scrive – tanto un trasferimento di informazioni codificate – cioè *segni* esprimenti o rappresentanti stabilmente un dato oggetto fisico o mentale in base a certe regole – da un soggetto ad un altro, mediante processi bilaterali di emissione, trasmissione, ricezione, interpretazione; quanto una *relazione sociale* nel corso della quale due o più soggetti arrivano a condividere particolari significati, la *sociologia* analizza l'influenza che i processi di *comunicazione* hanno sugli stati interni e sul comportamento di collettività di ogni genere, dal piccolo *gruppo* alla società, con particolare riguardo a quelli che si configurano come *sistemi sociali*; e, reciprocamente, il modo in cui i processi di *comunicazione* si strutturano, si evolvono, si differenziano, ossia vengono determinati dalla struttura, dallo stato contingente e dai mutamenti interni ed esterni di una determinata collettività».[48]

Va però anche detto che il problema di cosa sia la comunicazione, di cosa significhi comunicare – nel senso in cui *oggi* è oramai divenuto luogo comune porre tali tematiche – è in realtà una questione piuttosto nuova. Come infatti ricorda il semiologo Ugo Volli, ancora nel 1941 il termine *"comunicare"* veniva definito nel dizionario Zingarelli soltanto nei termini di "far partecipe, rendere comune ad altri, dividere insieme" e *"comunicazione"* come "partecipazione, mezzo di corrispondere, impulso, trasmissione, passaggio". Il riferimento

---

[48] Luciano Gallino, voce *Sociologia della comunicazione*, in "Dizionario di Sociologia", UTET, Torino 1983.

permaneva dunque – come d'altronde è sempre stato per un lungo periodo – ai mezzi di trasporto "fisici".[49]
Più nello specifico è possibile sostenere che, dagli anni Trenta in avanti, il termine "comunicazione" si è andato scindendo nei suoi significati, per cui dopo aver posto inizialmente l'accento sull'aspetto della *trasmissione* – anche sotto l'influenza della cultura della seconda rivoluzione industriale con le sue nuove vie di comunicazione: le ferrovie e i transatlantici, il telegrafo[50] – è stato via via orientato verso aspetti molteplici. Negli ultimi decenni, come è noto, sono infatti emerse concezioni molto diverse ed eterogenee nei confronti della *comunicazione*.

In genere gli studi di Shannon e Weaver ed il loro modello matematico della trasmissione dell'informazione, vengono posti alla base di ogni discorso sulle teorie della comunicazione moderna. Essi, avendo presenti «i problemi tecnici ed economici relativi all'uso di cavi telefonici e telegrafici, elaborarono uno schema generale dei fattori della comunicazione su cui si basano molte teorie contemporanee e che soprattutto è stato assunto dal senso comune come autentica definizione degli eventi comunicativi».[51]

In base a tale schema il processo comunicativo sarebbe composto da una serie di tre elementi di base: un emittente (o fonte, o sorgente), un canale e un ricevente (o destinatario) e, tra loro, una serie più o meno complessa di fattori che possono rendere più adeguata la comprensione del processo di trasmissione. Un modello schematico di comunicazione tratto da Shannon & Weaver può essere considerato il seguente:

---

[49] Ugo Volli, *Il libro della comunicazione*, il Saggiatore, Milano 1994, p. 17.
[50] Per approfondimenti cfr. Armand Mattelart, *La comunicazione mondo*, il Saggiatore, Milano 1994.
[51] Volli (Op. cit.), p. 18.

Messaggio	Segnale	Segnale ricevuto	Messaggio ricevuto	
↓	↓	↓	↓	
Sorgente→	Codificatore →	Canale →	Decodificatore →	Destinatario
		↑		
		Rumore		

«Per esempio – scrive ancora Volli – in una telefonata, l'interlocutore che ha chiamato si può considerare la sorgente e l'altro la destinazione. Codificatore e decodificatore sono apposite parti dell'apparato telefonico, che trasformano le onde sonore in oscillazioni della corrente elettrica e viceversa; la conversazione linguistica è il messaggio, il cavo elettrico è il canale e i cambiamenti di tensione sono il segnale. Il rumore deriva da interferenze elettromagnetiche, rumore ambientale vero e proprio, agitazione termica, resistenza elettrica dei cavi ecc.».[52]

Seguendo le indicazioni di Gallino, ciò che abbiamo appena presentato potrebbe corrispondere sostanzialmente alle due definizioni di comunicazione maggiormente adeguate a quelle che sono le finalità della ricerca sociologica. Tra una lista di sei possibili definizioni del concetto di comunicazione Gallino individua, infatti, le due seguenti come quelle più adatte alla sociologia:

> 1. La comunicazione è costituita dal passaggio o trasferimento di informazioni da un soggetto (la fonte, l'emittente) ad un altro (il ricevente, il destinatario), per mezzo di veicoli di varia natura: ottici,

---

[52] Ibidem, pp. 18-19.

acustici, elettrici, idraulici, ecc... Questa definizione di *comunicazione* – scrive inoltre Gallino – può essere intesa in due modi, dipendenti dal significato che si attribuisce a "informazione". Da un lato si può collocare sotto la rubrica "informazione" qualsiasi tipo di informazione, a prescindere dal fatto che sia o no codificata; dall'altro, si può restringere il concetto di "informazione" solamente alle informazioni che sono intenzionalmente e stabilmente codificate, che cioè consistono in oggetti (segni) che "stanno per" un determinato evento, un'idea o un oggetto, e soltanto quelle non altri rappresentano.

La differenza tra le due accezioni è grandissima, poiché nel primo caso si giunge nuovamente a comprendere sotto i fenomeni di *comunicazione* quasi tutta la fenomenologia sociale; nel secondo caso la *comunicazione* si restringe ad un campo ben delimitato, circoscritto dalla presenza di informazioni linguistiche e non linguistiche, verbali e non verbali, intenzionalmente e stabilmente sistemate in un atto o più codici. Ma si noti che la differenza è data dalla presenza o dall'assenza di un codice, e non dalla natura del fenomeno sociale considerato. Ad esempio, nella società medievale, poi nella società borghese sino ai primi del '900, l'abbigliamento delle persone forniva informazioni codificate, poiché la professione, il ceto o la classe, erano chiaramente indicati dagli abiti indossati in varie occasioni, nei vari momenti della giornata; pertanto, l'abbigliamento costituiva una forma di comunicazione. Tale codice si è virtualmente dissolto nella maggior parte delle società contemporanee; con l'eccezione di poche categorie (p.es., i militari) l'abbigliamento non denota di per sé alcun definito attributo sociale, anche se continua a trasmettere informazioni visive, ed ha quindi cessato di essere – se si accoglie la seconda accezione di questa definizione – una forma di comunicazione.

2. Affermare che si ha *comunicazione* soltanto quando due o più soggetti giungono a condividere i medesimi significati, comporta una ulteriore e drastica restrizione del concetto di comunicazione. Di norma, infatti, due o più soggetti (individuali o collettivi) sono capaci di trasmettere e ricevere una gran massa di informazioni codificate, senza che ciò implichi che essi attribuiscano all'informazione

scambiata i medesimi significati. Porre la questione in questo modo richiederebbe subito un chiarimento di ciò che si intende per significato; qui basti dire che per l'analisi dell'interazione sociale è necessario definire il significato come una grandezza variabile, che anche se condivisa in misura minima è atta a originare forme di interazione efficaci. Tuttavia, il giungere a condividere un significato in eguale misura con identiche connotazioni è operazione complessa e rara.[53]

Proseguendo con lo schema comunicativo derivante dalla teoria dell'informazione di Shannon e Weaver, può essere utile seguirne in modo sintetico alcune delle evoluzioni principali, volte soprattutto al tentativo di eliminare o rendere meno evidente il carattere "meccanicistico" del modello comunicativo sottostante.

Secondo lo psicologo K. Buhler, l'attività linguistica può essere definita dalle tre funzioni di *espressione* (dal punto di vista del destinante), di *richiamo* (dal punto di vista del destinatario), e di *rappresentazione* (che rinvia al referente o al contesto).
Questo schema è stato ripreso con nuove denominazioni e completato da R. Jakobson. Per quest'ultimo, la comunicazione verbale si basa su sei fattori: il destinante e il destinatario, il messaggio trasmesso dall'uno all'altro, il contesto (o referente) – verbale o verbalizzabile – sul quale porta il messaggio, il codice (più o meno comune agli attanti della comunicazione) grazie al quale è comunicato il messaggio, e infine il contatto basato contemporaneamente su un canale fisico e una connessione fisiologica; a ciascuno di questi diversi elementi corrisponde una funzione linguistica particolare, rispettivamente: *emotiva* (o espressiva), *conativa*, *poetica*, *referenziale*, *metalinguistica*, *fàtica*. (…) La funzione *emotiva* (o *espressiva*) riguarda la capacità che ogni emittente ha di esprimere sé stesso, le sue emozioni, i suoi sentimenti, la sua identità nel messaggio. La funzione *fàtica*

---

[53] Cfr. Gallino (Op. cit.).

consiste nel lavoro che si fa per garantire il contatto (per esempio quando si dice "pronto" al telefono). La funzione *metalinguistica* definisce il codice in uso e dunque, implicitamente, i rapporti tra gli interlocutori. La funzione *referenziale* permette al messaggio di mettersi in rapporto col mondo, di parlare di qualche cosa. La funzione *poetica* riguarda l'organizzazione interna del messaggio, il modo in cui esso è realizzato (...). La funzione *conativa* è invece quella per cui si cercano degli effetti sull'emittente, gli si danno degli ordini, dei consigli ecc. (...)

È importante tener presente che ogni atto comunicativo *contiene almeno in potenza tutti i fattori della comunicazione e ne comprende anche tutte le funzioni.* Non esiste una comunicazione puramente *fàtica*, o puramente referenziale, puramente poetica ecc. Per poter raggiungere con efficacia uno di questi scopi, devono essere sviluppati in certa misura anche gli altri. Una poesia deve parlare di qualche cosa, un ordine deve contenere dell'informazione su come può essere eseguito (funzione referenziale), una confessione si rivolge a qualcuno per qualche scopo (funzione conativa).[54]

È ovvio che tali funzioni del linguaggio non esauriscono il loro oggetto. Tale schema delle sei funzioni è troppo generale per permettere una tassonomia e una sintassi appropriate, e, nello stesso tempo, troppo particolare per il fatto che è riferibile alla sola comunicazione verbale (senza rendere conto d'altronde del suo aspetto sincretico), escludendo tutti gli altri sistemi semiotici. Così, per esempio – come viene notato nel dizionario di Greimas e Courtes – sembra che questo schema riguardi solo il fare *informativo*, articolabile secondo il rapporto destinante/destinatario, in fare emissivo/fare ricettivo: ora, esistono altri modi di concepire la trasmisione del sapere, in particolare quando questo è modalizzato: è il caso del fare

---

[54] Volli (Op. cit.), pp. 23-24.

persuasivo e del fare *interpretativo*, che rivelano, più che della "comunicazione", della "manipolazione".[55]

Lasciando da parte tali tematiche, che meriterebbero un genere più specialistico di approfondimento, vi è ancora un'importante teoria, molto utile dal punto di vista sociologico, che riportiamo attraverso la sintesi elaborata ancora da Gallino, riferita alla *teoria triadica* del significato linguistico. Secondo tale teoria il significato è costituito da tre componenti distinte, ciascuna delle quali è suscettibile di variare sia in proprio, sia nella relazione con le altre.

Una prima componente è la *rappresentazione fonemica* e/o *ortografica* di una parola, una frase, una proposizione complessa; una seconda componente è l'*informazione percettuale*, tratta dell'esperienza, che è depositata nella memoria del soggetto e viene richiamata dalla rappresentazione fonemica od ortografica di una data espressione; una terza componente è l'*informazione concettuale* memorizzata dal soggetto e richiamata dalla stessa rappresentazione. Il *significato totale* di un'espressione è dunque "tutta l'informazione (esistente) nella memoria del soggetto che si collega alla rappresentazione di quella espressione.

Tale teoria, detta anche del *lessico interno*, consente tra l'altro di pervenire ad alcune importanti chiarificazioni dei concetti di *codice, segnale* e *simbolo* introdotti sopra. Se per codice si intende in generale qualcosa che rappresenta ("sta per") stabilmente qualcos'altro, è evidente che la maggior stabilità e univocità della codificazione è raggiunta a livello di espressione/parola, se non addirittura a livello di singolo segno. La lettera "s" può essere univocamente rappresentata, oltre che dal segno ricorrente in questa pagina, dai tre punti dell'alfabeto Morse; e questi possono

---

[55] Cfr. Algirdas J. Greimas-Joseph Courtes, *Semiotica. Dizionario ragionato della teoria del linguaggio*, La casa Usher, Firenze 1986.

essere rappresentati a loro volta da segnali acustici, o visivi, o elettrici. L'alfabeto Morse è quindi un buon codice di tutte le lingue; e tutte le lingue, se prese parola per parola, sono buoni codici delle altre lingue della stessa famiglia (sebbene non manchino, in ciascuna, parole "intraducibili" nelle altre).

Qualsiasi tipo di codificazione tende però a diventare meno efficace – nel senso che la associazione tra segno e ciò che rappresenta diventa meno stabile e univoca – a mano a mano che l'informazione percettuale e l'informazione concettuale che il segno/codice deve rappresentare crescono di grandezza e di complessità.

Sulla base di tali considerazioni conviene chiamare *segnale* ogni segno che rappresenta stabilmente una grandezza limitata e finita di informazione percettuale e concettuale; e *simbolo*, invece, ogni segno che richiama informazioni percettuali e concettuali di grandezza molto ampia, indeterminata e non determinabile con precisione a mezzo di convenzione. Ma in questo secondo caso non si può più parlare di codice, benché il punto di passaggio da codice a non-codice sia assai difficile da stabilire.

La *teoria triadica* del significato, o del lessico interno, rende altresì essenziale il ricorso alla nozione di *campo comunicativo*, inteso come un complesso interrelato che include:

a) una fonte o emittente;
b) il significato (triadicamente inteso) che essa attribuisce a ciò che dice;
c) un messaggio;
d) un ricevente;
e) il significato che questi attribuisce al messaggio.

Se il significato del messaggio *in tutte le sue componenti e nella loro specifica combinazione* non coincide per nulla tra l'emittente e il ricevente, si parlerà di un campo comunicativo di I ordine; per contro, se vi è una certa coincidenza di significato, si parlerà di campo comunicativo di II ordine. Ritroviamo qui i due sensi che il termine "comunicare" possiede, sia nel linguaggio comune che in quello scientifico: trasferire informazioni da un soggetto ad un altro, e/o condividere un identico significato. Nel primo caso si ha co-*informazione*; nel secondo, co-*significazione*. Ambedue i tipi di campi comunicativi si presentano in realtà con notevoli variazioni. Le principali variazioni osservabili nei campi comunicativi di I ordine, dove esiste co-informazione, ma non co-significazione, sono:

1.   la co-*significazione* esiste in potenza, non in atto, ma ciò non interessa la fonte;
2.   la co-*significazione* non esiste, ma la fonte ne presuppone erroneamente l'esistenza (ed è questo il caso più frequente);
3.   la co-*significazione* non esiste, e la fonte ne è consapevole;
4.   la co-*significazione* non esiste, la fonte ne è a conoscenza, ma non ne è toccata perché si pone altri fini.

Nei campi comunicativi di II ordine è dato osservare le seguenti variazioni:
1.   la co-*significazione* è parziale e asimmetrica, nel senso che il significato del messaggio – che può essere costituito da proporzioni lunghe e complesse – è all'inizio non univocamente determinato per l'emittente e per il ricevente, ma i due soggetti sono entrambi interessati a pervenire a una co-*significazione* simmetrica;
2.   la co-*significazione* è asimmetrica, ma uno dei due soggetti, o entrambi, non hanno interesse a farlo;
3.   la co-*significazione* è simmetrica ma parziale, cioè copre senza ambiguità solo un settore del campo, nel senso che la rappresentazione dell'espressione/messaggio stimola nel ricevente il reperimento in memoria di informazioni percettuali e concettuali, che sono solamente una parte definita di quelle che la stessa espressione richiama nella memoria dell'emittente;
4.   la co-*significazione* copre senza ambiguità l'intero campo.

Al fine di essere utilizzata nell'analisi sociologica, la *teoria triadica* del significato linguistico deve però essere integrata con altri elementi.

Innanzitutto, occorre tener conto, come ha provato in modo irrefutabile la psicoanalisi, che le informazioni percettuali e concettuali reperibili in presenza di un dato stimolo sono in generale soltanto una frazione di quelle depositate in memoria; e la frazione di esse che viene reperita per essere utilizzata in luogo di altre frazioni dipende non solo dalla natura dello stimolo e dalla situazione del soggetto, ma da una dinamica inconscia.

Un problema analogo si pone per il deposito in memoria delle informazioni percettuali e concettuali ricevute attraverso l'esperienza o rappresentazioni linguistiche: talune vengono memorizzate in modo fisso, altre in modo labile, altre vengono rimosse o dimenticate. In secondo luogo, occorre considerare che qualsiasi espressione/messaggio, o proposizione complessa, è atta a venire interpretata in vari modi dal ricevente, a seconda dello *schema interpretativo* che esso presceglie in quel dato momento.

In più c'è la *comparazione*, in base alla quale l'informazione percettuale e concettuale viene variamente utilizzata a seconda dell'analogia, somiglianza, differenza, successione, concordanza, ecc., che il soggetto avverte rispetto ad altre informazioni.

Tutto ciò porta a distinguere tra l'informazione percettuale e concettuale realmente utilizzata in una significazione, e l'informazione percettuale e concettuale disponibile nella memoria del soggetto.

In sintesi – conclude Gallino su questo punto – tanto la formazione della memoria, quanto il passaggio di determinati tipi di quantità di informazione dalla memoria all'uso effettivo, sono governate da una serie di operazioni che chiameremo *percezione selettiva* e *memorizzazione* dell'input, reperimento (*retrevial*), *selezione* dello schema interpretativo e *comparazione*.

Affinché si abbia identità di co-*significazione* tra l'emittente e il ricevente, occorre dunque che non soltanto i due abbiano depositato in memoria le stesse informazioni percettuali e concettuali, ma anche che le operazioni di reperimento, selezione dello schema interpretativo e comparazione avvengano in modo sostanzialmente identico. In tutte le situazioni concrete, la probabilità che ciò avvenga per via casuale o naturale è evidentemente minima.

Nell'ambito di una tale impostazione ci si rende però conto di come tutta una serie di operazioni che controllano la formazione del significato, attraverso il deposito e l'impiego di un lessico interno, siano governate a loro volta da molti, forse troppi, altri fattori, sia oggettivi che soggettivi. E lo stesso autore finora citato deve concludere il suo discorso richiamandosi alla necessità del riferimento a tali fattori per l'analisi e la comprensione del fenomeno comunicativo: dai fattori soggettivi come i bisogni, le ideologie e le aspettative più o meno inconsce dell'attore sociale, a quelli oggettivi.

Come si può facilmente notare dunque, la complessità nell'affrontare concettualmente il discorso sulla comunicazione è enorme. Il rischio maggiore – almeno da un punto di vista sociologico – permane però essenzialmente quello di rimanere schiacciati tra due interpretazioni fortemente limitative: da un lato, una concezione troppo meccanicistica, sulla base del modello dell'informazione e, dall'altra, una concezione che si attiene a parametri troppo eterogenei e fuorvianti, difficilmente schematizzabili.

Per provare a risolvere tale questione, si è provato a risistematizzare la nozione di comunicazione, collocandola in un contesto diverso. A tal proposito, uno di tali tentativi è stato adeguatamente sintetizzato come segue:

Le attività umane, nel loro insieme, si ritiene si svolgano su due assi principali: quello dell'azione sulle cose, attraverso la quale l'uomo trasforma la natura – l'asse della produzione – e quello dell'azione sugli altri uomini, creatrice di relazioni intersoggettive, fondatrici della società – l'asse della *comunicazione*.

Il concetto di *scambio* che, nella tradizione antropologica francese (soprattutto dopo M. Mauss), copre questa seconda sfera di attività, può essere interpretato in due modi diversi, sia come il trasferimento di oggetti di valore, sia come la comunicazione tra soggetti.

I trasferimenti di oggetti che si presentano sotto forma di acquisizione e di privazione, non possono che riguardare dei soggetti e costituiscono, nella misura in cui si servono di forme canoniche, sistemi di relazioni interumane che regolamentano i voleri e i doveri degli uomini.

C. Lévi-Strauss ha proposto di distinguere tre dimensioni fondamentali di questi *trasferimenti-comunicazioni*: agli scambi di donne, considerati come processi, corrispondono le strutture della parentela che hanno la forma di sistemi; agli scambi di beni e di servizi corrispondono le strutture economiche; agli scambi di messaggi, le strutture linguistiche.

Questo schema molto generale può evidentemente essere modificato o raffinato: al posto delle strutture linguistiche, in particolare, sarebbe opportuno inscrivere organizzazioni semiotiche più ampie. Al concetto di scambio, d'altra parte, dovrebbero essere sottratte le connotazioni euforiche che fanno allusione alla *benevolenza* universale degli uomini nelle loro mutue relazioni: la frontiera tra le strutture *contrattuali* e le strutture *polemiche* che presiedono alla comunicazione è difficile, se non impossibile, da stabilire. Resta il fatto che tale concezione della comunicazione permette un approccio propriamente semiotico al problema, ben diverso da quelli delle teorie economiche da una parte, della teoria della comunicazione dall'altra.

Nella misura in cui la comunicazione si stabilisce tra i soggetti e che i valori investiti negli oggetti messi in circolazione (valori *pragmatici*, *cognitivi*, *modali*) sono considerati costitutivi dell'essere del soggetto (quest'ultimo si trova costantemente in aumento o dispersione del proprio essere), è evidente che il destinante e il destinatario non possono più essere trattati come astrazioni, come posizioni vuote di *emittente* e *ricevente*, ma che sono, al contrario, soggetti *competenti*, presi a un momento del loro divenire, inscritti ciascuno nel proprio discorso (…).

Questa *umanizzazione* della comunicazione, che è una delle preoccupazioni della maggior parte delle teorie recenti in questo campo, non manca di sollevare nuovi problemi per i quali ancora non si vedono soluzioni definitive.[56]

Come oramai è stato evidenziato da più parti, è piuttosto difficile poter distinguere nettamente la comunicazione *di massa* da altri tipi di comunicazione. Per non addentrarci in definizioni e differenziazioni teoriche molto complesse, come quelle ipotizzate da McQuail, ci soffermeremo qui su alcuni aspetti di base, rimandando alla bibliografia sull'argomento (abbondantissima, e cresciuta a dismisura negli anni più recenti) per ulteriori approfondimenti.

La *comunicazione di massa* può essere definita come «ogni processo di produzione, trasmissione e diffusione di testi, notizie, immagini, suoni, atto a raggiungere in modo simultaneo o comunque entro brevissimo tempo un gran numero di persone separate e disperse su un vasto spazio e per lo più non in rapporto tra loro. I mezzi usati per attuare tal genere di processo – cinema, stampa, manifesti, radio, televisione – sono detti *mezzi di comunicazione di massa,* o, con ibrido anglo-latino entrato ormai in tutte le lingue, *mass media.* I materiali da essi diffusi, ovvero il contenuto della *comunicazione di massa*, sono spesso designati in blocco come *cultura di massa*».

---

[56] Cfr. Greimas-Courtes (Op. cit.).

Quest'ultimo concetto, così fondamentale – visto anche l'approccio generale che stiamo seguendo in questi appunti – merita di essere approfondito attraverso quella che resta una delle definizioni più significative:

"Cultura di massa – scrive il sociologo francese Edgar Morin – vale a dire prodotta secondo le norme della fabbricazione di massa industriale; divulgata mediante tecniche di divulgazione di massa, rivolta a una *massa* sociale, cioè a un gigantesco agglomerato di individui colto al di qua e al di là delle strutture interne della società (classi, famiglia, …). Il termine cultura di massa, così come i termini di società industriale o di società di massa (*mass-society*), privilegia abusivamente uno dei nuclei della vita sociale; le società moderne possono essere dette, non soltanto industriali e di massa, ma anche tecniche, burocratiche, capitaliste, di classe, borghesi, individualiste… La nozione di massa è *a priori* troppo ristretta.

Quella di cultura può sembrare *a priori* troppo larga, se la si intende in senso pieno, etnografico e storico, troppo nobile se la si intende in senso derivato e sublimato dell'umanesimo colto.

Una cultura orienta, sviluppa, assoggetta certe virtualità umane, ne inibisce o ne proibisce altre. Ci sono sì, fatti di cultura universali, come la proibizione dell'incesto, ma le regole e le modalità di tale proibizione si differenziano secondo le culture. In altri termini, c'è, da una parte, una *cultura* che definisce, in rapporto alla natura, le qualità propriamente umane dell'essere biologico chiamato uomo, e, dall'altra, vi sono *culture* particolari secondo le epoche e le società.

Si può asserire che una cultura costituisce un corpo complesso di norme, simboli, miti e immagini che penetrano l'individuo nella sua intimità, ne strutturano gli istinti, ne orientano le emozioni. Tale penetrazione si attua secondo rapporti mentali di proiezione e di identificazione polarizzati sui simboli, sui miti e le immagini della cultura come sulle personalità mitiche o reali che ne incarnano i valori (gli antenati, gli eroi, gli déi). *Una cultura fornisce dei punti di appoggio immaginari alla vita pratica, dei punti di appoggio pratici alla vita immaginaria.* (…). La *cultura di massa* è una cultura: essa costituisce un corpo di simboli, di miti e immagini concernenti la vita pratica e la vita immaginaria, un sistema di

105

proiezioni e di identificazioni specifiche, e si aggiunge alla cultura nazionale, alla cultura umanistica, entrando in concorrenza con loro (...). La cultura di massa integra e la tempo stesso si integra in una realtà policulturale (...) essa non è la sola cultura del XX secolo. Ma è la corrente davvero di massa e nuova del XX secolo. Essa è cosmopolita per vocazione e planetaria per estensione, ci pone i problemi della prima cultura universale della storia dell'umanità".[57]

È possibile comunque sintetizzare, seppure alquanto genericamente, gli elementi costitutivi della *comunicazione di massa*, così come appaiono nel già citato Dizionario di Sociologia:

a) Il *processo di Comunicazione* nelle sue componenti sociopsicologiche. Le funzioni e gli effetti della *comunicazione di massa* vanno sempre visti nel quadro complessivo dei processi di *informazione*, di cui esse rappresentano solamente il settore di più recente sviluppo.

Si tratta di esaminare quale forma specifica assumano in un determinato tipo di *comunicazione di massa* le diverse componenti generali dell'informazione, come la situazione del soggetto, la natura dello stimolo, i fattori predisponenti – tecnici, ambientali e personali – le variabili intervenienti come la personalità del soggetto, i mutamenti indotti, quando vi siano, nel campo cognitivo, percettivo, affettivo, comportamentale.

b) Il mezzo sotto il rispetto *tecnico*. Modi di produzione e di diffusione del messaggio, la sua natura di stimolo, il suo stesso contenuto, sono condizionati dalla tecnologia del *medium* usato come fonte e trasmittente di parole, suoni, immagini.

Al presente, l'uso dell'elettronica per la composizione, la riproduzione e la trasmissione di testi a stampa, le trasmissioni via

---

[57] Edgar Morin, *L'industria culturale*, Il Mulino, Bologna 1963, pp. 10-12.

satellite, le videocassette e i videotelefoni stanno sconvolgendo tutte le classificazioni tradizionali dei *mass media*, stabilendo collegamenti prima impensabili tra giornali, cinema, radio e televisione.

c) Il mezzo sotto il rispetto *organizzativo*. Dati l'alto costo e la complessità di tutti i *media*, la loro gestione richiede dovunque l'impiego di gruppi specializzati che tendono ad assumere sempre più il carattere di aziende di produzione. La sociologia della *comunicazione di massa* studia le strutture organizzative di tali aziende, i loro rapporti con i centri di potere economico, politico, culturale, i ruoli professionali più caratteristici, i mutamenti in esse introdotti dalla evoluzione della tecnologia dei *mass media*.

d) Il *comunicatore*. Questo termine designa il soggetto – per lo più collettivo: gruppi associazioni, un partito, un governo, un'azienda o un cartello di aziende – che richiede e ottiene di formulare o in qualche modo condiziona in misura determinante il contenuto dei messaggi, ovvero i programmi, i testi, le immagini, le notizie che vengono diffuse da un dato mezzo di *comunicazione di massa* ad un dato momento.

Per alcuni contenuti, tipo uno spettacolo teatrale, il comunicatore coincide con l'azienda produttrice del messaggio, ma spesso ne differisce: così in una trasmissione di *Tribuna elettorale* il comunicatore è un partito o il suo rappresentante; in una trasmissione pubblicitaria il comunicatore sarà l'azienda committente dello *sketch* trasmesso. A volte, ma non sempre, il comunicatore coincide con il finanziatore del mezzo: è ancora il caso della pubblicità.

Nell'analisi del comunicatore sono importanti le sue motivazioni latenti o manifeste, la tecnica seguita, i fini che persegue – da non confondere con i possibili *effetti* del suo messaggio.

e) Il *contenuto*, ovvero il messaggio e il materiale costituente la *comunicazione di massa*, quale che sia la forma sonora e visiva che assume.

Si sogliono classificare i contenuti della *comunicazione di massa* a seconda della loro natura: in trattenimento, arte, informazione, istruzione; oppure a seconda del loro livello qualitativo, o anche della tematica che affrontano: attualità, sport, scienza, musica leggera, commedia, inchiesta, ecc.

f) Il *ricevente*, se si considera un individuo, ovvero l'*uditorio* o il *pubblico*, se si pensa in termini di molteplicità di individui. Tra le caratteristiche che in base alle ricerche sinora effettuate appaiono più importanti nel determinare (a) l'atteggiamento nei confronti della *comunicazione di massa*, (b) la disposizione all'ascolto, alla lettura o al "consumo", infine (c) gli effetti a livello personale, vi sono la struttura della personalità (più o meno stereotipata, autoritaria, introversa, ecc.), l'appartenenza ad una determinata classe o strato, l'età, la scolarità, la situazione contingente, i gruppi di riferimento positivi o negativi, il gruppo primario, in specie la struttura della famiglia.

Dell'uditorio o pubblico si studiano soprattutto le dimensioni e la composizione in termini di età, sesso e professione.

g) Gli *effetti* a livello personale e collettivo.

8
La Comunicazione Verticale

Parlare di Comunicazione in senso verticale – ovvero per riferirsi a quei processi che interessano la trasmissione di una determinata cultura attraverso le generazioni – implica necessariamente un riferimento al concetto di memoria collettiva. La *memoria collettiva* si è affermata, in particolar modo nel corso di quest'ultimo secolo, come uno dei concetti chiave nell'ambito delle scienze umane e sociali. Di pari passo con la crescita di importanza di tale nozione, si è sviluppato negli anni un rigoglioso ed ampio settore di studi e di ricerche che hanno finito per imporre – almeno per ciò che concerne la riflessione più squisitamente sociologica – una serie di contributi teorici che, seppure a volte con talune significative differenziazioni, hanno definito le basi del campo di indagine di quella che oramai anche istituzionalmente è divenuta una vera e propria *sociologia della memoria.*

Chiariamo innanzitutto che il concetto di memoria collettiva è riferito ad una *rappresentazione narrativa,* ovvero ad una sorta di *metamemoria,*[58] un "enunciato che i membri di un gruppo producono a proposito di una presupposta memoria comune a tutti i membri di quel gruppo. Questa metamemoria non ha lo stesso statuto della metamemoria cui ci si riferisce a proposito della memoria individuale: mentre questa è un enunciato relativo a un nome – *memoria* (attribuito a ciò che esso designa, una facoltà attestata, come un'etichetta su una bottiglia) – quella è un enunciato relativo alla *descrizione* di una condivisione ipotetica di ricordi."[59]

---

[58] Cfr. Joel Candau, *La memoria e l'identità*, Ipermedium libri, Napoli 2002.
[59] Ivi, pp. 28-29.

Da un punto di vista più specificamente sociologico gli studi sulla memoria possono essere fatti risalire, come è noto, all'opera pionieristica di Maurice Halbwachs, da cui emergono sostanzialmente i seguenti aspetti:

- la memoria è sempre socialmente condizionata;

- la memoria collettiva non è un riportare a galla o un far rivivere il passato in quanto tale, ma consiste essenzialmente nella ri-composizione di questo passato, una ri-composizione che avviene poi esclusivamente in funzione dell'attualità, cioè del presente.

Vale a dire che l'individuo non può semplicemente rivivere il proprio passato, ma solo ricomporlo servendosi dei "quadri sociali" che gli derivano sia dalla società in generale, sia dai diversi gruppi dai quali essa è composta. A partire da tale retroterra potremmo dire che la *sociologia della memoria*, attraverso i suoi principali studiosi, propone una serie di affermazioni che possiamo riassumere in sette punti:

1 - non esiste alcuna dimensione della memoria che possa considerarsi esclusivamente individuale: ogni memoria va sempre posta e analizzata in rapporto ad un quadro sociale di riferimento;

2 - è necessario distinguere una memoria storica da una memoria collettiva. Quest'ultima è "una corrente di pensiero continua, di una continuità che non ha niente di artificiale, in quanto conserva del passato solo ciò che è ancora vivo o capace di vivere nella coscienza del gruppo di cui fa parte" (M. Halbwachs). La storia invece comincia laddove finisce la tradizione, quando cioè il passato, non essendo più vissuto, fuoriesce dalla memoria

collettiva. In tal caso, per poter salvare i ricordi non più abitati dal gruppo, è necessario fissarli per iscritto;

3 - è soprattutto la memoria collettiva (i fatti e gli eventi che vengono trasmessi attraverso le generazioni) che serve a preservare il senso e la coerenza dell'identità, sia a livello individuale che collettivo. È attraverso questa sorta di comunicazione intergenerazionale che ci si riconosce sia a livello individuale che collettivo;

4 - tale memoria collettiva va posta in relazione con i cosiddetti eventi mitici – essa è cioè soggetta a trasfigurazioni esemplari senza le quali (se non diventa memoria storica) è destinata a cadere nell'oblio.

Nell'introdurre quest'ultimo concetto è però necessario fare riferimento a due chiarimenti sociologicamente essenziali. Il primo concerne la, cosiddetta, *verità del mito* rispetto alla *storia* e alla *memoria collettiva*; il secondo è legato al fatto che noi siamo abituati a considerare memoria e oblio in termini di opposizione: da un lato vi sarebbe la *forza preservatrice* della memoria (che serve a dare voce al passato sia individuale che collettivo); dall'altro la *forza disgregatrice* dell'oblio, che progressivamente ricopre, come con un velo, i ricordi dell'infanzia o gli eventi collettivi particolare. Riprenderemo tra breve (cfr. punto 6), dopo un ulteriore ma necessario approfondimento concettuale, questa fondamentale riflessione sul ruolo dell'oblio nella costruzione sociale della memoria collettiva.

5 - È necessario distinguere, nell'ambito di ogni collettività, una memoria di carattere orizzontale (memoria comunicativa) da una memoria di carattere verticale (memoria culturale).

A tal proposito è necessario ricordare che ogni cultura sviluppa quella che è stata definita una struttura connettiva.60 Questa agisce istituendo collegamenti e vincoli nell'ambito di due diverse dimensioni: spaziale e temporale. Tale struttura lega – connette – l'uomo al suo prossimo creando, in quanto "Universo Simbolico", uno spazio comune di esperienze, di attese e di azioni, che conferisce fiducia e orientamento grazie alla sua forza vincolante. Ma la cultura lega anche lo ieri all'oggi, modellando e mantenendo attuali le esperienze e i ricordi fondanti, e includendo le immagini e le storie di un altro tempo entro l'orizzonte sempre avanzante del presente, così da generare speranza e ricordo: questo aspetto della cultura è alla base dei racconti storici e mitici.

Entrambi gli aspetti, quello normativo e quello narrativo, quello del criterio direttivo e quello del racconto, stabiliscono le fondamenta dell'appartenenza o dell'identità e permettono al singolo di dire noi. Ciò che lega insieme i singoli in un tale "noi" è la struttura connettiva di un sapere e di un'immagine di sé comuni: tale struttura è basata da un lato sul vincolo di comuni regole e valori, dall'altro sul ricordo di un passato condiviso.

Come accennato nel punto 3, una delle funzioni sociali chiave di una memoria collettiva è quella di costituire un fondamento indispensabile per l'affermazione e la continuità delle identità collettive. Si tratta quindi di una compartecipazione ad una memoria condivisa, ad un sapere comune, trasmesso di generazione in generazione attraverso gli strumenti di cui la comunità in questione dispone. È evidente, dunque, che ci troviamo di fronte ad una questione essenzialmente comunicativa che dipende in modo determinante dalle tecnologie della comunicazione disponibili, da una parte, e dalle

---

60 Jan Assmann, *La memoria culturale*, Einaudi, Torino 2001.

modalità retoriche, ovvero dai modi di strutturazione delle narrazioni, dall'altra.

Possiamo, in conclusione, tornare alla riflessione sul ruolo dell'oblio, lasciata in sospeso al punto quattro della nostra discussione. Diamo dunque seguito a quanto detto aggiungendo che

6 – sociologicamente, è necessario considerare Memoria e Oblio come due strutture interconnesse. Metaforicamente possiamo immaginare una corda intrecciata costituita da due fili che si rendono reciprocamente indispensabili l'un l'altro. Essi si annodano tra di loro, non può esistere la corda del ricordo senza il contributo sia del filo della reminiscenza che di quello dell'oblio. Ed è intorno a tale definizione del rapporto tra memoria e oblio che ruoteranno le mie riflessioni conclusive, inerenti il concetto di disarticolazione della memoria collettiva. Spesso nel linguaggio comune tendiamo, soprattutto dopo le più recenti acquisizioni teoriche in campo neuro-bio-tecnologico, a paragonare il meccanismo della memoria del cervello con quello dei computer. "La memoria (mneme) finisce così per coincidere con il concetto di archivio o deposito (la fisiologia del nostro cervello) mentre la reminiscenza (anamnesis) si identifica con qualcosa di più complesso e sottile della semplice registrazione degli eventi e della capacità del nostro cervello (o computer): la reminiscenza sottintende la riflessione, il pensare, il rievocare il proprio passato, i propri ricordi, la vera essenza della nostra identità. Insomma, la disponibilità dell'archivio non coincide necessariamente con la sua consultazione... anzi, la mera esistenza di un archivio non coincide con quel principio di

identità e di unicità che dipende dall'individualità dei nostri ricordi".[61]

È a tal fine che si rende particolarmente necessario prendere in considerazione la determinante funzione dell'oblio nel processo di costruzione sociale della memoria. Insomma, non si può non dimenticare, ovvero non si può ricordare tutto. In questo senso è necessario considerare l'esistenza di veri e propri criteri di selezione che agiscono a livello sia individuale che collettivo e che determinano sia ciò che è necessario ricordare che ciò che bisogna lasciar cadere nel dimenticatoio.

Prima di concludere su questo tema, è ancora necessario ricordare che quando si contrappongono Memoria e Oblio, Ricordo e Dimenticanza, non si tiene sufficientemente conto di quest'ultimo fondamentale aspetto:

7 - la memoria non è un'entità stabile, immutabile nel tempo. Essa si evolve e si trasforma con il trascorrere dell'esistenza sia individuale che collettiva. Essa si contamina, diventa ibrida, viene sottoposta a contrattazioni (tipiche, ad esempio, nei processi migratori).

In un importante saggio degli anni Sessanta sulla tradizione orale, lo storico Jan Vansina[62] sostiene che la coscienza del passato di una collettività opera sostanzialmente su due soli piani: il tempo delle origini e quello del passato prossimo. Il periodo collocabile tra questi due poli – spesso costituito da una fase estesa e difficilmente identificabile –, spostandosi con il succedersi delle generazioni, viene definita da questo autore lacuna fluttuante (floating gap), concetto con cui egli intende indicare una sorta di "terra di nessuno", un periodo intermedio

---

[61] Alberto Oliverio, *Ricordi individuali, memorie collettive*, Einaudi, Torino 1994, p. 4.

[62] Jan Vansina, *La tradizione orale. Saggio di metodologia storica*, Officina, Roma 1976.

che si frappone tra il ricordo vivo dei contemporanei (con un orizzonte cronologico di circa ottant'anni) e le tradizioni mitizzate riguardanti le origini. L'aspetto interessante della tesi di Vansina è che il passato prossimo e il tempo delle origini si "toccano" nell'arco di una sola generazione. Gli uomini appartenenti a tale generazione non possono pertanto essere coscienti della presenza di alcuna "lacuna", che evidentemente non può che essere colmata se non con il riferimento all'invenzione, alla fantasia.

Va pertanto sottolineato che le particolarità di certe memorie sono tali da poter essere comprese solo facendo ricorso a determinati supporti di carattere narrativo, all'interno dei quali i termini della distinzione "realtà-finzione" finiscono per acquisire un significato del tutto particolare. Riempire i "vuoti" di certi racconti "veri" con elementi tratti dalla "fantasia", o rendere narrativamente più efficaci certi "fatti", non implica dunque necessariamente una falsificazione del reale, ma può invece significare completare e rendere fruibili storie e frammenti di storie che andrebbero altrimenti perdute. Interi gruppi sociali o singoli personaggi che hanno attraversato la storia possono giungere ad acquisire, nella buona letteratura (ma il discorso può valere anche, come è noto, anche per altre forme di rappresentazione narrative, come il cinema), quello spessore umano che li pone in grado di fornire chiavi di lettura più penetranti e più facilmente comunicabili di quelle che in genere emergono dai semplici resoconti o documenti storici tradizionali. Come ha scritto lo storico Simon Shama è inoltre vero che "anche nel più austero resoconto nato negli archivi più forniti, la facoltà dell'invenzione – selezionare, scartare, correggere, commentare, interpretare e giudicare – è in pieno gioco".[63]

Se, dunque, il passato è fenomenologicamente sempre uguale, è vero anche che esso viene ricordato in modi diversi: gruppi diversi hanno ricordi differenti, ricostruiscono il passato in maniera dissimile a seconda del periodo in cui vivono (presente), o del sottosettore della società o del gruppo cui appartengono (famiglia, classe sociale, etc.). Ogni memoria collettiva, dunque, ha un rapporto dialettico con l'oblio. Fenomeno, quest'ultimo, che non va inteso nel senso di una pura dimenticanza passiva. Tutt'altro, l'oblio è un fenomeno attivo. L'oblio è una particolare forma di articolazione della memoria collettiva. L'oblio implica in sostanza la necessità di innestare dei criteri di selezione validi ai fini dell'integrazione della comunità di riferimento.

Tali criteri di selezione hanno ovviamente un "colore". Ovvero implicano delle precise scelte, determinate dalle necessità del presente, che sono di carattere politico, religioso, etnico-culturale. Tali criteri, insomma, fanno riferimento a precisi *Universi Simbolici*.

Ogni epoca ha visto emergere ed imporsi i propri *modelli di disarticolazione* della memoria, facendo "dimenticare" ciò che era necessario far cadere nell'oblio. Schematicamente, si può dire che:

a) - C'è un'articolazione dall'alto (spesso teocratica) – che "ricorda" le origini mitiche e fa prevalere il passato remoto-mitico e fa dimenticare eventi di una possibile "memoria collettiva", basata su eventi importanti ma non mitizzabili;

[63] Simon Shama, *Le molte morti del generale Wolfe*, Mondadori, Milano 1982.

b) - c'è un'articolazione dal basso, di derivazione politica, che a sua volta deriva da una sorta di *immanentizzazione* delle grandi narrazioni di carattere mitico-religioso. Entrambe possono essere lette come delle vere e proprie *retoriche olistiche* che creano e articolano la corda della memoria, facendo funzionare l'intreccio tra memoria e oblio.

Allo stesso modo, può dirsi che esistono due modalità di fondo di *disarticolazione* della memoria collettiva, ovvero due modalità (idealtipiche, che spesso si confondono e sovrappongono lungo un continuum) per interrompere il flusso di continuità del passato necessario a preservare la coscienza viva del ricordo. Il primo, è quello della *mitizzazione*, il secondo è quello della *semplificazione*. La mitizzazione, che nella sostanza anestetizza il passato, congelandolo in forme immobili, può essere sia virtuosa che dannosa per la solidità dell'identità collettiva. Nel primo caso essa ravviva il senso di continuità e di appartenenza; nel secondo – la *museificazione* eccessiva che caratterizza la contemporaneità – rimescola confusamente e costantemente il senso del passato, privandolo di ogni profondità e significato storico.

Quando tale senso di mitizzazione viene esasperato, si giunge – non senza continuità –alla suddetta fase di *semplificazione*, in cui un eccesso di "storia", di museificazione, di discorsi sul passato e sui testimoni finisce per creare una patina di confusa superficialità praticamente impenetrabile e difficilmente comprensibile. "La disarticolazione della memoria che le forme di comunicazione istantanee, urlate e parcellizzate tendono a produrre è un fenomeno nuovo che rischia di distruggere ciò che faticosamente è stato costruito dalle generazioni che ci hanno preceduto".[64] Il meno che a tal proposito possa capitare, nell'ambito del rapporto intergenerazionale, è che si generi confusione tra *mneme* e *anamnesis*. È questo uno degli aspetti cruciali in cui il ruolo dei media diventa fondamentale. Non nel senso di una presunta capacità tecnologica dello strumento di immagazzinare; quanto per la possibilità che fornisce di poter riproporre in modo mitico, o ben articolato narrativamente, gli eventi.

Solo attraverso simili processi il passato potrebbe assumere significato e senso; in caso contrario non potrà che essere ingoiato in quel flusso *iconorreico* disomogeneo e confuso prodotto dai media elettronici, finendo per svolgere una funzione sociale opposta a quella che si pretende faccia: cioè, appunto, quella di *disarticolare* la possibilità di ricordare, facendo dimenticare la fondamentale funzione mnemonica dell'oblio.

Con il crollo delle *grandi narrazioni* o – secondo una felice espressione di Joel Candau – delle *retoriche olistiche*, il sopravvento dei media risulta peraltro sempre più eclatante: dai tempi dell'affermazione della scrittura ad oggi, si è sempre riproposto – e con veemenza vieppiù crescente – il problema della "legittimazione intergenerazionale", quella della situazione del *testimone.*

Chi garantisce la veridicità del passato? Può realmente esistere un "passato non interpretato"? Quali sono i "limiti della memoria"?

Se, insomma, guardiamo alla rappresentazione di un evento "fattuale" del passato, ci troviamo di fronte a due possibilità: la

---

[64] Giovanni Bechelloni, *Svolta Comunicativa*, Ipermedium libri, Napoli 2002, p. 47.

prima, è che si tratti di un evento realmente esperito da qualcuno; la seconda, è che si tratti di un evento inventato, frutto della fantasia. In entrambi i casi, ciò che maggiormente conta, ai fini della costruzione della memoria collettiva, resta la capacità di trasmettere il "fatto", di renderlo "memorabile".

Tzvetan Todorov sostiene che «per essere compreso il mondo vissuto ha bisogno di essere affiancato da un suo doppio immaginario». Esso deve insomma essere narrato, descritto, ricostruito. E in tale processo di ricostruzione non conta tanto il rigore o la puntualità filologica, quanto soprattutto la coerenza, la capacità di immaginazione, di saper ricomporre le dimenticanze e i ricordi in un insieme dotato di senso, di essere in grado di riempire i vuoti, di saper sopportare le mancanze che il corso della vita ci ha reso presenti. Affinché si dia una vera e propria memoria collettiva è necessario, insomma, che si elaborino dei veri e propri *artifici*. Ernest Renan, a proposito di identità collettiva, scriveva – già verso la fine dell'800 – che «l'essenza di una nazione sta nel fatto che tutti i suoi individui condividano un patrimonio comune, ma anche nel fatto che tutti abbiano dimenticato molte altre cose» … ovvero tutto ciò che li potrebbe dividere. Ricorre dunque, sempre in primo piano, la necessità di *mitizzare* o *ri-articolare* la memoria collettiva con un consapevole ricorso ad una retorica, ad una fantasia del mediare necessaria a riempire quei vuoti della memoria, quegli spazi interstiziali in cui il rapporto virtuoso tra memoria e oblio si ritrova ad essere gravemente disarticolato.

Molto spesso, insomma, l'ossessione memoriale messa in atto soprattutto attraverso i media, la possibilità di immagazzinare praticamente tutto, finisce per svolgere la funzione di non far riconoscere ciò che abbiamo dovuto dimenticare al fine di poter elaborare e costruire una memoria collettiva ben equilibrata. In tal senso anche gli eccessi commemorativi, i musei, gli archivi della memoria potrebbero finire per mascherare l'oblio necessario alla costruzione di un passato utilizzabile, che abbia senso e significato ai fini della costruzione di un modello organico e coerente di identità collettiva.

III
Mediastorie

9
I Media e le storie

La storia del rapporto dialettico tra uomo e tecnologie della comunicazione fa parte di un ampio e complesso processo caratterizzato dalla presenza, in seno alle culture occidentali, di alcune fasi paricolarmente significative. La prima tra tutte è certamente quella che ha assistito al passaggio da un tipo di società in cui la trasmissione di informazione e conoscenza si basava sull'oralità, ad un tipo di società che si sviluppava intorno ad un nuovo e rivoluzionario medium: *la scrittura*.

Eric A. Havelock è tra gli studiosi che più efficacemente ha analizzato quel determinante passaggio dalla cultura orale della Grecia di Omero alla cultura scritta della Grecia classica nella quale, tra l'altro, spicca la figura di Platone. Proprio Platone, nel V secolo avanti Cristo, periodo in cui si affermava la scrittura come strumento per la diffusione delle idee, consapevole della portata di tale avvenimento, esprimeva tutti i suoi dubbi circa l'introduzione di questo nuovo mezzo di comunicazione nel Fedro attraverso i due protagonisti – il re egizio *Thamus* e il dio *Theuth*, inventore della scrittura – che nel loro dialogo manifestavano le proprie posizioni diametralmente opposte su tale invenzione.

Laddove il dio Theuth enfatizzava con le sue parole gli aspetti vantaggiosi che la scrittura avrebbe portato all'intera umanità, resa più sapiente e libera dalla necessità di affidare alla propria mente il ricordo, il quale avrebbe avuto una più ampia possibilità di conservarsi una volta affidato ai supporti scritti, il re Thamus incarnava invece lo scetticismo platonico nei confronti di uno strumento considerato ambiguo. La scrittura, a detta del sovrano, avrebbe determinato effetti opposti rispetto a quelli descritti dalla divinità: affidando ad essa il compito di ricordare, gli uomini sarebbero stati vittima dell'oblio, diretta conseguenza dell'indebolimento della capacità di memorizzare da soli.

Un altro dei timori espressi da Platone era rappresentato dalla scomparsa del rapporto tra Allievo e Maestro, colui che aveva la conoscenza e la capacità di tramandarla, tanto da dire per bocca di Socrate che

[...] la scrittura è in una strana condizione, simile veramente a quella della pittura. I prodotti cioè della pittura ci stanno davanti come se vivessero; ma, se li interroghi, tengono un maestoso silenzio. Nello stesso modo si comportano le parole scritte: crederesti che potessero parlare quasi che avessero in mente qualcosa; ma se tu, volendo imparare, chiedi loro qualcosa di ciò che dicono esse ti manifestano una cosa sola e sempre la stessa. E una volta che sia messo in iscritto, ogni discorso arriva alle mani di tutti, tanto di chi l'intende tanto di chi non ci ha nulla [e] a che fare; né sa a chi gli convenga parlare e a chi no. Prevaricato ed offeso oltre ragione esso ha sempre bisogno che il padre gli venga in aiuto, perché esso da solo non può difendersi né aiutarsi[65].

Platone quindi, configurandosi come uno dei primi apocalittici, attraverso la voce dei due protagonisti di questa sua opera ci ha tramandato le proprie contraddittorie sensazioni nei confronti del nuovo medium. Ma non solo, allo stesso tempo egli mette in risalto le possibili conseguenze socio-culturali del passaggio da un tipo di società orale ad un tipo di società in cui la scrittura avrebbe finito per avere il predominio, esponendo le sue convinzioni utilizzando proprio la scrittura: egli stesso è quindi

---

[65] Platone, *Opere*, vol. I, Laterza, Bari 1967, pp. 790–792.

l'esempio concreto di quanto uno strumento di trasmissione del sapere eserciti una certa influenza sulle strutture mentali,[66] di come, una volta diventata una prassi completamente interiorizzata, esso possa determinare e a sua volta essere determinato da un particolare tipo di società e di pensiero in un continuo processo dialettico.

Oralità e Scrittura

Walter J. Ong, nella sua opera *Oralità e scrittura*, introduce una distinzione molto importante tra quella che lui definisce una oralità primaria – con cui indica quelle culture del tutto ignare della scrittura – e una oralità secondaria, che caratterizzerebbe le società che godono della presenza di tecnologie quali il telefono, la radio, la televisione e altri mezzi elettronici, e che presentano dunque una rinnovata forma di oralità. In essa gli strumenti che consentono una sua attivazione dipendono proprio dalla scrittura.

Una volta superato il guado, diventa molto difficile anche solo immaginare cosa ci fosse prima: la diffusione della scrittura pone difatti l'uomo alfabetizzato in una condizione di non ritorno. "Siamo talmente abituati alla scrittura – scrive Ong – che ci riesce molto difficile concepire un universo mentale e della comunicazione che sia precipuamente orale e non una semplice variante di un universo alfabetizzato".[67] Ciononostante la scrittura non sembra poter fare a meno dell'oralità. Nel momento in cui leggiamo un testo mettiamo in atto un processo di traduzione e anche soltanto con l'immaginazione convertiamo la parola scritta in suono. Ecco, dunque, che appare evidente

---

[66] Walter J. Ong, *Oralità e scrittura. Le tecnologie della parola*, Il Mulino, Bologna 1986.
[67] Ivi, p. 20.

come, laddove una forma di espressione orale possa esistere anche senza la scrittura, viceversa la scrittura non potrebbe esistere senza il suono.

Le società ad *oralità primaria*, come hanno messo bene in evidenza anche molti altri studiosi, presentavano una organizzazione sociale tale da garantire una certa stabilità, in cui fondamentale risultava l'interazione intensa tra membri della comunità, dove proprio "il sapere orale comportava una quantità maggiore di esposizione e partecipazione. "Il sapere – fa notare Goody – aveva un carattere molto più pubblico perché la comunicazione verbale dipendeva dalla voce, dall'interazione faccia a faccia. Laddove nelle culture alfabetizzate l'individuo poteva starsene da solo con un libro, in quelle orali era necessario un compagno come narratore o educatore. [...] Attività solitarie come mangiare da soli potevano assumere un valore negativo; in questo senso, la privacy del singolo non era necessariamente apprezzata, perché la natura interattiva della vita umana era più immediatamente presente agli attori".[68]
Nelle culture orali l'ordine prestabilito non poteva mai essere messo in dubbio tanto che, come sottolinea Jan Assmann, non soltanto in queste società gli elementi del passato che non erano più considerati significativi venivano rimossi ma, durante lo svolgimento del rito, veniva prestata un'enorme attenzione affinché l'esecuzione fosse corretta. Questo perché – come ricorda ancora Goody – se "i riti non venivano ripetuti con la dovuta cura e con la dovuta correttezza, avrebbero potuto mettere in crisi i fondamenti stessi della realtà, coinvolgendo con essa quindi la propria esistenza".[69] Niente e nessuno avrebbe

---

[68] Jack Goody, *Il potere della tradizione scritta*, Bollati Boringhieri, Torino 2002, p. 33 (corsivo mio).
[69]Ivi, p. 62.

potuto minare le basi di quanto si tramandava da secoli, le attività comunicative in questo tipo di società erano concentrate a riproporre schemi comportamentali del passato, in una temporalità che si presentava come circolare, dove il presente si veniva quindi a configurare come una continua riproposizione di quanto accaduto precedentemente.

Tutta questa energia investita nella ripetizione attraverso i secoli di ciò che era stato appreso, affinché non venisse smarrito, faceva sì che la mentalità di queste culture fosse altamente tradizionalista e conservatrice, lontana da ogni forma di sperimentazione intellettuale. Anche nelle situazioni in cui sarebbe stato possibile intravedere una sorta di originalità nelle produzioni orali, i nuovi universi concettuali nascevano comunque in uno spazio ristretto e agevolmente prevedibile.

La percezione della realtà degli uomini ad oralità primaria era inoltre strettamente connessa all'esperienza sonora: il senso che l'individuo aveva del cosmo era stato modellato dalla caratteristica esperienza della parola. "La maggior parte delle caratteristiche del pensiero e dell'espressione basate sull'oralità […] sono intimamente collegate all'economia unificante, centralizzante e interiorizzante del suono. Un'economia verbale dominata dal suono tende verso l'aggregazione (armonia) piuttosto che verso l'analisi disaggregante (che compare assieme alla parola scritta, visualizzata). Tende anche all'olismo conservatore (il presente omeostatico che deve essere mantenuto intatto, le espressioni formulaiche che devono essere conservate), al pensiero situazionale […] piuttosto che a quello astratto".[70]

---

[70]Ong (Op. cit.), pp. 107-108.

Al contrario l'introduzione della scrittura, ed in seguito della stampa, permisero di depositare il sapere, la conoscenza, in nuovi spazi esterni all'individuo, garantendo un suo perdurare nel tempo che sarebbe andato oltre le capacità mnemoniche dei soggetti incaricati di tramandarlo.

Per certi aspetti anche una cultura basata sulla scrittura diventava conservatrice, ma in una diversa accezione del termine: conservatrice nel senso della funzione del conservare; in questo modo i testi permettevano di accumulare le conoscenze e lasciare libera la mente di svolgere nuove funzioni, tra cui la stessa analisi critica dei testi scritti.

Il linguaggio scritto permise inoltre di sviluppare una grammatica più elaborata e fissa rispetto al linguaggio orale, il significato delle parole, quindi, cominciava a dipendere dalla struttura linguistica più che dal contesto, il quale invece contribuiva a dare significato alle parole-suono, forse in modo più pregnante di qualunque regola grammaticale. "Un pensiero e un discorso lineari e non ripetitivi, o analitici sono creazioni artificiali, strutturate dalla tecnologia della scrittura. Eliminare in maniera rilevante la ridondanza richiede una tecnologia che superi il problema del tempo, e questa è la scrittura".[71]

Una volta che il pensiero, oggettivandosi attraverso la scrittura, perse quell'evanescenza che gli conferiva l'ambiente sonoro, divennero possibili operazioni di scomposizione ed analisi prima irrealizzabili. La conoscenza, infatti, cominciò a distaccarsi dall'esperienza vissuta proprio attraverso le nuove categorie analitiche rese possibili dall'introduzione di questa nuova tecnologia.

Da un lato abbiamo quindi una cultura orale in grado di esprimere dei concetti riferendoli soltanto ad esperienze

---

[71]Ivi, p. 69.

concrete e proprie di un tempo vissuto, concetti quindi legati ad un *hic et nunc* preciso, che concepiva l'alterità come qualcosa di potenzialmente dannoso per la stabilità stessa della comunità e che di conseguenza affidava la dimensione dell'ignoto agli unici in grado di legittimarlo (ovvero a coloro che gestiscono il pensiero magico); dall'altro abbiamo una cultura in cui la scrittura permetteva di superare tutto ciò anche ricorrendo a delle classificazioni astratte e lontane dall'esperienza. Il pensiero concettuale si definisce infatti come un pensiero astratto, in grado quindi di riferirsi non ad un oggetto singolo e concreto ma ad una vera e propria astrazione scollegata dall'esperienza sensibile.

Con la scrittura si assiste così all'avvio di un fondamentale processo che con il passare degli anni verrà portato avanti prima dalla stampa e successivamente dal computer: la riduzione del suono a spazio e la sottrazione delle parole dal presente immediato. Questa importante transizione avrà, tra l'altro, effetti sostanziali in diversi ambiti: trasformerà il significato della memoria e le stesse tecniche di memorizzazione; cambierà la percezione della dimensione temporale; muterà di conseguenza i fondamenti sia dell'identità collettiva che di quella individuale, con l'emergere di un particolare senso dell'Io che caratterizzerà tutta la cultura occidentale.
Le modalità attraverso cui vengono percepite le informazioni esercitano, dunque, un'influenza determinante su come queste giungono ad essere elaborate dalla mente umana, ossia dalle rappresentazioni mentali che gli individui costruiscono a partire da tutti gli stimoli percettivi che provengono dalla realtà. Ora, se durante la fase orale il suono e di conseguenza l'udito hanno avuto un ruolo preminente nell'esperienza che gli uomini hanno fatto della realtà, con l'introduzione della scrittura si afferma quella che Raffaele Simone definisce visione alfabetica, una

particolare modalità del vedere che "permette di acquisire informazioni e conoscenze a partire da una serie lineare di simboli visivi, ordinati l'uno dopo l'altro alla stessa maniera dei segni alfabetici su di una riga di testo".[72]

Questo nuovo modo di pensare il mondo tuttavia non fu immediato. Prima dell'invenzione della stampa e della diffusione del libro moderno, la scrittura produsse una conoscenza instabile, distribuita tra pochi e scarsamente controllabile. Nonostante la scrittura avesse in sé il germe di una rivoluzione epocale, di un superamento dei limiti spazio-temporali, agli inizi del suo utilizzo ed ancora nel Medioevo essa non era ancora diventata una tecnologia di routine, assimilata ed utilizzata per costruire l'esperienza: il testo scritto continuava ad appartenere per certi versi al mondo sonoro. L'Europa medievale può essere ancora considerata dunque come portatrice di una cultura orale (basti pensare, ad esempio, al ruolo svolto dalla predicazione come modalità privilegiata di diffondere le informazioni): la stessa letteratura medievale era rivolta più ad un pubblico di ascoltatori che di lettori e la lettura il più delle volte era fatta a voce alta.[73] In ogni caso, nonostante molteplici resistenze, la scrittura iniziava lentamente a penetrare nella quotidianità medievale, tanto che si ebbe il passaggio dalle tradizionali consuetudini alle leggi scritte.

Fu solo quando, intorno alla metà del XV secolo, il tedesco Johann Gutenberg inventò un sistema di stampa a caratteri mobili, creando la possibilità di realizzare il libro moderno, che la visione alfabetica poté pienamente affermarsi contribuendo non soltanto ad una maggiore diffusione della conoscenza, ma

---

[72]Raffaele Simone, *La terza fase. Forme di sapere che stiamo perdendo*, Laterza, Roma-Bari, 2000, pp. 16-17.
[73]Cfr. Asa Briggs-Peter Burke, *Storia sociale dei media. Da Gutenberg a Internet*, Il Mulino, Bologna 2002.

anche allo sviluppo di una nuova forma di intelligenza, definita sequenziale, la quale "opera sulla successione, disponendo gli stimoli in linea analizzandoli e articolandoli",[74] e che si oppone al precedente tipo di intelligenza, tipico di una cultura ad oralità primaria, definita simultanea, che invece tende ad ignorare il tempo concentrandosi sull'immediatezza, l'hic et nunc dell'esperienza vissuta.

Lo schermo di carta

Nel passaggio, quindi, da una cultura esclusivamente orale ad una cultura che utilizza la scrittura come tecnologia della comunicazione, la parola abbandona il tempio della memoria per diventare il segno tangibile delle cose; sulla carta, così come sugli altri e più primitivi supporti dello scrivere, il pensiero, il suono, si stabilizzano e diventano leggibili.

A tal proposito sono interessanti le seguenti riflessioni di Jack Goody:

"Mi interessano due aspetti del potere della parola scritta. Il primo è il potere che essa conferisce alle culture dotate della scrittura su quelle esclusivamente orali, permettendo alle prime di prevalere sulle seconde sotto molti profili, il più importante dei quali è la crescita e l'accumulo di conoscenze sul mondo. Il processo comporta un cambiamento di certi aspetti delle nostre attività cognitive – i modi in cui interpretiamo e manipoliamo quanto ci circonda –, in questo caso attraverso il testo, mediante quelle che chiamo "tecnologie dell'intelletto". È ovvio che ciò incide sulle categorie che attendono alla logica e alla razionalità. [...] Il secondo aspetto rilevante è il potere con cui la scrittura investe certi elementi di una particolare società. Non si tratta

---

[74]Antonio Cavicchia Scalamonti, Gianfranco Pecchinenda, *Il foglio e lo schermo*, Ipermedium libri, Napoli 1999, p. 46.

soltanto del potere egemonico che il controllo dei nuovi mezzi di comunicazione assicura ai gruppi dominanti, spesso religiosi; anche i dominati possono sfruttare gli scritti per far fronte al loro ambiente sociale".[75]

Vediamo quindi come l'autore da una parte vada ad enfatizzare proprio la funzione conservatrice della scrittura, la possibilità di archiviare e di tramandare il sapere in una forma nuova, e dall'altra la capacità di sviluppare nuove forme di pensiero, nuove modalità attraverso cui viene percepita la realtà sia da parte di chi detiene il potere che da parte di chi vi è sottomesso, proprio in virtù della nuova tecnologia.

Il carattere duraturo dei documenti scritti porta alla dissoluzione di quella che egli definisce amnesia strutturale, ovvero la tendenza delle culture ad oralità primaria più che a dimenticare il passato a ricordarlo come se fosse presente, quindi nella sua *riattualizzazione* attraverso i rituali; gli scritti, al contrario, permettono una maggiore consapevolezza delle differenze tra passato e presente con un'idea del futuro come meta da raggiungere.

Chiaramente sarebbe ingenuo ritenere che la comparsa di una nuova tecnologia quale la scrittura abbia determinato la completa scomparsa dell'oralità. Non soltanto in epoca medievale persisteva questa forma di comunicazione, ma non bisogna nemmeno credere ad un graduale processo di sostituzione; più corretto è invece considerare i vari mezzi di comunicazione come un sistema in cui l'introduzione di una nuova tecnologia affianca, modificandole, quelle preesistenti, il più delle volte generando un complesso processo di ibridazione.[76]

---

[75]Goody (2002), Op. cit., p. 9.
[76]Cfr., su questo tema, Jay D. Bolter-Richard Grusin, *Remediation*, Guerini e Associati, Milano 1999.

"I mezzi di comunicazione sono cumulativi, non sostitutivi – dice lo stesso Goody – non penso di certo [...] che il canale scritto sostituisca quello orale nelle culture dotate di scrittura: lo modifica, sì, ma non lo soppianta. [...]. Quando parliamo di cambiamento di cognizione, nei modi di pensiero, come una delle implicazioni della litterazione, non abbiamo in mente un momento in cui l'introduzione della scrittura modificò di colpo l'intera percezione umana dell'universo: questo implicherebbe una litterazione istantanea, un cambiamento immediato dei modi di vita e di pensiero a seguito dell'introduzione della scrittura". [77] Nei primi periodi della sua diffusione la scrittura era riservata ad un numero molto limitato di persone ed il suo uso era controllato in larga parte dai possessori delle capacità tecniche (gli amanuensi) a loro volta sottoposti ai detentori del potere religioso.

Con l'invenzione della stampa a caratteri mobili anche questo monopolio comincia però a sgretolarsi, il libro assume dimensioni più ridotte, divenendo facilmente trasportabile così da permettere una maggiore diffusione del sapere. Basti considerare che se il 1450 è approssimativamente la data in cui Gutenberg inventò il torchio tipografico, appena cinquant'anni dopo, in almeno 250 città dell'Europa esistevano già numerose tipografie; soltanto nella Russia ortodossa, in cui veniva utilizzato l'alfabeto cirillico e ad essere alfabetizzato era quasi unicamente il clero, la stampa penetrò con un notevole ritardo,[78] quasi a sostegno della celebre affermazione di Fernand Braudel secondo cui «un'innovazione non vale che in funzione della

---

[77]Cfr. Goody (2002), Op. cit., p. 20.
[78]Cfr. Briggs-Burke (Op. cit.).

spinta sociale che la sostiene e la impone».[79] Per considerarne le conseguenze sociali non possiamo quindi scindere la tecnologia della stampa dal contesto che ne favorì la diffusione nella vita quotidiana.[80]

Secondo alcune autorevoli ipotesi fu comunque soprattutto la Riforma Protestante a fornire la spinta decisiva alla diffusione della scrittura in Europa, facendo del materiale stampato il mezzo principale della diffusione del proprio pensiero; il libro e i pamphlet furono gli strumenti che permisero ad un pubblico sempre più ampio di iniziare a percepire l'esistenza di uno spazio dove mettere a frutto quel pensiero astratto e critico conseguente al processo di alfabetizzazione. Nelle intenzioni di Lutero c'era il desiderio di far partecipare il laicato alle attività religiose, liberandole quindi dal monopolio dei sacerdoti in nome della dottrina del sacerdozio universale in base al quale ogni credente doveva essere sacerdote per se stesso e appropriarsi della parola di Dio attraverso la personale lettura dei testi sacri, motivo che spinse Lutero a diffondere stampe della Bibbia da lui tradotte in volgare.

Il crescente popolo di lettori della carta stampata svilupperà quindi una maggiore attività critica, un impulso alla razionalità e allo scetticismo, proprio perché con la scrittura prima e la stampa poi, le parole venivano "fissate" permettendone l'analisi dettagliata, così come sostenuto da Jack Goody: "Non è mia intenzione – egli scrive – sostenere che questo seme del dubbio, dello scetticismo, non esista in forma embrionale nelle società

---

[79]Fernand Braudel, *Civiltà materiale, economia e capitalismo*, Einaudi, Torino, 1979, cit. in Patrice Flichy, *Storia della comunicazione moderna. Sfera pubblica e dimensione privata,* Baskerville, Bologna, 1994, p. 5.
[80] «Il tardivo approdo in Russia indica che la stampa stessa non era un agente indipendente e che la sua rivoluzione non fu soltanto ascrivibile alla tecnologia. Perché la stampa si diffondesse, erano necessarie condizioni sociali e culturali favorevoli» (Briggs-Burke, op. cit., p. 26).

orali [...]. Ma la scrittura e il libro rendono esplicito l'implicito e creano una tradizione durevole non solo delle ideologie dominanti ma anche di quelle critiche. Lo si osserva chiaramente nelle diverse tradizioni scritte, in cui gli studiosi rimandano di continuo a opere precedenti e le usano a sostegno delle loro posizioni attuali. Lo vediamo anche, in modo un po' diverso, in relazione alle proteste contro il sistema politico dominante.[81]

Tornando alla *Riforma*, vediamo come essa ci consenta di cogliere il carattere sistemico dei mezzi di comunicazione nel momento in cui comunicazione stampata e comunicazione orale confluiscono diventando il tramite attraverso cui far circolare le idee.

Dato che gran parte della popolazione non era in grado di leggere, la comunicazione orale mantenne un certo predominio anche nell'età tipografica e l'uso del volgare si diffuse anche verbalmente proprio per garantire una maggior partecipazione. Le opinioni di quello che veniva a configurarsi come un pubblico, cominciavano a diventare importanti per quanti erano interessati o a seguirle o a reprimerle e l'introduzione di materiale stampato, sia sotto forma di testi che di immagini, unita ai dibattiti verbali, fu allo stesso tempo causa e conseguenza di questa partecipazione più attiva. Le guerre religiose cominciarono a configurarsi quindi come guerre mediatiche. Materiali stampati (pur privi della periodicità di cui godranno i moderni giornali), dibattiti, immagini, ballate satiriche ebbero la loro influenza nel determinare la forma embrionale della sfera pubblica. "Ecco, dunque, che si sono già definiti quelli che vanno considerati i principali aspetti della carta stampata fin dai tempi più remoti. Le informazioni generali: negli "occasionales"; la cronaca: nei "canards"; e la

---

[81]Goody (2002), Op. cit., p. 78.

stampa d'opinione, che si sforza di far sentire il suo peso sulle questioni pubbliche con i libelli, i manifesti e le canzoni. Questo insieme di cose si protrae fino alla fine del XVIII secolo e addirittura fino al XIX, con la letteratura commerciale che finì per influenzare notevolmente l'evoluzione delle sensibilità collettive in Europa".[82]

La portata di questa tecnologia, unita al particolare contesto sociale, risultò evidente anche agli studiosi dell'epoca, come dimostrano le parole scritte da Samuel Hartlib nel 1641: "l'arte della stampa diffonderà a tal punto il sapere che la gente comune, conoscendo i propri diritti e le proprie libertà, non si lascerà governare con l'oppressione",[83] il pensatore, inglese d'adozione, scriveva queste parole quando già da qualche anno i materiali stampati avevano acquisito una caratteristica importante, la periodicità, indice quindi di un potere che andava consolidandosi e che vedeva il configurarsi di quel legame tipico tra giornalista e lettore rappresentato dall'appuntamento scandito da intervalli prestabiliti.

Agli inizi del XVII secolo dai Paesi Bassi, noti per la loro apertura verso l'esterno, si sviluppò la stampa periodica; la nuova tecnologia cominciava, dunque, ad inserirsi nelle abitudini quotidiane sia di quanti scrivevano che di coloro che leggevano, che assumevano sempre più la forma di un pubblico, tanto destinatario delle informazioni quanto depositario di idee. Dal 1605, anno in cui ad Anversa appare il primo foglio, Le ultime notizie, che assumerà caratteristiche di pubblicazione regolare, il movimento verso la stabilità si accelera e si diffonde in numerose città europee: Londra vide uscire il primo giornale settimanale nel 1622, Parigi nel 1631 e cinque anni dopo anche in Italia (in particolare a Firenze), farà la sua comparsa il

---

[82]Jean-N. Jeanneney, *Storia dei media*, Editori Riuniti, Roma, 1996, p. 42.
[83]Citato in Briggs-Burke (Op. cit.), p. 27.

settimanale. I generi erano tra loro diversi e con il passare del tempo quella che si configurava come una nuova professione, comincerà ad accrescere le proprie libertà rispetto sia alle ingerenze dei governi che dei privati attraverso i meccanismi tipici della corruzione; oltre ai giornali di interesse generale, in cui era possibile trovare i tipi di notizie più diversi, da quelle militari fino a quelle economiche, si impongono altre categorie come quella culturale e quella di intrattenimento.

Sarà proprio questa stampa nascente a portare avanti le prime proteste per guadagnarsi il proprio spazio, la propria collocazione nel mondo: "questa stampa nascente, balbettante, conduce le sue prime battaglie per la libertà. Da principio si tratta di contrapporsi ai governi. Questi ultimi, che si preoccupano del nuovo strumento, davanti all'ignoto reagiscono, dapprima, secondo un riflesso condizionato: per la paura moltiplicano i divieti o assegnano ammende così pesanti da condurre il giornale alla chiusura. In un secondo tempo nasce però la volontà di "addomesticare" la stampa per asservirla ai propri progetti. [...] Nel 1686 la Camera dei Tudor dà un primo codice alla censura. Da qui la nozione di privilegio accordato dal re a uno stampatore. La storia della libertà di stampa è, in breve, quella della distinzione che si stabilisce progressivamente tra i segreti di Stato e le notizie pubblicate".[84] Vediamo quindi come la cosiddetta sfera pubblica cominci via via a trasformarsi in quella sfera pubblica permanente che troverà negli scritti di Habermas una sua dettagliata analisi, visto che lo stesso studioso tedesco affermerà, riferendosi ad una situazione sicuramente già più consolidata, che "il grado di sviluppo della sfera pubblica si

---

[84]Jeanneney (Op. cit.), p. 44.

misura d'ora in poi con il livello della polemica fra Stato e stampa".[85]
Per la comparsa del primo quotidiano del mondo occidentale si dovrà attendere il 1695, anno in cui in Inghilterra viene abolito il Licensing Act, ovvero l'autorizzazione preventiva che consentirà la creazione del Daily Currant. "L'abolizione dell'istituto della censura preventiva – scrive Habermas – indica un nuovo stadio nello sviluppo della sfera pubblica rendendo possibile l'introduzione del dibattito nella stampa, che è ora lo strumento tramite il quale le decisioni politiche possono essere portate avanti al nuovo foro del pubblico".[86] Va però aggiunto che anche dopo l'abolizione del *Licensing Act* la stampa inglese continuerà ad essere soggetta a molte limitazioni, tuttavia nel confronto con le altre città europee le sue libertà risulteranno di gran lunga superiori. Sono questi gli anni in cui fioriscono titoli come la *Review* di Defoe o l'*Examiner* di Swift e tutta una serie di giornali indipendenti che daranno l'avvio alla trasformazione definitiva della sfera pubblica in un'istituzione permanente, permettendo alla vita politica di entrare nella vita quotidiana di un numero sempre più grande di persone.
In questo quadro storico-sociale, una posizione importante è assunta dalla Francia e in particolare dal contesto rivoluzionario; i Lumi francesi, infatti, danno l'avvio ad un movimento le cui parole d'ordine saranno ragione e critica, in cui i media vengono considerati come uno degli strumenti più importanti per poter portare avanti le diverse riforme in atto. Gli uomini di lettere avevano ancora a che fare con la pressione della censura, ecco perché alla comunicazione in forma scritta si affiancava con forza la comunicazione orale anche in forma clandestina, come

---

[85]Jürgen Habermas, *Storia e critica dell'opinione pubblica*, Editori Laterza, Bari, 2006, p. 71.
[86]Ivi, pp. 68-69.

sottolineato dallo stesso Habermas: "in Francia la Rivoluzione crea da un giorno all'altro, anche se con minor stabilità, quanto in Inghilterra aveva avuto bisogno di una costante secolare evoluzione: le istituzioni che fin allora mancavano a un pubblico ormai abituato al dibattito politico. [...] nasce una stampa politica quotidiana",[87] non si può quindi non sottolineare il contributo dei media del tempo in un processo di costruzione di una realtà in cui emerge una nuova cultura politica appartenente ad una nuova comunità di cittadini.

Se, come indica lo stesso Habermas, l'opinione pubblica può essere considerata come quell'istituzione fondata su un principio oppositivo a qualsiasi forma di dominio, tale principio resta puramente su un piano ideologico nel momento in cui viene meno il presupposto stesso su cui si regge, ovvero la possibilità che tutti possano elevarsi alla condizione di borghese. Siamo di fronte, dunque, al contrasto tra la realtà esistente e la narrazione (attraverso una rappresentazione ideologica) che essa propone di sé stessa. La società borghese ci appare come una società divisa in classi, divisa tra coloro che hanno (i proprietari) e coloro che non hanno; di conseguenza l'opinione pubblica che si forma all'interno di una sfera cui finiscono per avere accesso solamente i primi, non può che essere espressione dei loro particolari interessi, facendo così crollare quel principio di universalità che pretenderebbe di avere.

Le grandi trasformazioni in atto erano quelle che vedevano la nascita della società dei consumi in cui la sfera privata, che rappresentava il nucleo della sfera pubblica borghese, vedeva venir meno i suoi legami con il contesto narrativo che ne alimentava i dibattiti. In questo nuovo modello di società finirà per instaurarsi un nuovo tipo di rapporto con il bene culturale:

---

[87]Ivi, p. 81.

esso viene visto come un bene di consumo da assumere senza regole.

Nella società dei consumi, in cui anche la cultura diventa merce, si viene inoltre a determinare un profondo cambiamento nel pubblico: nonostante il desiderio di stabilire confini e modelli di differenziazione di vario genere, diviene oramai sempre più necessario prendere consapevolezza di essere inseriti all'interno di un pubblico più ampio ed aperto, un pubblico di individui in ogni caso dotati di quei requisiti fondamentali quali "cultura e proprietà privata" e che, in qualità di lettori, ascoltatori, spettatori, "consumano" un tipo di sapere non più appannaggio di pochi. Di fronte a questo nuovo stato di cose, la reazione di coloro che avevano costituito il pubblico per eccellenza fino a quel momento, sarà quella di andare alla ricerca di un nuovo modo per differenziarsi trasformandosi in portavoce ed educatore nella nuova categoria allargata di soggetti. Una prima generazione di pubblico si autoproclamerà così rappresentante della categoria dei nuovi utenti emergenti.

Ci avviamo verso l'età del vapore, l'età dei progressi tecnologici e scientifici in cui sarà la velocità a determinare la ristrutturazione della percezione dello spazio e del tempo, anni questi in cui si prenderà il via un processo di industrializzazione di ampio respiro che vedrà l'emergere di nuove capacità umane assolutamente inedite.[88]

La cultura schermica

Osservando le trasformazioni che hanno interessato il sistema dei media, notiamo come già l'avvento della fotografia,

---

[88]Cfr. Kern (Op. cit.).

permettendo una riproduzione artificiale e seriale della realtà sensibile, abbia determinato il venir meno dell'idea di unicità, sia per quanto riguarda quell'aura legata all'*hic* et *nunc* di cui parlava Walter Benjamin a proposito delle opere d'arte, che per quel senso di unicità nella percezione da parte di un soggetto nei confronti della realtà circostante; in seguito, la telegrafia prima e la telefonia poi, stravolgeranno ulteriormente le cognizioni spazio-temporali.

Seguendo un ordine cronologico, è possibile ricostruire le tappe principali di questo processo che condurrà, come è noto, all'emergere di quella che sarà poi definita la comunicazione di massa. Il telegrafo, un'invenzione che a tutti gli effetti rappresenterà la concretizzazione di un grande desiderio tecnologico, quello di rendere possibile la comunicazione istantanea a distanza, può essere preso in tal senso come punto di partenza di tale ricostruzione.

Il primo telegrafo ottico sembra rispondere in origine, dato il particolare momento storico in cui si diffonde tale tecnologia, a specifiche necessità politiche e militari. Solo in seguito, si assisterà ad una sorta di processo di riadattamento da parte del pubblico che ne modificherà l'utilizzo per le proprie esigenze di comunicazione, cui si accompagneranno ulteriori trasformazioni tecniche.

Nel progetto del fisico Claude Chappe, datato 1790, era evidente l'intenzione di fornire uno strumento che permettesse al governo francese di trasmettere i propri ordini a distanza e nel minor tempo possibile, in pratica di realizzare un mezzo per poter governare in tempo reale su un territorio esteso. Ancora una volta vediamo realizzarsi quella spinta sociale orientata a sostenere ed imporre un'invenzione tecnica. L'impulso in questo caso giungeva da una Francia in cui la Rivoluzione aveva determinato una ristrutturazione dello spazio nazionale e che pertanto riteneva fondamentale superare i particolarismi regionali rafforzando il senso di unità di uno spazio omogeneo. I primi telegrafi ben si inseririvano proprio in questo processo: "le potenzialità tecniche del sistema sono in germe già dal diciassettesimo secolo, ma il telegrafo diverrà realtà solo perché si colloca in un cambiamento di mentalità assai intenso: quello portato dalla Rivoluzione francese, predisposto dall'Illuminismo. [...] La Rivoluzione crea lo Stato-nazione moderno. [...] Per garantire coerenza e unità al suo interno, questo Stato-nazione necessita di un sistema di comunicazione rapido".[89]

Accorciando le distanze e permettendo una diffusione immediata delle notizie, il telegrafo parteciperà alla più generale ristrutturazione delle categorie spazio-temporali che investirà il mondo moderno. Per molti anni l'uso di questo nuovo sistema di comunicazione, anche in seguito all'introduzione dell'elettricità, resterà una prerogativa di pochi settori specifici, in particolare quelli politico, militare e commerciale. In seguito, troverà invece un ampio e significativo spazio in ambito economico e in particolare nelle attività legate alla Borsa, che rappresenterà inoltre il primo vero utilizzo del telegrafo elettrico; collegandosi ai mezzi di trasporto, il telegrafo renderà realizzabile l'idea di un mercato mondiale, mentre l'uso da parte del grande pubblico, uso definito familiare, resterà per molto tempo minoritario.

Da un punto di vista storico, la vera e propria svolta si ebbe tra la fine dell'Ottocento e gli inizi del Novecento, con l'invenzione della telegrafia senza fili ad opera di più scienziati. Nel 1864 James Clerke Maxwell elaborò una teoria delle onde magnetiche

---

[89]Flichy (Op. cit.), p. 36.

mentre nel 1887 Heinrich Hertz scoprì le onde che portano ancora oggi il suo nome. Il primo radioconduttore risale invece al 1890 (ad opera di Édouard Branly), mentre Guglielmo Marconi nello stesso anno in cui veniva costruita la prima antenna (1894) conduceva i suoi esperimenti che provavano la possibilità della comunicazione a distanza, attraverso le onde hertziane e utilizzando il codice Morse.

Se la prima tappa di quel percorso che avrebbe condotto all'introduzione della radio è rappresentata dalla telegrafia senza fili, la seconda tappa coincide invece con la scoperta del possibile uso delle onde hertziane per poter veicolare la voce umana. Lee De Forest (colui che in un certo senso inventa la valvola a triodo che consente di amplificare la voce umana), dà così il via a quello che sarebbe diventato poi uno tra i più importanti mezzi di comunicazione di massa. Egli, infatti, iniziò ben presto a trasmettere messaggi dalla Tour Eiffel verso un pubblico differenziato e ignoto pensando al *broadcasting*, alla trasmissione via etere, senza tuttavia trascurare l'aspetto economico connesso al nuovo medium.

Come tanti piccoli semi portati dal vento, le radio finiranno per diventare un nuovo focolare domestico. La voce, e con essa l'oralità, dopo essere stata relegata per lungo tempo ad un ruolo di secondo piano a causa della diffusione della scrittura attraverso la stampa, sarebbe gradualmente tornata ad avere una posizione preminente nella diffusione delle idee.

Per molti anni, tuttavia, i progressi nell'ambito di questa tecnologia della comunicazione a distanza saranno caratterizzati ancora una volta da un uso ristretto, probabilmente perché i governi, comprendendo le potenzialità di questo nuovo mezzo, preferivano mantenerne il controllo; ancora una volta è possibile dunque osservare il tentativo, da parte di gruppi di potere più o meno istituzionali, di monopolizzare gli strumenti di circolazione delle informazioni e delle idee.

Un evento drammatico come la Prima Guerra Mondiale rappresentò un motivo per proseguire con le sperimentazioni tecniche e le nuove possibili applicazioni, ma sicuramente non fu questa la sola causa che condusse verso nuovi utilizzi della radio, in particolare negli anni Venti.

"Durante la Grande Guerra, sotto la spinta degli eventi, vengono realizzati numerosi progressi; ed è soprattutto in mare che la telegrafia senza fili rivela tutta la sua importanza; grazie a essa gli imperi coloniali si trovano più vicini alla madrepatria. Bisogna aspettare la terza tappa, gli inizi degli anni '20, perché le trasmissioni siano dirette verso destinatari multipli e non identificati. Curiosamente questa evoluzione, sebbene più concentrata nel tempo, ricorda quella della stampa. Ci si ricorderà infatti che, in origine, la circolazione di notizie avveniva da punto a punto, con governi e uomini d'affari che cercavano di conservare il monopolio dell'utilizzo dei corrieri; e ci si ricorderà anche che solo in un secondo tempo alcuni innovatori intraprendenti ebbero l'idea di diffondere quelle stesse notizie a un pubblico più vasto. La stessa cosa accade nella storia della radio".[90]

Soltanto dopo la fine della guerra, quando gli Stati accettarono di privarsi dell'utilizzo riservato di un tale strumento, uso che fino ad allora era stato quasi esclusivamente militare, si cominciò a creare un pubblico di appassionati che costruivano da soli i propri apparati di ricezione e che costituirono il contesto da cui si sviluppò la radio così come oggi la conosciamo.

Negli Stati Uniti la telegrafia a distanza, sin dalla sua prima apparizione, riuscì a focalizzare l'attenzione dell'opinione

---

[90]Ivi, p. 159.

pubblica grazie all'interesse che nei suoi confronti manifestò la stampa, che descriveva il nuovo strumento come in grado di garantire una comunicazione istantanea lasciando l'utente autonomo, facendo così in modo da accrescere il numero dei radioamatori. Chiaramente il passo successivo da compiere affinché la radiodiffusione da dominio di pochi diventasse realmente un mezzo per garantire la comunicazione di massa, avrebbe dovuto coincidere con l'avvio di un processo di produzione industriale, aspetto che venne colto dalla Westinghouse che porterà sul mercato un apparecchio adatto alla ricezione civile.

Gli Stati Uniti nel 1922 furono investiti da una vera e propria esplosione radiofonica. Se agli inizi di quell'anno le stazioni radio erano soltanto cinque, già verso la fine dello stesso se ne potevano contare ben 450, segno che la radio aveva oramai un suo uso sociale, essendosi trasformata in un mezzo di comunicazione di massa in grado di garantire un largo accesso alle informazioni ad un crescente numero di soggetti, come ci lascia intuire la grande presenza della pubblicità, definita dalla stessa Westinghouse come il simbolo commerciale della modernità. E laddove il presidente Hoover rimproverava la massiccia presenza di "chiacchiere pubblicitarie" che passavano attraverso uno strumento che avrebbe dovuto fornire un servizio ai suoi occhi più "elevato", il primo consulente di merchandising radiofonico, Edgar Felix, rispondeva con la sua immagine della radio come un'occasione unica per diffondere la propaganda commerciale entrando direttamente nell'intimità domestica di un pubblico entusiasta e curioso.

Lo scarso feeling tra Hoover e la radio rappresenterà l'ago della bilancia per la sua posizione; quando nel 1932 venne sancito l'uso politico di questo mezzo di comunicazione nell'ambito delle elezioni presidenziali, il suo rivale Roosevelt fu in grado di usare meglio questo medium per rivolgersi agli elettori, tanto che dopo la sua vittoria egli diede vita alle famose chiacchiere accanto al focolare, per potersi rivolgere al vasto pubblico in tono familiare e in modo diretto, consapevole ormai di quanto la radio fosse diventata uno strumento per prendere contatto con milioni di persone, entrando nelle loro case e, attraverso le proprietà della comunicazione orale, far penetrare con forza, insieme alle notizie, anche delle idee.

Le enormi potenzialità di questo medium non passarono inosservate ai fautori dei sistemi totalitari, tanto quello hitleriano quanto quello staliniano cercarono infatti di imporre il proprio pensiero e la propria visione politica, entrando in contatto diretto con la massa, vista come un insieme anonimo, disinformato e di conseguenza facilmente plasmabile, e lo fecero usando non soltanto la forza suggestiva delle grandi adunanze ma anche e soprattutto attraverso la radio, tramite il potere incantatore della voce con cui trasmettevano messaggi semplici ma efficaci.
È qui che vediamo una sorta di ritorno a quella che era stata la comunicazione orale delle culture più antiche, in cui la discussione critica dello status quo era bandita in quanto considerata pericolosa per l'esistenza stessa della comunità. Il popolo era dispensato dal compito di comprendere criticamente, dovendo limitarsi ad ascoltare e ripetere le verità tramandate dai saggi, dagli illuminati, dagli interpreti dei segni, da coloro insomma a cui era demandato il compito di legittimare la diversità, di rendere noto l'ignoto. E così, come nella cultura tradizionale colui che si allontanava dai precetti della propria comunità veniva additato pubblicamente, marchiato in modo da rendere visibile a tutti il proprio errore, nei regimi totalitari vigeva la punizione pubblica, l'esposizione del colpevole come monito; ci allontaniamo dalla cultura della colpa, da quell'elaborazione interiore diretta conseguenza del processo di interiorizzazione dei valori, tipico di una società in cui si impone

la scrittura e si arriva a scoprire un Io interiore, per ritornare alla cultura della vergogna, basata essenzialmente sul concetto di esteriorità, sulla disapprovazione che viene dagli altri, propria invece di una cultura in cui viene manca il processo di individualizzazione a favore di una visione olistica, dove il tutto prevale sul singolo.

E la forte influenza che la radio esercita sulle persone risulta evidente se, collocandoci nel 1938, in una situazione sicuramente differente da quella creata nei regimi totalitari, ricordiamo la geniale trovata di un giovane Orson Welles, che all'età di ventitré anni, "fa un ingresso spettacolare nella storia dei media, prima di imporsi in quella del cinema. Noto attore teatrale, egli, per arrotondare lo stipendio, mette in onda ogni settimana per la *Cbs* un radiodramma seguito da diverse decine di milioni di ascoltatori. Quel giorno accetta di adattare un romanzo pubblicato tempo prima da un suo quasi omonimo, Herbert George Wells, inglese, autore di La macchina del tempo di altri racconti fantastici. Si tratta di un libro intitolato La guerra dei mondi che immagina l'arrivo dei marziani negli Stati Uniti. Orson Welles cerca di caricare i toni drammatici dando l'apparenza di una vera trasmissione, interrotta dall'annuncio sensazionale dell'arrivo dei marziani. Non ha dubbi sul fatto che tutti capiranno che si tratta di fiction. Ma le cose non vanno come previsto. Quando Welles dà la parola a un finto ministro degli Interni per pregare il pubblico di non lasciarsi prendere dal panico, e quando confessa che, ormai, la cosa migliore è pregare Dio, si diffonde lo sgomento. Lunghe file di auto lasciano New York. [...]. La Guerra dei mondi di Orson Welles fa bruscamente scorprire la forza della radio".[91]

---

[91]Jeanneney (Op. cit.), p. 160.

La strada verso quello che sarà un sistema integrato di mezzi di comunicazione si comincia ad intravedere: stampa, cinema, telefono, radio, cultura visiva e cultura sonora finiranno per trovare un punto d'incontro, sia con il superamento del cinema muto che con l'avvento della televisione.

Ma se radio e cinema, avendo avuto origini molto diverse, non presentavano un legame così forte ed erano vicini probabilmente solo per quel percorso, comune per di più a molte invenzioni, che conduce da un uso legato ad un ambito preciso (militare per la radio, scientifico e documentaristico per il cinema) fino a diventare un mezzo rivolto ad un pubblico via via più ampio e massificato, le cose cambiano considerando invece la storia tecnologica della radio e della televisione, che lasciano intravedere una grande continuità. Potremmo affermare che la televisione perfezionò la funzione realizzata dalla radio di rappresentare la realtà, aggiungendo al suono anche il supporto delle immagini in movimento. Già pochi anni dopo l'avvio di trasmissioni radio iniziarono le sperimentazioni televisive.

Dopo una prima, frenetica fase di grandi sperimentazioni, una significativa battuta d'arresto allo sviluppo del medium televisivo venne segnata dall'inizio della Seconda Guerra Mondiale. Se verso la fine del periodo bellico non si registravano ancora forti entusiasmi nei confronti della televisione, almeno negli ambienti della radio e del cinema, in quanto si riteneva che questo nuovo medium avrebbe finito per attirare soltanto un pubblico appartenente alle fasce di reddito più alte, gli anni Quaranta si preparavano a dare una dura smentita a tali ipotesi. Seppure l'offerta di programmi non fosse ancora molto ampia, la crescita della produzione di televisori cominciava ad essere imponente ed il pubblico di massa cresceva esponenzialmente. Con il passare degli anni ed il consolidarsi del nuovo medium si cominciavano a differenziare anche gli obiettivi associati ad esso e se in America la direzione presa era orientata prevalentemente verso l'intrattenimento, l'esperienza in Europa cercava di conciliare la triade degli obiettivi: informare, educare ed intrattenere; la televisione, così come la radio, veniva considerata parte dei servizi da offrire ai cittadini rientrando in un disegno di welfare diretto ad elevare l'alfabetizzazione e il livello culturale e informativo dei cittadini e a fornir loro un intrattenimento domestico pressoché gratuito in un'epoca in cui forti barriere sociali ed economiche rendevano difficile l'accesso ad altri servizi per la ricreazione e il tempo libero. Questo ambizioso progetto di welfare si è sostanziato e ha trovato una sua forma culturale e istituzionale nelle aziende nazionali di servizio pubblico radiotelevisivo.

Per quanto riguarda l'impatto prettamente sociale dei mezzi audiovisivi, il legame di dipendenza che un mezzo di comunicazione come la televisione intratteneva con la radio risulta immediatamente evidente se consideriamo il modo in cui si fruisce di questo strumento e di quale peculiarità si colora il rapporto tra pubblico e medium, in particolare facendo riferimento a quella particolare modalità di comunicazione definita "per flusso" che tenderà gradualmente a stravolgere il rapporto del pubblico anche con un altro fondamentale medium come il cinema. Il racconto cinematografico è infatti qualcosa di sostanzialmente diverso dal racconto televisivo: il telefilm, lo sceneggiato – ma lo stesso discorso vale anche per la trasmissione televisiva di un'opera cinematografica – viene infatti a collocarsi all'interno di un flusso comunicativo continuo ed eterogeneo, mentre al cinema il coinvolgimento dello spettatore è pressoché totale. Nel flusso televisivo lo spettatore vede invece cambiare le immagini, i suoni, le parole ad ogni istante; il coinvolgimento arriva cioè all'improvviso, come una scossa immediata, che però dura relativamente molto poco.

Questa modalità di comunicazione ha sicuramente un'influenza sui processi di socializzazione, cui la televisione per le sue caratteristiche di pervasività e coinvolgimento è sicuramente connessa.

Il preponderante ritorno della comunicazione tramite immagini stimolato dalla televisione avrebbe avuto, come già accennato, conseguenze molto significative in particolare per quanto riguarda la socializzazione delle nuove generazioni. Secondo Raffaele Simone si sarebbe verificato quello che egli definisce il passaggio dall'intelligenza sequenziale, basata su una visione alfabetica che si sviluppa con l'affermazione della scrittura, ad un tipo di intelligenza simultanea, basata su una visione non alfabetica: quindi dalla linearità del testo alla simultaneità delle immagini.

Se il principale mezzo che ha innescato questo processo di trasformazione è stato sicuramente la televisione, il passaggio graduale verso il nuovo immaginario è segnato oggi dalla presenza di nuovi strumenti informatici che invitano ad ulteriori riflessioni.

I nuovi media, e di conseguenza i nuovi schermi, investono oramai tutti i campi della vita quotidiana, diventando così parte integrante di tutte le nostre esperienze. Sono tecnologie inserite tanto negli ambienti domestici quanto negli spazi lavorativi e sono sempre più numerose le attività quotidiane legate al loro utilizzo. Così come l'introduzione della scrittura non aveva però determinato l'abbandono dell'oralità come forma di comunicazione e, venendo a tempi più recenti, così come il broadcasting non aveva determinato la fine della stampa, oggi ci troviamo di fronte ad ambienti comunicativi che integrano il vecchio e il nuovo (stampa, audio, immagini sia fisse che in movimento, informatica e differenti canali e modalità di accesso e condivisione di comunicazione e informazione).

Di fronte a questa ennesima forma di ibridazione e ai mutamenti profondi che stanno investendo la nostra società, è necessario provare ad orientare la riflessione su quelli che sono gli aspetti che la caratterizzano, cercando di definire tanto gli elementi di continuità rispetto al passato quanto gli elementi di novità, ovvero quei dettagli che costituiscono il new di tali media.

"Il nuovo è nuovo. Le tecnologie emerse negli anni recenti, principalmente ma non esclusivamente le tecnologie digitali, sono nuove. Fanno cose nuove. Offrono nuove possibilità" – scrive Silverstone[92] – ma lo stesso studioso sottolinea anche come in realtà molte delle innovazioni attribuite alle nuove tecnologie non siano poi così "nuove". Tanto per fare un esempio, banale quanto calzante, basti pensare a quanto sia interattiva una conversazione faccia a faccia.

Andando quindi a studiare i nuovi media incontriamo una prima difficoltà proprio nel definirli, una difficoltà che si può agevolmente riscontrare anche nella letteratura specialistica esistente, dove compaiono numerosi tentativi di classificazione, di inquadramento teorico, senza riuscire tuttavia a collocare l'oggetto d'indagine sotto un'unica etichetta sufficientemente esaustiva da non trascurare un aspetto a favore di un altro.

Parte della letteratura ha dunque scelto di non definire il proprio oggetto a priori ma di costruirlo con la realizzazione delle liste di appartenenza giungendo, attraverso questa strada, a determinare il campo dei nuovi media come la sommatoria dei suoi singoli elementi: è il caso dei manuali che si occupano in prevalenza di alfabetizzazione ai nuovi media, il cui rischio è

---

[92]Roger Silverstone R., *What's new About Media?* In *New Media and Society*, I, p. 10, citato in Pasquali F., *Media. Tecnologie e discorsi sociali*, Carocci, Roma 2003.

quello di attribuire un'enfasi maggiore alla componente tecnologica che non solo rischia di rendere la definizione dei mezzi di comunicazione obsoleta nel giro di poco tempo ma, cosa forse ancora più grave, non conduce a focalizzare l'attenzione sugli effetti dei media, effetti socio-culturali quali ad esempio quelli relazionali e quelli relativi ai consumi. In altri casi invece si è tentato di trovare nello stesso campo dei nuovi media dei criteri di aggregazione in base al livello di interattività, sia con il sistema che tra gli utenti, oppure in base alla destinazione d'uso dei media stessi.

In questo secondo caso, quindi, sono stati individuati tre gruppi: si hanno media che sono destinati alla rappresentazione, come la realtà virtuale, le immagini digitali e tutta la computer grafica in generale, poi ci sono i media destinati alla comunicazione, in cui vengono incluse le reti telematiche, ed infine media la cui destinazione è la conoscenza.

I limiti di una definizione di questo tipo risultano evidenti se si tiene in considerazione la complessità dei nuovi media, la loro capacità di integrare in un unico strumento più caratteristiche e destinazioni, come definire ad esempio un blog o un forum, che uniscono insieme computer grafica, una rete di persone che possono comunicare tra loro e la capacità di memorizzare dati che possono essere consultati.

Un'altra modalità di classificazione ha portato verso l'elaborazione di macro-etichette in grado di individuare i tratti principali dei media di nuova generazione, ma anche questo tentativo non è stato in grado di stabilirne i confini in modo chiaro.

Ecco, quindi, che nel corso degli anni ci si è imbattuti in un groviglio di definizioni, digital media, personal media, global media, tutte con chiari limiti in quanto o troppo appiattite sulla dimensione tecnologica o talmente ampie da includere anche media di generi molto diversi tra loro. Questa situazione di confusione ha finito con l'eleggere ad espressione dominante la formula nuovi media, che fa dell'approssimazione il suo punto di forza; con essa si indicano tutti quei mezzi di comunicazione che nascono dalla convergenza tra digitale e telecomunicazione. Vale tuttavia la pena di sottolineare come l'espressione nuovi media non rappresenti propriamente una novità, in quanto di solito "quando si accredita come 'nuovo' un fenomeno lo si fa avendo in mente soprattutto ciò che esso non è più o ciò da cui prende le distanze",[93] e che quindi, nel corso dei secoli, ogni nuovo mezzo di comunicazione è stato di volta in volta definito "nuovo".

Proprio per questo motivo l'immagine dei mezzi di comunicazione come sistema torna estremamente utile per superare qualsiasi tentativo di introdurre una separazione netta tra vecchi e nuovi media che, tutto sommato, da una parte sminuisce la complessità dei vecchi mezzi di comunicazione e dall'altra conduce spesso ad un certo snobismo, finendo con il considerare il portato dei nuovi media inferiore rispetto a quelli tradizionali, i quali vengono in qualche maniera idealizzati (si pensi ad esempio a come la comunicazione interpersonale tramite computer, sia essa nella forma di posta elettronica o nella forma di conversazione online in tempo reale, venga considerata, il più delle volte, come una versione depauperata della comunicazione interpersonale faccia a faccia).
Evitando quindi di focalizzare necessariamente l'attenzione in modo esclusivo sulle innovazioni tecnologiche introdotte, ma considerando l'ambiente nel suo complesso e quindi anche l'aspetto socio-culturale, le nuove tecnologie della

---

[93]Alberto Abruzzese-Davide Borrelli, *L'industria culturale. Tracce e immagini di un privilegio*, Carocci, Roma 2000, pp. 231-232.

comunicazione possono essere definite infrastrutture dotate di artefatti utilizzati per trasmettere o condividere informazioni, di attività attraverso cui si comunica ed infine di un sistema organizzativo, tutti elementi che tra loro non sono necessariamente in rapporto lineare. Questo perché le tecnologie evolvono in modo interdipendente dalla società, realizzando routine e sviluppandosi attraverso di esse, producendo forme istituzionalizzate e discorsi sui sistemi sociali, esattamente come la realtà sociale di cui abbiamo già parlato nelle pagine introduttive.

10
Il Determinismo Tecnologico

Uno dei problemi più ricorrenti della storia e della sociologia della comunicazione, è quello di dover fronteggiare due opposti modelli di interpretazione deterministica dei fenomeni sociali: un *determinismo tecnologico*, in base al quale si ritiene che lo sviluppo tecnico, sostanzialmente autonomo, sia il motore trainante che determina il cambiamento (la tecnologia, in sostanza, spiegherebbe il mutamento della società); e un determinismo opposto, che sostiene invece che le innovazioni tecnologiche si manifestino solo ed esclusivamente allorquando si verifichi una spinta sociale sottostante. In tal caso l'emergere e la diffusione di nuove tecnologie della comunicazione sarebbero in ultima istanza determinati dalla presenza di bisogni umani, ponendo dunque al centro della dinamica causale la società e i suoi individui, piuttosto che gli strumenti tecnologici di cui essi si servono.

Come abbiamo appena ricordato, già nel dialogo platonico che vedeva come protagonisti il re egizio *Thamus* e il dio *Theuth*, inventore della scrittura, è possibile intravedere i germi di questo antico dibattito interpretativo. È stato tuttavia lo studioso canadese Marshall McLuhan, al quale abbiamo già fatto riferimento nelle pagine introduttive, ad aver elaborato, nel corso degli anni Sessanta, quella che può essere considerata la più diffusa teoria determinista relativa ai media.
Le sue opere principali sono *The Gutenberg Galaxy: The Making of Tipographic Man* (1962) e *Understanding Media: the Extension of Man* (1964). Si tratta di lavori che uniscono all'indubbia originalità un non certo minor grado di confusione, essendo composti seguendo uno stile che oggi potremmo definire "ipertestuale", poco lineare e talvolta anche

contraddittorio. Ciononostante, si tratta di saggi tra i più popolari della storia della sociologia della comunicazione.

Detto ciò, un tentativo di sistematizzazione delle idee di McLuhan potrebbe apparire un compito assai complesso. Resta però da aggiungere che gli obiettivi di fondo di tutta la sua opera possono essere sintetizzati in modo abbastanza agevole facendo riferimento ad alcuni nodi principali. A cominciare dalla sua già citata posizione da determinista tecnologico: le principali innovazioni tecnologiche verificatesi nel corso della storia dell'umanità hanno avuto un ruolo causale determinante nell'influenzare sia l'organizzazione sia sociale sia la psicologia delle loro rispettive epoche.

Essendoci già soffermati sul modo in cui, secondo McLuhan, le tecnologie avrebbero contribuito a dare vita a quattro diverse epoche storiche – da quella tribale e prealfabetica a quella elettrica a lui contemporanea (metà Novecento) – è ora particolarmente interessante approfondire la sua concezione dell'influenza determinante che le tecnologie hanno avuto, a suo avviso, sull'apparato psico-sensoriale, e quindi psicologico, degli esseri umani.

I media come ambienti

Ogni nuova tecnologia, una volta accettata, si trasforma in parte integrante dell'ambiente, rendendosi invisibile.

I media, nella profetica visione mcluhaniana, sarebbero in grado di creare dei veri e propri mondi all'interno dei quali è possibile entrare, cioè dei veri e propri ambienti tecno-culturali nei quali le persone possono dare vita alle loro relazioni sociali. Questa interpretazione di McLuhan del *medium* come *ambiente* appare oggi particolarmente attuale, in particolare alla luce della diffusione della cultura digitale e dei social media.

In un'intervista rilasciata nell'oramai lontano 1969, McLuhan aggiungeva inoltre: «oggi, nell'era elettronica, della comunicazione istantanea, credo che la nostra sopravvivenza – o quanto meno la nostra felicità e il nostro *comfort* – dipendano dalla comprensione della natura del nostro nuovo ambiente, perché a differenza delle trasformazioni ambientali precedenti, i *media* elettronici costituiscono una trasformazione totale e quasi istantanea della cultura, dei valori e degli atteggiamenti». Si tratta di una delle idee-chiave di McLuhan, che in quella stessa intervista sembra anticipare anche la preoccupazione particolarmente attuale su come si determini socialmente una divisione sempre più netta tra quella cultura alfabetica che è propria della scuola e il nuovo ambiente elettrico generato prima dalla televisione e successivamente ereditato dalla cultura digitale.

Lo studioso canadese affermava infatti che «il bambino televisivo trova difficile, se non impossibile, adattarsi agli obiettivi frammentati e visivi del nostro sistema educativo, dopo che tutti i suoi sensi sono stati coinvolti dai media elettrici; ha bisogno di coinvolgimento in profondità, non di distacco lineare e di *pattern* sequenziali e uniformi. Ma, improvvisamente e senza alcuna preparazione, egli sarebbe stato strappato dal freddo e inclusivo grembo della televisione ed è esposto – dentro una vasta struttura burocratica di corsi e di crediti – al medium caldo della stampa». E se ciò poteva essere considerato vero allora, oltre cinquant'anni fa, a maggior ragione lo è oggi, in una realtà sociale dove occupano un ruolo sempre più centrale i nuovi e avvolgenti media digitali.

Non bisogna però perdere di vista l'idea mcluhaniana secondo cui gli effetti della tecnologia non investono soltanto concetti e opinioni, ma anche e soprattutto i modelli della percezione

155

umana, modificando gli stessi organi di senso di cui gli uomini sono dotati.

«Le *tecnologie* creano un ambiente e noi lo respiriamo: una tecnologia è per gli uomini ciò che l'acqua è per i pesci; se io vi parlo della fine di questa tecnologia è perché ce n'è una nuova che ci ha fatto entrare in un ambiente diverso. Quando siamo in un ambiente tecnologico non lo percepiamo; quando compare una nuova tecnologia, cominciamo a percepire quella precedente».

Le grandi innovazioni tecnologiche verificatesi nel corso della storia dell'umanità hanno avuto un ruolo primario e determinante nell'influenzare la vita degli uomini, ovvero, sia l'organizzazione sociale (in termini strutturali) sia quella psico-fisiologica (in termini antropologici) delle loro rispettive epoche.

L'uomo tribale, ovvero l'uomo prima dell'invenzione dell'alfabeto, era un essere che viveva in un mondo in cui tutti i sensi erano simultanei e in equilibrio reciproco, un mondo chiuso, con una cultura orale strutturata da un dominante senso auditivo della vita. Dato che il mezzo di comunicazione era la parola, la distribuzione della conoscenza tra una persona ed un'altra era simile. Azione e reazione erano simultanee, senza separazione. Lo spazio in cui si muovevano era essenzialmente acustico, senza centro né margini, molto meno analitico e lineare dello spazio visuale. Si trattava insomma di un mondo perfettamente adeguato ad una visione unificata, magica e iconografica della realtà.

In questo stesso spazio acustico si muovevano tuttavia gli ideogrammi e la scrittura egizia, i quali erano però più che altro disegni di realtà.

Come abbiamo già detto, l'estensione di un senso qualsiasi, altera il modo in cui percepiamo il mondo e, pertanto, il modo in cui pensiamo e agiamo. Così, quando cambiano gli strumenti, anche l'uomo cambia con essi. In tal modo, l'inizio della scrittura fonetica ha dato luogo ad una rottura dell'equilibrio tra i sensi della percezione esistenti nel mondo tribale, creando uno squilibrio che si compirà definitivamente soltanto con l'invenzione della stampa. Come sostiene McLuhan in *Galassia Gutenberg*, «l'alfabeto fonetico, attribuendo un significato astratto al suono e trasponendo i suoni ad un codice visivo, ha fatto sì che gli uomini si potessero vedere sottomessi ad un'esperienza che li andava trasformando».

Nel mondo tribale i sensi del tatto, del gusto e dell'udito avevano un'importanza molto elevata, che venne frantumato dall'assimilazione dell'alfabeto fonetico. L'equilibrio sensoriale caratteristico della cultura tribale, si disgrega nel momento in cui comincia a predominare la vista. Lo spazio acustico della percezione simultanea di tutti i sensi, organico e integrale, si infrange per dar luogo ad uno spazio pittorico, razionale e uniforme. Per McLuhan, i nostri stessi «concetti occidentali relativi allo spazio e al tempo derivano dall'ambiente creato dalla scoperta della scrittura fonetica, così come tutta la nostra concezione della civiltà occidentale».

Tale uomo, che ha sostituito l'orecchio con l'occhio, viene definito da McLuhan "uomo tipografico". Si tratta di un essere che possiede una visione più "precisa" della vita, in grado di "rompere" con le precedenti caratteristiche tribali, dato il suo processo di formazione individualistico, specializzato e razionale. Questo è il processo storico che si è finora realizzato: l'uomo foneticamente illuminato, è in grado di rompere i rapporti con il suo ambiente sociale, giacché il suo senso della vista è l'unico che consente la *separazione*, il *distacco*, mentre tutti gli altri *coinvolgono*.

L'uomo tipografico inizia ad essere pienamente realizzato soltanto a partire dall'epoca di Gutenberg, estendendo via via il suo dominio fino all'epoca attuale. Tra gli effetti principali provocati dalla stampa vanno ricordati: 1) la proprietà privata; 2) la segmentazione della ricerca; 3) il centralismo e l'unità nazionale; 4) il mondo dell'inconscio; 5) il processo di trasformazione dell'uomo in consumatore.

Questo periodo tipografico comincerà il suo tracollo con l'avvento dei *media* elettronici: «la Galassia Gutenberg – egli scrive – sta venendo eclissata dalla costellazione Marconi. L'Età Moderna è l'età dei nuovi mezzi elettronici, che formano ambienti e culture antitetiche alla società meccanica di consumo derivata dalla stampa».
A partire dall'invenzione del telegrafo il mondo è andato cambiando di orientamento e si può affermare – così come fa McLuhan – che «oggi la nostra scienza e il nostro metodo non tendono più verso il punto di vista fisso dello specialista, ma a scoprire come non avere un punto di vista; il nostro non è il metodo dello spazio chiuso e della prospettiva, ma quello del campo aperto e del giudizio parziale».
Secondo il nostro autore, la radio, come tutti i mezzi elettronici, è una forza decentralizzata e pluralista che produce conseguenze diverse da quelle della stampa. Così, ad esempio, di fronte ad una tecnologia elettronica, simultanea, appare antiquato e fuori luogo un atteggiamento individualistico, mentre si rende quasi obbligata una sorta di interdipendenza di tipo corporativo. La tecnologia elettronica fa piazza pulita dell'uomo frammentato della stampa. Tornerà all'uomo integrale, dalla percezione unificata, all'uomo tribale. Ci troveremmo, insomma, di fronte ad una seconda epoca organica della cultura.
In nessun momento – afferma McLuhan – il contenuto di un messaggio assume un ruolo significativo nel processo comunicativo, esso ha sempre e comunque una funzione secondaria: «fissando la nostra attenzione sul contenuto e non

sul mezzo, finiremo col perdere ogni opportunità di poter percepire ed influenzare l'impatto delle nuove tecnologie». Nella nostra cultura tipografica, scissa, abituata a suddividere le cose come mezzo di controllo, può infastidire che ci venga ricordato che per ciò che concerne gli aspetti operativi e pratici il "medium è il messaggio", eppure questo è esattamente ciò che McLuhan intende. Più precisamente, possiamo analizzare tale famosa frase mcluhaniana nel modo seguente:

– innanzitutto, "il mezzo è il messaggio" potrebbe suggerire l'idea che ogni *medium* crei un suo proprio pubblico, in cui il legame con il mezzo diviene molto più importante di ogni possibile interesse per i contenuti da esso trasmessi. Vale a dire che le persone consumano il proprio mezzo in modo primordiale: un individuo si immerge nel suo giornale o nella sua rivista, parla ore al telefono o consuma televisione, per il puro piacere di farlo;

– il messaggio del mezzo include tutta quella parte della cultura occidentale sulla quale il mezzo ha esercitato un'influenza. Ovvero, il messaggio contenuto nel mezzo non è solo una "tale notizia", ma viene accompagnato da un aspetto normativo condiviso socialmente dalle persone appartenenti alla nostra stessa cultura.

– infine, esso ci indica anche che lo stesso mezzo modella i limiti e le possibilità per la comunicazione del contenuto. Ciò significa che ogni mezzo possiede delle forme e delle potenzialità particolari. Ad esempio, la televisione può essere più adeguata rispetto alla stampa per informare a proposito di una gara di atletica, mentre la stampa sarà più adeguata per informarci su un dibattito politico. In ogni caso, per McLuhan la società è sempre stata strutturata più dalla natura dei media che da quella dell'informazione. Per questo "il mezzo è il messaggio": il mezzo stesso, il modo in cui diffonde le sue informazioni e influenza la struttura mentale ed emotiva di colui che riceve, è più importante di qualunque messaggio cui possa servire da veicolo.

È possibile insomma affermare che ciò che viene scritto su un giornale è meno importante, da un punto di vista sociale, del fatto che sia stato stampato innumerevoli volte e che sarà letto simultaneamente da molte persone; l'uniformità, la ripetibilità e la simultaneità del mezzo sono molto più significativi del suo contenuto.

Come abbiamo già notato, secondo McLuhan ogni *medium* possiede delle *qualità* che favoriscono alcune esperienze e ne rigettano altre. Nell'analizzare tali aspetti qualitativi dei mezzi di comunicazione, lo studioso canadese ha elaborato i concetti di "freddo" e "caldo" che, seppure a costo di forzare il pensiero dell'autore stesso, potremmo sintetizzare nel modo seguente:
Un medium "caldo" è caratterizzato dalla sua alta definizione (ovvero dalla ricchezza di dati che possiede); dal numero considerevole di informazioni che produce, e che provoca una sorta di "saturazione" del canale sensoriale interessato; dal fatto di non essere "partecipativa" (di non richiedere cioè alcuna partecipazione attiva da parte del ricevente).
Essi, insomma, non favorendo l'interazione o gli usi da parte del ricevente, appaiono "chiusi" e inducono alla passività.
Al contrario, un *medium* "freddo" sarà caratterizzato dalla sua bassa definizione, dall'informazione scarsamente dettagliata, peraltro dispersa su più canali sensoriali. Esso incoraggia la partecipazione, l'attività, l'interazione del ricevente.
La televisione è un medium *freddo* per eccellenza, in quanto esige una intensa partecipazione da parte dello spettatore, al quale fornisce una definizione delle immagini molto scarsa, che lui stesso è costretto a completare con la propria attività (occhi e cervello) per poter comprendere ed elaborare l'informazione. Lo stesso può dirsi del telefono. Il cinema, al contrario, è un

medium *caldo*, perché con le informazioni ad alta definizione proposte "satura" la capacità percettiva degli individui, non richiedendo ulteriori sforzi di elaborazione mentale. Altri *media* "caldi" possono essere considerati la stampa e la radio.

Abbiamo visto che la tappa finale del grande processo di sviluppo storico dei *media* sarebbe quello relativo all'era dell'elettronica, fortemente caratterizzata dalla cosiddetta *ri-tribalizzazione*. Questo è il senso da attribuire all'affermazione secondo la quale staremmo vivendo in un *villaggio globale*. La trasformazione del mondo in un *villaggio globale* significa innanzitutto che chiunque viva nel più remoto dei villaggi è in grado di condurre, grazie alla simultaneità e all'estensione dei mezzi elettronici, una vita così cosmopolita come quella che condurrebbe a Parigi o a New York. In un senso più profondo, tale concetto indica però anche che «le estensioni tecnologiche del nostro sistema nervoso centrale, indotte dall'elettronica, ci stanno sommergendo in una piscina mondiale di movimento di informazione, consentendo all'uomo di incorporare dentro di sé l'intera umanità». Sembra logico che se la stampa – come fase estrema della cultura alfabetica – de-tribalizza l'uomo (elevando le caratteristiche visive alla loro più alta intensità e producendo così l'individualismo), allora la cultura promossa dalla tecnologia elettronica, al ristabilire l'equilibrio sensoriale, debba produrre il tribalismo.
Mentre la stampa centralizza socialmente e frammenta psichicamente, i mezzi elettronici uniscono gli uomini in una grande comunità. In tal modo, la società aperta descritta da Popper, basata sull'alfabeto fonetico, conduce ad una società tribale, chiusa, con un'unità biologica, in cui le relazioni astratte vanno perdendo il loro significato.
Lo spazio elettronico, così come quello acustico, è totale, aperto a 360 gradi e ci riporta alla società chiusa dalla quale eravamo

161

stati tirati fuori cinque secoli fa dalla stampa. L'esistenza di un *villaggio globale*, che lo ammettiamo o meno, è da considerarsi, secondo McLuhan, un dato di fatto da affrontare criticamente, piuttosto che una lontana ipotesi da combattere con inutili e terroristiche invettive.

11
Il Determinismo Sociale

Mentre i tratti principali del determinismo tecnologico possono essere agevolmente presentati attraverso la rilettura delle teorie di Marshall McLuhan, vero e proprio fondatore di una sorta di "scuola" sociologica della comunicazione, individuare i tratti caratterizzanti del cosiddetto *determinismo sociale* attraverso l'analisi di un solo autore è molto meno agevole. Prima di introdurre il pensiero del ricercatore francese Philippe Breton, che costituisce un interessante (per quanto non esauriente) esempio di tale tipo di determinismo, in quanto riesce a ben sintetizzarne alcune caratteristiche principali, può essere dunque opportuna qualche ulteriore riflessione.

Secondo lo storico delle comunicazioni francese Patrice Flichy,[94] l'importanza determinante delle *spinte sociali* sottostanti ogni innovazione tecnologica è in molti casi evidente. Le invenzioni tecniche – egli sostiene – non hanno alcun senso per sé stesse, a meno che non vengano considerate in qualche modo "utili" per la società. Un'invenzione, insomma, diviene tale solo quando risponde a dei bisogni sociali. L'esempio forse più evidente che quest'autore porta a sostegno della sua tesi, è quello relativo all'invenzione della fotografia e del fonografo. Questi due media, pur essendo stati tecnicamente "inventati" con circa mezzo secolo di distanza l'uno dall'altro, si cominciano a diffondere (e quindi ad essere sociologicamente significativi) nella società occidentale in uno stesso periodo, in quanto accomunate e sorrette da una medesima "spinta sociale", ovvero dallo stesso "bisogno" collettivo: il bisogno di creare una *vita privata*, ovvero un ambito protetto rispetto alla nuova vita

---

[94] Cfr. Flichy (Op. cit.)

"di massa" che si veniva affermando nelle metropoli ottocentesche. Una volta affermatasi la netta separazione tra una vita pubblica ed una privata, si sarebbe cominciata a creare una sorta di "spinta" di carattere economico-sociale (potremmo anche dire una "nicchia di mercato" che valorizza la vita privata) che avrebbe favorito le innovazioni tecniche. La cosa essenziale – sottolinea Flichy – è quella di comprendere che tali innovazioni poggiavano in ultima istanza su esigenze di tipo psicologico: conservare, con le immagini e i suoni dei propri cari, il senso dell'unione familiare e dei valori "privati" di fronte ai profondi e per certi versi sconvolgenti cambiamenti della sempre più frenetica vita sociale.

In base a quanto detto finora, è facilmente intuibile come e perché entrambi i determinismi possano essere considerati illegittimi: appare chiaro infatti – e questo deve essere un punto di riferimento imprescindibile – che "un'idea di società fatta di sole persone è almeno altrettanto astratta, e probabilmente ideologica, che quella di una tecnologia totalmente autonoma dalle forze economiche e sociali che in realtà la rendono possibile e la alimentano".[95] Ed è in tal senso che il contributo di alcune recenti riflessioni sociologiche può essere di grande aiuto.

In un originale lavoro Erik Davis[96] ricordava come, per più di un secolo, l'immagine dominante della tecnologia fosse stata quella industriale: lo sfruttamento delle risorse naturali, la meccanizzazione del lavoro, i sistemi burocratici di controllo. Lewis Mumford definiva questa immagine industriale della tecnologia il "mito della macchina". Oggi un nuovo mito, anche

---

[95] Peppino Ortoleva, *Mediastoria. Comunicazione e cambiamento sociale nel mondo contemporaneo*, Pratiche, Parma 1995, p. 176.
[96] Erik Davis, *Techgnosis. Miti, magia e misticismo nell'era dell'informazione*, Ipermedium libri, Napoli 2001.

se meno meccanizzato, è uscito dalla macchina industriale: *il mito dell'informazione*.

È il tema principale e il punto di partenza del lavoro di Philippe Breton, *L'utopia della comunicazione*.[97] Questo importante saggio è fondato su di una semplice domanda: perché oggi si parla tanto di comunicazione? Questa domanda, egli dice, è una domanda che può essere presentata in vari modi. Perché la nostra società vive come necessario ed auspicabile lo sviluppo sfrenato delle mediazioni dei mezzi di comunicazione di ogni genere, si tratti dei media *classici* – stampa, radio e televisione – o delle nuove "autostrade della comunicazione"?

La rappresentazione dell'uomo, come essere interamente dedito alla comunicazione e anche sottomesso alla tirannia dell'immagine fornita dai media, è oramai divenuta dominante. Il miraggio di un "villaggio planetario", nella forma di spazio-virtuale, va delineandosi quotidianamente dietro i progressi mediatici delle autostrade dell'informazione, assorbendo così quella gran parte delle speranze utopiche che le società contemporanee sono capaci di generare, realizzando quella che attualmente viene definita *società della comunicazione*. Intorno ad essa si è andata affermando progressivamente un sistema di valori, che è stato visto come una possibile alternativa alle ideologie e alle rappresentazioni tradizionali dell'uomo.

La storia della comunicazione moderna fa risalire al secolo dei Lumi e successivamente al XIX secolo la nascita di una sensibilità molto forte per la comunicazione e per le speranze ad essa connesse. A quell'epoca si può anche far risalire l'idea secondo la quale lo sviluppo dei media e della libertà di

---

[97] Philippe Breton, *L'utopia della comunicazione. Il mito del "villaggio planetario"*, UTET, Torino 1995.

comunicazione rappresentano le condizioni essenziali del progresso dell'intera società. In seguito, sullo stesso filone, si è sviluppata una corrente di pensiero di impostazione utopistica che ha fatto della comunicazione l'asse centrale della riorganizzazione della società.

Tuttavia, secondo Breton, è necessario chiedersi in che modo la società della comunicazione ha sostituito quelle che l'hanno preceduta, quali sono stati i processi culturali e sociali che l'hanno accompagnata, quali i suoi effetti e, infine, in quali altri modi essa si potrà riciclare.

Numerosi indicatori fanno intravedere nessi sotterranei che possono mettere assieme le due guerre d'inizio secolo che hanno così profondamente scosso le coscienze collettive, e la formazione di una nuova utopia, che nasce proprio – è questa la sua tesi – come un serio tentativo di risposta al fallimento incombente della società dell'epoca. È proprio nell'inquieta prima metà del ventesimo secolo che infatti si genera l'idea della "società della comunicazione". Più precisamente, gran parte dei paradigmi sulla comunicazione emergono a partire dagli anni '40, periodo che segna anche, e non è un caso, il definitivo precipitare del conflitto mondiale "nella barbarie" più assoluta. Il progetto utopico – nato nel periodo più buio della storia europea e in reazione ad esso – viene individuato nella comunicazione, e quest'ultima viene presentata, con tutte le sue strabilianti tecnologie e i suoi nuovi strumenti, come un superiore rimedio a tutte le disfunzioni sociali. Un valore alternativo alla barbarie, al razzismo e all'esclusione.

Sembra oramai assodato che i mutamenti contemporanei avvenuti nella nostra società vengano messi in moto da questo progetto, e che la società della comunicazione sia per molti aspetti "un mito".

Nel volume citato, Breton attua innanzitutto una ricognizione delle radici dell'ideologia della comunicazione che egli fa risalire ai lavori dei primi cibernetici, individuando in essi la formazione di tale idea, dei dispositivi e anche i suoi effetti perversi. Il ricercatore francese parte dal presupposto che la caratterizzazione comunicativa sia un valore-cornice della nostra epoca, anche se la situazione attuale non è del tutto nuova. D'altronde il comunicare e l'elaborare tecniche destinate a questo scopo, si presentano come una costante antropologica e come un quadro di pratiche fortemente connesso a contesti storici. Sembra anche banale doverlo ricordare, ma la comunicazione e le sue tecniche sono aspetti costitutivi dell'umanità e, per quanto primitivo fosse, l'uomo della preistoria, egli dedicava senza dubbio una buona parte delle sue energie non solo a comunicare, ma anche a "riflettere" su come far funzionare la comunicazione.

L'ipotesi secondo la quale la base stessa dell'umanità si trovi e si sviluppi proprio in quella forma di "riflessione" non è affatto priva di fondamenta, per quanto speculativa possa sembrare. Da questo punto di vista l'uomo è un essere comunicante, in parte strutturato da una sorta di pulsione ad esteriorizzarsi, ad "uscire da sé", che lo anima. Proprio su questa costante antropologica si sarebbe strutturato il sistema sociale, ampliando sempre di più le possibilità umane e così trascendendo i limiti corporei.
Fondamenti della modernità simulano questo sistema iniziale, ovviamente perfezionato con alta tecnologia, ma i contenuti essenziali si fanno derivare però da quel crogiolo iniziale, da quella svolta cruciale del secolo di cui le due guerre mondiali sono l'espressione visibile. L'origine ed il successo della nuova "società della comunicazione" costituirebbero la reazione e la ridefinizione costitutiva della modernità. Originatosi nei tormenti di una lunga guerra mondiale e nei soprassalti di un

drammatico degrado del legame sociale, il ricorso universale alla comunicazione si lega così a specifiche circostanze storiche, che gli conferiscono senso e portata sociale.

Secondo Breton tre grandi tappe ne segnano lo sviluppo, uno sviluppo che, a partire proprio da quegli anni, coinvolge tutta la società in una spirale nel contempo unificante e generalizzante. La prima tappa va a collocarsi in seno alla nascita della *Cibernetica*, disciplina o per meglio dire insieme di discipline, esplicitamente votate alla ricerca delle leggi generali della comunicazione, sia che interessino fenomeni naturali, sia che riguardino le macchine, gli animali, gli uomini o le società. Loro obiettivo è la costruzione di un campo interdisciplinare che unifichi sotto lo stesso nome un insieme di fenomeni già noti, nei campi della neurofisiologia, della telefonia, della matematica, della fisica e dell'antropologia. Lo sviluppo della *Cibernetica* ha portato alla nascita della nuova nozione di comunicazione e a una reinterpretazione del campo disciplinare. Norbert Wiener, uno dei fondatori di questa rete iniziale, sottolinea con la sua esplicita volontà l'estensione della nozione di comunicazione al campo d'analisi e poi dell'azione politica e sociale. Parallelamente, l'uso di questa nozione continuava a svilupparsi e ad arricchirsi, ad esempio con la teoria dell'informazione di Shannon, che diviene la seconda tappa fondamentale per l'epistemologia contemporanea, risolvendo i fenomeni in reti di relazioni.

Tuttavia, l'immediato dopoguerra si pone come terza e decisiva fase, non intesa a livello lineare o cronologico, nella storia della comunicazione moderna, che si compie in un rapporto diretto con l'evoluzione della società occidentale, segnata in profondità dal secondo conflitto mondiale. Qui nasce un'esigenza di riscatto, determinata da una perdita di punti di riferimento e testimoniata da questa rovinosa condizione del dopoguerra dove: "tutto viene messo in discussione". È in quest'ottica che lo sviluppo dei mezzi di comunicazione appare come priorità; promuovendo nuove concezioni, in cui questo sviluppo figura come una necessità funzionale al sistema, fornendone un quadro di apertura globale.

Accanto alla crisi ideologica si pone, nello stesso tempo, l'esigenza di un valore che sia motore trainante per il mutamento di una società basata proprio sulla trasparenza comunicativa: «ormai nulla deve accadere in un angolo oscuro dell'umanità, così non esisterà più l'oscuro segreto nel quale è stato preparato il genocidio nazista». La comunicazione, trasparente ed immanente che soddisfa bisogni sociali, diventa un'ossessione che costituisce una risposta perfetta alla crisi del ventesimo secolo.

La cibernetica

L'originalità di questo nuovo paradigma della comunicazione è testimoniata da un nuovo modo di fare scienza, da una nuova definizione dell'uomo, dall'introduzione di alcune nozioni che hanno alimentato le nuove teorie delle scienze della comunicazione. Wiener, precursore di tale paradigma, critica dapprima il metodo funzionale delle scienze classiche, sostenendo che non è soddisfacente poiché si interroga esclusivamente sul contenuto dei fenomeni di cui la scienza si occupa sul versante interno degli oggetti: «Le relazioni che si interporranno tra i fenomeni contano più di ciò che essi sono». Breton pone l'attenzione su questo presupposto, considerando le relazioni esistenti tra i fenomeni non come un aspetto tra gli altri, bensì come integralmente costitutive della modalità d'esistenza dei fenomeni stessi. Egli individua così la genesi di una tesi molto forte, specialmente dal punto di vista epistemologico, che reinterpreta la realtà in termini di informazione e comunicazione, proponendo una nuova visione del mondo globale e unificante, organizzata attorno al punto focale della comunicazione, tale da sfiorare tutte le discipline e contenente in germe la trasformazione della comunicazione in un valore di ampia portata sociale e politica. La novità di questa nuova concezione non risiede nel fatto che vengono posti in scena *Informazione* e *Comunicazione*, quanto piuttosto nel fatto che lo scambio di informazioni e relazioni è integralmente costitutivo dei fenomeni sia naturali che artificiali.

Per Breton i lineamenti dell'uomo comunicante, le sue caratteristiche, la sua "natura" sono iscritti nel modello disciplinare della Cibernetica, "scienza dei comandi, unificati, dei controlli dell'uomo e delle macchine".
Attraverso la comunicazione – "ogni organismo è la somma delle informazioni che può scambiare nelle reti in cui può entrare". Là si colloca l'idea che: "nella nuova società tutto è comunicazione", costituendo la base di un discorso che possiamo definire utopico.
L'attacco al metodo funzionale classico, riguarda tutte le concezioni che postulano una qualunque interiorità dei fenomeni, affermando che tutto può essere spiegato in termini di relazioni, implicando quindi che tutto è posto all'esterno. Ogni fenomeno, o ogni essere, può essere paragonato metaforicamente ad una *cipolla*, come un insieme di esteriorità sovrapposte senza nucleo interiore, in quanto tutto ciò che è interno viene posto all'esterno; da ciò scaturisce anche la nuova concezione dell'*Homo Communicans*, un uomo ormai spogliato della sua interiorità, immerso nelle relazioni e negli scambi d'informazione con i suoi simili e con la struttura sociale. Questa potrebbe essere anche una spiegazione del successo dei media, l'attaccamento dell'uomo alla TV, o al computer: una nuova visione della realtà, anticipata

dalla Cibernetica, ma di cui solo attualmente si sta prendendo coscienza; una ridefinizione dell'uomo e dei suoi rapporti con la realtà.

Inoltre, Wiener, nel suo paradigma, spiega le ragioni per le quali la comunicazione deve diventare un valore centrale, in particolare per il timore dell'anomia. Questo paradigma si sviluppa intorno ad un'asse che contrappone l'informazione all'entropia, partendo dalla constatazione che tutti i sistemi chiusi sono minacciati dall'entropia. Ora, l'esatto contrario dell'entropia è rappresentato dall'informazione vivente che circola e che rende "aperti" i sistemi. Su questo punto si manifesta un considerevole ottimismo: se i canali vengono mantenuti ampiamente aperti, se può essere effettuato il trasferimento delle decisioni politiche a vantaggio di macchine capaci di apprendere, allora ci saranno le condizioni per l'istituzione di una società migliore. Tuttavia, dietro questo paradigma che sembra ragionare per dicotomie, informazione/comunicazione ed entropia, si presentano molte contraddizioni; infatti, se la stessa informazione diventa merce, l'entropia contro la quale sembra combattere si sviluppa in modo ancora più devastante. Questa contraddizione sembra indicare la direzione di alcuni mutamenti che non mancheranno di verificarsi. Stiamo così assistendo, secondo Breton, «allo sviluppo di un nuovo fenomeno che conduce allo spostamento e all'assorbimento della parte essenziale delle attività umane all'interno del mondo dei media».

Risulta tuttavia difficile distinguere, in tale spostamento, la parte effettivamente realizzata da quella fantomatica, che rientra nel campo del desiderio, espresso soprattutto dai mediatori e dai nuovi sostenitori dell'utopia. Baudrillard considera già realizzato tale fenomeno, al punto che ogni affermazione su di esso potrebbe oramai prodursi solo all'interno di un universo delle rappresentazioni mediatiche, quindi essere immediatamente distorta. Questa problematica evoca le invenzioni fantascientifiche di Philip K. Dick, in cui i personaggi hanno più punti di riferimento che consentono loro di determinare se si trovano in uno spazio reale o in una delle sue molteplici rappresentazioni.

Uno dei primi effetti della trasposizione utopica delle nuove tecniche di comunicazione e dei media è un radicale spostamento del ruolo e della funzione dello strumento rispetto alla sua finalità: lo strumento non è più un mezzo ma è il fine. Si potrebbe, quindi, parlare di una sorta d'idolatria dello strumento: una versione contemporanea dell'adagio classico, la comunicazione non è più fatta per l'uomo, ma l'uomo è fatto per la comunicazione.

L'effetto perverso di una simile inversione, in cui il mezzo si trasforma in fine, risiede nel fatto che lo strumento non serve più a realizzare ciò per cui era stato ideato, ma finisce per funzionare solo per sé stesso. È proprio quello che sta accadendo con l'universo dei media e il traffico delle comunicazioni: si pensa che i nuovi strumenti svolgano una funzione di mediazione; che siano concepiti per aiutare gli uomini a comunicare meglio, finendo per diventare la presunta risposta alla consapevolezza della separazione sociale, dell'allontanamento gli uni dagli altri, congiunta al desiderio di avvicinamento. Tuttavia, quest'eccessiva importanza attribuita ad essi, li rende un centro piuttosto che un passaggio, assorbendo come un vortice tutti i messaggi segnandoli in modo indelebile. Nel peggiore dei casi si potrà sostenere che nessun messaggio emesso nella società giunge al suo destinatario, a causa dell'interposizione mediatica che ne trasforma la natura. In tal caso ci troveremmo nella condizione definita da Sfez e Baudrillard.

Secondo Sfez, le caratteristiche dello sviluppo della comunicazione sono la confusione tra "il fatto reale e la sua rappresentazione", soprattutto mediatica, e lo sviluppo di una patologia sociale specifica, il tautismo, mescolanza di tautologia e autismo, che imprigiona gli uomini nei labirinti delle rappresentazioni che rinviano solo a se stesse. Invece, per Baudrillard, questo sarebbe "il mondo della comunicazione per la comunicazione", in quanto "la posta in gioco non è più il messaggio, ma il comunicare", un mondo di "socialità vuota, che sbircia continuamente lo spettacolo della propria incerta esistenza". In una visione più positiva, invece, si sostiene che la deformazione sistemica dei messaggi per mezzo dei media, la cui intenzione originaria era quella di garantire l'integrità, obbliga a una lotta costante per reinterpretarli nel loro contesto.

Breton, inoltre, sembra caratterizzare i complicati dispositivi mediatici con dei luoghi comuni sui media, in particolare sulla TV: pornografia del voler vedere tutto; distruzione della verità in sostituzione alle costruzioni dei possibili punti di vista; diffusione dell'ignoranza sotto forma di illusione del sapere massificato di luoghi comuni. Diversi sono gli esempi attuali che ci mostrano con efficacia le conseguenze dell'estensione dell'impero dei media e di una concezione utopica del ruolo degli strumenti di mediazione. Il primo riguarda la confusione, ormai consolidata, tra informazione (nel senso di informazione sugli eventi) e conoscenza. Confusione che porta a rivendicare tutto in termini di informazione, svuotando la conoscenza della sua sostanza. Il secondo esempio, che ha conseguenze più ampie, è la crescente diffusione dell'idea secondo la quale i media istituzionalizzati e professionali sono una presenza assolutamente necessaria, e sono i soli e gli unici a detenere il monopolio della circolazione dei messaggi: divenuti il centro, mentre erano solo uno strumento.

Queste nuove forme, che per ora sono ad uno stato nascente, sono tanto più difficili da individuare in quanto si associano ad un'imponente dinamica collettiva. Altri effetti apparentemente contraddittori sono l'omogeneizzazione planetaria dei gusti, delle norme e dei comportamenti, la costruzione di uno spazio pubblico universale, e al tempo stesso, un ripiegamento dell'individuo su se stesso. Tale scenario si connette ad un modello di legame sociale in cui l'individuo, solo e fisicamente murato nel suo salone multimediale, potrebbe virtualmente comunicare con il mondo intero.

Il neoindividualismo, e i condizionamenti che potrebbe far pesare sulle coscienze, è connesso all'aumento attuale della xenofobia. Certo che deriva da fonti più tradizionali, addirittura arcaiche, che non possono incoraggiare l'apologia di un'universalità senza contenuto. Tuttavia, il modello dell'uomo moderno, come aveva osservato Asimov, privilegia al tempo stesso la ricerca sfrenata di un contatto virtuale ed evanescente, e il rifiuto o addirittura il disgusto per ogni reale contatto con gli altri. Quel modello rafforzato dalla diffusione della purezza che sembra riguardare sempre di più i comportamenti individuali. Questi ultimi tratti sembrano delineare il profilo di una "nuova xenofobia", che non riguarda più le reazioni di un popolo nei confronti di altri popoli, ma quelle di un individuo nei confronti dell'altro, categoria generica del neoindividualismo della società della comunicazione: in questo scenario si potrebbe accettare tutto degli altri, purché restino a distanza.
Secondo Breton attualmente l'utopia della comunicazione sembra imporsi come l'unico valore, l'unica utopia funzionante in grado di risolvere ogni problema, in quanto portatrice di trasparenza, consenso, ed equilibrio sociale. Essa sarebbe oggi il solo valore sul mercato delle idee ad avere un fondamento e una connotazione dominante e capace di ottenere una forte adesione.

Questa trasformazione del tema della comunicazione in utopia mostra sino a che punto ci troviamo in un'era del "disincanto", come molti pensano.

La tensione verso il progresso esiste sempre ed indubbiamente è proprio la forza della speranza che ha contribuito a dare credibilità a questa originale alternativa alle concezioni politiche tradizionali. Una delle grandi difficoltà nelle quali sembra imbattersi l'umanità contemporanea è quella di non riuscire a definire il ruolo ben preciso che sarebbe bene assegnare all'utopia. Breton sostiene che ci possono essere almeno due modi di avvicinarsi all'utopia: condannandola unilateralmente o riconoscendole una funzione sociale positiva, che però avrebbe senso solo a partire dal momento in cui non si cerca di realizzarla. Accettando questa prospettiva, l'ideale utopico della comunicazione diviene criticabile solo se si cerca di applicarlo. Dall'altra parte è proprio nel momento in cui gli effetti perversi prendono il sopravvento che la comunicazione non può più essere definita in quanto tale, perché si è realizzata.

Tutto ciò ci riconduce a una delle questioni iniziali. Le derive della comunicazione rinviano, come riflesso, ad uno dei temi essenziali del nostro tempo, l'esigenza di ricostruire la rappresentazione dell'uomo e della società. Per mettere in moto questo processo non si potrà, secondo Breton, fare a meno di un granello di *utopia*, ma neppure, anzi tanto meno, di un forte *senso critico*. Forse da ciò si può comprendere come si sia generata quest'utopia, nata appunto da un mondo uscito da un lungo periodo di scontri mortiferi che coinvolgevano ideologie basate sull'esclusione. E il suo progressivo successo, proprio perché si inserisce in una situazione di vuoto sul piano dei valori e dei sistemi di rappresentanza.

12
Comunicazione, narrazione e immaginario collettivo

Come è noto, una delle caratteristiche più specifiche dell'essere umano consiste nella sua capacità di raccontare la propria e altrui esperienza, di narrare ciò che vive, collocando tali esperienze nell'ambito di una dimensione spazio-temporale determinata. Ogni società – potremmo dire – possiede un suo sistema di rappresentazione, un proprio *immaginario* collettivo che potrebbe essere considerato – secondo una felice espressione di Michel Maffessoli – una "matrice" grazie alla quale nascono e si sviluppano idee, atteggiamenti, condotte di vita. Tale matrice immaginaria, pur non avendo la consistenza di una *res*, non è per questo meno reale e oggettiva delle cose materiali, in quanto produce effetti ben determinati e significativi sulla mentalità degli individui e dei gruppi che ne condividono la presenza. Per molti secoli diverse discipline hanno posto l'*immaginario* al centro delle proprie analisi e descrizioni. L'interesse principale per la ricerca, in particolare per ciò che concerne le scienze sociali, si è però sviluppato solo a partire dalla seconda metà del Novecento, principalmente a seguito di una serie di trasformazioni sia tecnologiche che culturali sulle quali avremo modo di soffermarci ulteriormente in seguito.

Un approccio sociologico allo studio dell'immaginario non può prescindere però da un lavoro epistemologico di fondo basato sulla descrizione, classificazione e tipizzazione dei molteplici volti di tutto ciò che può essere considerato "prodotto dell'immaginario".
Per troppo tempo il pensiero contemporaneo è rimasto ancorato ad una tradizione filosofica risalente al XVII secolo che

considera l'immaginazione come un'attività coinvolta nella produzione di tutto ciò che in qualche modo si "contrappone alla realtà", dunque di ciò che è "illusorio", di *fiction*, che trova la sua legittimazione principale nel dominio dell'arte. Questa tradizione di pensiero è probabilmente responsabile dello scarso interesse e della scarsa attenzione nei confronti di una più rigorosa concettualizzazione.

Più di recente alcuni studiosi hanno potuto dal canto loro beneficiare di un contesto intellettuale più favorevole, connesso in particolare all'affermarsi di alcuni fermenti culturali che, nel corso di tutto il Novecento, non hanno cessato di stimolare la riflessione sociologica: la psicoanalisi, il surrealismo, una psico-sociologia della religione (in particolare quella veicolata attraverso l'impatto del pensiero durkheimiano; del lavoro di fenomenologia religiosa alla Mircea Eliade; della scuola di Carl Gustav Jung), il risveglio del neokantismo in autori come Ernest Cassirer (che dà per acquisito lo statuto trascendentale dell'immaginazione e la sua partecipazione alla costituzione del simbolico), l'ermeneutica (Georg Gadamer, Paul Ricoeur) che attribuisce alle immagini una funzione espressiva dei sensi, il dibattito introdotto dalla Scuola di Francoforte che costringe in qualche modo a prendere in considerazione il mito e l'utopia nella storia sociopolitica. E infine, come abbiamo visto, l'enorme contributo della Fenomenologia, che consacra l'immaginazione come *intenzionalità* capace di una visione eidetica (dell'essenza delle cose). Per quanto riguarda i lavori più significativi nell'ambito delle scienze sociali, un contributo straordinario è da attribuire agli studi di autori quali Gaston Bachelard, Gilbert Durand, Charles Taylor, Paul Ricoeur, Henry Corbin, Karl R. Popper, Serge Gruzinski, Giorgio de Santillana, Cornelius Castoriadis, Peter Berger, Marcel Gauchet, Jean-Jacques Wunenburger, Clément Rosset e molti altri.

Prima di approfondire la disamina del concetto di immaginario, può però risultare utile qualche ulteriore accenno ad alcune distinzioni formali che esso intrattiene con altri concetti cui talvolta viene assimilato, quali mentalità, ideologia, mitologia, credenza, teoria.[98]

Uno dei concetti ampiamente utilizzati, in particolar modo dalla scuola storica francese degli "Annales", al fine di studiare la storia analizzando gli atteggiamenti psicosociali presenti in ogni determinata epoca, è quello di *mentalità*. Tale concetto, pur essendo meno vago e più concreto rispetto all'immaginario ai fini della ricerca storica sulle "idee", appare evidentemente più astratto rispetto a quello di immaginario.

- L'*ideologia*, a sua volta, serve a designare un'intepretazione globale e dogmatica (un *modo di pensare*) di un settore della vita umana, che impone una serie di spiegazioni stereotipate e non argomentate, ma di fronte alle quali si verifica un'adesione soprattutto attraverso delle immagini-guida (la lotta di classe è un'immagine-motrice dell'ideologia marxista). Pur non essendo necessariamente connessa ad un discorso di carattere narrativo, l'ideologia è spesso strutturata intorno a mitologie di diverso genere.

- *Mitologia* è un termine che indica un insieme di racconti che costituiscono un patrimonio di *fiction* nell'ambito delle culture tradizionali. I miti raccontano storie di personaggi umani o divini e servono soprattutto a tradurre in modo simbolico ed antropomorfico una serie di credenze sulle origini, la natura ed

---

[98] Cfr., per approfondimenti, Jean-Jacques Wunenburger, *L'imaginaire*, PUF, Paris 2003.

il senso di fenomeni cosmologici. La mitologia costituisce senza dubbio una delle forme più elaborate dell'immaginario, ma la sua stretta connotazione narrativa non può esaurire tutte le forme di immaginario possibili.

- *Credenza.* In un piccolo saggio del 1934, intitolato *Ideas y Creencias*, lo spagnolo José Ortega y Gasset proponeva quella che a tutt'oggi resta una delle più straordinarie definizioni di un concetto dalle capacità esplicative assai utili alla comprensione sociologica del concetto di *immaginario*:

"Cosa si intende per idee di un uomo? - si domanda Ortega. La risposta, in sintesi, è la seguente: *l'idea o pensiero può essere riferita a cose diverse che vengono in mente all'uomo in riferimento a questo o a quello, oppure a pensieri che vengono in mente ad altri e che egli ripete e fa propri. Naturalmente questi pensieri sono di grado diverso: tanto un'idea stupida come un pensiero o una verità scientifica. Ma questa differenza di grado non va sottolineata (il punto è importante!). La distinzione, quella essenziale, non va fatta tra i pensieri o idee tra loro, bensì rispetto ad un qualcosa che sta "prima", ad un problema molto più radicale che egli definisce credenze.*
Le idee o pensieri, infatti, che esse siano idee e pensieri scientifici o banali, sono sempre delle invenzioni spontanee. Esse sono un prodotto nostro e sorgono da un retroterra preesistente, che è poi la vita e l'esistenza materiale di colui che produce l'idea.
Anche le credenze *sono un patrimonio ideativo, una rappresentazione, ma con una differenza fondamentale rispetto all'idea*-pensiero; *esse non sono il nostro prodotto. Non sorgono cioè all'interno della nostra vita un certo giorno e in un certo momento ma, al contrario,* ne costituiscono il fondamento. *Con un carattere di atemporalità e di fermezza che l'idea non possiede assolutamente.*
Per capirci meglio – dice Ortega y Gasset – le credenze non sono idee che abbiamo, bensì idee che siamo. E per di più proprio in quanto credenze, e quindi preesistenti alla formazione delle idee-pensiero, noi finiamo per confonderle con la realtà stessa...

Fondamentalmente il pensiero ha un oggetto, è opera nostra e quindi presuppone la nostra esistenza. Con le credenze noi non facciamo niente: "stiamo semplicemente in esse", dice Ortega. La credenza non solo ci possiede, non solo ci pervade ma – e questo è un punto essenziale – essa ci sostiene. Alle credenze non pensiamo, il nostro rapporto con esse si basa su qualcosa di molto più efficiente: consiste nel farvi affidamento sempre. Comunque, in ogni circostanza. Alla credenza non si giunge, noi ci accontentiamo di alludervi, così come si fa con la realtà stessa.

La credenza in quanto tale non va nemmeno formulata in quanto ciò presupporrebbe una distinzione tra un "soggetto che crede" e un "oggetto della credenza", ponendosi così sul piano della separazione e dell'opinabilità."

Una distinzione che tuttavia ritengo di grande utilità, è quella che il concetto di immaginario intrattiene con quello di *teoria*, nei termini che verranno esposti immediatamente dopo aver introdotto una ulteriore precisazione concettuale.

Tra le diverse possibili definizioni, *l'immaginario* può essere considerato – secondo Charles Taylor[99] – come "il sapere tacito di sfondo che ci consente di muoverci nel nostro ambiente anche senza averne una mappa dettagliata". In altri termini si tratterebbe del nostro *senso della realtà* – non teoreticamente strutturato, né articolato dal punto di vista linguistico. Un senso della realtà che ci consente di agire e di fare esperienza del mondo.

Taylor scrive: "Per immaginario sociale intendo qualcosa di più ampio e più profondo degli schemi intellettuali che le persone possono assumere quando riflettono sulla realtà sociale in un atteggiamento distaccato. Penso, piuttosto, ai *modi in cui gli individui immaginano la loro esistenza sociale, il modo in cui le*

---

[99] Charles Taylor, *Gli immaginari sociali moderni*, Meltemi, Roma 2005.

loro esistenze si intrecciano a quelle degli altri, come si strutturano i loro rapporti, le aspettative, etc.".[100]
È da notare, dunque, come esistano importanti differenze tra il cosiddetto *immaginario collettivo* (o sociale) e le *teorie* di volta in volta presenti nell'ambito di una collettività.

In termini schematici, potremmo individuare le seguenti principali differenze:
- L'interesse nell'ambito dell'immaginario è principalmente incentrato sul modo in cui, nel senso comune, le persone immaginano i propri contesti sociali al fine di orientarsi in esso. Tali immagini o "mappe" di orientamento, non si traducono necessariamente in una o più formulazioni teoriche, ma vengono veicolate attraverso narrazioni, storie, miti, leggende più o meno supportate da immagini visive vere e proprie.
- L'immaginario viene condiviso da ampi gruppi di persone, se non dall'interà collettività in una data epoca, mentre i paradigmi teorici sono molto spesso patrimonio condiviso solo da una piccola comunità di specialisti.
- L'immaginario è un sapere comune, un modo di vedere il mondo che rende possibile le pratiche collettive ed un senso di legittimità ampiamente condiviso dai suoi membri (accade molto spesso che quelle che all'inizio sono delle teorie elaborate e condivise solo da una minoranza della popolazione – specialisti dei simboli, intellettuali, élites – finiscano per insinuarsi nell'immaginario collettivo grazie alla mediazione di pratiche messe in atto con fini ben determinati).
Per questi motivi lo studio dell'immaginario collettivo corrisponde, in un certo senso, all'analisi di quella *cornice formale* entro cui si definisce la socialità e la storicità umana.

---

[100] Ivi, pp. 37-43.

Questo perché gli esseri umani, diversamente da ogni altro essere vivente, non fanno esperienza del mondo esclusivamente in base alla "pura percezione", cioè non si limitano a "vedere" la realtà, ma la vedono e la pensano contemporaneamente
In pratica nel momento in cui percepisce il mondo, l'essere umano ha bisogno di raffigurarselo, di "immaginarselo", ecco perché il suo sarà un vedere "come se" ci fosse qualcosa "d'altro".
Questo "come se" segnala una sorta di presa di distanza rispetto alla realtà; un distacco che consente un "margine di manovra" rispetto alla percezione pura della realtà. Ed è proprio tale spazio, tale "margine" il luogo dove l'immaginario "accade".
Il nostro immaginario collettivo è in ogni circostanza complesso. Esso incorpora un senso delle aspettative "normali" che abbiamo gli uni verso gli altri. Il tipo di sapere comune che ci consente di condurre le pratiche sociali di cui è costituita la nostra vita.
E in tutto ciò è incorporato un senso del *modo* in cui le nostre esistenze si intersecano nella comprensione delle *pratiche comuni*.
La dialettica tra teoria e pratica, *tra* conoscenza e azione, va dunque tenuta sempre presente nella consapevolezza dell'impossibilità di una qualsivoglia causalità primigenia.
Se è vero che è la conoscenza (il sapere più o meno "tacito") a rendere possibile la pratica, è però anche vero che è la pratica stessa a veicolare in larga misura la conoscenza.[101]
Il sapere che condividiamo nello svolgere queste azioni (a chi rivolgere la parola, in che modo, etc.) veicola una mappa implicita dello spazio sociale, del tipo di persone che lo abitano,

---

[101] In ogni circostanza data, è possibile parlare del "repertorio" delle azioni collettive di cui un determinato gruppo sociale dispone. Si tratta delle azioni comuni che essi sanno come intraprendere: per esempio una conversazione, la condivisione di una cena o di un pranzo, presenziare ad una lezione, partecipare alle elezioni.

del modo in cui possiamo o dobbiamo interagire o meno con esse. Questa "comprensione implicita" dello spazio sociale è cosa ben diversa da una descrizione teorica di tale spazio che distingua differenti tipi di persone e le aspettative più o meno normative ad esse connesse.

Il sapere implicito nella pratica si trova rispetto alla teoria sociale nello stesso rapporto in cui si trova la capacità di aggirarmi in un ambiente familiare rispetto ad una mappa cartacea (o elettronica) di questa area. Io sono assolutamente in grado di orientarmi in uno spazio a me familiare, pur senza avere mai adottato il punto di vista complessivo offertomi da una mappa. Analogamente, per gran parte della storia umana e per gran parte della vita sociale, noi abbiamo funzionato, e funzioniamo ancora, grazie ad una comprensione di tali pratiche comuni senza che sia necessaria una qualche forma di supervisione teorica.

Gli esseri umani – in altri termini – hanno operato con un immaginario collettivo ben prima di aver intrapreso l'attività di teorizzare su sé stessi.

L'operazione che dà senso a un determinato atto pratico è quindi ampia e molto articolata. Le operazioni di attribuzione di senso, le forme di legittimazione (più o meno istituzionalizzate che siano), attengono innanzitutto al senso della nostra condizione spaziale e temporale (alla nostra *cosmografia*, cfr. infra) complessiva, rispetto agli altri e rispetto alla storia.

La dicotomia tra idee e fattori materiali è in sostanza fallace. Esse sono in realtà inseparabili, proprio perché le autocomprensioni rappresentano la condizione essenziale affinché le azioni pratiche abbiano un significato agli occhi degli attori sociali.

Le pratiche umane hanno sempre un senso – ovvero contengono delle idee – pertanto è semplicemente impossibile stabilire un nesso di causa-effetto unidirezionale tra le une e le altre.

La suddetta "comprensione" delle pratiche del senso comune è di carattere sia fattuale-cognitivo (riferito cioè alla conoscenza necessaria per agire adeguatamente), sia normativa-valoriale (riferito cioè alle aspettative, a ciò che ci si dovrebbe attendere in condizioni "normali"). In altri termini, gli esseri umani hanno un senso (pratico-immediato) del corso usuale delle cose; esso è però intrecciato strettamente con un'idea di come le cose "dovrebbero" andare, di quali passi falsi invaliderebbero il procedere "normale" delle cose.

Per meglio comprendere in cosa consista questo "normale" senso delle aspettative, può risultare utile ritornare ancora una volta alla definizione che Karl R. Popper proponeva del concetto di *senso comune*. Il senso comune – come abbiamo ricordato nelle pagine precedenti – è da considerarsi sempre il punto di partenza della nostra conoscenza del mondo. Esso fornisce, infatti, le basi sulle quali sono state edificate, ed ancora oggi vengono erette, le più diffuse teorie filosofiche della conoscenza.

Tuttavia, pur riconoscendone la centralità "pratica" il senso comune e tutte le teorie del senso comune, ci fanno dimenticare che tutta la conoscenza umana è sempre, e inevitabilmente, di carattere *congetturale*.

Il Nomos e la Narrazione del Mito

Nella comprensione delle norme su cui si costruisce il nostro "normale senso delle aspettative", è implicita una capacità di riconoscere certi "casi ideali" al di là dei quali riposa un ordine di riferimento di carattere morale o metafisico da cui le norme e gli ideali traggono il loro significato.

Il mondo socialmente costruito è in questo senso soprattutto uno "strumento per dare ordine all'esperienza". Ciò significa che sulle molteplici ed eterogenee possibili esperienze umane, e sui potenzialmente infiniti distinti significati attribuibili dagli uomini, viene imposto un ordine di significati, un *nomos*.

Dire che la società è – secondo una felice espressione di Peter Berger – una "impresa di costruzione del mondo", equivale a dire che essa ricopre innanzitutto una funzione di attribuzione di ordine e di significato, un'attività cosiddetta *nomizzante*.

In altri termini ogni ordine sociale, "più o meno" strutturato o istituzionalizzato che sia, ha bisogno di essere legittimato. Ogni processo di legittimazione necessita a sua volta sia di spiegazioni (cognitive, legate al senso pratico), sia di giustificazioni (normative, legate a modelli etico-morali).

Quest'ultima funzione è stata storicamente sempre ricoperta dai *miti*.

Secondo una celebre definizione di Georges Sorel il mito va considerato come un qualsiasi insieme di idee che infonde un significato trascendente alla vita degli uomini. Trascendente – ovviamente – rispetto alle consuetudini e alle preoccupazioni della vita quotidiana.

"La forza del mito – come ha scritto Peter Berger – erompe con efficacia storica soprattutto in situazioni di rapido mutamento, specialmente quando questo mutamento mette in questione ciò che prima era dato per scontato".

Risulta quindi facilmente comprensibile quanto il riferimento ad elementi di derivazione mitologica possa divenire particolarmente dilagante in quelle fasi della storia caratterizzate dall'introduzione di trasformazioni tecnologiche ad alto impatto sociale.

Questo per sottolineare il fatto che i processi di trasformazione che hanno caratterizzato la cosiddetta modernità, ed il modello occidentalizzante ad essi associato, non sono legati solo ed esclusivamente a progetti ed azioni di carattere razionale applicati alle sfere economiche, politiche e culturali; essi sono sempre stati, fin dall'inizio, e anche in modo molto profondo, "il centro focale di speranze e aspettative di *redenzione*".

Ciò che è rilevante in tal senso – da un punto di vista sociologico – non è il fatto che il mito sia o meno un errore o una pura illusione, quanto che *le idee e le immagini proposte dal mito siano credute dalle persone nelle situazioni empiriche, e che queste idee ed immagini ispirino a volte atti di sacrificio finanche estremi.*

Sempre a tal proposito Lewis Mumford, nel lontano 1934, scriveva che "prima che i nuovi processi industriali potessero affermarsi su larga scala, era stata necessaria una ridefinizione delle aspirazioni, delle abitudini, delle idee e degli scopi".

Tra i passaggi fondamentali di tale processo di ridefinizione, Mumford non mancava di richiamare l'attenzione sull'emergere di un nuovo tipo di visione del *tempo* (oltre che dello *spazio* e dell'idea di natura), le cui origini vanno certamente rintracciate nel continuo e incessante espandersi della visione del mondo cristiana in Europa e nel mondo.

Allo stesso modo un autore non meno importante come Carl Schmitt, in un libro intitolato appunto *Il Nomos della Terra*,[102] nel descrivere la nascita della ragione occidentale, si riferisce a due fenomeni: la *localizzazione* e *l'ordinamento*, che corrispondono esattamente ai due processi che nella Genesi vengono collocati alle origini del mondo. Si tratta, in sostanza, del processo attraverso il quale il Dio cristiano localizza e mette in ordine tutti gli elementi presenti sulla Terra.

---

[102] Carl Schmitt, *Il Nomos della Terra*, Adelphi, Milano 1986.

"E non soltanto nella Genesi – come commenta Franco Farinelli – ma in ogni *cosmogonia*, in ogni racconto sulle origini del cosmo, la creazione del mondo diventa l'arte di dar forma e dunque di controllare quello che all'interno della matrice, sull'estensione, si presenta ancora privo di forme oppure già in qualche maniera preformato".[103]

La struttura portante del tempo cristiano, comunque, è stata sempre legata, fin dalle origini, ad una necessità specifica: quella di legittimare ad ogni costo uno degli aspetti più contraddittori della sua dottrina. Essa doveva da una parte affermare la propria autonomia e quindi anche la propria originalità; dall'altra essa doveva in qualche modo dimostrare di appartenere ad una Tradizione, nell'ambito della quale era stata prevista ed annunciata una particolare serie di evoluzioni degli eventi. Alla fine, come è noto, emerse una tendenza a far prevalere il bisogno di affermazione di una continuità tra il Vecchio e il Nuovo Testamento, tra la tradizione e l'originalità.

Il passato ed il presente venivano così legati, e questo legame sarà ciò che renderà poi possibile per la prima volta nella storia dell'umanità l'idea di una proiezione positiva nei confronti del futuro. Passato, presente e futuro potranno essere finalmente interpretati in maniera unitaria, secondo una linea la cui tendenza ben precisa diventerà quella del dispiegarsi della Provvidenza nel tempo.

Tale concezione temporale, come vedremo nell'esempio che analizzeremo tra breve, rivestirà un ruolo assolutamente determinate nell'ambito del processo di formazione dell'immaginario occidentale.

Prima di approfondire questo importante e delicato aspetto, è opportuno collocare i termini del discorso nell'ambito di un

---

[103] Franco Farinelli, *L'invenzione della Terra*, Sellerio, Palermo 2007, p. 25.

paradigma complessivo il più possibile sintetico. Seguendo l'impostazione suggerita da Erik Davis nel suo libro *Techgnosis*, i riferimenti mitologici che sostengono l'immaginario collettivo occidentale possono essere divisi nella seguente tripartizione:

- *Magico-Religioso* (sono le narrazioni che spiegano il mondo in base al rapporto micro-cosmo/macro-cosmo, in cui la realtà è pregna di sacralità);

- *Macchina* (a partire dalla rivoluzione industriale e a seguito di trasformazioni legate al processo di secolarizzazione, accade che i modelli di riferimento dell'immaginario collettivo cambiano e diventano anch'essi "industriali". È questo il momento in cui si modifica anche l'immagine dell'uomo che, da entità materiale, diventa uomo-macchina (una macchina "pensante");

- *Informazione* (basato sull'idea che l'uomo non è più una macchina, un assemblaggio meccanico, ma è composto da pura informazione, come quella che costituisce, ad esempio, il DNA).

Questi tre riferimenti mitologici non si escludono a vicenda, pertanto è possibile trovare delle ibridazioni reciproche tra gli stessi; non si può parlare di passaggio da un mito all'altro, bensì di una "tendenza" verso l'uno o verso l'altro, secondo le modalità che ci apprestiamo a descrivere di seguito.

Dal punto di vista sociologico la religione ha una funzione *nomizzante* (dare ordine al mondo). La religione fa sì che dietro ogni azione dell'uomo ci sia sempre un referente trascendente tramite il quale è possibile trovare delle risposte a qualsiasi domanda. Tali meccanismi di legittimazione che forniscono un ordine a tutti i comportamenti umani si definiscono *teodicee*. Le teodicee rappresentano, dunque, delle teorie che attribuiscono delle legittimazioni ultime e definitive a tutto ciò che accade.

Le religioni che appartengono alla storia dell'umanità possono essere disposte su di un continuum che va dalle religioni più

razionali a quelle più irrazionali.[104]
Le più irrazionali sono ad esempio tutte le religioni arcaiche. Esse prevedono una resa incondizionata dell'esistenza individuale all'ordine della società. Vi è una sorta di sincretismo tra il mondo ed il sacro. Il sacro è *nel* mondo e pertanto ogni sfera dell'agire umano trova la sua legittimazione nella religione. È come se la materia avesse dentro di sé, internamente, un suo ordine sacralizzato.

Le più razionali sono invece le religioni indiane. In queste religioni esiste un perfetto sistema di causa ed effetto: ciò che sono adesso, dipende da ciò che sono stato in un'altra vita (reincarnazione). La vita viene vista come un anello di una grandissima catena causale. Queste religioni prevedono una completa resa dell'uomo di fronte all'ordine costituito, legittimato in termini assolutamente razionali.

Tra questi due estremi troviamo delle teodicee intermedie dal punto di vista della razionalità, tra cui si collocano le cosiddette *religioni millenaristiche*, come ad esempio il Cristianesimo. Si tratta di tutte le religioni annunciate dai profeti. Tali teodicee nascono soprattutto nei momenti di crisi in cui si avverte la necessità di legittimare l'ordine del mondo basandosi su delle aspettative di un miglioramento (l'idea di *progresso*) nel futuro. Sono teodicee che relativizzano gli aspetti negativi (in genere "il male") e le sofferenze del presente per collocarlo in una prospettiva futura (migliore) millenaristica.

Lo *gnosticismo*, ad esempio, è una particolare religione millenaristico-manichea di carattere dicotomico: esso divide il mondo in "bene e male." Secondo lo gnosticismo il mondo materiale è una creazione di forze negative ed anche l'essere umano, essendo composto di materia, è di natura negativo.

---

[104] Cfr., per approfondimenti, Berger (Op. cit.).

189

Nell'essere umano, però, vi sarebbe una scintilla divina che può venir fuori tramite la conoscenza.

Lo gnosticismo si colloca al centro del continuum di cui sopra, risolvendo il problema più drammatico delle teodicee monoteiste: se Dio è buono e unico perché allora esiste il male? Lo gnosticismo supererà questo dilemma affermando che il male esiste in quanto nel mondo vi è un meccanismo dualista, per cui se esiste il bene necessariamente esisterà anche il male.

Più nello specifico il mondo umano sarebbe il prodotto di una divinità diabolica. L'uomo è imprigionato due volte: un imprigionamento fisico (materia) e un imprigionamento della conoscenza (immateriale). Per gli gnostici tutte le religioni sono ingannevoli, perché sono prodotte dagli arconti (elementi diabolici, portatori del "male" che ingannano gli uomini facendogli credere di condurli alla salvezza). Corpo e anima fanno parte di un meccanismo ingabbiato. Il mondo è una costruzione venuta fuori per un errore da parte della divinità: in questa prigione soltanto gli esseri umani hanno mantenuto una scintilla, una "essenza", divina e solo attraverso tale scintilla sarebbe possibile raggiungere la salvezza e "il bene". La scintilla divina è la *gnosis*-conoscenza che consente di liberare l'uomo dall'ignoranza e di accedere all'informazione che ognuno porta dentro di sé.

Il meccanismo cruciale è quello di una valorizzazione del trascendente, della conoscenza, dell'informazione, degli elementi dell'immaginario che sono stati coltivati dentro di noi. Secondo Davis – ed è questo lo spunto più interessante del suo lavoro – tale visione gnostica del mondo avrebbe caratterizzato l'immaginario collettivo occidentale fin dalle origini e continua a legittimare e a sostenere il pensiero scientifico e tecnologico contemporaneo.[105]

Più in generale questo stesso tema è stato affrontato in modo molto originale dal filosofo francese Clément Rosset, il quale fa riferimento all'illusione metafisica della *duplicazione della realtà*, che costituirebbe in Occidente la struttura fondamentale di ogni discorso metafisico da Platone ai giorni nostri. Secondo tale struttura il reale immediato non sarebbe ammesso né compreso se non in quanto espressione di un'altra realtà che può conferirgli senso e significato.

"Questo mondo-qui – egli scrive – non ha di per sé alcun senso; esso riceve il suo significato da un altro mondo che costituisce il suo *doppio* (...): Questa struttura della reiterazione, in cui il doppio occupa il luogo della realtà, in cui il reale che si offre immediatamente ai sensi non è che un *doppione* falso e insignificante, fa sì che anche gli avvenimenti che in esso si verificano non siano altro che un'impostura".[106]

Tornando a quella modalità particolare della doppia realtà analizzata da Davis che è lo gnosticismo, va inoltre aggiunto che il dualismo gnostico è essenzialmente connesso con una tecnologia di base: la *scrittura*. Essa è considerata lo strumento attraverso il quale si stabilizzano le "religioni del libro" (Ebraismo, Cristianesimo, Islamismo). Tramite la scrittura si comincia a diffondere l'idea che esista una conoscenza (*gnosis*) assolutamente *indipendente* da colui che la possiede; cioè, il sapere non appartiene a qualcuno ma è qualcosa di oggettivo e l'uomo, in questa visione, non è impregnato di conoscenza ma diventa soltanto un semplice intermediario. La scienza, dunque, è fatta di conoscenza neutra e ciò non risulterebbe possibile senza la scrittura.

---

[105] Davis (Op. cit.).
[106] Clement Rosset, *Le Réel et son double*, Gallimard, Paris 1984.

Il mito magico-religioso

Una più chiara descrizione del primo paradigma mitologico presentato da Davis può essere efficacemente presentata approfondendo uno degli esempi storici più significativi della storia del mondo moderno: l'occidentalizzazione dell'immaginario nelle società precolombiane.

Quando, nel corso del XVI secolo, gli spagnoli approdati sulle coste del "Nuovo Mondo" si trovarono di fronte ad alcune popolazioni indigene, non si verificò soltanto uno scontro di tipo fisico, ma anche – forse soprattutto – uno scontro tra due diverse e inconciliabili visioni del mondo, tra due diversi modelli di *immaginario collettivo*.

Quello di cui erano portatori gli spagnoli, era un *Immaginario* tipico della cosiddetta "coscienza medioevale" europea,[107] storicamente affermatasi nei secoli immediatamente precedenti la Conquista, e caratterizzata da un atteggiamento particolare nei confronti del mondo assolutamente unico nella storia dell'umanità.

Fino ad una certa epoca storica, infatti, si può dire che la cultura europea condivideva con tutte le altre grandi civiltà ad essa contemporanee un particolare Universo Simbolico,[108] una particolare visione del mondo al cui interno la separazione tra mondo naturale e mondo sociale era da considerarsi pressoché inesistente. Più nello specifico è possibile sostenere che, fatte le dovute differenziazioni all'interno di un tale complesso macrosistema, per un certo periodo tutte le grandi civiltà abbiano condiviso quello che Mircea Eliade definiva un modello

---

[107] Aron J. Gurevic A. J., *Le categorie della cultura medievale*, Einaudi, Torino 1983.
[108] Berger-Luckmann (Op. cit.).

"microcosmo-macrocosmo".[109] In esso la vita degli uomini e delle società umane non è nettamente separata dalla vita che anima tutto l'universo, e le stesse forze sacre che generano i ritmi della natura sono percepite come forze pulsanti all'interno della struttura sociale in cui vivono. Mantenere un ordine e un'armonia al loro interno significava dunque anche mantenere quella stabilità e quell'armonia cosmica voluta dagli dèi.

Se si osserva il comportamento dell'uomo in una qualsiasi di queste società,[110] si può notare infatti, quale punto di riferimento comune, come tutte le azioni umane dotate di senso intenzionale traggano il loro significato e il loro valore dal fatto di riprodurre un modello esemplare mitico di carattere "archetipico".[111]

Ora, come vedremo, questa visione del mondo ereditata da tradizioni millenarie e dunque profondamente radicata anche nelle grandi civiltà precolombiane, si scontrerà, nel corso del XVI secolo, con una concezione diversa, assolutamente inconciliabile con essa. Gli esiti di tale scontro, ad oltre cinquecento anni di distanza, possono suggerire interessanti riflessioni su alcune delle caratteristiche più peculiari del nostro immaginario contemporaneo.

Una svolta storica di importanza epocale, per l'Occidente prima e per l'intero mondo occidentalizzato poi, si era intanto cominciata a verificare in Europa, in concomitanza con il profondo radicarsi e affermarsi di una visione del mondo legata ai canoni della religione giudaico-cristiana. Questa inedita e sconvolgente concezione cosmogonica era quella di cui, seppur in una fase ancora prematura di interiorizzazione, si facevano portatori quei primi uomini che si accingevano a conquistare le terre del "Nuovo Mondo".

---

[109] Mircea Eliade, *Trattato di storia delle religioni*, Boringhieri, Torino 1976.
[110] Cfr. André Leroy-Gourhan, *Il gesto e la parola*, Einaudi, Torino 1987, vol. II, p. 382.
[111] Mircea Eliade, *Il mito dell'eterno ritorno*, Borla, Roma 1968.

Prima di procedere oltre nell'analisi di tale specifico fenomeno, è necessaria una riflessione di carattere teorico più generale concernente alcuni concetti appena introdotti. Per cominciare è necessario considerare la seguente distinzione terminologica:[112] Definiamo *Cosmografia* "il disegno o la descrizione (*grapheìn*) del mondo come si presenta attualmente, nella sua struttura, nell'eventuale divisione in livelli, regioni, ecc. Tale divisione può, anzi deve, rendere conto dei rapporti statici o dinamici tra i diversi elementi di cui si compone il mondo: distanze, proporzioni ecc., ma anche delle influenze, delle reazioni ecc. Essa implica il tentativo di individuare le leggi che reggono tali rapporti. Si tratta così di una geografia generalizzata che, contraddicendo l'etimologia, non si limiterebbe alla terra, ma all'intero universo visibile".[113] Con il termine *Cosmogonia* è possibile invece intendere "la narrazione dell'apparire delle cose o, se si vuole, il racconto della *cosmogenesi*. Il termine spiega come le cose siano venute a formare il mondo (*gìgnesthai*) come noi lo conosciamo nell'odierna struttura. Il modo in cui una data cultura concepisce il mondo, comporta, evidentemente, un proprio modo di rappresentarne la venuta all'essere: una cosmogonia serve a spiegare il mondo così come è immaginato o concepito in un dato momento da un determinato gruppo. Conseguentemente abbiamo delle cosmogonie di stile molto vario, almeno quanto quello delle cosmografie. Una cosmogonia può essere mitica. (...). I racconti della genesi possono anche consistere nella ripresa, parzialmente critica, di miti più antichi, corretti, cioè resi irriconoscibili per il fatto di essere stati assorbiti da un altro racconto funzionale a un'altra dottrina. È il

---

[112] Cfr., per approfondimenti, Rémy Brague, *La saggezza del mondo*, Rubbettino, Soveria Mannelli 2005.
[113] Ivi, p. XV.

caso del racconto della creazione all'inizio del libro della Genesi. Un mito può infine essere scientemente creato al fine di illustrare una teoria filosofica anteriore, come nel *Timeo* di Platone. Una cosmogonia può anche essere scientifica. In questo caso essa cerca di ricostruire in seguito a quali processi può essersi venuto a formare il mondo come noi lo conosciamo attualmente.

È il caso di Galileo, poi del Traité du monde, di Cartesio (1633), infine delle cosmogonie dopo Newton, come ad esempio la teoria del cielo di Kant (1775). Ed è anche il caso dell'attuale astrofisica, quale che sia la parte ipotetica che necessariamente comporta.

È utile notare che il contenuto di questi due concetti si sono ravvicinati nel tempo fino quasi a coincidere. In effetti le teorie contemporanee concepiscono il mondo in evoluzione. *Con la dimensione supplementare del tempo*, la descrizione del mondo e il racconto della sua formazione – se si vuole la storia e la geografia dell'universo – non si oppongono più. Un tempo si opponevano; da una parte la descrizione di uno stato fisso e constatabile, dall'altra la ricostruzione puramente ipotetica della sua genesi che aveva solo un valore euristico. (...). Le scienze moderne (...) pretendono di raccontare esattamente una storia realmente accaduta: la paleontologia lo fa per ciò che è vivente, la geologia per i materiali che formano il nostro globo, l'astrofisica infine per l'insieme dell'universo".[114]

Diversamente dal senso in cui ho preso i due termini precedenti, il concetto che Brague utilizza per definire la *Cosmologia* si differenzia sensibilmente dall'uso diffuso nel senso comune, con cui si intende in effetti un misto di cosmografia e di cosmogonia reso necessario dalle recenti teorie, come ho già detto. Preferisco

---

[114] Ivi, pp. XV-XVII.

impiegare il termine cosmologia per un uso particolare. Con questo termine – invece – egli si riferisce, come d'altronde dice la parola *logos*, non ad un semplice discorso, ma al "rendere ragione del mondo esprimendo una riflessione sulla natura del mondo in quanto tale". Cosmologico – egli afferma – è "un discorso espresso o non espresso (in questo caso si potrebbe parlare di un'"esperienza") in cui ciò che fa sì che il mondo sia mondo – lo si potrebbe chiamare la "mondanità" – non è presupposto ma, al contrario, diventa, implicitamente o esplicitamente un *problema*. Bisogna dunque che il mondo sia esplicitamente posto e che abbia già un nome. La presenza di una parola non implica certamente la presenza di un concetto, ma la sua assenza indica almeno che il concetto non è stato tematizzato".[115]

Non è comunque il caso di addentrarsi in un'analisi neppure sommaria delle visioni del mondo cosiddette "primitive", ma proveremo ad indicare il caso di un Immaginario Collettivo che, per quanto elaborato e profondamente strutturato, è certamente caratterizzato da una sua assoluta "alterità rispetto all'Immaginario Occidentale delle origini.

In ogni cosmologia – va infine precisato – è necessariamente presente un elemento di *riflessione*, mentre non è strano che sia assente in una cosmografia o in una cosmogonia dove sarebbe perfino fuori posto. "Una cosmologia deve giustificare la sua possibilità già a partire dalla prima condizione della sua esistenza, cioè dalla presenza al mondo di un soggetto, capace di farne esperienza in quanto tale, cioè l'uomo. Una cosmologia deve quindi necessariamente implicare qualcosa come un'antropologia. (...). questa non si limita affatto alla teoria che cerca di individuare l'essenza dell'uomo, ma implica una

---

[115] Ivi, pp. XI-XVII.

riflessione sul modo in cui l'uomo può realizzare quello che è –
e quindi un'etica".[116]

Per non disperderci ora nella grande complessità delle
manifestazioni culturali presenti in queste due diverse
concezioni dell'Universo, tra la *Cosmogonia* dei popoli
precolombiani e quella dei colonizzatori, utilizzerò come spunto
per queste riflessioni uno soltanto degli indicatori sociologici
possibili, quello *temporale*, in quanto si può ritenere che pochi
altri aspetti della realtà sociale possano caratterizzare altrettanto
bene l'essenza di una cultura quanto la *concezione del tempo*.
"In essa s'incarna, e ad essa è collegata la percezione che l'epoca
ha del mondo, la condotta degli uomini, la loro coscienza, il
ritmo della vita, il rapporto con le cose".[117] Attraverso l'analisi
della percezione temporale presente in una determinata società è
infatti possibile comprendere la concezione che in una
determinata epoca si ha del mondo, il tipo di condotta che
caratterizza i suoi membri, la loro coscienza, il ritmo prevalente
nelle relazioni tra essi, il rapporto con la natura, gli altri, le cose.
In estrema sintesi, appunto, il rapporto con l'ordine cosmico,
naturale e sociale.
Basti pensare, come vedremo meglio, alla profonda differenza
che esiste tra una visione del *tempo ciclico*, come quella che
domina tra le civiltà precolombiane, e la visione del tempo già
linearizzato, finalistico, che vede il progredire della storia
dell'Universo a partire da un punto definito (la Creazione), per
giungere ad una fine (l'Apocalisse), appartenente alla cultura del
Cristianesimo medioevale, per intuire il significato che l'impatto
tra le due concezioni ha potuto rappresentare per i vinti.

---

[116] Ivi, p. XVIII.
[117] Aron Gurevič, *Le categorie della cultura medievale*, Einaudi, Torino 1983
p. 97.

Ciò che questa frattura temporale, che questa rottura del "cerchio" ha comportato nella storia dell'umanità, rappresenterà appunto l'argomento dell'esempio che segue.

Quando si parla delle civiltà precolombiane, molto spesso l'accento viene a cadere su alcuni rituali estremamente cruenti, legati al sacrificio umano, che erroneamente si ritiene essere una caratteristica peculiare di questi popoli.

Bernal Dìaz del Castillo, uno dei più preziosi informatori spagnoli dell'epoca della Conquista, così descriveva uno di questi riti sacrificali che si consumavano con inesorabile periodicità e continuità tra gli aztechi agli inizi del XVI secolo:

> "Ed ecco risuonare dal Grande Tempio quel timpano diabolico; l'infernale musica riprese. Era orribile, sconvolgente, raccapricciante. Ma ancor più spaventoso fu ciò che accadde sotto i nostri occhi. Fummo testimoni di come i messicani sacrificavano i nostri infelici compagni ai loro dèi. Vedemmo chiaramente la piattaforma su cui si ergevano le loro maledette divinità, vedemmo il capo delle vittime ornato di penne, e come esse fossero costrette a danzare davanti al dio della guerra, vedemmo come venivano fatti distendere su una grande pietra, come venisse squarciato il loro petto con coltelli di ossidiana, strappato il loro cuore ancora palpitante per offrirlo alle divinità, come venisse loro tolta la pelle (…)".[118]

Alla base di questo fenomeno va collocata una implacabile teoria: se gli dèi non fossero stati nutriti regolarmente con del sangue umano, l'intero Universo sarebbe andato in frantumi. È possibile sostenere che gli aztechi si distinsero, tra le altre cose, per l'assoluta coerenza con cui seppero mettere in atto tale paradigma. Devastarono la regione sotto il loro dominio in cerca di vittime; se le procuravano con la conquista, a titolo di tributo, e con i combattimenti cerimoniali delle cosiddette "guerre dei

---

[118] Bernan Díaz del Castillo, *Historia verdadera de la conquista de Nueva Espana*, Editorial Porrúa, México 1967.

fiori". Si calcola che non meno di diecimila vittime siano state sacrificate soltanto a *Quetzalcoatl* – il Serpente Piumato – una delle loro principali divinità, sul grande altare di Tenochtitlàn, l'attuale Città del Messico.

Sarebbe però impossibile comprendere costumi tanto efferati, senza inquadrarli in un preciso ordine di significati, in una *cosmogonia* che spieghi e giustifichi la loro istituzionalizzazione e la loro grande diffusione.

C'è un mito della creazione, presumibilmente condiviso dalla gran maggioranza delle popolazioni appartenenti all'antichità mesoamericana, che può risultare particolarmente utile a chiarire le peculiarità di alcuni aspetti propri della visione del mondo di quelle civiltà che si vennero ad affermare a partire dal cosiddetto periodo "classico" (tra il 200 a. C. e il 900 d. C.) nella storia di questa estesa regione. Si tratta della *Leyenda de los Soles*, la "Leggenda dei Soli".[119]

Un "Sole" rappresentava, nella simbologia nahuatl (il linguaggio comune a gran parte dei popoli precolombiani), un'era storica. Il mondo era passato attraverso quattro "Soli", ognuno dei quali caratterizzato da una creazione e da una successiva distruzione diversa. La leggenda in questione racconta che, alla fine della quarta era, conclusasi con un grande diluvio, il cielo e la terra erano rimasti immobili, senza più vita, immersi nelle tenebre, mentre del genere umano non era rimasta più alcuna traccia. A questo punto gli dèi, riunitisi per dare vita ad un nuovo "Sole", decisero di sacrificarsi per poter fornire ai due astri prescelti il sangue necessario affinché potessero cominciare a muoversi nell'Universo, per poter generare così l'energia indispensabile al sostentamento del mondo.

---

[119] Anonimo, *Leyenda de los Soles*, in *Codice Chimalpopoca*, a cura di P. F. Vásquez, UNAM, México 1975, pp. 119-128.

Il "Quinto Sole", dunque, che era anche lo stesso che splendeva nei cieli americani nel periodo in cui i primi esploratori europei approdavano sulle coste del Messico, era un sole che doveva la sua esistenza proprio al "Movimento" garantitogli dal sangue degli dèi. L'unico modo che i suoi adepti avevano per essere certi che il sole (e con esso il mondo) non si fermasse una quinta volta, era quello di nutrirlo costantemente con del sangue umano.

Si trattava di quelli che gli storici della religione definiscono "rituali di rigenerazione", comuni a tutte le società cosiddette "cosmogoniche",[120] e perfettamente coerenti se considerati all'interno di una logica che definisce in un dato modo il rapporto dell'uomo con il mondo circostante, secondo cioè il già citato modello "microcosmo-macrocosmo". Mircea Eliade infatti sostiene che, al di là delle specifiche connotazioni storiche che possano assumere, il significato dei rituali di questo genere debba essere ricercato nella teoria arcaica della rigenerazione periodica delle forze sacre. Evidentemente, ogni rito o complesso drammatico che tende alla rigenerazione di una forza è esso stesso la ripetizione di un atto primordiale, di tipo cosmogonico, avvenuto *ab inizio*. In questo senso, il sacrificio è sempre una ripetizione rituale dell'atto della creazione.

"Il sacrificio di una vittima umana – scrive Eliade – per la rigenerazione della forza manifestata nel raccolto, tende alla ripetizione dell'atto creativo che diede vita ai semi. Il rituale rifà la creazione, la forza attiva nelle piante si rigenera mediante una sospensione del tempo e mediante il ritorno al momento iniziale della pienezza cosmogonia. Il corpo della vittima ridotto in pezzi coincide con il corpo dell'essere mitico primordiale che diede vita ai semi con il suo smembramento rituale".[121]

---

[120] Cfr. Eliade, 1968, (Op. cit.), 1968.
[121] Cfr. Eliade, 1976 (Op. cit.), pp. 359-363.

Prima di soffermarci ad analizzare le implicazioni che tali concezioni hanno dal punto di vista simbolico, in particolare per quel che concerne la percezione del tempo e della storia nelle civiltà precolombiane, è necessario cercare di descrivere anche l'altra faccia della medaglia, ovvero le azioni dei conquistatori e le motivazioni più o meno esplicite che li spingevano ad agire nel modo in cui fecero durante il processo di colonizzazione.

Bartolomé de las Casas, un altro dei grandi informatori spagnoli che furono testimoni diretti della Conquista, in una sua relazione espone chiaramente quelle che si affermeranno come alcune delle caratteristiche tipiche dell'azione dei Conquistadores, tra cui l'atteggiamento nei confronti delle popolazioni locali, certamente non meno spietato e cruento di quello con cui venivano officiati i sacrifici rituali nelle società indigene.

> "Coi loro cavalli, le loro spade e le loro lance, i cristiani si diedero allora a compiere contro gli indiani tali massacri e tali crudeltà – racconta Las Casas – che essi neanche avrebbero potuto immaginare. Entravano nei villaggi e facevano a pezzi tutti, senza risparmiare vecchi né bambini e sventrando le donne, pregne o puerpere che fossero: era come se prendessero d'assalto agnelli rifugiati nei loro ovili. Facevano scommesse a chi sarebbe riuscito a fendere un uomo in due con una sola sciabolata, a tagliargli la testa d'un colpo di picca oppure a sviscerarlo. Strappavano gli infanti dai petti delle madri, e tenendoli per i piedi ne fracassavano le teste contro le rocce. Altri se li gettavano dietro le spalle precipitandoli nei fiumi con grandi risate e motteggi (…). Altri li infilzavano con la spada insieme alle madri e a quanti si trovavano innanzi, come in uno spiedo. Costruivano lunghe forche, alte in guisa che le punte dei piedi dei suppliziati sfiorassero appena la terra, e di tredici in tredici, in onore e reverenza del nostro Redentore e dei dodici apostoli, mettendovi sotto legna e fuoco, li ardevano vivi. Ad altri legavano o appendevano a tutto il corpo della paglia secca e vi appiccavano fuoco: e in questa maniera li

facevano morire. Ad altri ancora, e a tutti quelli che prendevano vivi, tagliavano le mani lasciandole loro penzolanti".[122]

Ovviamente, la tragedia non finiva qui. Bisogna considerare anche il diffuso fenomeno dei suicidi di massa, cui molti ricorrevano al fine di evitare di cadere vivi nelle mani dei *Conquistadores*, o le epidemie di vaiolo e di morbillo che rappresentarono, insieme con le deportazioni o le morti per "lavori forzati", alcune tra le più diffuse cause di un genocidio di dimensioni uniche nella storia dell'umanità.

Come sappiamo, ciò che muoveva gli spagnoli in queste avventure oltreoceano era, oltre allo stimolo costituito dall'occasione di un rapido arricchimento personale, una sincera fede in un progetto di carattere, diciamo, *cosmogonico*. La Conquista era insomma anche una sorta di "Guerra Santa" (la memoria della recente "Riconquista" era piuttosto fresca) il cui fine era l'espansione della religione cristiana e la diffusione del Verbo e delle sacre scritture del suo Dio.

D'altra parte, il desiderio di ricchezza rappresentato dall'avidità per l'oro e la volontà di imporre il vero e unico Signore, non si escludevano affatto l'un l'altro. Anzi, come sostiene acutamente Tzvetan Todorov, vi è tra i due elementi un rapporto di subordinazione, una relazione mezzo-fine che si manifesta fin dall'inizio persino nella mentalità di un Cristoforo Colombo o di molti di coloro che lo seguirono.[123]

Anche nel caso degli spagnoli, dunque, le legittimazioni all'agire fornite dalle loro credenze religiose (seppure di una religione del tutto particolare) ricopriranno un ruolo di primissimo piano. "Il Dio degli spagnoli è un ausiliario più che

---

[122] Bartolomé de las Casas, in Miguel Leòn-Portilla, *Il rovescio della Conquista. Testimonianze azteche, maya e inca*, Adelphi, Milano 1979.
[123] Cfr., per approfondimenti, Tzvetan Todorov, *La conquista dell'America. Il problema dell' "altro"*, Einaudi, Torino 1992, pp. 5-61.

un Signore, un essere di cui ci si serve più che un essere di cui si gode (…). In teoria, come voleva Colombo (e come vuole lo stesso Cortés, in conformità con i tratti più arcaici della sua mentalità), scopo della conquista è la diffusione del cristianesimo; in pratica, il discorso religioso è uno dei mezzi che garantiscono il successo della conquista. Fine e mezzi si sono scambiati di posto".[124]

D'altra parte, la specificità della visione del mondo legata al cristianesimo è, se paragonata a quella delle religioni dei precolombani, di una novità assoluta e tale da comportare degli sconvolgimenti radicali nell'immagine del mondo posseduta da chi è stato costretto a subirne l'imposizione. È stata, questa, la colonizzazione dell'immaginario collettivo subita circa cinquecento anni or sono dagli indigeni d'America, di cui vedremo qui soltanto alcune delle conseguenze.

Nell'ambito di un processo di tale complessità, cercherò soprattutto di approfondire come, il carattere fondamentalmente universalistico della religione cristiana, la sua storicità e la pretesa unicità del suo Dio abbiano svolto un ruolo di primo piano assoluto.

Quando Cortés, infatti, attaccò i templi dei messicani, l'ultimo imperatore in carica, il leggendario Moctezuma, cercò di trovare delle soluzioni di compromesso, suggerendo in ultima istanza di poter integrare il Dio cristiano nel loro pantheon, come una divinità tra le altre. D'altronde questa era la soluzione che essi stessi avevano adottato, ogni qual volta avevano avuto modo di conquistare nuovi popoli con delle divinità diverse dalle proprie. Ma Cortés fu inamovibile nel rifiutare, in piena coerenza con i dettami della propria religione, ogni possibile compromesso: il Dio cristiano non è un essere che possa in alcun modo confondersi o integrarsi con altri. Esso è infatti un Dio Unico e

---

[124] Ivi, p. 131.

Assoluto, esclusivo e del tutto intollerante. Esso è inoltre il Dio di tutti gli uomini e la sua parola va diffusa attraverso l'evangelizzazione del mondo intero.

Tali convinzioni, e soprattutto quella relativa all'interdetto nei confronti di ogni possibile coesistenza con una qualunque forma di adorazione o fede in altre divinità, hanno notevolmente contribuito, secondo molti studiosi, al positivo esito finale della Conquista.

La discrepanza maggiore tra le due visioni del mondo di cui erano portatrici le religioni dei due mondi entrati in contatto, la si può riscontrare nelle concezioni temporali che esse esprimevano.

Come già accennato, è possibile ai nostri fini suddividere, anche a rischio di eccedere nella schematizzazione, le concezioni temporali delle grandi civiltà della storia in due grosse tipologie, a seconda del modo di percepire il rapporto tra l'ordine cosmico e quello socio-culturale: una tipologia arcaica e una moderna. La linea di frontiera è costituita dall'affermarsi della visione giudaico-cristiana del mondo, oltre che da alcune profonde modifiche di carattere strutturale che, indipendentemente dal nesso causale che si potrebbe riscontrare, si sono avute in seno ad alcune società del mondo cristiano occidentale (nascita delle città, estensione del commercio, secolarizzazione delle istituzioni, sviluppo tecnologico, etc.).

Al primo gruppo di questa dicotomia appartengono certamente le tre grandi civiltà precolombiane mesoamericane, al secondo, seppure ancora in una fase non del tutto matura, cominciava invece ad appartenere la civiltà spagnola dell'epoca della Conquista.

Il tempo delle civiltà arcaiche è, innanzitutto, un *tempo circolare*. Esso è idealmente basato sul moto della volta celeste e implica l'eterna ripetizione di eventi considerati mitici. Tra le sue numerose caratteristiche, ve ne sono almeno tre che suscitano un significativo interesse ai fini del nostro discorso: la ciclicità, l'atteggiamento nei confronti delle categorie di "passato" e "futuro", lo scarso livello di *astrazione simbolica*. Nelle civiltà precolombiane, il ritorno dell'identico si manifestava, secondo un'articolata combinazione dei loro due calendari, ogni 52 anni. Essi avevano infatti creato un calendario sacro, il cui anno era composto da 260 giorni, e uno civile, con un anno di 365 giorni. Il primo non era diviso in mesi, mentre il secondo ne aveva diciotto, composti di venti giorni ciascuno, al compimento dei quali si aggiungevano cinque giorni "vuoti" (detti *nemontemi*), nel corso dei quali il trascorrere del tempo veniva praticamente negato, attraverso un processo di annullamento rituale di ogni genere di attività sociale.

Dalla combinazione di questi due calendari, risultavano 18.980 giorni (52 anni, appunto) assolutamente diversi l'uno dall'altro. Tale periodo racchiudeva il "ciclo" (il secolo) alla fine del quale il tempo, oramai esaurito, andava rigenerato attraverso complesse operazioni rituali.

Si può dunque notare che presso i Maya e gli Aztechi, pur esistendo una successione di eventi all'interno del loro mese, anno o "secolo", questi – anziché essere disposti lungo una cronologia di tipo lineare,[125] si ripetono in maniera esattamente identica l'uno dopo l'altro. Vi sono sì delle differenze all'interno di ogni sequenza, ma una sequenza sarà sempre perfettamente uguale all'altra. È. Insomma, la ciclicità che domina rispetto alla linearità. E non è un caso che l'immagine sia grafica che mentale

---

[125] Per approfondimenti sui rapporti tra cronologia e cronosofia nelle civiltà precolombiane, cfr. Krzysztof Pomian, *Ciclo*, Enciclopedia Einaudi, Torino, pp. 1141-1142.

del tempo venga rappresentata, presso le grandi civiltà precolombiane, da una Ruota.[126]

Come si può agevolmente notare questa concezione non si discosta molto da quella, ad esempio, degli antichi greci. Anche presso i Padri della cultura occidentale, infatti, vi era un orientamento ciclico nei confronti del tempo, come appare evidente in Omero, Eraclito o nelle dottrine pitagoriche. Il tema del Grande Anno presuppone anch'esso la presenza di una circolarità, di un cerchio di cui vengono stabiliti due punti: uno rappresenterebbe, ad esempio, la nostra contemporaneità, l'altro Socrate e il suo tempo; per certi aspetti, noi potremmo dirci posteriori a Socrate, per altri aspetti saremmo invece anteriori al sommo filosofo. Seguendo questa concezione, dunque, il processo di Socrate potrebbe essere considerato sia anteriore che successivo alla nostra epoca.

Tale circolarità degli eventi e questa attesa di un "eterno ritorno", si presenta in modo molto simile a quella che è possibile osservare con riferimento alla *Leggenda dei Soli* citata in precedenza. Le sequenze che si sono verificate nel passato sono le stesse che ci si deve attendere per l'avvenire. Ed è questo il motivo per cui, come avremo modo di approfondire, anche gli avvenimenti che noi definiremo "storici", li si può ritrovare riferiti talvolta al passato, come in una cronaca, talvolta al futuro, sotto forma di profezia. È come se si trattasse della stessa cosa. Dato che il tempo si ripete, anche la profezia va dunque radicata nel passato. La profezia diventa, insomma, memoria.[127]

Risulta così introdotto il secondo momento che intendo qui discutere e che ritengo caratterizzi le società che, come quelle

---

[126] Per il tempo moderno, come è noto, il simbolo più ricorrente per rappresentare il tempo è quello della *Freccia*.
[127] Todorov (Op. cit.), pp. 103-104.

precolombiane, condividono una visione del tempo di tipo arcaico. Il *passato* svolge in esse un ruolo di assoluta preminenza nei confronti del presente, mentre il *futuro* semplicemente non esiste, o meglio, esso non rappresenta altro che l'attualizzazione di ciò che la memoria già possiede, e che è possibile prevedere attraverso l'interpretazione dei testi sacri, oppure consultando i più saggi tra gli anziani.

Gli antichi libri dei maya e degli aztechi illustrano molto chiaramente questo rapporto dell'immaginario collettivo con le categorie del passato e del futuro. Essi sono, al contempo, sia delle cronache sociali (dei veri e propri libri di storia), sia delle guide per predire l'avvenire, e vengono gestiti (interpretati) da alcuni importantissime persone dell'apparato sociale, i cosiddetti *indovini-profeti*.

Nel *Chilam Balam*, ad esempio, un antico testo maya, si può notare come, nel descrivere gli avvenimenti, il giorno e il mese vengano riportati con una precisione estrema, mentre manca ogni riferimento all'anno o a qualunque altro genere di indicatore di procedimento lineare e progressivo, anche per gli avvenimenti successivi alla Conquista. Ciò che sembra contare, insomma, è la possibilità di collocare l'evento in una determinata posizione nell'ambito di un sistema assolutamente *chiuso*, al cui interno ogni possibile mutamento, ovviamente indesiderato e da considerarsi comunque temibile, deve essere ricondotto ad un avvenimento (in genere un modello reso "esemplare") già precedentemente verificatosi. È evidente che in una data situazione, ogni idea di sviluppo o di progresso perde ogni possibile significato!

I racconti aztechi della Conquista, di cui sono oramai disponibili ottime traduzioni in tutte le principali lingue occidentali,[128]

---

[128] Cfr. Tzvetan Todorov – Georges Baudot (a cura di), *Racconti aztechi della Conquista*, Einaudi, Torino 1988.

possono costituire una delle esemplificazioni più drammatiche e concrete delle implicazioni sociali legate ad una concezione del tempo di questo genere, soprattutto per quanto riguarda l'atteggiamento nei confronti di tutto ciò che non rientri nell'ambito delle tranquillizzanti categorie del consueto o del già noto. Il modo di rappresentare gli eventi che emerge da questi scritti costituisce, inoltre, uno dei rari indizi diretti che si possegga sulla mentalità di Motecuhzoma e del gruppo di dignitari della sua corte.

> "Il primo fatto degno di nota – commenta uno dei curatori della raccolta di tali racconti – è che tutte le testimonianze, nessuna esclusa, iniziano non, come sarebbe lecito attendersi, con l'arrivo dei *conquistadores* ma assai prima, con la descrizione dei presagi che lo 'annunciano' (…). Ciò che queste testimonianze indiscutibilmente provano è che, intorno al 1550, gli Indiani credevano che la conquista fosse stata effettivamente annunciata".[129]

Tale atteggiamento denota inoltre, in primo luogo, un netto rifiuto dell'avvenimento assolutamente inedito. Quando ci si trova di fronte ad un evento che non si riesce in alcun modo ad incasellare nelle categorie già presenti nella memoria collettiva (e cosa ci sarebbe potuto essere di più inedito dell'arrivo degli spagnoli?) altro non resta che tentare di trasporlo all'interno di uno schema mentale consueto, per renderlo familiare e, quindi, almeno parzialmente accettabile.

Cerchiamo allora di analizzare, anche alla luce di quanto detto finora, quelle che furono le principali reazioni del sovrano azteco e dei suoi più vicini collaboratori, di fronte alle sempre più dettagliate notizie inerenti l'arrivo di questi "nuovi" personaggi.

---

[129] Ivi, pp. XIX-XXI.

"Motecuhzoma si domandava come avrebbe potuto sapere chi fossero e di dove venissero quelle genti. Diede disposizioni che con ogni mezzo ci si mettesse sulle tracce di vecchi 'indios' che potessero dargliene conto nel più grande segreto. Ebbene, il fatto che dinanzi a tale evento inedito, accuratamente descritto dai suoi osservatori, il sovrano avverta la necessità di consultare vecchi indigeni, non può discendere d'altro che dalla convinzione che nulla possa prodursi nel presente che già non sia accaduto nel passato, non fosse che sotto forma di 'predizione' (...). Non diversamente da prodigi e presagi – conclude allora Todorov su questo punto –, l'informazione positiva viene piegata (e contraffatta) affinché possa confermare il carattere ciclico del tempo e la ricorsività della storia".[130]

Fino all'arrivo degli spagnoli, gli aztechi erano vissuti – nonostante la notevole estensione del loro grande impero – all'interno di un mondo relativamente chiuso. Ignoravano cioè la radicale alterità umana. Una volta imbattutisi in essa, e dopo aver constatato che, incredibilmente (almeno per loro), non era mai accaduto niente di simile ai propri antenati, non gli rimase allora altro che avvalersi della sola categoria interpretativa disponibile, l'unica che ammettesse appunto l'alterità assoluta: l'alterità divina.

Per poter comprendere quest'ulteriore aspetto relativo alle "reazioni" degli aztechi – il quale rivestirà peraltro un ruolo di importanza primaria nella determinazione della sconfitta sofferta contro i *Conquistadores* – è necessario fare un altro fondamentale riferimento mitologico dei popoli precolombiani. Il riferimento è quello riguardante un personaggio, *Topiltzin*, che nel periodo compreso tra il 900 d.C. e il d.C. (il periodo di dominio dei *Toltechi*) era stato Sommo Sacerdote e rappresentante in terra di una celeberrima divinità del pantheon

---

[130] Ivi, p. XXI.

azteco: *Quetzalcoatl*, il Serpente Piumato, dio della pace e della creazione che, secondo i miti, aveva dato il mais all'umanità e aveva insegnato le arti e l'agricoltura.

Un giorno, nell'anno 987, fu soggiogato con un abile trucco dal suo nemico *Tezcatlipoca*, che aveva cospirato congiuntamente con la casta dei militari la sua cacciata dalla città di Tula, la capitale dell'impero di cui era a capo. Topiltzin venne costretto ad emigrare, promettendo però al suo popolo che un giorno sarebbe tornato dal luogo in cui era fuggito, ovvero dall'Oriente della regione.

Nel percepire la "novità" di quegli uomini dall'insolito aspetto che giungevano dall'Est in groppa a degli strani animali (i cavalli), impugnando strumenti mai visti prima, e per di più in un anno (Ce-Acatl) che corrispondeva, nella loro visione ciclica del tempo, allo stesso anno della fuga di Topiztlin (incarnazione vivente del mitico Quetzalcoatl), gli aztechi vennero inevitabilmente indotti ad assumere i nuovi venuti al rango di vere e proprie divinità. Cortés venne così scambiato non per una generica divinità, ma per lo stesso Quetzalcoatl (o un suo discendente), un dio sovrano e leggendario, scacciato dal suo stesso trono, di cui si attendeva messianicamente il ritorno.[131]

E all'inizio, infatti, i colonizzatori spagnoli vennero trattati con tutti gli onori e le attenzioni che si sarebbero potute riservare a delle divinità.

"L'equivoco – sostiene Todorov – non dura a lungo; e tuttavia esso ha corso nel momento stesso in cui gli spagnoli sono particolarmente vulnerabili, con la conseguenza di esercitare un effetto paralizzante sugli indigeni che, in luogo di contrastare l'avanzata dei nuovi venuti, fatalisticamente li venerano. Contestualmente, o poco più tardi (troppo tardi, comunque, per ribaltare l'esito dello scontro!), si impone una nuova immagine

---

[131] Ivi, pp. 5-86.

degli spagnoli. Gli dèi si sono rivelati men che umani, mossi come sono da soli impulsi materiali. Tutti i testi indugiano così sul loro "appetito di ricchezze" (ma essi si gettano altrettanto ingordamente sul cibo in senso proprio). Dalla venerazione al disprezzo, dunque".[132]

Prima di passare all'analisi dell'ultimo aspetto relativo alla visione del tempo arcaico, ritengo importante rilevare brevemente alcuni tratti della memoria nella cultura precolombiana, una memoria che, come abbiamo accennato, può essere considerata una sorta di *memoria-profezia*.

Diciamo innanzitutto che, nel processo di formazione della memoria storica, un ruolo di primo piano viene giocato dalla scrittura. A tal proposito è necessario ricordare che, al'epoca della Conquista, le civiltà più significative d'America possedevano tutte dei livelli molto rudimentali di scrittura. In particolare, gli *incas* ne erano assolutamente privi, gli aztechi disponevano dei pittogrammi (che fanno riferimento all'esperienza più che sulla lingua), mentre i maya erano gli unici a possedere, seppur a livelli molto semplici, alcuni elementi di scrittura fonetica.

In questi tipi di società la memoria collettiva, quella relativa agli eventi ritenuti più significativi dall'insieme delle persone che condividono una stessa cultura, non potendo essere trasmessa attraverso la "parola scritta" utilizzava, quale strumento di sostegno, la "parola rituale", ovvero la parola rigidamente regolamentata nelle sue forme e nelle sue funzioni.

Il modello più sorprendente assunto dalla "parola rituale" era rappresentato negli aztechi – come fa osservare ancora Todorov – dai cosiddetti *huehuetlatolli*, ovvero dei discorsi più o meno

---

[132] Ivi, p. XXV.

lunghi appresi a memoria, che ricoprivano un vasto arco di tematiche e che si riferivano ad un'estesa serie di situazioni sociali: preghiere, cerimonie di corte, rituali (relativi a nascita, pubertà, matrimonio, morte), viaggi, incontri o altro. Questi eventi venivano espressi in un linguaggio sempre accuratissimo e la loro origine si credeva fosse radicata in epoche remotissime (di qui il loro arcaismo stilistico).

La funzione fondamentale di questi discorsi rituali era quella propria di ogni parola in una società priva di scrittura: "materializzare" in qualche modo la memoria collettiva, ovvero rendere possibile la trasmissione, attraverso le generazioni, degli elementi essenziali di una cultura che possano garantire le fondamenta e la stabilità dell'identità sociale. Ciò che comunque va assolutamente sottolineato è che la funzione della "parola rituale", in assenza della scrittura, diviene principalmente proprio quella di fare da sostegno alla memoria. E, come è noto, nell'ambito di tutto ciò che è rituale, la caratteristica essenziale diviene quella della "provenienza dal passato". Così come avviene per la loro interpretazione, anche la produzione stessa dei discorsi rituali era dunque dominata dal passato più che dal presente, a ulteriore conferma dell'assoluto dominio di questa particolare caratteristica della percezione temporale nell'immaginario collettivo di queste società.

Ora, in questo universo completamente rivolto al passato, pervaso in tutti i suoi settori da elementi legati alla tradizione, si sovrappone repentinamente il processo legato alla Conquista: una serie di eventi assolutamente in contrasto con le categorie consuete di riferimento all'epoca disponibili che introdurranno, tra le altre cose, anche una visione del mondo non più compatibile con i tradizionali modelli ciclici di percezione della temporalità.

In sostituzione di questo tempo dominato dalla ciclicità e dalla ripetitività di un passato immobile e immutabile, in cui "nulla può accadere che non sia già accaduto agli antenati", i *Conquistadores* imporranno un tempo rettilineo e unidirezionale. Una "freccia" si sostituirà alla vecchia "ruota".

Le radici di una tale concezione temporale, come già accennato, possono riscontrarsi nella visione del mondo professata dalla religione giudaico-cristiana, la cui influenza sulla cultura europea dell'epoca era pressoché totale.

Per la prima volta nella storia dell'uomo questa religione aveva sviluppato una visione del mondo in cui la circolarità del tempo non era più considerata necessaria per fornire le adeguate legittimazioni al mantenimento di una data struttura sociale. Il tempo diviene allora una linea retta, o meglio vettoriale, determinata da un punto iniziale (rappresentato dalla Creazione) ed uno finale (la "fine dei tempi"). Tra questi due grandi eventi si colloca la venuta di Cristo, che costituisce il perno centrale su cui si fonda l'intera storia cristiana e che, gettando luce sia sul passato che sul futuro, riesce a conferirle un suo significato intrinseco.

Il senso e il contenuto di questa storia è inoltre unico, in quanto una è l'incarnazione della divinità. Pur rappresentando un momento di *riattualizzazione* del trascendente, e quindi per molti versi assimilabile alle concezioni di tipo ciclico precedenti, l'incarnazione si distingue da queste proprio perché è avvenuta una sola volta e per sempre, e non si ripeterà mai più. Si tratta quindi anche di un tempo irreversibile, in quanto viaggia verso un fine, con uno scopo ben determinato, dando luogo ad un processo continuo. A ciò si aggiunga che, essendo il Cristianesimo nato da una fermentazione di tipo apocalittico, esso è, anche in questo caso per la prima volta, proiettato verso un futuro che può essere distinto in modo netto sia dal passato che dal presente.[133]

All'epoca della Conquista si può sostenere che lo stesso evolversi degli avvenimenti sembrerà confermare tale concezione emergente del tempo. Questo, infatti, mostrava di non rifarsi in alcun senso ad un "eterno ritorno", quanto ad una ben delineata progressione verso la vittoria finale di un presunto Spirito cristiano. Ideologia religiosa e attività pratica che ad essa si ispirava sembravano sostenersi d'altronde reciprocamente con un certo successo: per un verso, gli spagnoli vedevano nella facilità della Conquista una prova tangibile della superiorità della loro religione; d'altro canto, era proprio in nome di una tale superiorità, e del suo preteso universalismo, che essi avevano intrapreso la Conquista.

Non bisogna però ingenuamente credere che il retroterra culturale sul quale si è poi venuto ad inserire questo nuovo concetto di tempo sia poi scomparso così d'improvviso. Nella stessa Europa medioevale, cioè ancora dopo alcuni secoli di dominio della Chiesa sull'immaginario collettivo, la concezione ciclica del tempo era tutt'altro che scomparsa dalle pratiche sociali vigenti nelle diverse comunità.

La ragione principale di una tale resistenza può essere spiegata essenzialmente con il prevalere nella vita quotidiana di un tempo che possiamo definire "concreto", in quanto contrapposto ad una concezione temporale che si verrà via via imponendo nell'Europa moderna, caratterizzata da un livello di astrazione simbolica notevolmente maggiore.[134]

È importante ricordare che la nozione di "durata" – nell'ambito di una concezione del tempo arcaica – veniva colta soprattutto

---

[133] Oscar Cullmann, *Cristo e il tempo*, il Mulino, Bologna 1965; Eric Voegelin, *La nuova Scienza politica*, Borla, Torino 1980.
[134] Norbert Elias, *Saggio sul tempo*, Il Mulino, Bologna 1986.

attraverso il tipo di relazioni che si instauravano tramite azioni di carattere vitale per la sopravvivenza delle comunità umane. I caratteri di queste visioni del tempo – al di là degli ovvii e diversificati riferimento di carattere religioso – appaiono straordinariamente simili, a grandi linee, nelle americhe, in Cina, nelle Indie, in Mesopotamia, così come ovviamente anche in Europa, almeno fino all'epoca medioevale. Alla base di tutti i diversi calendari permaneva sempre e dovunque l'idea del Ciclo, del Cerchio contrassegnato dal continuo ritorno di una serie di eventi importanti, quali possono essere la maturazione di una data pianta commestibile, la riproduzione della selvaggina, etc. Erano quindi i ritmi naturali a definire nella loro essenza i ritmi del tempo sociale. "Presso i germani – scrive Gurevic – i mesi portavano nomi che indicavano i lavori agricoli e le altre attività svolte nelle diverse stagioni: il *mese del maggese* (maggio), il *mese della falciatura* (luglio), il *mese della semina* (settembre) …".[135] Più che una *astratta* nozione di tempo, come quella che si comincerà ad interiorizzare a partire dalla modernità, si tratta più specificamente della risposta ad una domanda dai risvolti molto più pratici e *concreti*, e con una ben definita rilevanza sociale, del tipo: "Quando bisogna mettere in atto un dato comportamento collettivo?". Cioè, in quelle società ancora così fortemente sottoposte ai ritmi della natura, da cui dipendeva praticamente la loro stessa sopravvivenza, si rendeva oltremodo necessario "determinare il tempo", ma non *astrattamente*, bensì per sapere "*quando* seminare", "*quando* arare", "*quando* raccogliere", "*quando* cacciare" e così via.

Questa, per millenni, era stata la modalità prevalente di percezione del tempo in tutte le società umane. Poi, lentamente, le cose sono cominciate a cambiare, con l'imposizione graduale

---

[135] Gurevič (Op. cit.), p. 97.

di un tempo riferito non più alla natura, ma al trascorrere uniformemente scandito da ore, minuti, secondi e oltre.

Ma ciò non fu possibile prima del verificarsi di alcuni fondamentali mutamenti nell'ambito della struttura sociale, quali ad esempio lo sviluppo del processo di urbanizzazione o l'imporsi di una società dei mercanti su quella degli agricoltori.[136]

Mentre però in Europa questi mutamenti avvenivano gradualmente, così come l'adattamento alla nuova ed emergente concezione temporale, nei luoghi della colonizzazione, dove in alcuni casi preesistevano già grandi culture fortemente consolidate, come nel caso mesoamericano, l'impatto del processo di occidentalizzazione sull'immaginario collettivo fu di una repentinità sconvolgente.

Ciò che si verificò fu l'imposizione non solo di un riordinamento totale delle strutture sociali, ma anche di uno stravolgimento dell'intero Universo Simbolico, ovvero di quel complesso insieme di "spiegazioni" e "giustificazioni" fino ad allora conferiti a tutti gli eventi.

Una delle conseguenze più pregne di significato, in conclusione, può essere considerata quella di aver dato origine all'universalizzazione ("Colonizzazione dell'Immaginario") di un processo di *distacco* dal mondo, che può essere interpretato in una duplice accezione. Innanzitutto, come "distacco" dalla natura e dai suoi ritmi[137]; in secondo luogo come "distacco" dal mondo trascendente.[138]

---

[136] Cfr., per approfondimenti, Jacques Le Goff , *Tempo della Chiesa e tempo del mercante*, Einaudi, Torino 1977.

[137] Norbert Elias, *Coinvolgimento e distacco*, il Mulino, Bologna 1988.

[138] Karl Jaspers (1949), *Origine e senso della storia*, Comunità, Milano 1972. Cfr. anche Antonio Cavicchia Scalamonti, *La morte. Quattro variazioni sul tema*, Ipermedium libri, Napoli 2007.

Il tempo, da questo punto di vista, si astrae, sciogliendo i nodi che lo tenevano legato tanto agli eventi della natura quanto a quelli divini.

La tematica che emerge a questo punto può essere considerata in tutta la sua straordinaria importanza per la storia del mondo occidentale, in quanto strettamente interconnessa, tra le altre cose, nientemeno che alla nascita della scienza moderna. Il distacco dell'uomo dal mondo circostante e la de-divinizzazione rappresentano infatti una *conditio sine qua non* per la nascita e lo sviluppo della "scienza". Come si potrebbe pensare, ad esempio, di deviare il corso di un fiume per sfruttarne le forze (e trasformarle in energia), se al contempo permane la credenza che esso sia popolato o governato da un qualche essere divino? O se addirittura si ritiene che il fiume stesso sia una manifestazione di una divinità stessa? Come si sarebbe, insomma, potuto solo immaginare di modificare il corso e la volontà naturale dell'universo sacro?

Un'analisi seppur sommaria di questa ampia e complessa tematica, meriterebbe in effetti un ben più ampio spazio di approfondimento. Visto il carattere meramente esemplificativo di questa parte del discorso, mi limiterò dunque ad una sintetica riflessione finale, di carattere più generale, inerente le principali questioni finora descritte ed alcune loro eventuali conseguenze.

Gli spagnoli, come è noto, vincono la loro battaglia. Con essi comincia a divenire vincente anche la visione occidentale del mondo di cui erano portatori. Gli dèi che una volta dimoravano nei cieli americani sono costretti a lasciare il loro posto ad altre figure divine che le sostituiranno in tutto e per tutto. Queste nuove divinità, portate con sé dai Conquistadores, prima, e da milioni di immigrati europei nel corso dei secoli successivi, subiranno però anch'esse una loro sconfitta, molto più lenta ma non per questo meno radicale. A queste, però, i nuovi colonizzatori non riusciranno più a trovare dei sostituti nel mondo del trascendente, facendo così calare sull'intero mondo occidentalizzato un profondo "silenzio degli dèi".

Il motore che ha consentito questo importante mutamento è stato individuato in quel lungo processo storico-sociale di secolarizzazione oramai completamente interiorizzato dalla coscienza occidentale, ma che diviene oltremodo difficile da assimilare quando si tenta di imporlo a culture che, ovviamente, non possiedono il retroterra che ha contraddistinto la storia occidentale.

Accettare una visione del mondo secolarizzata significa oggi, per una società non occidentale, ciò che per gli aztechi poteva significare accettare la visione degli spagnoli. È per questo che l'intero discorso può assumere dei caratteri paradigmatici di estrema attualità.

Accettare una visione del mondo basata su determinati criteri, diciamo modernizzanti, può richiedere un completo riorientamento delle coordinate della conoscenza collettiva. Tale riordinamento, per gli aztechi, non fu possibile. E oggi stesso, con le popolazioni del cosiddetto terzo Mondo, vediamo quanto ciò possa essere difficile. Il fallimento dello "sviluppo" promesso o del "progresso" idealizzato, e l'impossibilità di ripetere quel complesso insieme di trasformazioni che hanno condotto all'opulenza dell'Occidente, vanno quindi comprese "anche" in questo senso. Guardando cioè alla mancanza di alcuni presupposti di base del processo di secolarizzazione: primo tra tutti l'interiorizzazione del concetto di "mutamento".

Nessun riordinamento della conoscenza collettiva può essere infatti accettato finché non viene attribuita una qualche valenza positiva a tutto ciò che è nuovo. E nessun mutamento può essere interiorizzato finché i modelli dominanti di riferimento continuano ad essere solo ed esclusivamente quelli dettati dalla tradizione.

Ciò che allora in generale accade – ed è sempre accaduto, fina dai tempi di Cortés, per tutti i paesi da "occidentalizzare" – è che mentre l'opulenza tanto promessa e agognata si realizza soltanto per piccole élites dominanti dei paesi non occidentali, i mali – che non sono pochi, e che riguardano soprattutto la perdita di senso e di armonia nei rapporti con la natura e con il trascendente, cui si accompagna anche un grosso emergere di insicurezza ed anomia – colpiscono praticamente tutti, ricchi o poveri che siano, occidentali e occidentalizzati.

Per concludere, i punti essenziali in cui può essere riassunto questo paradigmatico "modello occidentalizzante" che, da oltre cinquecento anni a questa parte sta irresistibilmente penetrando in tutto il mondo, servendosi soprattutto della nuova "freccia temporale", sono i seguenti:

1) la definitiva rottura di ogni tipo di rapporto con un qualsivoglia ordine trascendente (il mondo non ha più un "ordine" né una "comprensibilità");

2) l'emergere di un futuro che non ha più alcuna direzione, né senso (un futuro di tipo "aperto");

3) l'affermarsi di un'idea di natura neutrale e, soprattutto, manipolabile (la natura, neutralizzata affettivamente, diviene completamente assoggettata alle esigenze produttive dell'uomo).

Tornando al paradigma suggerito da Erik Davis, è necessario affrontare adesso i riferimenti mitologici che avrebbero sostenuto, a partire dalla modernità, l'immaginario collettivo occidentale nel corso degli ultimi cinque secoli.

Il mito della macchina

Per introdurre la seconda fase Davis prende spunto dal fenomeno dell'invenzione e della diffusione dell'elettricità, considerando sia gli aspetti pratici che simbolici ad essa collegati. In effetti l'*elettricità* può essere considerata, insieme alla *macchina*, il fenomeno che meglio sintetizza il cosiddetto "mito della modernità".

I primi esperimenti sull'elettricità ebbero inizio durante il Medioevo. Nel corso dei secoli successivi l'elettricità si impose come la forza-motrice del mondo occidentale: tuttora tutte le tecnologie della comunicazione sono interamente alimentate dalla rete elettrica, vero e proprio nutrimento della modernità.

Ciononostante, il suo funzionamento permane nel nostro immaginario piuttosto misterioso. Elettroni, energia, campi elettro-magnetici, sono concetti che stimolano nel senso comune un bizzarro immaginario cosmologico. Si potrebbe quasi sostenere che l'elettricità occupi una zona liminare che richiama sulla terra spiriti ed entità eteree. Esiste d'altra parte un'antica relazione tra *elettricità ed animismo* che ha avuto una grossa influenza nella formazione dell'immaginario occidentale.

A partire dal XVII secolo l'immaginario elettromagnetico ha permeato di sé religione, medicina e tecnologia, generando speculazioni metafisiche e rivendicazioni eretiche che hanno attraversato i secoli successivi per giungere fino a noi, quando la corrente elettrica si è trasformata in mezzo di comunicazione attraverso la fondamentale mutazione che, come vedremo, ha portato con Samuel Morse l'energia a trasformarsi in informazione.

Il termine elettricità ha origine intorno al 1650. Nell'epoca in cui filosofi e scienziati usavano dividere l'essere umano in mente e corpo, ragione e bisogni materiali, alcuni autori – riprendendo teorie neoplatoniche sull'uomo – cominciarono a sostenere che quando Dio modellò il fango per creare Adamo, infondendogli uno spirito, tale fango (o polvere) conteneva già in sé un *fuoco elettrico*, vero e proprio balsamo naturale contro le degenerazioni e le malattie: insieme a uno spirito (razionale) noi avremmo anche al nostro interno un "corpo elettrico" responsabile delle nostre funzioni fisiche e sensoriali, per l'equilibrio e per il movimento, per crescere e per guarire.[139] Insomma, venne recuperata un'antica immagine dell'anima immersa in un bagno di fluido elettrico. In termini scientifici, la teoria secondo la quale i corpi sono dotati di una forza vitale indipendente, è conosciuta come *vitalismo*: una dottrina che si oppone ereticamente alla visione *meccanicistica* dominante di un corpo organico come automa biologico privo di qualsiasi scintilla magica.[140]

Davis afferma inoltre che *l'immaginario dell'elettricità* avrebbe introdotto nel mondo moderno tre caratteristiche: un rinnovato interesse per la vitalità dei corpi materiali; un desiderio di spiritualizzare la materia; la ripresa di un millenario impulso a trasformare l'energia della materia (terra) nella divina realizzazione dei sogni dell'uomo.

Tra i più importanti portatori del fuoco alchemico è possibile annoverare Franz Anton Mesmer (1732-1790 circa). Medico-scienziato, Mesmer sperimentò, in pieno Illuminismo, l'uso del magnete per il trattamento terapeutico dei suoi pazienti. Mesmer sosteneva che la salute dei suoi pazienti migliorava grazie al magnetismo emanato dalle sue mani. Secondo questo scienziato, ogni persona avrebbe nel suo corpo un "magnetismo animale", un flusso elettrico che agirebbe nel mondo. Lavorando sulle idee di Paracelso e del fisico scozzese Maxwell, Mesmer giunse a teorizzare questa intuizione sul magnetismo animale - una forza

---

[139] Cfr. Davis (Op. cit.).
[140] Galvani, ad esempio, quando collegò zampe di rana a metalli e a macchine elettrostatiche, credette che il flusso di corrente emerso fosse il manifestarsi di un ultimo sussulto di vita dell'animale. Il passo successivo, come è noto, sarà quello del dott. Frankenstein (racconto ammonitore che parte da una reazione romantica all'arroganza dell'Illuminismo).

gravitazionale che penetra in tutti gli esseri viventi - affermando che questa speciale forza poteva essere suscitata e controllata ai fini terapeutici.

Da qui, e per tutto l'800, si incrementò la ricerca dei modi attraverso cui sarebbe possibile controllare ed agire sulla volontà e sulla mente. Si scoprì così, ad esempio, che l'induzione di uno stato di *trance* era utile per guarire determinati disturbi psichici. La *trance* ipnotica, inizialmente intesa come un fenomeno patologico proprio delle persone affette da isterismo, venne successivamente considerata un fenomeno normale che poteva essere provocato in tutte le persone.

La logica sottostante alla diffusione di tali idee vedeva da un lato l'affermazione del bisogno di tenere sotto controllo l'ambiente circostante e dall'altro il bisogno di spiegare in termini razionali determinati fenomeni. Ed è così che comincia a radicarsi l'immagine di un mondo propulsore di *energie* che soppianta l'idea di un mondo animato da *forze magico-spirituali*.

A partire da allora una nuova logica sottenderà gli esperimenti e la ricerca, una logica che presupporrà l'esistenza di un flusso (elettrico) che attraversa gli uomini e le cose del mondo: l'aria e lo spazio precedentemente "vuoti" (o presenziati da spiriti di varia natura), cominciano ad essere popolati da sostanze e da fluidi che giungeranno finanche a pervadere il vuoto e gli spazi interni dell'uomo, quello che fino ad allora era conosciuto semplicemente come anima.

È come se dietro l'azione umana soggiacesse una sala macchine; lo stesso mito di Frankenstein riconduce all'idea di un uomo che vuole creare la vita. Infatti, in ogni cultura si cerca di spiegare il meccanismo della creazione. Nella fase in cui era stato predominante il mito magico-religioso, la creazione umana era stata considerata il frutto di un atto divino; ora, con l'avvento del mito della macchina, si sviluppa l'idea che la vita stessa dipenda da un meccanismo meccanico, elettrico: noi siamo i costruttori dell'anima.

Tutto, allora, diventa macchina: l'uomo e il mondo cominciano ad essere concepiti come strutture meccaniche. Lo stesso Newton, secondo il quale esisterebbe nell'aria una sostanza universale denominata *etere*, che in qualche modo agisce da medium di trasmissione di alcuni elementi (come ad esempio la luce), partecipa a questo fondamentale processo di trasformazione dell'immaginario.

Attraverso *le strade della pratica* (ad esempio la medicina), si diffonde così l'idea che possano esistere delle forse invisibili nel mondo (idea condivisa, anche se in modo diverso, sia da Mesmer che da Newton).

Nonostante il mesmerismo finisca poi per rivelarsi scientificamente infondato, bisogna riconoscere che grazie al suo contributo si svilupperà un ramo della conoscenza medica molto importante: *l'ipnosi.* I mesmeristi sono, di fatto, i primi studiosi dell'inconscio.

L'elettricità era dunque nata dall'idea che lo spazio non fosse vuoto, ma pieno di frammenti di un fluido (etere). Si tratta di un'idea profondamente animistica: nel mondo troviamo non solo materia ma anche corpuscoli viventi, particelle animate invisibili. Vediamo dunque come, da un immaginario basato sull'idea di un mondo animato, si sia passati ad un immaginario in cui il mondo è costituito da fluidi elettrici, per poi successivamente passare ad un immaginario in cui il mondo è fatto di propulsioni di energia (tutto infine diventerà poi, come vedremo, *informazione*).

L'immaginario dell'elettricità richiama, come detto, l'immaginario alchemico: si sfrutta l'energia per realizzare i progetti umani assegnando a questi un significato divino.

Anche il nostro funzionamento vitale sarebbe così legato al funzionamento di un flusso elettrico. La nostra composizione interna sarebbe popolata da fluidi e ciò ci fa venire in mente il funzionamento elettrico. Tutto questo farà sì che l'uomo possa giungere successivamente ad essere considerato una sorta di macchina, così come accadrà metaforicamente nel mito di Frankestein.

Per rendere complete le considerazioni che Davis elabora sulla nascita del mito dell'elettricità è utile riflettere su alcuni passaggi cruciali della storia della Modernità e dello sviluppo della ricerca scientifico-tecnologica. E proprio il richiamo al mito di Frankenstein e della sua *creatura*, il "mostro" può esserci utile.

I tentativi di imbrigliare l'energia elettrica, o di produrla, si diceva, duravano da tempo. Un momento di svolta che si dimostrerà fondamentale si avrà quando Benjamin Franklin, grazie ai suoi esperimenti, imbrigliando l'energia dei fulmini grazie ad un aquilone, dimostrerà la correlazione fra energia elettrica e fulmini, e inventerà il parafulmine, di cui verrà realizzata la prima applicazione nel 1752, a Parigi. Questa invenzione si dimostrò subito portatrice di due risultati: difendere le persone e le cose dalla furia dei fulmini (la ragione diretta per cui era stato inventato), ma anche aprire una possibile strada verso l'utilizzo controllato dell'energia elettrica. E quando Mary Wollstonecraft Shelley, nel 1818, darà vita al suo Frankenstein, oltre a creare inconsapevolmente forse il vero mito fondatore della Modernità, mostrerà come l'energia elettrica – anche nel suo romanzo catturata ai fulmini – possa essere messa al servizio delle *macchine*, come quelle che daranno vita, grazie a quell'energia, alla "creatura".

Dimostrando, così, di avere la vista lunga: non si può parlare di Modernità se non si parla di *modernizzazione*, né si può citare questa se non si tiene presente l'*industrializzazione* della produzione di merci. E questa, ancora per lungo tempo, sarà fondata sull'energia del carbone.

Anche la vita quotidiana nelle metropoli comincerà ad essere regolata in base alla possibilità di poter sfruttare fonti di energia più direttamente utilizzabili: il gas, ad esempio, per illuminare le strade. E su questo l'Occidente edificherà quel "mondo a misura d'uomo" che è ancora in gran parte quello in cui viviamo.[141]

Lo sfruttamento dell'elettricità avverrà a partire dagli ultimi decenni del XIX secolo: con l'invenzione della lampadina elettrica da parte di Thomas A. Edison, e in seguito, ma ormai nel Novecento, con la costruzione di centrali idriche in grado di produrre abbastanza elettricità da alimentare le industrie, i mezzi di comunicazione (si pensi anche solo al telegrafo, poi al telefono, fino alla radio, poi alla televisione) ma anche i dispositivi di uso quotidiano: le metropoli – prima Parigi, la *Ville Lumière*, poi Londra, poi tutte le altre – si illuminano, cancellando la differenza fra la notte e il giorno, nelle case cominciano a comparire i primi dispositivi elettrici.

Ed è qui che l'*immaginario elettrico* di cui scrive Erik Davis, invece di indebolirsi, si rafforza. Il carbone, il legno, il gas, il petrolio, hanno tutti una loro materialità e percepibilità diretta: hanno peso, volume, quantomeno odore. L'elettricità no: corre in cavi coperti, nascosti nelle pareti, non si manifesta se non negli effetti del suo uso. Per accorgerci che esiste, ed ha una sua forza, dobbiamo toccare un filo scoperto, o infilare le dita in una presa. Esperienza sgradevole, da evitare…

Rimane una sostanza impalpabile, invisibile, apparentemente *immateriale*. Che però agisce, funziona, esiste. Quanto di più

---

[141] Cfr. Thomas P. Hughes, *Il mondo a misura d'uomo*, Codice, Torino 2006, pp. 44-46.

affine possibile alle energie e alle forze che popolavano l'immaginario soprannaturale.

Lo svilupparsi di questa vicenda mostra quello che, almeno apparentemente, è un paradosso: man mano che il controllo dell'uomo sulla natura si afferma e si rafforza, prima nell'epoca "...del vapore del carbone e del ferro",[142] poi nell'epoca dell'elettricità, materializzando le speranze di progresso, di ragione e di disincanto propugnate dai positivisti e dagli studiosi, altrettanto ritrova sotto altra forma legittimità una concezione delle forze che muovono la natura ancora imbevuta di soprannaturale e di trascendente, o quantomeno di largamente incomprensibile – se non nei suoi esiti, nelle sue applicazioni, nelle leggi che le governano – nella loro esperibilità immediata. E ancora sull'elettricità – e sulla sua unione con le tecnologie *della comunicazione e dell'autoregolazione* – si fonderà il successivo passo nell'evoluzione dell'immaginario collettivo verso l'affermazione del *mito dell'informazione*.
Questo si verificherà quando alle macchine si applicheranno i principi della teoria dell'informazione e della cibernetica.

In senso stretto, il termine *cibernetica* significa "scienza del controllo": deriva dal greco *Kybernetes*, che significa timoniere, e fa riferimento al funzionamento di dispositivi che siano in grado di autoregolarsi, di gestire cioè un compito adeguandosi ai cambiamenti della situazione nell'ambito della loro programmazione, grazie a meccanismi di retroazione (*feedback*).
L'esempio che viene generalmente citato per spiegare come funzionano i sistemi di autoregolazione è quello del termostato. Perché è un dispositivo semplice, e perché se ne trovano in tutte

---

[142] Ivi, p. 61.

le case. Chiunque abbia un impianto di riscaldamento autonomo sa che può stabilire la temperatura che desidera avere nell'ambiente semplicemente impostandola attraverso una manopola graduata collegata alla caldaia. Ma non sempre sa come questo marchingegno funziona.

- la manopola, grazie a uno stimolo elettrico, "informa" della temperatura desiderata un termostato collegato al beccuccio del gas;
- il termostato è dotato di un termometro che "legge" la temperatura ambientale;
- il termometro "informa" della sua lettura il termostato: se la temperatura è più bassa, il termostato invia un segnale elettrico che fa scattare un meccanismo che accende il gas; se la temperatura è più alta, o è quella desiderata, il termostato "stacca" il meccanismo, e l'emissione di gas si ferma. E così via…

L'aspetto fondamentale in questo dispositivo, è che funziona grazie alla combinazione di due tecnologie: quella elettrica, che serve a gestire le informazioni sull'ambiente circostante, e quella meccanica, che serve a far agire il macchinario.

In sostanza, si tratta di un robot, che sostituisce il lavoro di coloro che regolano la temperatura di un ambiente semplicemente attizzando o riducendo il fuoco di un camino, di una stufa a legna, o di strumenti simili.

Questa combinazione di tecnologie basate sull'*informazione* "elettrica" e sulla *meccanica* rappresenta la cerniera che illustra il passaggio dalle tecnologie meccaniche a quelle virtuali, che sono alla base dell'affermazione definitiva del mito dell'informazione.

Perché – e questo è il passaggio più importante – la cibernetica è stata la disciplina alla base della realizzazione dei robot, attraverso la definizione e l'applicazione di una complessa serie di codificazioni e formalizzazioni matematiche.

Cerchiamo di spiegarci meglio.

La cibernetica è stata anche definita, come già accennato, "scienza del *comportamento*", intendendo questo termine non nell'accezione più comune, legata alla gestione delle comunicazioni nelle relazioni umane, ma nel senso di insieme di movimenti che si compiono per effettuare un'azione: il sollevare un bicchiere per portarlo alla bocca, lo stringere una penna a sfera in una mano e usarla per scrivere, e così via...

La scommessa del fondatore di questa disciplina, Norbert Wiener, consistette nello scomporre quindi i movimenti nelle loro parti elementari, tradurli in algoritmi, espressioni matematiche che chiamo "trasformate",[143] e costruire macchine governate elettricamente, in cui l'elettricità trascrivesse le trasformate in sequenze di impulsi che "comunicassero" alla macchina, unità per unità, l'azione da compiere. Così furono costruiti i primi robot: bracci meccanici ad esempio, ma anche strumenti più complessi.

L'aspetto fondamentale di questa direzione di ricerca applicata fu che un movimento *continuo*, senza soluzione di continuità, come quello del nostro braccio che si sposta per permettere alla mano di stringere il bicchiere e poi portarlo alla bocca, dovette essere tradotto in una sequenza di unità *discrete*, dando un nome così alla distinzione contemporanea (già nei fatti introdotta da Samuel Morse, come vedremo più avanti) fra la dimensione *analogica* e quella *digitale* – o *numerica*, come si diceva allora.

Va da sé che, subito dopo aver affrontato la sfida di riprodurre artificialmente il funzionamento delle membra dei corpi (sia umani che animali), si cominciò a lavorare sulla possibilità di riprodurre e simulare il funzionamento del cervello umano, della

---

[143] Cfr. William Ross Ashby, *Introduzione alla cibernetica*, Einaudi, Torino 1971.

mente, dando vita agli studi che avrebbero poi avuto come sbocco le ricerche sull'A.I, l'*intelligenza artificiale*.[144]

Bisogna tener conto del fatto che, quando questi studi cominciarono negli anni Cinquanta del XX secolo, intrecciando sperimentazione scientifica e ricerca tecnologica, di tutto ciò la maggior parte delle persone – l'opinione pubblica, insomma – aveva un'idea molto vaga, spesso fantasiosa e generica, che derivava principalmente da testi divulgativi, riviste, cinegiornali. Il miglior contesto per la coltura di un immaginario sempre più ricco – e futuristico. Si pensi allo sviluppo della *science fiction* proprio in quegli anni!

E questa opacità delle tecnologie si spinse fino alla realizzazione e alla messa in commercio dei primi computer per usi non scientifici, come per esempio quelli che le aziende acquistavano per la gestione della contabilità, fino ai primi anni Ottanta.

Ma, ormai, i tempi erano maturi per il passaggio all'era della *simulazione*, del *virtuale*, e quindi all'affermazione del mito dell'informazione.

Ma, prima di discutere dell'ultima delle tappe definite da Davis, è utile richiamare alcune altre considerazioni.

Alla base di tutto il lavoro connesso prima all'elettronica, poi all'informatica, in tutte le sue articolazioni, c'è la nozione di *codice*, e di codice *binario* in particolare.

L'ipotesi di fondo riguarda la possibilità di tradurre – di *codificare* – il reale in termini di informazioni costruite con due soli simboli (o stati): lo "0" e l'"1", l'"acceso" e lo "spento", e così via. Praticamente, alla base di tutto c'è il concetto di interruttore, che ha solo due posizioni.[145]

---

[144] Cfr. William Ross Ashby, *Progetto per un cervello*, Bompiani, Milano 1970.
[145] John R. Pierce, *La teoria dell'informazione*, Mondadori, Milano 1963.

La nozione di codice evase dai laboratori di fisica e di meccanica, e cominciò a colonizzare tutto il mondo scientifico, fino alla biologia: e così si cominciò a studiare il codice *genetico*.[146]

Con una importante implicazione relativa alle basi stesse degli universi simbolici dell'epoca, almeno a quegli aspetti di questi ancora imbevuti di metafisica e di teleologia.

Il titolo del saggio di Monod vi allude apertamente: i cambiamenti strutturali, e quelli evoluzionistici, sono frutto del *caso*, non sono il necessario risultato di un progetto esterno, superiore, metafisico, divino. Un altro passo verso il disincanto del mondo. Almeno nelle aule universitarie e nei gabinetti scientifici.

E addirittura agli studi di estetica e di letteratura, esagerando un po'...[147]. I tempi erano maturi perché si affermasse la "supremazia del codice" di cui scrive Jean Baudrillard discutendo della pretesa, o dell'illusione, o della speranza, di tradurre tutto il reale in codificazioni che possano essere trasformate in informazioni.[148]

Fino alla dimensione contemporanea, in cui l'opacità delle tecnologie non è più provocata dalla lontananza di queste dalla maggior parte degli uomini, quanto dalle interfacce (schermi, tastiere, mouse, microfoni, cuffie...) che ci nascondono ciò che avviene all'interno dei computer, ma che comunque non potremmo *vedere*...

E così siamo finalmente alle porte dell'ultimo dei miti di cui scrive Erik Davis.

---

[146] Jacques Monod, *Il caso e la necessità*, Mondadori, Milano, 1970.
[147] Max Bense, *Estetica*, Bompiani, Milano, 1974.
[148] Jean Baudrillard, *Lo scambio simbolico e la morte*, Feltrinelli, Milano, 1979.

Il mito dell'informazione

Facciamo un passo indietro, per aggiungere un ulteriore dettaglio al nostro ragionamento.

Intorno alla metà del XIX secolo il mito della macchina subisce una mutazione decisiva: artefice di questa trasformazione è stato Samuel Morse. Il sistema comunicativo ideato da Morse non fu solo di tipo elettrico, esso fu soprattutto *digitale*.

La corrente elettrica che correva lungo i fili del telegrafo era, in sé, un mezzo analogico che fluiva attraverso l'oscillazione delle onde che si propagavano dovunque nel mondo. Ma interrompendo e ristabilendo regolarmente questo flusso con un semplice interruttore, e fissando un codice per decifrarle, Morse spezzò la comunicazione analogica in unità digitali distinte, in *punti e linee che significavano.*

Ma ancora più rappresentativa fu la velocità con la quale tale medium si diffuse: come le ferrovie videro migliorare la propria capacità di trasporto, così il telegrafo accelerava la diffusione di notizie, tanto di natura privata che pubblica, locali, nazionali ed internazionali; questa rapidità andò ad incidere sulla percezione del ritmo degli eventi da parte dei giornalisti, ma anche sulla trasmissione delle informazioni legate alle Borse finanziarie. [149]

Tra il 1844 e il 1858, 50.000 Km di cavi attraversarono gli Stati Uniti e un primo cavo transatlantico venne portato a termine...

Il telegrafo stravolse l'immaginario collettivo; i concetti di *Spazio e Tempo* vennero completamente modificati. Ma anche gli individui stessi videro manifestarsi su di sé i primi sintomi (stress, ansia, accelerazione...) di ciò che successivamente caratterizzerà un'importante fase della modernità occidentale.

---

[149] Kern (Op. cit.), pp. 17-51.

Fu allora che prese definitivamente il via quella che oggi è diventata la familiare trasformazione dei mezzi di comunicazione in spettacoli per il consumo.

Nel passaggio *dal mito della macchina al mito dell'informazione*, le macchine dell'informazione sembrano essere di nuovo ri-coinvolgenti, caratterizzate cioè da una profonda capacità di coinvolgere l'uomo nell'ambiente in cui vive, anche se in un senso diverso rispetto alla fase premoderna. La macchina non viene più percepita come un "altro", come una "protesi esterna", bensì come una parte di noi con cui confonderci ed in cui immergerci.

Prima di affrontare questo tema è necessaria una parentesi sul tema del *disincanto-reincanto* del mondo. Uno dei fenomeni più significativi che hanno caratterizzato la formazione della cultura moderna è stato senza dubbio il cosiddetto disincanto del mondo. In tanti si sono ovviamente occupati dell'analisi di tale fondamentale fenomeno, a partire dagli straordinari contributi di Max Weber e Karl Jaspers, fino al più recente lavoro di Marcel Gauchet, in cui lo studioso francese è riuscito in una brillante sintesi a definirne i tratti essenziali.[150]

Ma cosa bisogna intendere per disincanto? Nell'accezione principale di questo termine, secondo una formulazione rigorosamente weberiana, il "disincanto" è riferito alla scomparsa della magia "in quanto tecnica di salvezza". In termini più ampi – ma sostanzialmente simili – Gauchet si riferisce al disincanto del mondo come al tendenziale "esaurimento del regno dell'invisibile". È interessante rileggere la motivazione che l'autore francese chiama in causa per legittimare questo ampliamento di significato del termine:

---

[150] Marcel Gauchet, *Il disincanto del mondo*, Einaudi, Torino 1992.

"Poiché – egli sostiene – il dileguarsi dei maghi, la sparizione del popolo degli influssi e delle ombre sono il segno superficiale d'una rivoluzione ben altrimenti profonda nei rapporti fra cielo e terra, rivoluzione attraverso la quale è decisivamente in gioco la ricostruzione del soggiorno degli uomini indipendentemente dal divino".

Volendo forzare leggermente il profondo senso che tali definizioni hanno assunto nella contemporaneità, e indipendentemente dalle numerose dispute di carattere sia teologico, che sociopolitico sui singoli casi, ci troviamo di fronte ad un processo le cui caratteristiche fondamentali possono facilmente essere riassunte e completate dalla semplice ma sempre efficace formulazione del concetto di secolarizzazione con cui si intende quel "processo tramite cui alcuni settori della società e della cultura vengono sottratti al dominio delle istituzioni e dei simboli religiosi".

Se il progressivo disincanto e la secolarizzazione del mondo appaiono come un tratto caratterizzante della modernità occidentale, e non solo, cominciano ad apparire da più parti sintomi di una sorta di inversione di tendenza, che non pochi studiosi definiscono oramai in termini di de-secolarizzazione, ed altri – come Paskal Bruckner – denominano, in termini ben più lapidari, *reincanto del mondo*. Nell'analizzare alcuni dei tratti caratteristici del consumo di massa e delle strategie di marketing ad esso collegate, l'autore francese mostra quali siano state le conseguenze di quella riconciliazione tra quantificabile e meraviglioso, tra tendenze propriamente illuministiche e tendenze tipiche del Romanticismo, che si stanno manifestando nella nostra epoca. "Siamo lontani – egli scrive – dallo spirito del calcolo razionale che formava, secondo Max Weber, l'ethos degli albori del Capitalismo: la produzione mercantile viene messa al servizio di una magia universale, il consumismo culmina nell'animismo degli oggetti. Con l'opulenza ed i suoi corollari (gli svaghi ed il divertimento), una sorta di *incantesimo* a buon mercato viene messo a disposizione di tutti. I prodotti esposti in vendita nei nostri centri commerciali (…) non sono esseri inerti: vivono, respirano e, in quanto spiriti, possiedono un'anima ed un nome. Il ruolo della pubblicità è quella di dare loro una personalità attraverso una marca, di conferire loro il dono delle lingue, di trasformarle in piccole persone che parlano (…). Non vi è entità – scopa, asciugamani, elettrodomestico – che non esprima sentimenti e non trasformi tutto ciò con cui viene a contatto (…). Tutti gli splendori che vogliono venderci si offrono a noi come tanti piccoli domestici, pronti ad aiutarci, a liberarci dagli sforzi, ad alleggerire le nostre preoccupazioni. È Mastro Lindo che, come il genio della leggenda, fuoriesce dal flacone del detersivo e ci ripulisce la casa da cima a fondo, oppure sono quei biscotti che ci supplicano di addentarli, o un altro deodorante che ci libera dai cattivi odori, o il forno che ci prega di pulirlo con un tal altro detersivo, o ancora la carta igienica che si fa preferire per l'odore di lavanda o di mentolo".[151]

Già agli inizi degli anni Sessanta, Edgar Morin, nella sua ricerca sull'industria culturale, aveva parlato con una straordinaria intuizione di questa sorta di "neoarcaismo" proprio di una cultura che, al fine di raggiungere un pubblico universale, aveva scelto di rivolgersi all'anthropos comune, al fondo mentale universale che è in parte l'uomo arcaico che ciascuno porta dentro di sé. "Ed è proprio questo comune denominatore arcaico – egli scriveva – che richiama il neoarcaismo dei film, dei giochi, della musica. A queste determinazioni occorre aggiungerne

---

[151] Pascal Brukner, *La tentazione dell'innocenza*, Ipermedium libri, Napoli 2001.

un'altra: la cultura industriale si rivolge anche all'uomo nuovo delle società evolute, ma quest'uomo del lavoro molecolare e burocratizzato, chiuso nell'ambiente tecnico, macchina monotona delle grandi città, ha bisogno di evasione, e la sua evasione ricerca sia la giungla, la savana e la foresta vergine, sia i ritmi e le presenze della cultura arcaica. La reazione contro un universo astratto, quantificato, oggettivato, si attua mediante un ritorno alle scaturigini dell'affettività".[152]

Norbert Elias propone una interessante contrapposizione tra "Coinvolgimento e Distacco", riferendo il coinvolgimento alle società premoderne e il distacco al mondo moderno. "Tutte le società premoderne sono caratterizzate dal coinvolgimento dell'uomo nell'ambiente in cui vive". Ovvero:
- coinvolgimento = l'uomo è della natura;
- distacco = l'uomo si distacca dalla natura attraverso le tecnologie.
Tornando ancora una volta sulla tematica del tempo, così come già suggerito in precedenza, possiamo rilevare significative indicazioni in tal senso:
Nel momento in cui il tempo viene meccanizzato, si compie la sua astrazione ovvero la sua espropriazione dalla natura. La meccanizzazione del tempo avviene con il passaggio dalla società contadina a quella mercantile (quando il tempo diventa "tempo di lavoro"). Questa trasformazione rappresenta una forma di "disincanto" (scomparsa dell'invisibile, secondo Weber) cioè, coloro che conoscono l'invisibile (preti, profeti…) vengono sostituiti dagli scienziati (coloro che conoscono i nuovi strumenti strumento di gestione dell'esperienza).
Nella società contemporanea l'invisibile ricompare, *coinvolge di nuovo*, ma può essere manipolato attraverso le tecnologie.

---

[152] Morin (Op. cit.).

Secondo Davis, ritenere che il "mito della magia" sia solo una fase conclusa non è corretto, in quanto *la magia è l'essenza della società contemporanea*, ed è presente nel cuore stesso delle nuove tecnologie, dei nuovi (e vecchi) movimenti religiosi, nonché nella pubblicità, nella propaganda politica, così come in altri settori centrali della società contemporanea.

Un altro autore, Stanley Tambiah,[153] introduce a sua volta una distinzione tra due strutture basilari dell'esperienza presenti nelle culture umane: una struttura basata sulla *causalità* e una struttura basata sulla *partecipazione*.

La prima riguarda le società moderne (esseri umani distaccati che vedono e sintetizzano il mondo secondo schemi oggettivi, secondo modelli razionali). La seconda riguarda le società contemporanee (esseri umani partecipanti, legati a logiche di carattere magico). Secondo Davis, l'approccio legato alla causalità viene sempre più sostituito dall'approccio partecipativo che è legato a sentimenti ed emozioni. Durante il mondo premoderno, l'uomo percepiva sé stesso parte del mondo, si sentiva coinvolto in esso. La modernità invece, l'epoca del mito della macchina, ha visto svilupparsi un processo di individualizzazione, di indipendenza e di autonomizzazione dell'essere umano rispetto agli altri esseri e al mondo stesso.

Ciò che rende l'uomo indipendente dalla natura sono le tecnologie (il tempo del *mito della macchina*). In questo periodo si ha la cosiddetta "scomparsa dell'invisibile": l'interprete dei simboli viene sostituito dalla scienza, dalla razionalità dalla cosiddetta analisi razionale del rapporto causa-effetto.

Se osserviamo lo stato della cultura contemporanea, a partire dalla metà del 1900 ci sarebbe stato un ritorno dell'invisibile all'interno della società in cui viviamo e dunque una sorta di

---

[153] Stanley J. Tambiah, *Rituali e cultura*, IL Mulino, Bologna, 1995.

"ricoinvolgimento", anche se in forme diverse rispetto a quello dell'età pre-moderna. La differenza è che oggi, ciò in cui l'uomo è coinvolto ed immerso sono le tecnologie stesse.

L'invisibile che in quest'era ritorna, ha la particolarità di essere manipolato dall'uomo stesso, di essere un prodotto di quest'ultimo. Le tecnologie che prima, nell'era moderna, avevano permesso il distacco dell'uomo dal mondo, stanno oggi riavviando un processo di ricoinvolgimento e di rimagizzazione. Questo perché proprio a partire dalla metà del 1900, la razionalità ha cominciato a non funzionare più per motivi pratici; la bomba atomica, l'Olocausto, ad esempio, in quanto prodotti ultimi del processo di razionalizzazione, sono risultati essere al tempo stesso strumenti di potenziale distruzione totale dell'umanità.

La cosiddetta variabile tecnologica, che finora abbiamo visto chiamata in causa più volte, ha una serie di risvolti molteplici, eterogenei e talvolta sfuggenti. L'analisi della spinta della tecnica è particolarmente interessante al nostro scopo soprattutto perché – come dichiarava Jean Epstein – essa lavora continuamente "nel senso di arricchire, estendere, precisare e caratterizzare in modo originale un particolare sistema di rappresentazione del mondo".

Per concludere può essere opportuno tornare su alcuni concetti-chiave della cosiddetta era del *mito dell'informazione*. Il concetto di *simulazione*, innanzitutto, può essere considerato come la manifestazione di un fenomeno presente nell'ambito della cultura contemporanea, divenuta dilagante a seguito della diffusione della *digitalizzazione* dei processi comunicativi, in virtù della quale le modalità esperienziali rivolte ad oggetti materiali hanno cominciato ad essere orientate prevalentemente verso le rappresentazioni d'essi.

Si tratta, in altre parole, degli sviluppi di una più radicale trasformazione dell'esperienza connessa ad un processo di *astrazione* e *de-materializzazione*, i cui albori possono essere fatti risalire, come abbiamo già notato, perlomeno al periodo della nascita della scrittura e che ha reso il linguaggio "esteriore" rispetto all'uomo, facendolo diventare qualcosa che esiste in modo "oggettivo", indipendente dall'esperienza umana del parlare.

Alla realizzazione di un tale complesso processo hanno peraltro contribuito strumenti spesso eterogenei quali l'orologio (e, in misura diversa, il calendario), che ha fatto per il tempo ciò che la scrittura ha fatto per il linguaggio; il denaro, che ha reso astratte le transazioni e le misure di valore e di scambio, collocando le singole potenziali esperienze di transazione materiale sotto l'ombrello dell'astrazione; la fotografia, che riguarda più significativamente una fase della storia della cultura occidentale in cui cominciava a delinearsi una nuova realtà sensibile, costruita socialmente grazie alla mediazione della riproduzione immateriale dei luoghi, delle cose e delle persone.

Da questo punto di vista, il periodo critico di trasformazione che caratterizza la recente introduzione delle tecnologie digitali è connesso al fatto che, da questo momento in poi, non necessariamente troveremo una *corrispondenza* tra la rappresentazione (l'immagine digitale) di un determinato oggetto materiale e l'oggetto stesso. Ovvero, un'immagine (e lo spazio-tempo dell'esperienza cui essa rimanda) comincia ad assumere uno statuto assolutamente indipendente dalla realtà fisica connessa alle categorie spazio-temporali tradizionali.

Il dibattito su questi temi ha ovviamente origini lontane nella riflessione epistemologica occidentale, e non a caso ha subito una svolta considerevole a partire dall'ampliarsi delle controversie sugli effetti sociali corrispondenti alla nascita prima del cinema, poi della televisione e infine dei cosiddetti new media, con particolare riferimento ai videogiochi.

Una serie di autori, ai quali non si può non riconoscere, molto spesso, una certa tonalità apocalittica, hanno insistito sugli effetti *confusionali* derivanti dall'esposizione alle immagini televisive, parlando di "scomparsa della realtà", di "fusione" tra realtà e finzione, e così via.

Al di là dei giudizi su queste posizioni, alcuni spunti di riflessione possono risultare assai significativi, come quando viene sottolineato il fatto che, nella dimensione microscopica dello schermo, la realtà finisce per subire quella che – rifacendoci a Georg Simmel – si potrebbe definire una sorta di *abbreviazione prospettica*. "Il mondo si avvicina, ma perde le tonalità emotive, la forza d'urto, infine anche il sapore".[154] Il mondo reale viene visto come attraverso uno schermo; mentre la realtà simulata appare sempre più prossima, vicina, vera, concreta. I grossi urti del mondo esterno e l'angoscia che essi possono produrre tendono ad essere ridimensionati, riportandoli all'esperienza mediata e tutto ciò che accade al di là dello schermo appare in fondo soltanto verosimile: assomiglia alla realtà ma non è reale.

Norbert Elias in uno degli ultimi lavori pubblicati prima della sua scomparsa,[155] richiamava l'attenzione degli studiosi di scienze sociali sulla necessità di dover affrontare più analiticamente lo sviluppo socio-naturale degli esseri umani, enfatizzando in tal senso la centralità – talvolta considerata troppo superficialmente, se non addirittura trascurata – del processo di *emancipazione simbolica* che ha consentito

---

[154] Giorgio Concato, *L'angelo e la marionetta. Il mito del mondo artificiale da Baudelaire al cyberspazio*, Moretti & Vitali, Bergamo, p. 203.
[155] Norbert Elias, *Teoria dei simboli*, Il Mulino, Bologna 1998.

all'uomo, nel corso di un lungo processo di civilizzazione, di rendersi indipendente dalle costrizioni dettate dal mondo della natura.

Lo studio della capacità tecnica umana di creare simboli e di comunicare attraverso di essi, che può essere considerata un risultato unico della cieca inventiva della natura, avrebbe potuto fornire secondo Elias un'immagine socio-biologica più adeguata sia alla comprensione delle caratteristiche comunicative dell'uomo, sia alla comprensione della formazione dei simboli come processo di *sintesi progressiva*. In altri termini, il grande sociologo tedesco era interessato a stabilire nella sua ricerca le *modalità di esistenza* dei simboli come strumenti appresi di comunicazione, in modo diacronico e nell'ambito di un quadro evolutivo che contemplasse lo sviluppo sociale come sua continuazione a un livello più alto. L'idea di fondo è quella per cui ogni concetto deve sempre essere considerato come impregnato di tracce derivanti da precedenti stadi di sviluppo sociale, ragion per cui ogni rappresentazione simbolica finisce per costituire – appunto – una sorta di sintesi progressiva[156] rispetto ad una fase precedente di esistenza umana.

In sostanza la sociologia avrebbe bisogno non soltanto di sviluppare la percezione e la rappresentazione simbolica in termini processuali, ma anche e soprattutto di orientare la propria ricerca nella piena comprensione del fatto che gli eventi devono essere collocati in una sequenza di *livelli di integrazione* differenti.

C'è un esempio molto semplice, ma soprattutto molto chiaro, al quale amo spesso rifarmi, che forse riuscirà a rendere meglio il senso dei concetti finora espressi:

---

[156] Concetto che non a caso viene da Elias preferito a quello più abituale e statico di "astrazione".

"Supponiamo che io stia visitando una città che non conosco, con la pianta della città in mano. In questo caso non ho alcun problema nel distinguere tra due diversi modi di esistenza. Le strade, le case, le piazze possono essere classificate come realmente esistenti. La pianta della città è una rappresentazione simbolica di quella realtà. In questo caso non è necessario dubitare della corrispondenza tra simbolo e realtà. (…). Non è irragionevole concettualizzare la relazione esistente tra una città ed una sua mappa come una relazione tra qualcosa che esiste veramente e la sua mera rappresentazione simbolica".[157]

Per quanto suggestiva, è però la riflessione ulteriore che di seguito propone Elias a rivelare tutta la sua straordinaria acutezza e profondità teorica:

"Come merce – egli scrive – le mappe appartengono allo stesso livello di realtà della città che rappresentano. Come rappresentazioni simboliche della città, esse si pongono allo stesso tempo al di fuori della città. Ci si deve poter distanziare dalla realtà fisica della città per poter disegnare o utilizzare queste mappe; si deve, in altri termini, ascendere mentalmente a un livello di sintesi superiore a quello dell'esistenza *hic et nunc* della materia".[158]

Come si può notare uno degli aspetti fondamentali che emerge dalle riflessioni del sociologo tedesco concerne proprio il fenomeno della *corrispondenza* tra sfere di realtà diverse. Tale diversità – viene suggerito – non andrebbe letta tanto nei termini di contrapposizione tra *realtà e immaginario*, tra un mondo reale e "altri" mondi fantastici, quanto in base al grado di sintesi raggiunto dai simboli presenti all'interno di ognuno di essi in relazione agli altri.

---

[157] Ibid. p. 32.
[158] Ibid., pp. 32-33.

Se queste riflessioni conservavano una certa validità per il modello comunicativo basato sull'immagine analogica, le cose cambiano ulteriormente – anzi, come accennato, subiscono una sferzata decisa – quando orientiamo le nostre riflessioni sull'immagine (e l'*immaginario*) digitale. In questo caso cominciamo a trovarci di fronte non a realtà basate sulla "rappresentazione di…" qualcosa, ma a realtà che non trovano *corrispondenza* alcuna se non in se stesse (o in altre rappresentazioni digitali). È l'universo dei mondi paralleli creati attraverso la mediazione dei computer, che trovano ad esempio una loro straordinaria modalità esperienziale negli odierni programmi di simulazione elettronica e nei videogame.

La *cultura della simulazione* è riferita pertanto, più nello specifico, a quella cultura in cui l'azione sociale e le interazioni sono – sia da un punto di vista percettivo che sensoriale – rivolte, mediante protesi, verso una *realtà simulata*, verso una "realtà" che, almeno in linea di principio, non ha necessariamente corrispondenze con la *realtà di primo livello*, ovvero con quell'universo che ha come referenti materiali le coordinate spazio-temporali tradizionali.

Chi, ad esempio, assume un ruolo ed interagisce in un ambiente virtuale on line o in un videogioco, partecipa alla cultura della simulazione. Tale partecipazione – giova ripeterlo – può essere fine a se stessa, ovvero può non avere ripercussioni nella realtà. È molto probabile però che le conseguenze ci siano: chi apprende a manovrare un aeroplano attraverso un programma di simulazione di un videogame, può successivamente "entrare" nella realtà con conseguenze anche molto serie (e tragicamente gravi, come nel caso dell'attacco aereo alle torri gemelle dell'11 settembre); quando un chirurgo interagisce attraverso lo schermo di un computer ed interviene virtualmente su di un programma che, contemporaneamente, farà interagire uno

242

strumento gestito elettronicamente con un organo del corpo di un paziente, allora le due sfere di realtà saranno effettivamente interconnesse. Quando un ingegnere dovrà verificare la resistenza di un ponte, lo farà prima virtualmente, affidandosi ai calcoli del programma di simulazione prescelto: immaginiamo soltanto le catastrofiche conseguenze "reali" di un suo eventuale errore "virtuale".

Ma ci sono anche altri tipi di considerazioni che emergono a tal proposito. Consideriamo il seguente esempio: un ragazzo assiste ad un incontro di calcio. In quante diverse modalità è possibile la manifestazione di una tale esperienza? Diciamo che una prima modalità sarebbe quella di recarsi allo stadio e una seconda potrebbe essere quella di assistere alla partita in televisione. Fermiamoci a queste due ipotesi, per il momento, ed osserviamo semplicemente che, nel primo caso, l'esperienza sarà diretta e immediata, mentre nel secondo caso, pur essendo esperita altrettanto direttamente (in tempo reale, cioè), la partecipazione sarà però mediata attraverso una serie di tecnologie elettroniche, che vanno dalla telecamera che riprende le azioni fino allo schermo del televisore che le riceve.

Ciò che è interessante sottolineare è a mio parere la *corrispondenza* tra la realtà materiale dell'evento (i giocatori in carne ed ossa, il pallone di cuoio, il campo da gioco con la sua erba, le sue linee bianche di demarcazione tracciate con la calce, i suoi spettatori tutt'intorno, etc.) e quella che non è che una *rappresentazione* di tale realtà. Per quanto elevato possa essere il coinvolgimento (e spesso lo è tanto), non si può evitare di considerare che, attraverso lo schermo, non si vede la stessa *realtà* che si vedrebbe assistendo alla partita direttamente dallo stadio. Innanzitutto, la bidimensionalità dello schermo non potrà mai mostrare la fisicità, la profondità, la pesantezza che caratterizzano il gioco, così come neanche potrà accadere con i rumori e gli odori stessi. Consideriamo poi ancora un altro aspetto, la "partecipazione" più o meno attiva all'evento in questione. Allo stadio, con conseguenze più o meno significative, è possibile intervenire negli eventi dell'incontro, influenzandoli in un modo o nell'altro: applaudendo, fischiando, inneggiando, gridando o semplicemente sbandierando un drappo con i colori della propria squadra. A questa partecipazione attiva dello stadio, si contrappone un tipo di partecipazione che non può essere che passiva. Lo spettatore televisivo non ha alcuna possibilità di intervenire negli eventi di cui pure sta facendo *esperienza*.

In questo caso, indipendentemente dal grado di coinvolgimento, si tratta di un'esperienza, oltre che mediata, anche passiva: un'esperienza – insomma – vissuta grazie alla *corrispondenza*.

Per coloro che vivono un'esperienza di questo genere, si tratta di ritenere che quello a cui si sta assistendo in versione elettronica *corrisponda* (spesso "in diretta") ad un evento che si sta realmente verificando in un luogo fisico collocato al di là dello schermo (e, nel caso di una videoregistrazione, anche in un altro tempo). Agli omini fatti di puntini colorati, corrispondono dei calciatori "veri"; al dischetto che si muove in direzioni bidimensionali corrisponde una sfera di cuoio che in realtà viene spostata lungo le tre dimensioni dello spazio fisico, e così via. Insomma, a nessuno verrebbe in mente di pensare ad una qualsivoglia discrepanza tra la realtà dell'evento e la sua rappresentazione televisiva.

Facciamo adesso un ulteriore passo, sempre in relazione all'esempio appena citato. Immaginiamo lo stesso ragazzo posto di fronte ad una terza possibile modalità esperienziale. Sempre guardando lo schermo – come nel caso 2 – questa volta l'incontro di calcio cui il ragazzo starà assistendo non *corrisponderà* più però ad una realtà collocata in un qualche luogo al di là dello schermo, non sarà più una rappresentazione di un evento che si sta svolgendo in un qualche spazio-tempo collocato in un'altra dimensione fisica. In questo caso ci stiamo riferendo infatti ad un videogioco, ad esempio a uno dei tanti simulatori di calcio, tipo "Pro Evolution Soccer" (PES) o "Fifa". Come possiamo classificare questo genere di esperienza rispetto a quelle precedenti?

Quei pixel non *corrisponderanno* più a calciatori in carne ed ossa o a palloni di cuoio. Quello sfondo verde non corrisponderà ad una distesa d'erba, così come i movimenti degli attori sul terreno di gioco non risponderanno a leggi fisiche: la palla non andrà su e giù a causa di leggi di gravità, ma perché inserita in un programma con codici ed informazioni ben determinate, così come l'attrito sul terreno di gioco e gli scontri tra i giocatori dipenderanno tutti dai programmi e dagli algoritmi di cui sarà costituito il gioco.

Insomma, si tratterà, in questo terzo caso, di un mondo autoreferenziale, di una rappresentazione "senza corrispondenze" reali o, per così dire, della rappresentazione di una rappresentazione, il che potrebbe essere definita una simulazione pura.

Nell'esempio appena citato ci troviamo di fronte ad una situazione in cui si è verificato uno *slittamento delle frontiere* che in precedenza venivano utilizzate per distinguere la "realtà" dalle sue "rappresentazioni". Il concetto di simulazione – almeno così come lo intendo in queste righe – implica la tendenziale scomparsa di ogni *corrispondenza* di carattere materiale.

Comunicazione e Narrazione

Il rapporto tra comunicazione, studi sociologici e narrazione, come abbiamo più volte ribadito, è molto stretto. Quelli che sono i modelli narrativi ereditati dal mondo dell'arte, e in particolare dalla grande letteratura prodotta nel mondo occidentale, possono cioè essere considerati anche qualcosa di più che un semplice strumento collaterale utile a coadiuvare il lavoro di ricerca in ambito sociologico e comunicativo. [159]

La grande letteratura andrebbe infatti intesa come uno strumento indispensabile in tutti gli ambiti della ricerca sociale. Per spiegare questo punto di vista è necessario innanzitutto condividere il presupposto secondo il quale non si diventa sociologi leggendo soltanto manuali tecnici e saggi specialistici. Si potrà forse essere in grado di condurre una buona ricerca, di fornire un'adeguata spiegazione di un fenomeno in termini di causa-effetto; non si diventerà però (solo) per questo dei bravi ricercatori. Allo stesso modo per cui non si diventa medici o matematici limitandosi al solo studio o alla sola pratica della medicina, della matematica o di qualunque altra disciplina scientifica. Molti ottimi studiosi, anche vere e proprie eminenze nel loro settore disciplinare, essendo letterariamente incolte, non riescono a servirsi del linguaggio per comunicare i tesori concettuali di cui pure sono in possesso.

Come sostiene Mario Vargas Llosa, una persona che non legge, o legge poco (o, per l'appunto, legge "solo" saggi scientifici specialistici), potrà parlare anche molto, ma finirà col dire sempre le stesse cose, poche! Perché per esprimersi disporrà di un repertorio di vocaboli ridotto e inadeguato. Non si tratta di un limite soltanto verbale; è allo stesso tempo un limite intellettuale e del cosiddetto "orizzonte immaginativo", un'indigenza di pensieri e di conoscenze, perché "le idee, i concetti, mediante i

---

[159] Il grande contributo al discorso sociologico derivanti dai paradigmi narrativi correlati al cinema o ad altri media meriterebbe ovviamente un discorso a parte.

quali ci appropriamo della realtà (già esistente o in procinto di essere elaborata) e dei segreti della nostra condizione, non esistono dissociati dalle parole attraverso cui le riconosce e li definisce la coscienza".

Cosa significa allora il concetto di linguaggio letterario e quale può essere il senso di un suo utilizzo nelle scienze sociali? Significa innanzitutto poter disporre di una ricchezza e varietà di espressioni adatte per ogni idea o emozione che si desideri comunicare. Significa possedere gli strumenti più adatti per pensare, insegnare, apprendere, dialogare, fantasticare, sognare, sentire, emozionarsi.

Si impara a fare tutto ciò con profondità, con rigore, con acutezza solo attraverso la frequentazione dei grandi capolavori, delle grandi opere dell'arte letteraria. Nessun'altra disciplina può sostituire la letteratura, la grande letteratura, nel processo di formazione del linguaggio con cui le persone entrano in comunicazione.

C'è però anche un altro aspetto che merita di essere sottolineato e intorno al quale vorrei soffermarmi: se si considerano in particolare le trasformazioni che stanno investendo le tecnologie della comunicazione nel mondo contemporaneo, non si può non notare l'attualità di una riflessione che riservi una sempre maggiore attenzione al tema della narrazione e del suo rapporto con la tradizione letteraria occidentale: se è vero, infatti, che la cultura occidentale moderna ha avuto negli ultimi decenni una tendenza a disincentivare le "facoltà narrative" delle giovani generazioni, alcuni nuovi media emergenti stanno introducendo, con imprevedibili e rapidissime capacità di penetrazione sociale, modalità narrative assolutamente originali con le quali è necessario confrontarsi, come può essere ad esempio quella presente nei social media o nei videogiochi.

È pertanto sempre più necessario ritornare a riflettere sul cosiddetto *paradigma narrativo*. Per gli autori che, a partire dalla metà degli anni Ottanta del secolo scorso, possono essere ricondotti a tale prospettiva, il pensiero narrativo viene considerato non solo una piattaforma su cui fondare l'organizzazione dell'esperienza, della conoscenza e dei processi comunicativi, ma soprattutto una prassi autoriflessiva attraverso la quale strutturare coerentemente la propria identità ed i propri progetti relazionali: i modi insomma attraverso i quali si strutturano le proprie relazioni con gli altri e con le istituzioni. Ai fini di una più chiara comprensione delle caratteristiche di tale paradigma può essere utile rifarsi alle definizioni di alcuni dei suoi padri fondatori. William James, innanzitutto, sosteneva che il pensiero umano potesse essere considerato sostanzialmente di due tipi: *argomentativo* e *narrativo*.

Quest'ultimo – che comprende ovviamente anche tutti quegli aspetti contemplativi e descrittivi del narrare – è il tipo di pensiero al qual e facciamo riferimento quando pensiamo a noi stessi in modo riflessivo.

Prendendo spunto dalle suggestioni derivanti da questa idea, Jerome Bruner ha proposto una delle tesi più significative nella storia degli studi sociologici:

> "ci sono due tipi di funzionamento cognitivo – egli scrive – due modi di pensare, ognuno dei quali fornisce un proprio metodo particolare di ordinamento dell'esperienza e di costruzione della realtà. Il primo, quello paradigmatico o logico scientifico, persegue l'ideale di un sistema descrittivo ed esplicativo formale e matematico. Esso ricorre alla categorizzazione o concettualizzazione, nonché alle operazioni mediante le quali le categorie si costituiscono, vengono elevate a simboli, idealizzate e poste in relazione tra loro in modo da costituire un sistema (…). L'uso creativo del pensiero paradigmatico produce buone teorie,

analisi rigorose, argomentazioni corrette e scoperte empiriche che poggiano su ipotesi ragionate.

Ma l'*immaginazione* (o intuizione) paradigmatica è diversa dall'immaginazione del romanziere o del poeta. Essa, infatti, si esprime nell'abilità e nell'attitudine a cogliere possibili relazioni formali prima ancora di saperle dimostrare formalmente. L'uso creativo dell'altro modo di pensare, quello narrativo, produce invece buoni racconti, drammi avvincenti e quadri storici credibili, sebbene non necessariamente *veri*. Il pensiero narrativo si occupa delle intenzioni e delle azioni proprie dell'uomo o a lui affini, nonché delle vicissitudini e dei risultati che ne contrassegnano il corso. Il suo intento è quello di calare i propri prodigi atemporali entro le particolarità dell'esperienza e di situare l'esperienza nel tempo e nello spazio (...). Al contrario, il pensiero paradigmatico è teso a trascendere il particolare e a conseguire un grado di astrazione sempre più elevato, sicché finisce per disconoscere in via di principio che il particolare possa mai avere un qualche valore esplicativo".

Questi due modi di pensare, pur essendo complementari, risultano essere irriducibili l'uno all'altro: le argomentazioni hanno a che fare con la *verità*, i racconti con la *verosimiglianza*. Contrariamente al pensiero logico-scientifico, costretto all'interno di schemi dettati da necessità di carattere formale, il pensiero narrativo serve a rendere compatibili il cosiddetto *scenario dell'azione* (ciò che accade e a chi) e lo *scenario della coscienza* (ciò che il narratore e i personaggi pensano, provano, percepiscono, ovvero i contenuti cognitivi ed emotivi dell'esperienza).

In un prezioso saggio su Robert Musil pubblicato circa vent'anni or sono Peter L. Berger, lamentando la persistente incapacità da parte degli storici e dei sociologi (nonostante i loro molteplici ed anche apprezzabili tentativi) di riuscire a tematizzare in modo definitivo e soddisfacente alcuni fenomeni tipici della modernità – ovvero di «come l'uomo moderno differisca da altre variazioni della specie» –, proponeva di superare tale *impasse* cercando una guida proprio nella letteratura e, in particolare, nel grande romanzo moderno. Certi generi narrativi – egli sosteneva – conferendo una forma particolare all'esperienza, la rendono intelligibile secondo modalità che a loro volta consentono di poterle attribuire un senso e un significato sia a livello individuale che collettivo. E tale "forma particolare" viene resa possibile dalla narrazione essenzialmente grazie all'elaborazione di una *grammatica del tempo*.

La narrazione, in questo senso, è il modo attraverso il quale gli esseri umani organizzano e costruiscono il proprio rapporto con la temporalità[160] e – attraverso la sua "grammatica" – è il modo che rende possibile la creazione di una "realtà" o di un "mondo" *possibile* e non necessariamente certo, oggettivo o verificabile empiricamente. Secondo una suggestiva intuizione di George Steiner *il tempo*, e in particolare la percezione umana del *tempo futuro* ("la capacità di discutere fatti che potrebbero succedere il giorno dopo il proprio funerale o fra un milione di anni nello spazio interstellare"), sarebbe una caratteristica apparsa relativamente tardi nell'evoluzione del linguaggio umano. E, cosa a mio avviso del massimo interesse, lo stesso vale per il congiuntivo e per i modi controfattuali collegati ai tempi futuri. «Soltanto l'uomo – scrive Steiner – per quanto possiamo concepire, dispone dei mezzi per modificare il proprio mondo attraverso le *subordinate ipotetiche*, generando espressioni come: "se Cesare non si fosse recato al Campidoglio quel giorno". Mi sembra che questa "grammatologia" immaginaria, formalmente incommensurabile, dei futuri verbali, dei congiuntivi e degli ottativi abbia svolto un ruolo indispensabile,

---

[160] Cfr. soprattutto Paul Ricoeur, *Tempo e racconto*, Jaka Book, Milano 1996.

ieri come oggi, per la sopravvivenza e per l'evoluzione dell'*animale linguistico*".[161]

Sulla base di tali considerazioni l'asse della ricerca sembrerebbe evidenziare un tendenziale spostamento da un orientamento di carattere prevalentemente ontologico ad uno fondato principalmente sui processi comunicativi; ovvero, una ricerca orientata non più verso un'analisi descrittiva e formalizzata di determinati *modi dell'essere*, ma verso un'analisi narrativa delle *intenzioni dell'essere* nell'ambito di una realtà da coniugare "al congiuntivo".[162]

Questa cosiddetta *congiuntivizzazione* della realtà[163] implicherebbe a sua volta la produzione di un universo di riferimento in cui abbiamo a che fare non più con delle stabili certezze ma con delle ipotetiche possibilità umane; quelle denotate dagli ottativi, dai modi grammaticali del desiderio che *aprono il carcere della necessità fisiologica e delle leggi*

---

[161] George Steiner, *Grammatiche della creazione*, Garzanti, Milano 2003, p. 11 ("Il discorso umano non può mai fare a meno della menzogna. Forse essa è nata dalle necessità dell'invenzione narrativa, dal bisogno complesso di "dire la cosa che non è". Nelle nostre grammatiche i congiuntivi, i condizionali, gli ottativi e le proposizioni che incominciano con "se" rendono possibile una opposizione alla realtà, radicalmente umana e indispensabile" (George Steiner, *Errata. Una vita sotto esame*, Garzanti, Milano 1997, 88)

[162] Ovvero a quel modo grammaticale «le cui forme vengono usate per denotare un'azione o uno stato così come vengono pensati (e non come un fatto), e perciò è usato per esprimere un desiderio, un ordine, un'esortazione, oppure un evento contingente, ipotetico o previsto» (Jerome Bruner, *La mente a più dimensioni*, Laterza, Roma-Bari 2003, pp. 33-34).

[163] Si tratta di un concetto teorizzato in particolare da Bruner, il quale aggiunge: "se è vero che nelle fiabe popolari, ormai consunte dal tempo, è il contenuto del racconto a definire il personaggio (sicché quest'ultimo non occupa il posto principale), è altrettanto vero che nel romanzo 'moderno' l'intreccio scaturisce dall'azione del personaggio in una situazione particolare" (ivi, p. 27)

meccaniche. Secondo una felice espressione di Milan Kundera, si tratta di porre al centro dell'attenzione non tanto la cosiddetta *realtà* ma l'*esistenza.* E quest'ultima non è necessariamente limitata a ciò che si è effettivamente realizzato, ma «è il campo delle possibilità umane, di tutto quello che l'uomo può divenire, di tutto quello di cui è capace".[164]

Jorge Semprun ha recentemente dichiarato, in un'intervista televisiva, a proposito di una celebre frase di Thomas Mann secondo cui «la patrie de l'écrivain, c'est la langue», che lui, andando oltre, ritiene che «la patrie de l'écrivain, c'est le langage» e che «la différence c'est que le langage est une capacité, une volonté, une capacité, un goût, une passion de la communication, de la saisie du monde à travers les mots, et ça s'exprime dans n'importe quelle langue».

Ora, al di là della polemica disquisizione terminologica pur importante tra lingua e linguaggio, se si ha il coraggio di evitare i falsi moralismi legati all'illusione di un egualitarismo a tutti i costi, si comprende anche solo intuitivamente che la letteratura, così come qualunque altro prodotto umano, non si rivolge a tutti indistintamente. Che non tutti recepiscono (né hanno il desiderio di farlo) lo "stesso messaggio".

La letteratura, ad esempio, dice nulla o molto poco a coloro che si presentano sulla scena del mondo soddisfatti e felici della loro esistenza. Anzi: essendo la letteratura uno strumento atto a porre radicalmente in questione il mondo in cui viviamo, questi ultimi se ne guardano bene! Perché stare dietro a quei perditempo che scrivono storie talvolta assurde, quando il mondo – basta saperlo prendere per il verso giusto – è bello così com'è?

"Lo scrittore – scrive Hanif Kureishi – commercia in insoddisfazione"! In questo senso è proprio vero che la

---

[164] Milan Kundera, *L'arte del romanzo*, Adelphi, Milano 1988, p. 68.

letteratura, così come la sociologia, "è alimento degli animi indocili e propagatrice di disaccordo, un rifugio per chi ha troppo o troppo poco nella vita, nel quale poter non essere infelice, dove non sentirsi incompleto, irrealizzato nelle proprie aspirazioni".

La letteratura, così come la sociologia, può servire, forse, a placare momentaneamente le nostre eventuali insoddisfazioni. Casomai, proprio mentre acquieta momentaneamente tali insoddisfazioni, accresce d'altro canto una perversa quanto affascinante forma di *stupore*: una sensibilità non conformista rispetto all'esistenza, un qualcosa che – piaccia o meno – ci rende più adatti e ricettivi nei confronti dell'infelicità e della malinconia. Una forma di stupore che, chi possedesse l'inusitato talento di un Robert Musil potrebbe così descrivere:

> "La predilezione di Torless per certi stati d'animo era il primo sintomo di un'evoluzione interiore che in seguito si manifestò come una spiccata attitudine allo stupore. Più tardi, infatti, fu addirittura dominato da una dote singolare: si sentiva costretto a percepire eventi, persone, cose e persino se stesso così da riportarne la sensazione sia di una insolubile incomprensibilità sia di un'affinità che non era in grado di spiegare né di giustificare mai fino in fondo. Gli pareva che le cose fossero comprensibilissime, addirittura a portata di mano, e che tuttavia non si lasciassero mai tradurre del tutto in parole e pensieri. Tra gli eventi e il suo io, anzi tra le sue stesse sensazioni e un suo io profondo che anelava a comprenderle restava sempre un diaframma, che indietreggiava davanti al suo desiderio come un orizzonte man mano che lui gli si avvicinava".

Una forma di afflizione che altri grandi autori hanno provato in un modo o nell'altro a mettere in relazione al talento narrativo: "Oggi, a distanza di tanti anni – scrive Orhan Pamuk – so che questa infelicità è la caratteristica fondamentale che trasforma un individuo in uno scrittore. Per diventare scrittore pazienza e fatica non bastano: si deve anzitutto sentire l'impulso irresistibile a fuggire la gente, la compagnia, la consuetudine, la quotidianità e a chiudersi in una stanza".

La fenomenologia, l'arte e il cervello

La vita che l'essere umano si trova a dover vivere – sostiene dal suo canto Ortega y Gasset – è "qualcosa in cui ci troviamo immersi in un modo improvviso, indipendentemente dalla nostra volontà o da una nostra possibile scelta". L'ambiente in cui viviamo è quello che ci viene dato, e sarà sempre "questo mondo presente", una *realtà* ineludibile e inesorabile che ci viene imposta e rispetto alla quale dobbiamo regolarci per poter sopravvivere e poi vivere, realizzarci, essere. Questo mondo, la realtà in cui noi ci ritroviamo quotidianamente a vivere, rientra ancora in quella che egli definisce, come abbiamo visto, *la circostanza*: "La vita – egli scrive – è dover essere, che lo si voglia o no, sulla base di circostanze determinate". È difficile non scorgere la grande similitudine di questo approccio con quello nietzschiano (la vita è *prospettica*) o con quello husserliano-schutziano (*province finite di significato*).

Il punto essenziale è che la vita, questa vita che ci è stata data, non è statica e predefinita. Essa è parte di un processo, è un qualcosa che deve essere portato a compimento: "è un compito, un gerundio, un *faciendum*". Il problema fondamentale è che noi non sappiamo in anticipo cosa fare. Se lo sapessimo, vivere sarebbe meno penoso.

La vita implica invece la "perplessità" e la necessità di dover scegliere continuamente quali azioni compiere e in che modo. Siamo cioè "obbligati a capire", dunque a "farci carico della circostanza". Essendo imprigionato in tale *realtà circostanziale* l'uomo, per necessità, è costretto a fare qualcosa, è costretto ad agire, a esteriorizzarsi.

L'uomo è libero di fare tante cose, anche di togliersi la vita ma, se vive – sottolinea con forza Ortega y Gasset – non può scegliersi il mondo in cui vive, che è sempre quello della realtà dell'*hic et nunc*. E sarebbe dunque proprio da questa sua necessità antropologica di esteriorizzazione che conseguirebbe il bisogno umano di evasione, di sottrazione, di creazione illusoria di altre *realtà* alternative, *fittizie*, ludiche.

La pittura, la poesia, il teatro, la letteratura e tutte le forme d'arte, così come la religione, la scienza stessa, l'intelligenza creativa connessa ad ogni innovazione tecnologica sarebbero in quest'ottica tutte delle manifestazioni di una stessa necessità antropologica: essendo l'uomo prigioniero delle sue circostanze, in un mondo che non ha potuto scegliere e che lo "obbliga a sé" (ciò a cui noi diamo il nome di *realtà*), egli è costretto altresì a *trascenderlo*. "Il Destino trattiene l'uomo irrimediabilmente incatenato alla realtà e in una lotta senza quartiere con essa". La creazione di altri mondi fittizi attraverso l'arte risponderebbe così al bisogno di poter riposare dal peso dell'esistenza, di poter evadere, distrarsi ed astrarsi, di poter avere la possibilità di scegliere una realtà in cui sospendere momentaneamente la vita.

"Per questo – egli scrive – l'Uomo si è sempre sforzato di aggiungere a tutte le sue occupazioni imposte dalla realtà, l'occupazione più strana e sorprendente, un fare che consiste precisamente nello smettere di fare tutte le altre cose che facciamo seriamente. Questo fare, questa occupazione che ci libera dalle altre è... giocare". Mentre giochiamo non facciamo nulla – si capisce, nulla sul *serio*. Il gioco è la più pura invenzione dell'uomo; tutte le altre gli vengono più o meno imposte e preordinate dalla realtà. Ma le regole di un gioco – e *non esiste gioco senza regole* – creano un mondo che non esiste. Le regole sono pura invenzione umana. Dio fece il mondo, questo mondo; bene, ma l'uomo fece gli scacchi – gli scacchi e tutti gli altri giochi. L'uomo ha fatto, fa ... *l'altro mondo*. Il mondo fittizio, il mondo del "come se".

Questo sottrarsi alla sua vita reale per immergersi in una vita immaginaria è pura distrazione, *astrazione*, diversione (un tentativo di versarsi o *riversarsi* in un'altra realtà, in un'altra vita). L'astrazione che consente un tale processo implica una presa di distanza, un allontanamento, ma non necessariamente un abbandono dei tradizionali riferimenti alla realtà della vita quotidiana.

Quando, ad esempio, leggiamo un romanzo, o siamo coinvolti nella contemplazione di un'opera d'arte, i meccanismi del nostro corpo continueranno certamente a funzionare nella realtà empirica, ma quella che è la realtà per eccellenza della vita quotidiana viene più o meno radicalmente sospesa, in quanto veniamo *distratti* dal nostro mondo e trasportati nel mondo immaginario. Lo stesso si verifica con il teatro, il cinema, la televisione o con le nostre esperienze nelle realtà prodotte e configurate dalla tecnologia e dalla cultura digitale. Ciò che può modificarsi è però il grado di *coinvolgimento* (o di *distrazione*) dei nostri sensi in tali processi, che dipenderà non tanto dal tipo di tecnologia quanto dalla qualità del prodotto: volendo rischiare una formula, potremmo dire che *quanto più il prodotto si avvicinerà all'arte, tanto maggiore sarà il grado di coinvolgimento dei suoi fruitori.*

La capacità umana di coinvolgimento e di distrazione dalla realtà in un mondo fittizio è anche, come sappiamo per esperienza diretta, strettamente correlato alla variabile età. Quando da bambini si prende un oggetto, un oggetto qualunque (ad esempio un tappo di bottiglia) e si comincia a giocare immergendosi nel mondo fittizio del "come se", quell'oggetto (*il tappo*), per un periodo delimitato di tempo (*il tempo che durerà il gioco*) e in un luogo ben determinato (*lo spazio del gioco*), sarà *realmente* un oggetto *altro* e non solo una sua fittizia rappresentazione. Solo chi si ritroverà ad osservare dall'esterno il gioco (un adulto, ad esempio) potrà pensare si tratti di una rappresentazione o di una finzione: per i giocatori immersi nella loro attività ludica, la realtà (del gioco) sarà invece molto seria. Sarà qualcosa per cui piangere, ridere, disperarsi o gioire "per davvero". Se un tappo di bottiglia è "come se" fosse un calciatore, poniamo Maradona, allora esso diventerà, in virtù di una sorta di potere magico o anche solo simbolico, che solo il bambino *coinvolto* saprà e potrà attribuirgli, davvero Maradona.

Se però il "come se" dovesse restare tale, ovvero un consapevole "come se", privo cioè di quella fondamentale capacità di suscitare una completa immersione degli attori coinvolti nella sua struttura fittizia, allora avremo solo un triste e banale artificio, un pallido stratagemma attraverso il quale si tenta di riprodurre, senza però riuscirvi, quella sorta di *transustanziazione* che farebbe emergere la verità simbolica racchiusa nel gioco di finzione.
Nel primo caso il bambino gioca; nel secondo caso, invece, l'adulto (molto spesso) gioca a giocare. Si produce in questo modo quello che io amo definire un "gioco di II grado", quello che vediamo manifestarsi quando si assiste a feste rituali religiose senza la partecipazione che sarebbe necessaria per renderla credibile; quando si assiste a opere teatrali, cinematografiche o televisive di scarso (o del tutto assente) livello artistico, oppure quando si leggono romanzi mediocri o anche quando banalmente si gioca sapendo di giocare, come capita molto spesso (anche se non sempre) agli adulti.

Bisogna tuttavia fare molta attenzione: se si afferma che tutta la Realtà, quella inanimata e anche quella animata sia una finzione; se si afferma che anche l'identità di coloro con i quali interagiamo e addirittura il nostro stesso *Io* non sia altro che una fiction elaborata dal cervello, una sorta di fantasia, si potrebbe finire per eludere il nucleo della questione: l'*Io*, ad esempio, è ciò che produce ordine e coerenza all'esistenza di ognuno; struttura la nostra vita, conferendoci un'identità più o meno nitida; eppure non esiste nessun luogo preciso in cui sia possibile localizzare questo schivo fantasma, questo onnipresente *homunculus*.

Messa così, la questione sembrerebbe essere alquanto inquietante. Una tale affermazione non implica però necessariamente che l'*Io* (o *io stesso*, mentre sto qui seduto a scrivere queste pagine) non esista; né tantomeno che la realtà non esista. L'unica Realtà che conosceremo sarà la realtà della nostra mente, una realtà che percepiamo e che, ininterrottamente, riproduciamo.

Il punto essenziale di partenza è il seguente: il nostro *senso pratico* (una facoltà che peraltro ci ha consentito di sopravvivere e di dominare il pianeta come specie) ci indica in modo naturale che dobbiamo comportarci *come se* la realtà della nostra mente corrispondesse, a tutti gli effetti, alla cosiddetta Realtà (quella considerata l'unica e *vera* Realtà).

L'idea della *fiction*, in un certo senso, è tutta lì: in quel *come se*. Il *come se* che il nostro cervello applica quotidianamente affinché il nostro corpo si possa muovere in senso pratico nel mondo, affinché possa scoprire nuove fonti di energia o riesca a sfuggire ai predatori e ai nemici. Il *come se* che ci impedisce di inciampare in ogni istante, che ci mantiene in equilibrio e che ci fa evitare di sbattere contro un ostacolo o cadere giù da una scala. Il *come se* che ci consente di metterci in relazione con gli spettri ambulanti degli altri.

Il *come se* che ci permette di tollerare l'universo immaginario di un romanzo è identico, dunque, al *come se* che ci porta a ritenere che la Realtà sia così solida e vigorosa come quella in cui viviamo. Se la fiction assomiglia alla vita quotidiana, è perché *la vita quotidiana è anch'essa una fiction*. Una fiction sui generis, modellata da una fiction di secondo grado – l'idea che la realtà sia Reale – ma comunque una *fiction*.

In pratica, ciò che sto cercando di sostenere è che il processo mentale attraverso il quale ci facciamo un'idea delle persone *reali* con cui interagiamo quotidianamente, o di quelle reali che conosciamo tramite i resoconti altrui (insomma, la *Realtà* di tutti i nostri simili), è molto somigliante – diciamo parallelo, da un punto di vista cerebrale – al meccanismo in base al quale concepiamo e consideriamo persone inesistenti cui possiamo dare una vita immaginaria: dagli eroi dei fumetti a quelli delle favole, dei romanzi, del teatro, del cinema o dei videogiochi. Come dire, riprendendo il sempre adatto (per quanto, a volte, abusato) detto shakespeariano: "siamo fatti della stessa materia di cui sono fatti i sogni".

La verità è che noi umani siamo ostaggi delle nostre fiction. La finzione non ci attrae perché è piena di menzogne, ma, al contrario, essa ci coinvolge proprio perché *anche quelle menzogne* appartengono al dominio della *Realtà*.

Quando leggiamo le avventure di un cavaliere errante, di una donna adultera, oppure di un uomo che si ritrova trasformato di punto in bianco in un orrido scarafaggio, la nostra mente sa di trovarsi di fronte a uno scenario irreale, ma al contempo essa si sforza di dimenticarlo, o di "sospendere il dubbio", almeno per il periodo che dura la lettura (o la sua eventuale rappresentazione). Detto in altri termini, l'evoluzione ha trasformato il nostro cervello in una macchina per la produzione di futuri; e tale macchina reagisce allo stesso modo sia di fronte alla realtà, sia di fronte alla finzione.

Fino a non molto tempo addietro l'empatia era vista con un certo sospetto; oggi sappiamo – grazie agli studi sui cosiddetti neuroni-specchio – che l'empatia è un fenomeno onnipresente negli esseri umani (e in molti altri animali superiori). Questi neuroni, situati nelle aree motrici del cervello, ci fanno imitare i movimenti che attraversano il nostro cammino come se fossimo noi a realizzarli. Nel farlo, non solo riconosciamo gli attori che ci circondano, ma cerchiamo anche di predire e anticipare i loro comportamenti; in prima istanza, per proteggerci da essi e, alla lunga, per comprenderli a partire dalle loro azioni.

È a partire da questa prospettiva – così sorprendentemente intuita già da Ortega y Gasset – che è possibile comprendere meglio in che modo la fiction realizzi questa funzione indispensabile per la nostra capacità adattativa: non solo aiutandoci a prevedere le nostre reazioni in situazioni ipotetiche, ma anche obbligandoci a rappresentarle nella nostra mente – a ripeterle e a ricostruirle – e, a partire da lì, a intuire e intravedere cosa potremmo sentire se le sperimentassimo veramente. Una volta fatto ciò, non tardiamo a riconoscerci negli altri, perché in un certo senso già *siamo*, in quel momento, gli *altri*.

La razionalità narrativa: Ortega, Schapp, Ricœur

La celebre trilogia del filosofo francese Paul Ricœur, *Tempo e Racconto*, è senza dubbio una delle opere più significative e dibattute degli ultimi decenni del Novecento. La tesi che percorre i tre volumi dell'opera ruota sostanzialmente intorno all'idea che il tempo umano è inscindibile dalla sua costituzione narrativa. "Sia che si tratti di affermare l'identità strutturale tra la storiografia e il racconto di finzione (…), sia che si tratti di affermare il profondo nesso esistente tra l'esigenza di verità di entrambi i modi narrativi (…), un presupposto domina tutti gli

altri e cioè che la posta in gioco ultima dell'identità strutturale della funzione narrativa e dell'esigenza di verità di ogni opera narrativa, sta nella *natura temporale* dell'esperienza umana. Il mondo dispiegato da qualsiasi lavoro narrativo è sempre un mondo temporale". [165]
O meglio, *il tempo diviene tempo umano nella misura in cui è articolato in modo narrativo*; per contro – sostiene in altri termini Ricœur – *il racconto è significativo nella misura in cui disegna i tratti dell'esperienza temporale.*

È interessante notare a tal proposito il profondo legame che unisce il pensiero del grande filosofo francese non solo con quello di Ortega, ma anche con uno dei più originali allievi di Husserl, Wilhelm Schapp. È interessante notare, a tal proposito, questo brano tratto da *History as a System* di Ortega y Gasset: "D'altra parte, conviene farsi carico dello strano modo di conoscenza, di comprensione, rappresentato dall'analisi di ciò che è concretamente la nostra vita, quella di adesso. (…). Qui il ragionamento è chiarificatore, *la ragione consiste in una narrazione.* Per comprendere qualcosa di umano, di personale, di collettivo, è necessario raccontare una storia. Quest'uomo, questa nazione, fa una tal cosa ed è così perché prima aveva fatto quest'altra cosa ed era stata in quest'altro modo. La vita diventa un poco più trasparente solo di fronte alla ragione storica". [166]

---

[165] Ricœur, 1986 (Op. cit.), p. 15.
[166] *Por otra parte, conviene hacerse cargo del extraño modo de conocimiento, de comprensión, que es ese análisis de lo que concretamente es nuestra vida, por tanto, la de ahora (...). Aquí el razonamiento esclarecedor, la razón, consiste en una narración. Frente a la razón pura físico-matemática hay, pues, una razón narrativa. Para comprender algo humano, personal o colectivo, es preciso contar una historia. Este hombre, esta nación hace tal cosa y es así porque antes hizo tal otra y fue de tal otro modo. La vida solo se vuelve un poco mas transparente ante la razón histórica.*

Ecco come questo concetto orteghiano di *razionalità narrativa*, di chiara derivazione schappiana, possa poi a sua volta essere chiaramente assimilato a quello d'identità narrativa, teorizzato successivamente da Paul Ricoeur.

Ancora a proposito delle diverse concettualizzazioni orteghiane qui presentate, può essere infine utile evidenziare come, talune tra le sue intuizioni più originali, stiano oggi tornando al centro del dibattito culturale, con un linguaggio ovviamente più appropriato allo "spirito" del tempo, nell'ambito di molteplici discipline non solo umanistiche.

In un suo interessantissimo saggio,[167] António Damasio – uno tra i più accreditati neuroscienziati del panorama contemporaneo – nel suo tentativo di descrivere in modo divulgativo l'attività organica attraverso cui il cervello (e il corpo di cui è parte inscindibile) rende possibile l'elaborazione di quelle che potremmo definire le *credenze* orteghiane – sostiene che "le nostre percezioni e le idee che esse evocano, generano continuamente una descrizione parallela in termini di linguaggio. Tale descrizione si costruisce anche a partire da immagini. Tutte le parole che usiamo, in qualunque lingua, parlata, scritta, o anche acquisita attraverso il tatto, come nel caso del Braille, sono fatte di immagini mentali. (…). La mente è però costituita da qualcosa di più delle immagini dirette di oggetti o avvenimenti e della loro traduzione in linguaggio. Nella mente sono presenti innumerevoli immagini riferite a qualunque oggetto o avvenimento che aiuti a descrivere le loro proprietà costitutive e le loro relazioni. L'insieme delle immagini generalmente correlate con un oggetto o avvenimento, equivale all'idea di quell'oggetto, al suo significato, alla sua

---

[167] António Damasio (2018), *The Stranger Order of Things. Live, Feelings and the Making of Cultures*, Penguin Random House, Londra.

semantica. Le idee (i concetti e il loro significato) possono essere tradotte nella lingua dei simboli e consentire il pensiero simbolico. Possono anche essere riprodotte attraverso una classe speciale di simboli complessi, il linguaggio verbale. Parole, frasi, queste ultime rette da rigide regole grammaticali, eseguono la traduzione, ma anche le traduzioni sono basate a loro volta su immagini.

Il nostro pensiero è composto da immagini, dalla rappresentazione di oggetti e avvenimenti fino ai concetti corrispondenti e alla loro traduzione verbale. Le immagini sono il simbolo universale della mente e del pensiero".[168]
Queste immagini – sostiene in sostanza Damasio –, le immagini di un oggetto, le immagini di ciò che l'oggetto (una cosa, un animale, un essere umano) fa, o di quello che l'oggetto ci fa sentire; così come le immagini di ciò che pensiamo dell'oggetto o le immagini delle parole che traducono qualunque delle immagini suddette – possono essere integrate in forme diverse, possono essere correlate al modo in cui vengono messe in relazione allo spazio e, soprattutto, al tempo, e possono dare vita a un genere di sequenze significative definite racconti.
"La vita" – sintetizza in conclusione Damasio, avvicinando così anche il linguaggio del suo lavoro neuroscientifico a quello fenomenologico e orteghiano – "è costituita da un'infinità di racconti, semplici e complessi, banali e significativi, che descrivono tutto il rumore e la furia e la tranquillità delle nostre esistenze, e il fatto che in tal modo esse possano essere profondamente caricate di significato".[169]

---

[168] Ivi, pp. 130-131.
[169] Ivi, p. 133.

Parte II

COMUNICAZIONE E IDENTITÀ

IV

Neuroscienze sociali e identità

1
Fenomenologie del Sé

La fenomenologia, come abbiamo visto, si caratterizza prevalentemente per il suo tentativo di analizzare il cosiddetto atteggiamento "naturale" degli esseri umani. Dal punto di vista sociologico essa si presenta, dunque, principalmente come un metodo per l'analisi dei processi culturali e comunicativi attraverso i quali si costituisce la struttura del *senso comune*, del mondo *dato per scontato* nell'atteggiamento della vita quotidiana.

Soggetto e oggetto, individuo e società, risultano di fatto inseparabili nella teoria sociale fenomenologica: il "mondo" è *sempre* "il mondo esperito dal soggetto"; la realtà è *sempre* "esperienza della realtà".

Il mondo dell'esperienza e, al suo interno, il mondo della vita quotidiana, viene esperito da ciascun soggetto come "organizzato intorno al proprio *sé*", assunto come punto zero di un sistema di coordinate spazio-temporali che varia al mutare del *qui e ora* (*hic et nunc*) del soggetto stesso.

In sintesi, ciascun soggetto ha una situazione biografica unica che segue il corso del tempo socialmente oggettivato: da esso deriva, in ultima istanza, momento per momento, il *senso delle sue esperienze*. Ed è a questo proposito che, tra i paradigmi più strettamente correlati alla fenomenologia, non si può mancare di ricordare l'*interazionismo simbolico*, che si è venuto sviluppando ed affermando a partire dagli anni Trenta del nostro secolo grazie al lavoro di alcuni importanti psicologi sociali americani, primo tra tutti George Herbert Mead.

Ciò che lascia assegnare a Mead un ruolo fondamentale nello sviluppo di questo paradigma è il fatto che egli fu uno dei primi teorici a connettere inestricabilmente, nella sua teoria, individuo e società. Nelle sue riflessioni queste due entità sono considerate nella loro ineluttabile reciprocità: non più separate (una delle quali influenzava l'altra) ma una sola *entità* che – quasi indistintamente – si mostra in due modi diversi (la personalità individuale e la struttura sociale).

L'idea centrale di Mead – a partire dalla quale si è poi venuta a sviluppare una corrente di pensiero che convergerà con successo nella teoria sociologica contemporanea – è quella della duplicità del Sé: *Io* e *Me*. Il *Me* è il Sé socialmente inteso; l'*Io* è la risposta al *Me*. L'io, dunque, si configura come la risposta di un individuo agli atteggiamenti degli altri nei suoi confronti, mentre il *Me* sarebbe l'insieme organizzato degli atteggiamenti degli altri che un individuo assume.

In altre parole, il Sé viene così suddiviso in una parte esterna – il *Me* («più esattamente una parte che è vissuta dalla persona come proveniente dall'esterno, cioè dalla società che lo circonda, e nella forma di domande da soddisfare e modelli da seguire») – e da una parte interna (l'*Io*), che rappresenta il nucleo intimo del Sé, il nucleo che valuta, analizza e decide di accettare o meno le richieste e le aspettative sociali derivanti dall'esterno. Una tale necessità di scissione delle componenti di ogni individuo si può dire derivi da un antico paradosso. "Come è possibile che qualcuno inganni sé stesso? – visto che colui che conosce la verità è lo stesso che deve credere alla menzogna? La maggioranza degli psicologi risolverebbe questo dilemma postulando diversi *Sé* nella stessa personalità, ognuno con conoscenza e motivazioni precluse agli altri.

L'esempio più famoso, in tal senso, è probabilmente quello della tripartizione freudiana di *Es*, *Io* e *Super-Io*. Ma tutti questi diversi sé – sostiene Mead – sembrano avere qualcosa in comune. Essi sono tutti presenti "oggettivamente" nella psiche, proprio come le strutture sociali esistono "oggettivamente" nella società come fatti sociali.

Per risolvere questo paradosso, Mead procede in un modo ai suoi tempi particolarmente originale. Egli parte dall'osservazione basilare che noi siamo esplicitamente consapevoli dei nostri *Sé* personali. Noi siamo soliti parlare di situazioni come *"essere consapevoli di sé"* o *"non sentirsi sé stessi oggi"*. In questo senso, gli esseri umani conoscono i loro *Sé* come uno dei fenomeni nel loro mondo-della-vita quotidiana. Da dove viene questo *Sé* o, più esattamente, di che cosa siamo consapevoli quando siamo consapevoli dei nostri *Sé*? Si dovrebbe pensare (come fece Mead) che l'*Io* interiormente percepito, non possa essere identico al *Sé* di cui pure sono consapevole. Questo *Io*, cioè il soggetto attualmente conoscente, non può essere esperito come quello conosciuto. Esso può, al massimo, costituire un'ipotesi. Il *Sé* che io posso conoscere è un *Me* che può essere ricostruito nella *memoria* e nell'immaginazione come una *persona oggettiva* che ha determinate caratteristiche, che ha fatto o detto questo o quello, e che gioca bene a tennis ma diventa nervoso nelle situazioni mondane. Ma questo è il tipo di conoscenza che abbiamo delle altre persone. Sicuramente, noi siamo consapevoli di noi stessi come soggetti agenti e come oggetti; siamo consapevoli di noi stessi come degli *Io*.

Mead spiega che questo *Io* non è l'*Io* fondamentale implicato in qualsiasi atto della conoscenza attuale. Noi possiamo richiamare e immaginare tra le altre cose, i nostri dialoghi interiori:

– Ho bisogno di ottenere un buon voto in questo esame: e quindi devo copiare.

– Ma se copi per ottenere un buon voto, ingannerai i tuoi amici e perfino te stesso.

– Non è vero; credo in me stesso e nei miei amici, ma non credo in questa scuola e nei suoi esami.

In questo caso possiamo ricordare, "adesso", un dialogo interiore che ha avuto luogo nel passato. Con ciò, una persona sembra parlare e ragionare con un'altra persona che ascolta e risponde. Ci sembrano essere due tipi di persone – *Io*, il soggetto con i suoi desideri personali, le sue reazioni e i progetti intenzionali e il *Me*, il moralizzatore, il giudice che valuta l'*Io*.

A questo punto Mead compie un'osservazione decisiva. Che cosa ci permette di separare il discorso, l'ascolto e l'interpretazione di un dialogo interiore in due metà, ognuna appartenente a una persona diversa? Perché si manifesta qui la sensazione di due "*persone*" che parlano l'una all'altra in uno scambio di questo tipo?

I dialoghi interiori hanno un corrispettivo sociale, che è una delle forme più semplici di interazione sociale, *la conversazione a due*.

Quando voi parlate con un altro, appare la stessa *struttura* di un *Io* che dice delle cose a un *Tu* che ascolta e risponde – e ognuno partecipa a turno alla conversazione. Di fatto *lo schema* della critica e della difesa è comune nelle conversazioni con gli altri.

Ma possiamo spingerci più in là; questo *Me* capace di approvare, giudicare e pronunciarsi – tutto in accordo con la moralità e le convenzioni della nostra cultura – è un carattere familiare. È uno stereotipo sociale costruito, prima di noi, dai genitori, dagli insegnanti e dalle figure dotate di autorità. Possono essere gli insegnamenti di queste figure che ci permettono di accumulare una collezione di valutazioni *soggettive*, affermazioni e modi di dire in un tipo di *"persona"*. Ma non esistono altri aspetti del *Sé* – altri *Me* – che corrispondono a degli stereotipi sociali?

Lo sbocco di tutto ciò è una concezione precisamente sociologica del *Sé*, e quindi la possibilità di una psicologia sociale. Il *Sé* non è più qualche *struttura interiore* che esiste in ogni psiche umana. Essa è piuttosto l'*interiorizzazione* dei processi culturali mediante i quali gruppi di persone interagiscono reciprocamente. Imparare a partecipare all'agire di gruppo permette di acquisire un *Sé* e viceversa.[170]

Da queste ultime affermazioni appare evidente la profondità del legame che esiste tra questo modello psico-sociologico di Mead e l'impostazione fenomenologica di derivazione husserliana. Da quanto esposto emerge infatti principalmente una concezione dell'*identità* individuale, da una parte, e della *società* e della struttura sociale, dall'altra, che rende le due entità virtualmente inseparabili. D'altra parte, non si può evitare di notare la particolare assonanza con l'impostazione di un altro autore al quale abbiamo più volte fatto riferimento nella prima parte: José Ortega y Gasset.

Una delle frasi emblematiche e più diffuse che hanno contribuito a rendere celebre questo grande intellettuale spagnolo è: *"io* sono *io* e la mia circostanza" (*yo soy yo, y mi circunstancia*). Attraverso tale espressione, Ortega intendeva mettere innanzitutto in rilievo il fatto che nessuna definizione del concetto di *identità* potesse essere elaborata adeguatamente

---

[170]Howard Schwartz-Jerry Jacobs, *Sociologia qualitativa*, Il Mulino, Bologna 1987, pp.52-54.

senza riferirla, al contempo, alla sua inestricabile relazione con la *circostanza* cui essa appartiene. La "circostanza", in termini orteghiani, è esplicitamente tutto ciò che il nostro io non è in grado di controllare con la sua singola volontà, come il sesso, l'età, la classe sociale o le istituzioni (ad esempio, la famiglia). Tali "circostanze" costituiscono, tra le altre cose, delle vere e proprie *strutture*, ovvero sistemi più o meno stabili di relazioni con altri individui, portatori, a loro volta, di strutture normative e cognitive in grado di orientare in modo determinante – seguendo una definizione di derivazione chiaramente durkheimiana – il loro modo di sentire, pensare e agire.

Se Ortega y Gasset può essere considerato durkheimiano per ciò che concerne la definizione dei "fatti sociali *come cose*", egli si distacca al contempo dal grande sociologo francese in quanto considera i fatti sociali stessi – così come qualunque altro oggetto d'analisi sociologica – *non* come oggetti o "cose", bensì come *processi*. A tal fine Ortega elaborerà, come abbiamo già notato, una serie di articolate riflessioni sul rapporto tra *credenze, concetti* e *strutture*.

Fin dalle prime fasi della loro esistenza – egli sostiene – gli esseri umani si trovano necessariamente a interagire con altri uomini, i quali dispongono già di un repertorio di idee sulla realtà fondate su credenze collettive spesso stabilmente istituzionalizzate. L'immaginario collettivo di ogni epoca entra in tal senso a far parte della nostra *circostanza*, orientando sistematicamente il pensiero e la condotta di tutti i membri della società, e conducendoli inevitabilmente ad assumere come proprie le categorie dell'ambiente culturale d'appartenenza e i suoi *pattern* dominanti.

La visione del mondo socializzata si confonde con il mondo, di modo che l'individuo non può distinguere ciò che le cose sono da ciò che esse appaiono attraverso il filtro delle categorie che ha assorbito durante il processo di socializzazione primario. Ciò, evidentemente, implica che l'uomo non può mai avere un contatto diretto con la realtà. Tutto il contrario: ogni relazione con il mondo è sempre mediata dalla struttura simbolica che lo avviluppa sin dalla nascita. Fra l'io e la realtà – sempre e necessariamente – c'è tutto un universo di simboli che svolge la fondamentale funzione di mappa cognitiva, valutativa e affettiva. Certo, l'universo simbolico è ciò che rende l'uomo cieco e sordo di fronte a determinati aspetti del mondo, ma è anche il filtro che permette che la circostanza appaia all'io come una struttura dotata di senso, con il suo ordine interno, i suoi significati e i suoi valori immanenti. "Stando così le cose – come scrive Luciano Pellicani – il fenomeno fondamentale della vita umana, sia individuale che collettiva, è costituito dal sistema di quei particolari simboli che sono le credenze".[171]

La socializzazione

Dopo aver ricordato che: la società è un *prodotto umano*; la società è una *realtà oggettiva*; l'essere umano è un *prodotto sociale*, è altresì opportuno non dimenticare che l'individuo non nasce membro *della* società. Egli nasce con una predisposizione alla socialità e solo successivamente diventerà membro di *una* (non *della*) società. Nella dialettica *Esteriorizzazione-Oggettivazione-Interiorizzazione che caratterizza* il processo di *Costruzione Sociale della Realtà* descritto dalla teoria di Berger e Luckmann, l'*interiorizzazione* è resa possibile dalla *socializzazione*, ovvero dall'insediamento, *completo* e *coerente*,

---

[171] Luciano Pellicani, *Introduzione* a José Ortega y Gasset (1979), Op. cit., pp. 42-44.

di un individuo nel mondo *oggettivo* di una società o di un suo settore.

George Herbert Mead distingueva una *socializzazione primaria* (la prima socializzazione che un individuo intraprende nell'infanzia) e una *socializzazione secondaria* (ogni processo successivo che introduce un individuo già socializzato in nuovi settori del mondo oggettivo della sua società). Si tratta di una distinzione importante, in quanto la *socializzazione primaria* implica, più che un apprendimento cognitivo, un *attaccamento emotivo* alle persone (i socializzatori) che mediano il processo di apprendimento. Nel corso della prima socializzazione, in pratica, il bambino si identifica con i socializzatori in una varietà di modi emozionali, al punto che si può dire che l'interiorizzazione avviene solo quando si verifica una identificazione con i suoi socializzatori. In altri termini, un bambino impara ad eseguire determinati comportamenti (schemi d'azione ripetuti) attraverso l'imitazione dei comportamenti di colui che glieli trasmette (ad esempio, un genitore). Il bambino assume i *ruoli* e gli atteggiamenti delle persone per lui significative, cioè li interiorizza e li rende propri. È solo grazie a questa *identificazione* con gli *altri significativi* che il bambino diventa capace di identificare sé stesso, di acquisire cioè un'identità soggettivamente *coerente* e plausibile. In altre parole, l'identità può essere definita un'*entità riflessa*, che riflette cioè gli atteggiamenti degli altri nei suoi confronti. La dialettica tra l'identificazione da parte degli altri e l'autoidentificazione, tra *identità oggettivamente assegnata* e *identità soggettivamente riconosciuta*, è al cuore stesso di ogni processo di costruzione sociale dell'identità. L'identità, in quanto entità riflessa, può anche essere definita nei termini di un'*entità relazionale*

In termini fenomenologici, diciamo che bisogna intendere ogni individuo (così come ogni altro "oggetto") non come un *soggetto* che si contrappone e si differenzia dagli altri soggetti in un mondo esterno ad esso, ma come un'entità che si definisce se e solo sé entra in relazione dialettica con gli altri, nell'ambito della realtà sociale di cui è parte integrante e inscindibile. In questi termini possibile *l'identità* è un fenomeno *relazionale*.

In tal senso, l'identità di un individuo può dirsi acquisita quando si forma una coerenza relativamente stabile tra una definizione oggettiva e una percezione soggettiva della stessa. In altre parole, quando si stabilizza una corrispondenza relativamente «naturale» (data per scontata) tra il modo in cui gli altri ti definiscono e il modo in cui l'io definisce sé stesso. Tale *simmetria* tra identità *oggettiva* e *soggettiva*, tuttavia, non può essere mai completa e totale; difatti, è possibile distinguere tipi diversi di società anche in base al grado di discrepanza (gradi di libertà) tollerati tra queste due forme di definizione sociale del sé.

2
Intersoggettività, ruoli e istituzioni

Ogni identità è sempre inserita nella *circostanza* data dalla realtà della sua quotidianità. La vita quotidiana, in termini fenomenologici, è a sua volta sempre organizzata intorno al *qui* (*hic*) e *adesso* (*nunc*) del presente. Questo *hic et nunc* costituisce il centro stesso della realtà; esso è il *realissimum* della cosiddetta *coscienza intenzionale*.

La realtà della vita quotidiana non è tuttavia esaurita da queste realtà immediate. Io faccio esperienza della vita quotidiana in termini di gradi differenti di lontananza, sia spaziali che temporali.

Al centro – il grado più intenso di *coscienza* – c'è la "zona" della vita quotidiana più direttamente accessibile alla mia manipolazione corporea. Questa zona comprende il mondo a portata dei miei sensi, il mondo in cui agisco e interagisco con gli altri.

Come già accennato, inoltre, la realtà della vita quotidiana ci si presenta sempre come un mondo *intersoggettivo*, un mondo che l'io condivide con gli *altri*. Questa *intersoggettività* differenzia nettamente la vita quotidiana da altre realtà di cui ho coscienza: io so che il mio *atteggiamento naturale* verso questo mondo (la realtà della vita quotidiana) corrisponde all'atteggiamento naturale di *altri*, e che anch'essi comprendono le *oggettivazioni* dalle quali questo mondo è ordinato; che anch'essi organizzano questo mondo intorno all'*hic et nunc* della loro presenza in esso. Io so che, *naturalmente*, gli altri hanno una loro particolare *prospettiva* nei confronti di questo mondo, che non è identica alla mia: il mio «*qui*» è il loro «*là*». Il mio «*adesso*» non coincide pienamente con il loro...; ciononostante, io so che condivido con loro un mondo comune; una stessa *realtà*.

Tutti questi aspetti possono essere agevolmente collegati a quelli che, nella prima parte, abbiamo definito essere le *strutture costanti della percezione* rilevati dall'approccio fenomenologico: *l'intenzionalità* della coscienza, il carattere *gestaltico* e *l'incompletezza prospettica* della percezione. Il quarto aspetto – relativo al cosiddetto carattere *fenomenico e temporale* della percezione – può essere riferito al fatto che la *temporalità è una proprietà intrinseca della coscienza*, il cui flusso è sempre ordinato in senso temporale.

L'intersoggettività che si manifesta nel corso dell'esperienza della vita quotidiana ha sempre anch'essa una dimensione temporale. Il mondo comune ha il suo proprio *tempo standard*, che è intersoggettivamente accessibile e può essere considerato come l'intersezione tra il tempo cosmico e il suo calendario socialmente stabilito, basato sulle sequenze temporali della natura, e il tempo interiore, nelle sue possibili differenziazioni.[172]

La *struttura temporale* della vita quotidiana, come abbiamo notato, si pone di fronte a noi come una *fattualità* con la quale dobbiamo inevitabilmente fare i conti, con la quale dobbiamo cioè *sincronizzare* il nostro tempo vissuto interiormente (basti pensare ai calendari o agli orologi). Incontriamo il tempo della vita quotidiana come un tempo continuo e finito. Tutta la nostra esistenza in essa è continuamente ordinata dal suo tempo *oggettivo*; anzi, la nostra vita può essere considerata come un episodio nel flusso esteriormente fittizio del tempo. Esso c'era prima della nostra nascita e ci sarà dopo la nostra morte. La consapevolezza della nostra *morte* rende ad esempio questo tempo *finito* per noi, nel senso che sappiamo di poter disporre

---

[172] Per i riferimenti a Brentano, Bergson, Husserl e Ricoeur, cfr. infra.

solo di una certa quantità di tempo per la realizzazione dei nostri progetti e una tale consapevolezza influisce sul nostro atteggiamento nei confronti di ogni eventuale progetto.

In tal senso, ogni struttura temporale è anche fortemente coercitiva (in quanto *oggettiva* e *autonoma*). La stessa struttura temporale determina anche la storicità da cui dipende la nostra situazione nel mondo della vita quotidiana: siamo nati a una certa ora in una certa data; abbiamo cominciato ad andare a scuola in un'altra data; ci siamo sposati in un'altra data e così via. Tutte queste date *oggettive* sono comunque collocate all'interno di una storia molto più vasta, autonoma e indipendente da noi e tale collocazione configura in modo decisivo (*determinante*) la nostra narrazione biografica. La struttura temporale della vita quotidiana, dunque, non solo impone sequenze predisposte sull'agenda di ogni singolo giorno, ma si impone anche sulla nostra biografia complessiva. Noi le percepiamo entrambe (ecco il loro carattere *fenomenico*) all'interno delle coordinate imposte da questa struttura temporale, così come ci si impone attraverso orologi e calendari socialmente stabiliti e istituzionalizzati.

Tipizzazioni e schemi di interazione

La più importante esperienza degli altri ha luogo nella situazione faccia a faccia, la quale costituisce il prototipo dell'interazione sociale. Tutti gli altri casi sono solo una derivazione di questo schema. Nell'incontro diretto, l'altro è pienamente *reale*. Questa realtà fa parte (è inclusa) nella realtà globale della vita quotidiana e, come tale, è *naturale* e indiscutibile. Altrettanto *naturalmente* «io conosco me stesso meglio dell'altro con cui interagisco»; tuttavia, la mia stessa «realtà» non mi è immediatamente presente o percepibile come quella dell'altro che ho di fronte. Egli è per me immediatamente accessibile attraverso i sensi. Accedo a lui immediatamente e irriflessivamente; d'altra parte, «ciò che io sono» non è così immediatamente accessibile a me stesso attraverso i sensi e, se voglio renderlo tale, debbo fermarmi, sospendere (cioè, applicare il metodo dell'*epoché*), arrestare la spontaneità continua della mia esperienza, e *intenzionalmente* rivolgere la mia attenzione su me stesso.

In tali processi di interazione seguiamo sempre degli *schemi* o *modelli* più o meno rigidi, fondati sulle aspettative reciproche rispetto all'immagine dell'altro di cui disponiamo (conoscenza pregressa diretta o indiretta). In altre parole, io percepisco l'altro sempre per mezzo di schemi di tipizzazione nei cui termini gli altri con cui interagisco vengono percepiti e considerati.

Tutte queste tipizzazioni incidono continuamente sui rapporti diretti; la nostra stessa relazione diretta sarà modellata da queste tipizzazioni fino a che esse non sono rese (eventualmente) problematiche.

Gli schemi di tipizzazione che intervengono negli incontri diretti sono naturalmente reciproci (*anche l'altro mi percepisce come un professore, un amico, un collega, un fratello etc.*) e ci classificano e modellano le aspettative: Io interagisco con l'altro in quanto *tipo* e interagisco con lui in una situazione che è anch'essa *tipica*. Le relazioni dirette sono modellate sulla base delle tipizzazioni, almeno fino a quando, come dicevamo, non diventano problematiche (*si oppongono cioè alle aspettative reciproche*).

Le tipizzazioni dell'interazione sociale diventano progressivamente anonime via via che si allontanano dalla situazione dell'incontro diretto. Ogni classificazione implica naturalmente un certo grado di anonimia: se io classifico il mio amico Giovanni come un membro della categoria X (napoletano), Y (tifoso del Napoli), *ipso facto* interpreto almeno certi aspetti della sua condotta come risultanti da questa tipizzazione. Questo però implica che tali caratteristiche tipiche (napoletano – tifoso del Napoli), siano pertinenti a chiunque rientri in tali tipologie. Quando incontrerò un napoletano – *tifoso della Juventus*, la mia tipologia anonima sarà contraddetta, oppure dovrò considerare che si tratta di un individuo (napoletano) a-tipico (ovvero che si colloca al di fuori dello schema tipico che governava le mie aspettative).

Finché non sono messe in dubbio, insomma, le tipizzazioni guidano e determinano le mie azioni in ogni possibile situazione. L'anonimia aumenta via via che si passa dal più vicino (numero di conoscenze dirette di napoletani) al più lontano (nessuna conoscenza diretta).

La *realtà* sociale della vita quotidiana è così percepita in una serie ininterrotta di *tipizzazioni*, che si fanno progressivamente anonime man mano che si allontanano dall'*hic* et *nunc* della situazione dell'incontro diretto: da una parte ci saranno coloro con cui interagisco frequentemente e intensivamente negli incontri diretti; dall'altra ci saranno *tipi* di persone caratterizzate sulla base astrazioni fortemente anonime. La *struttura sociale* è la somma totale di queste tipizzazioni e dei modelli ricorrenti (schemi) di interazione stabiliti per il loro tramite. Ricordiamo anche, come già approfondito nella prima parte, che ognuno di noi è inoltre in relazione, non solo con i propri consociati diretti, ma anche con i contemporanei, i predecessori (antenati) e i successori (discendenti). Anche con questi ultimi, ognuno di noi è legato per mezzo di tipizzazioni fortemente anonime.

La vita quotidiana è divisa in settori che vengono percepiti sotto forma di *routine*, e altri che mi mettono continuamente di fronte a problemi di vario genere.

La realtà della vita quotidiana si muove tra i vari settori in modo fluido e a-problematica (a meno che non appaiano problemi che appartengono completamente a un'altra sfera di realtà). Se tale fluidità viene interrotta dalla comparsa di un problema, si tende a integrarla nel settore non problematico, ricorrendo a una serie di rituali più o meno standardizzati predisposti da apposite istituzioni sociali. Quando ad esempio fa capolino una "realtà marginale" – la morte di un conoscente, di un amico o di un parente rappresentano il caso limite per eccellenza dell'irruzione dell'irrealtà nell'ambito della vita quotidiana – si attuano immediatamente rituali funebri e legati al lutto, al fine di relegare quanto prima l'avvenimento nell'ambito di una realtà "circoscritta" e delimitata (dalla quale, appunto, proteggere i rassicuranti confini della vita quotidiana).

Esistono ovviamente anche altre sfere di realtà, che si situano in maniera meno drammatica e dirompente all'interno della realtà dominante, come sono ad esempio quelle del gioco, il teatro, del cinema, della religione. Si può dire che quando ci troviamo immerse in esse, ognuno di noi si muove come in un'escursione, ovvero transitando (in maniera più o meno fluida) tra le diverse sfere di realtà che le delimitano, facendo la spola. Al teatro, ad esempio, il limite è chiaramente segnalato dall'alzarsi e dal riabbassarsi del sipario; quando il sipario cala, lo spettatore «torna alla realtà».

È importante ricordare come l'atteggiamento "naturale" considerato dalla fenomenologia sia l'atteggiamento della coscienza del senso comune nel momento in cui essa fa riferimento a un mondo che è comune a molti uomini. La conoscenza del senso comune è la conoscenza che ognuno di noi condivide con altri nelle normali, "autoevidenti" *routine* della vita quotidiana. La realtà della vita quotidiana viene data per scontata come realtà. Essa non richiede una verifica ulteriore oltre la sua semplice presenza. Io so che è reale!

Se, in certi casi, comincio a dubitare della sua realtà (come, ad esempio, può accadere subito dopo la morte di un parente), sono costretto a *sospendere* un simile dubbio mentre permango all'interno della routine della vita quotidiana. Questa *sospensione del dubbio* è così solida che, per abbandonarla (come, ad esempio, nella contemplazione religiosa o metafisica), dovrei compiere un totale cambiamento di prospettiva; dovrei impegnarmi in uno sforzo deliberato e per niente facile, assumendo un atteggiamento non molto diverso da quello dei grandi mistici, dei grandi filosofi, artisti o anche degli scienziati particolarmente devoti alla loro vocazione, caratterizzata peraltro dal fatto di poter essere condivisa soltanto da pochi "iniziati".

È da notare, a tal proposito, come un po' tutte le sfere di significato circoscritte siano caratterizzate dalla loro capacità di distogliere l'attenzione, in un modo o nell'latro, dalla realtà della vita quotidiana. Il *linguaggio* comune tende ad assicurare il rientro, a tradurre le esperienze non quotidiane nella realtà dominante. Il fisico teorico, ad esempio, dirà che il suo concetto di spazio non può essere comunicato linguisticamente; l'artista dirà che la sua creazione non può essere oggettivato linguisticamente; il mistico dirà che la sua fede o visione del mondo non si potrà «dire» nel linguaggio comune. Tuttavia, tranne rarissimi casi, resta il fatto che tutti loro continueranno a vivere «anche» nella realtà della vita quotidiana

Espressività, oggettività e consuetudinarietà del Sé

L'espressività umana (il *mondo 2 popperiano*) è in grado di oggettivarsi (il *mondo 3 popperiano*).
Essa si manifesta cioè in attività che sono accessibili sia ai loro produttori sia agli altri in quanto elementi di un mondo comune. Queste oggettivazioni servono come indici più o meno durevoli

dei processi soggettivi dei loro produttori. La realtà della vita quotidiana non è soltanto piena di oggettivazioni: è resa possibile esclusivamente solo grazie ad esse. Il linguaggio ha origine nella situazione dell'incontro diretto, ma può essere agevolmente separato da essa.

Nell'incontro faccia a faccia, il linguaggio esso possiede un carattere di *reciprocità*: entrambi udiamo ciò che ciascuno dice. Inoltre, io *ascolto me stesso* mentre parlo con l'altro. I miei propri significati soggettivi diventano oggettivamente e continuamente accessibili per me (e pertanto divengono per me più reali). Nel momento in cui io oggettivo il mio proprio modo di essere per mezzo del linguaggio, esso diviene massicciamente e continuamente accessibile a me stesso nel momento in cui è accessibile all'altro; dunque, ho l'occasione di poter accedere direttamente a me senza l'interruzione della riflessione deliberata.

Insomma, *il linguaggio rende più reale la mia soggettività non solo per il mio interlocutore ma anche a me stesso.*

Come abbiamo già notato, tutta l'attività umana è soggetta alla *consuetudinarietà*: ogni azione che venga ripetuta frequentemente viene cristallizzata secondo uno schema fisso (*modello*), che può quindi essere riprodotto con una economia di sforzo e che viene quindi percepito dal suo autore come *quel* dato schema. L'abitualizzazione (*routine*), implica inoltre che l'azione possa essere eseguita ancora in futuro nello stesso modo – questo vale sia per l'attività sociale sia individuale (l'individuo solitario segue anch'egli schemi d'azione stabilizzati). Questi processi di abitualizzazione-consuetudinarietà precedono ogni tipo di istituzionalizzazione

L'istituzionalizzazione ha luogo ovunque vi sia una *tipizzazione reciproca di azioni consuetudinarie* da parte di un gruppo di esecutori.

L'istituzione postula che azioni di tipo X siano compiute da attori di tipo Y. Inoltre, le istituzioni devono sottostare a due condizioni: fornire uno schema di condotta (un modello) a coloro che ne fanno parte; avere una tradizione le cui origini ultime si collochino al di là dei confini della realtà storica della vita quotidiana.

In ogni società le istituzioni, per il solo fatto di esistere, controllano la condotta umana fissandole modelli prestabiliti che la incanalano in una direzione anziché in un'altra, tra le molte che sarebbero teoricamente possibili. Dire che un segmento dell'attività umana è stato istituzionalizzato, significa che tale segmento è stato sottoposto al *controllo sociale*.

L'istituzionalizzazione è incipiente in ogni situazione sociale durevole e diventa necessaria ogni qualvolta si presenti un problema condiviso cui si rende necessario fornire una soluzione permanente.

Fin quando gli *schemi di condotta* sono costruiti e mantenuti solo nell'interazione presente (volta a risolvere un problema condiviso), la loro oggettività resta fragile e rivedibile. Tali schemi si devono presentare all'esperienza come esistenti al di sopra degli individui che («per caso») le incarnano in un dato momento.

Esse devono apparire come dotate di una realtà propria: come un fatto (una realtà) esterno e coercitivo. In generale, tutte le azioni ripetute una o più volte tendono a diventare abituali, nello stesso modo in cui le azioni osservate da un altro implicano necessariamente qualche tipizzazione da parte sua. Tuttavia, perché un genere di tipizzazione reciproca possa dare vita a una vera e propria situazione sociale duratura, tale da condurre a una vera e propria istituzione, è necessaria una trasmissione che si dilunghi nel tempo (attraverso il trascorrere delle generazioni).

L'esempio più semplice, nonché relativo all'istituzione umana universalmente più diffusa, è quello della *famiglia*. Quando un individuo X nasce, automaticamente ("naturalmente") egli assumerà un *ruolo* (quello di "figlio", "fratello", "nipote", etc.) all'interno di un'*istituzione* dotata di tutta una serie di modelli di azione predeterminati, più o meno astratti, che guideranno i tipi di azione reciprocamente attesi da coloro che ne faranno parte.

L'oggettività del mondo istituzionale è sempre un'oggettività umanamente prodotta e costruita collettivamente. Il mondo istituzionale è un'attività umana oggettivata. Lo stesso vale per ogni singola istituzione. Nonostante il loro carattere assolutamente oggettivo, esse non giungeranno mai ad acquisire un carattere ontologico proprio, indipendente dall'attività umana che l'ha prodotta. La relazione continuerà ad essere sempre dialettica. L'uomo, cioè, e la sua realtà socialmente costruita, interagiscono reciprocamente e ininterrottamente. Il prodotto agisce sul produttore.

Legittimazioni

Solo con la trasmissione del mondo sociale a una nuova generazione (l'*interiorizzazione* effettuata attraverso la *socializzazione*) la dialettica sociale apparirà nella sua completa totalità.
A partire da questo momento, il mondo istituzionale richiederà necessariamente una sua legittimazione. A tal fine dovrà dotarsi ovvero di quegli strumenti narrativi attraverso cui poter attingere per poter spiegare e giustificare la sua esistenza e la sua trasmissione attraverso le generazioni. Il mondo sociale, a questo punto, apparirà più come una tradizione impersonale (*mitica*, di carattere *religioso, filosofico, storico-scientifico*), che

non come una memoria biografica prodotta da gruppi di individui particolari.

La legittimazione può essere definita come un'oggettivazione di secondo grado dei significati. La *funzione* della legittimazione è di rendere oggettivamente accessibili e soggettivamente plausibili le oggettivazioni di primo grado che sono state istituzionalizzate. Si tratta di integrare ogni istituzione in un ordine più generale e complessivo di totalità istituzionale e – al contempo – di rendere soggettivamente significativa la totalità della vita di un individuo (la biografia) nella successione di passaggi attraverso i vari gradi dell'ordine istituzionale. Un livello verticale entro il periodo della vita dei singoli individui deve dunque essere aggiunto al livello orizzontale di integrazione e di plausibilità soggettiva dell'ordine istituzionale. La necessità di una legittimazione si impone inevitabilmente quando le oggettivazioni dell'ordine istituzionale devono essere trasmesse a una nuova generazione. Il carattere di evidenza della soluzione (istituzionalizzata) dei problemi, non può più essere conservata per mezzo dei ricordi e delle abitualizzazioni degli individui. È a questo punto che si rendono necessarie delle *spiegazioni* e delle *giustificazioni* della tradizione istituzionale. Ciò significa che ogni legittimazione è dotata di elementi di carattere *cognitivo* (relativi, cioè alla spiegazione delle conoscenze), ed elementi di carattere *normativo* (relativi cioè ai valori e alle giustificazioni delle norme). Essa «spiega» l'ordine istituzionale attribuendo validità conoscitiva ai suoi significati oggettivati, e lo «giustifica» conferendo dignità di norma ai suoi imperativi pratici.

Una struttura di parentela, per essere legittimata, deve innanzitutto portare i suoi membri alla conoscenza dei ruoli che definiscono le azioni giuste e quelle sbagliate all'interno della struttura istituzionale in questione. Ad esempio, per ciò che concerne il tabù dell'incesto, un individuo, per seguire l'interdetto che gli impedisce di sposarsi con un membro del proprio clan, deve prima conoscere sé stesso come membro di questo clan. Tale conoscenza gli giunge attraverso una tradizione che «spiega» che cosa sono i clan in generale e il suo in particolare. La legittimazione, in altre parole, non solo dice all'individuo *perché* egli dovrebbe compiere un'azione e non un'altra, ma anche *perché* le cose stanno come stanno (la conoscenza precede quasi sempre i valori nella legittimazione delle istituzioni).

È possibile distinguere analiticamente (mentre empiricamente essi spesso si intersecano) diversi livelli di legittimazione, sulla base della loro complessità teorica. Un livello incipiente; un livello teorico rudimentale (ad esempio schemi esplicativi a livello narrativo di proverbi, massime, leggende e racconti popolari); teorie esplicite proprie di un settore istituzionale specifico; *Universi Simbolici* o *Sistemi Mimetici*: corpi di tradizione teorica che integrano diverse sfere di significato e abbracciano l'ordine istituzionale in una totalità simbolica[173]. A questo punto tutti i settori dell'ordine istituzionale presenti in una società saranno integrati in una struttura di riferimento che li include e che costituisce un universo in senso letterale, in quanto *tutta* l'esperienza umana potrà essere vista come avente luogo all'interno di esso.

L'Universo Simbolico è pensato in tal senso come la matrice di tutti i significati socialmente oggettivati e soggettivamente reali; l'intera società storica e l'intera biografia dell'individuo (comprese tutte le possibili e immaginabili "situazioni

---

[173] Cfr. il capitolo sull'immaginario collettivo nella prima parte di questo lavoro. Per ulteriori approfondimenti cfr. Gianfranco Pecchinenda, *Il Sistema mimetico. Contributi per una sociologia dell'assurdo*, Ipermedium libri, Napoli 2016.

marginali") saranno quindi collocate all'interno di questo "universo".

3
Percezione e Routine

Volendo riassumere alcune delle questioni più significative emerse finora in relazione alla dinamica individuo-società, è possibile sostenere che, in ultima istanza, la *realtà* può essere definita come un fenomeno che si manifesta grazie a un incessante processo dialettico in cui l'attività umana si riversa nell'ambiente circostante attraverso i propri organismi, ovvero mediante un miscuglio inestricabile di corpi, sensi, concetti e tecnologie.

Sul versante opposto, gli *esseri umani* possono a loro volta essere definiti come organismi la cui *realtà* si manifesta attraverso il loro coinvolgimento mediato dall'irretimento dei loro corpi, dei loro sensi, dei loro concetti e delle loro tecnologie e con l'ambiente circostante.

In tal senso gli *esseri umani possono essere considerati come una sorta di filtro, una trama attraverso cui la realtà si manifesta, trasfigurandosi incessantemente in strutture relativamente stabili, definendosi in termini di ruoli e istituzioni sociali.*

Mente e Materia: un punto di vista evoluzionista

È necessario a questo punto soffermarci su tali definizioni, riconoscendo innanzitutto che ci troviamo di fronte a uno dei più grandi e irrisolti problemi che caratterizzano le scienze umane: quello del rapporto tra *mente* e *materia*. In che modo il sentire soggettivo, l'esperienza di sé si rapportano, nell'interazione, al cosiddetto mondo fisico? Al senso comune, il mondo appare come caratterizzato da due aspetti, che devono in qualche modo combaciare e che però sembrano farlo in maniera che attualmente non riusciamo scientificamente a spiegare: uno è l'esistenza delle sensazioni e degli altri processi mentali avvertiti da un essere umano; l'altro è il mondo della biologia, della chimica e della fisica.

Da un punto di vista puramente evoluzionista, è possibile avanzare delle ipotesi alquanto verosimili, sul modo in cui la coscienza compare a partire dalla materia, seguendo il seguente assunto: "Milioni e milioni di anni fa gli animali non erano che uno tra i molti aggregati di cellule indisciplinate che, in mare, cominciavano a vivere come insiemi unitari. Da allora, però, alcuni di essi adottarono uno stile di vita particolare. Imboccarono una vita all'insegna della mobilità e dell'attività, si fecero spuntare occhi e antenne, e svilupparono strumenti per manipolare gli oggetti intorno a loro.

Evolsero così il movimento strisciante dei vermi, il volo ronzante dei moscerini, i viaggi su scala planetaria delle balene. In tale contesto, a un certo stadio imprecisabile, evolse anche l'esperienza soggettiva: *alcuni animali provano una sensazione particolare a essere ciò che sono. Vi è un sé di qualche tipo che vive l'esperienza di quel che accade*".[174]

Come approfondiremo nelle pagine che seguono, siamo alle porte di quell'intricato percorso che inevitabilmente conduce al grande enigma della *coscienza*.

Prima di addentrarci in tale enigma, rivolgiamo ancora una volta la nostra attenzione all'approccio fenomenologico. Il presupposto fondamentale di tale approccio – lo ricordiamo – è una devozione incondizionata, un addentrarsi nelle cose stesse, al loro manifestarsi, al loro *apparire*. Non si tratta – come sostiene Wilhelm Schapp[175] – di una riflessione sulle "cose", ma

---

[174] Peter Godfrey-Smith (2016), *Altre menti. Il polpo, il mare e le remote origini della coscienza*, Adelphi 2018, p. 21.

[175] Per tutti i riferimenti alla teoria fenomenologica della percezione di Schapp, sono debitore agli studi e ad alcuni appunti ancora inediti di Daniele

un accogliere, un assaporare le "cose"; ove la cosa è qui intesa nel senso più ampio possibile, perché ci si può immergere non solo nel mondo delle cose, nei colori, nei toni, "ma ci si può anche immergere nell'atteggiamento spirituale, in cui il mondo delle cose, i colori, i toni diventano oggettuali, e anche quando ci si immerge, in ciò che è rimasto di inavvertito; in ogni caso, bisogna esaminare se è in che misura ciò è accaduto".

Riflettere sugli aspetti fenomenologici della percezione umana significa pertanto sforzarsi di individuare il modo in cui gli oggetti presenti nel mondo circostante ci appaiono e – soprattutto – le loro relazioni con quegli aspetti che caratterizzano la singola percezione ma che non sono direttamente riferibili all'oggetto stesso, come ad esempio la luce, le ombre, i riflessi e – soprattutto – il *colore*.

«Cosa ci è dato sensorialmente nel mondo cromatico, cos'è che noi "vediamo", cos'è percepito – si domanda Schapp? La prima risposta sarà: *il colore*. E il colore ricopre in questo mondo sicuramente un ruolo fondamentale. Che cosa ne è allora delle cose e ancora prima dello spazio? Si può mostrare a qualcuno in maniera più chiara che cosa sia lo spazio di quando gli si mostra il mondo cromatico in cui le cose si trovano? C'è qualcuno che ha una qualche altra intuizione dello spazio che precede questa? Lo spazio non è un colore, eppure viene percepito in modo cromatico. In questo spazio possiamo chiarire realmente che cos'è che sta sopra e cos'è che sta sotto, cos'è che si trova avanti e cosa indietro, che cos'è una superficie e che cos'è la tridimensionalità, così come allo stesso modo, possiamo chiarire, confrontando l'uno con l'altro il giallo, il rosso, il verde e il blu, che il giallo ha una maggiore luminosità specifica

_____

Nuccilli, studioso che ha peraltro curato l'edizione italiana di W. Schapp, *Reti di storie*, Mimesis, Milano 2018.

mentre il blu ha una minore luminosità specifica. Ciò mi sembra abbastanza incontrovertibile».

Le cose, gli oggetti, le persone – sembra indicarci la fenomenologia di Schapp – hanno delle qualità che precedono ogni giudizio su di esse e che si manifestano a noi – nella nostra *realtà* – già in termini relazionali, ovvero già impregnate alle specifiche capacità sensoriali di cui è portatore colui che le percepisce. Tali capacità sensoriali, inoltre, sono sempre a loro volta intrise da caratteristiche linguistiche e, soprattutto concettuali (la qualità sensoriale e percettiva del colore *rosso* è inscindibile dall'etichetta linguistica, ovvero dal *nome* che gli è stato attribuito). Si renderà pertanto necessario, subito dopo aver completato il nostro breve excursus di carattere evoluzionista, non trascurare gli aspetti più propriamente fisiologici e bio-chimici che caratterizzano il fenomeno percettivo umano.

Il colore: evoluzionismo e fenomenologia

Le prime forme di vita apparse sul nostro pianeta sono state le piante. Le piante sono "organismi clorofilliani", ovvero organismi la cui sopravvivenza è garantita dall'energia che la clorofilla trae direttamente dal sole. La clorofilla è un pigmento di colore verde, ed è questo l'elemento principale da tener presente: gli organismi clorofilliani rivestono la nostra terra in lungo e in largo e contengono gli elementi nutritivi fondamentali alla base della catena alimentare umana. L'onnipresenza del colore verde impone ai nostri organi visivi di saper distinguere con grande accuratezza le diverse tonalità di questo colore, in modo da poter avere maggiori possibilità di sopravvivenza.

Dal punto di vista evolutivo è possibile affermare che gli uomini (in quanto organismi viventi) che non siano stati in grado di sviluppare gli *strumenti percettivi* adatti a poter cogliere i messaggi che la "natura" gli trasmetteva (in questo caso attraverso la vista del colore), si sono semplicemente estinti. I sopravvissuti, invece, hanno poi ulteriormente affinato tale capacità percettiva dei loro organi.

Recentemente pare siano state identificate circa 5000 possibili mutazioni per gli aminoacidi necessari a realizzare i cambiamenti genetici per il passaggio dalla visione del solo ultravioletto alla visione tricromatica (rosso, blu e verde), mutazioni che hanno avuto bisogno di un periodo di tempo che varia tra i 90 e i 30 milioni di anni fa.

Negli esseri che figurano più in basso nella scala dei viventi, le azioni volontarie, quelle che sembrano possedere un certo livello di "coscienza" (concetto per il quale, al momento, sono assolutamente necessarie le *virgolette* e su cui ci soffermeremo più approfonditamente) in seguito, sono tutte azioni che tendono a procurare la sopravvivenza dell'organismo stesso che le compie. Detto volgarmente, nell'organismo umano le funzioni compiute dal cervello dipendono originariamente dalle esigenze dettate dallo stomaco.

Se non vediamo una certa gamma di colori e non udiamo determinati suoni, è perché tutti gli altri che riusciamo a percepire ci sono sufficienti per sopravvivere nell'ambiente in cui ci troviamo.

Da questo punto di vista i nostri sensi sono degli apparati di semplificazione che eliminano dalla realtà circostante (quella che si dice oggettiva) tutto ciò che non ci è necessario conoscere per poter sopravvivere. Nella totale oscurità, l'animale che riesce a sopravvivere diventa progressivamente cieco. Così come fanno i parassiti, che nelle viscere di altri animali vivono dei succhi nutritivi già elaborati da questi.

Quando Eva allungò la mano per strappare la celeberrima mela, violando così l'interdetto divino, si produsse probabilmente *il primo atto comunicativo* specificamente umano. Come sostengono molti teorici di ispirazione neo-evoluzionista, infatti, è sempre opportuno distinguere tra una conoscenza necessaria soltanto alla sopravvivenza e una conoscenza finalizzata invece al piacere del sapere fine a sé stesso (dettata dalla curiosità, dall'ansia per l'ignoto e dal desiderio di provare il frutto dell'albero proibito).

La prima è una sorta di istinto che condividiamo praticamente con tutti gli organismi viventi; la seconda è invece soltanto umana. Si tratta di una *conoscenza riflessiva*, di un sapere di conoscere.

Potrebbe anche trattarsi – considerata la delicatezza della questione, il condizionale è d'obbligo – di quel tipo di conoscenza che si colloca all'origine stessa della *coscienza* umana, quel tipo particolare di autocoscienza che, si dice, ci distingue da tutti gli altri animali.

La cosiddetta curiosità, la ragione, il desiderio di conoscere per conoscere, la vera coscienza, emergerebbe solo dopo che sia stato soddisfatto, come diceva anche il grande Spinoza, lo stomaco.

La curiosità sarebbe, paradossalmente, una conseguenza inintenzionale del bisogno di conoscere per vivere.

Non a caso qualcuno ha anche ipotizzato che l'emergere della coscienza possa essere visto come un banale "errore evolutivo", una sorta di "malattia": la malattia di questo curioso organismo che è cosciente di vivere e che pretende non solo di potersi conservare, riprodurre, sopravvivere, ma vuole anche esistere. Ostinatamente *Esistere*.

Percezioni e concetti

Come già accennato, la percezione di un oggetto (del suo colore, del suo odore, del suo rumore) è, nella realtà umana, sempre associata al suo nome, alla sua definizione linguistica e concettuale. Uno degli esempi più classici derivanti dalla fenomenologia per spiegare il complesso rapporto percettivo dell'essere umano con il mondo esterno, è quello proposto da Husserl a proposito del suono.[176]

Per Husserl il suono può costituire un ottimo esempio di un *fatto* percettivo: "un suono è *questo* suono" – egli scrive – "perché io ho abbassato questo tasto del mio pianoforte e non un altro, e non di un altro strumento". Questa prima spiegazione sembra chiarire sufficientemente l'origine e la natura del fatto individuale percepito: "io ho da un lato una causa immediata (abbassamento del tasto) e dall'altro un'accidentalità caratteristica (avrei potuto scegliere un altro tasto, e allora avrei avuto un altro fatto percettivo: *quello* e non *questo*: Una diversa individualità".

Se però si cerca di far risalire l'individualità del fatto percettivo alla sua causa immediata e all'accidentalità della scelta, rimane non indagata un'altra caratteristica fondamentale, inerente il fatto concreto relativo alla percezione: un suono, infatti, fa riferimento necessariamente a un "universale", denominato dal predicato "suono": noi diciamo questo è *un* suono, per riferirci all'esperienza appena citata; di fatto, ci stiamo riferendo a una delle possibili esemplificazioni individuali di un'essenza universalmente conoscibile come *il* suono.

Siamo qui di fronte a una tipica manifestazione dell'*eidos* husserliano, elemento a mio avviso indispensabile per comprendere al meglio l'importanza (e l'efficacia teorica) di quello che Ortega definiva con il termine di *concetto*.

Noi non potremmo dire, per esempio, questo è *il* suono; dobbiamo proprio dire *un* suono, perché solo così possiamo

---

[176] Cfr., per approfondimenti, cfr. Carlo Sini, *Introduzione alla fenomenologia*, Shake, Milano 2012, pp. 22-24.

indicare che il contenuto della nostra attenzione percettiva sia un individuale *questo qui*, un accidentale contenuto che potrebbe anche mutarsi pur rimanendo e conservandosi la caratteristica universale "suono". La caratteristica "suono" e la caratteristica *un* "suono", sono infatti strettamente correlate. Il semplice "suono" non sarebbe immaginabile affatto, non sarebbe percepibile affatto; immaginare o percepire *il* "suono" non è possibile senza immaginare o percepire *un* "suono".

Quest'ultimo fenomeno – com'è noto – è legato al fatto che un predicato è una mera *astrazione*. Esso implica, infatti, una capacità di generalizzazione che solo un cervello particolarmente evoluto (come aveva intuito da George Herbert Mead[177] in riferimento al processo di maturazione cognitiva necessario all'acquisizione del cosiddetto all'*altro generalizzato*, e come oggi confermano gli studi neuroscientifici), e lo sviluppo di una società particolarmente complessa, in grado di produrre un sistema di segni dotato di un elevato livello di *astrazione simbolica* possono rendere possibile.

Secondo Husserl – in estrema sintesi – l'individuale "questo qui" è sempre caratterizzato come un'essenza; esso è anzi l'incarnazione di un'essenza e nessuna individualità potrebbe essere percepibile se non in connessione con l'essenza che l'individualità riveste e rappresenta da un particolare e accidentale punto di vista o, meglio, da una particolare *prospettiva*.

In altre parole, una visione essenziale si fonda sempre su una visione individuale e nessuna visione individuale sarebbe possibile senza un'ideazione correlata.

---

[177] George Herbert Mead (1934), *Mente Sé e Società*, Giunti, Firenze 2010.

Nessuno ha saputo spiegare in modo più efficace di Ortega y Gasset il significato fenomenologico del *concetto*. Il filosofo spagnolo sostiene che bisognerebbe riconoscere due tipologie di uomini: i *meditativi* e i *sensuali*. Per i sensuali, il mondo si presenta come una riverberante superficie; il loro regno è lo splendente aspetto dell'universo – *facies totius mundi* –, di cui parlava Spinoza. I primi, i meditativi, vivono al contrario nella dimensione della profondità. Come per il sensuale l'organo sono la retina, il palato o i polpastrelli, allo stesso modo il meditativo possiede l'organo del *concetto*. Il concetto viene infatti considerato da Ortega *l'organo naturale della profondità*.

Quando, oltre al sentimento del bosco attorno a noi come un enorme abbraccio (in senso fenomenologico), possediamo il concetto di bosco, che guadagniamo? Per il momento il concetto si pone come una ripetizione o una riproduzione della cosa stessa, svuotata in una materia spettrale. Pensiamo a ciò che gli egiziani chiamavano il Doppio di ogni essere, umbratile duplicato dell'organismo. Comparato alla cosa stessa, il concetto non è che uno spettro o ancor meno di uno spettro: Il concetto non può essere una specie di nuova e sottile cosa destinata a soppiantare le cose materiali.

La missione del concetto non consiste, quindi, nel prendere il posto dell'intuizione, dell'impressione reale. La ragione non può, non deve aspirare a sostituire la vita. Ciò che dà al concetto quel carattere spettrale è il suo *contenuto schematico*; il concetto trattiene solamente *lo schema* della cosa.

C'è da dire, a questo punto, che gli esseri umani possiedono almeno due capacità che lo caratterizzano in modo evolutivamente straordinario: il riconoscimento di *Pattern*, e la *Narrazione*. Il primo è la predisposizione (presente nel nostro cervello come automatismo mentale) al riconoscimento di schemi regolari di eventi che si ripetono; il secondo è ordinare i concetti in forma di racconti e di storie.

Il riconoscimento di schemi ripetitivi è il fondamento di ogni forma di conoscenza e di possibile comprensione. Senza la capacità di cogliere le somiglianze e le differenze, tra i vari oggetti, animali e uomini, non c'è alcuna possibilità di scorgere un ordine, ovvero di trovare riferimenti stabili e ripetibili di orientamento all'azione.

Tornando a Ortega, egli sostiene che i limiti della cosa, la linea in cui è inscritta la materia di cui è fatta la realtà, ovvero la sostanza reale della cosa, non significano altro che la relazione in cui un oggetto materiale o ideale si trova rispetto agli altri. Il concetto esprime il luogo ideale, il vuoto ideale che corrisponde ad ogni cosa all'interno del sistema della realtà. Senza il concetto non sapremmo dove comincia e dove finisce una cosa; vale a dire che le cose come impressioni sono fugaci, ci sfuggono dalle mani, non le possediamo. Il concetto, legandole le une con le altre, le fissa e ce le consegna prigioniere di un ordine dato.

Il concetto non ci darà mai ciò che può fornirci l'impressione, vale a dire: la carne delle cose. E mai l'impressione ci darà ciò che ci fornisce il concetto, vale a dire la forma, il senso fisico e morale delle cose. Esso esaurisce, quindi, la sua essenza e la sua missione, essendo non una nuova cosa, ma un organo o un apparato per il possesso delle cose. Ogni concetto è letteralmente un organo con cui captiamo le cose e solo la visione mediante il concetto può essere considerata una visione completa. La sensazione ci fornisce unicamente la materia diffusa e plasmabile di ogni oggetto; ci dà l'impressione delle cose, non le cose.

Solo quando qualcosa è stato pensato, cade in nostro potere. E solo dopo aver sottomesso le cose elementari possiamo avvicinarci alle più complesse. Il concetto in un certo senso, come vedremo, è narrazione. *La narrazione mette ordine nel caos della percezione*: crea in questo senso la realtà.

Concetto e struttura

Nel capitolo nove delle *Meditaciones del Quijote*, intitolato *Las cosas y su sentido*, Ortega y Gasset propone quello che a mio avviso può essere considerato uno dei suoi più lucidi contributi all'analisi fenomenologica della realtà sociale. L'elemento più innovativo presente in tale riflessione riguarda il concetto di *struttura*. Leggiamo uno dei brani più indicativi:

Quando apriamo gli occhi – si sarà osservato – c'è un primo istante in cui gli oggetti penetrano convulsi nel campo visivo. Sembra che si allarghino, si stirino, si disuniscano come se fossero di una corporeità gassosa tormentata da una raffica di vento. Ma a poco a poco subentra l'ordine. Per prime si acquietano le cose che cadono al centro della visione, poi quelle che occupano i bordi. Questo acquietarsi e questa fissità dei contorni provengono dalla nostra attenzione che le ha ordinate, che ha teso, cioè, fra di esse una rete di relazioni.

Una cosa non si può determinare o delimitare se non in relazione ad altre (vale per l'identità personale stessa). Se continuiamo a prestare attenzione a un oggetto, questo si andrà determinando sempre più, perché troveremo in esso più connessioni e riflessi delle cose circostanti. L'ideale sarebbe fare di ogni cosa il centro dell'universo.

Questa è la *profondità*: ciò che in qualcosa è riflesso, allusione alle altre cose. Il riflesso è la forma più sensibile di esistenza virtuale di una cosa in un'altra. Il "senso" di una cosa è la forma suprema della sua coesistenza con le altre, è la sua dimensione profonda.[178]

---

[178] Ortega y Gasset (Op. cit.), p. 75 (Cfr., infra, a proposito del rapporto di Ortega y Gasset con Schapp, Schutz e Husserl. Secondo l'approccio di Schapp, in particolare, le relazioni che acquisiscono senso solo se intese come narrazioni; i diversi linguaggi delle narrazioni determinano tipi diversi di

Come sarebbe una cosa considerata isolatamente? Povera, sterile, confusa. Si direbbe che c'è in ogni cosa una certa segreta potenzialità di essere molte altre cose, potenzialità che si libera e si espande quando un'altra o altre entrano in relazione con essa. Si direbbe che ogni cosa è fecondata dalle altre; si direbbe che esse si desiderino, come maschi e femmine; si direbbe che si amino e che aspirino a unirsi, ad aggregarsi in società, in organismi, in edifici, in mondi. Ciò che chiamiamo natura non è altro che la massima struttura in cui sono entrati tutti gli elementi materiali. E la natura è un'opera d'amore, perché significa generazione, nascita di una cosa da un'altra in cui era premeditata, preformata, virtualmente inclusa.

Quindi, per Ortega y Gasset, la struttura è una particolare realtà, una sorta di "cosa di secondo grado", che emerge aggiungendo ai singoli elementi qualcosa d'altro, qualcosa di diverso da essi, cioè un ordine; questo è qualcosa di non riducibile ad essi in quanto tipo di realtà. "È evidente – egli scrive – che la realtà di quest'ordine ha un valore e un significato diverso dalla realtà che possiedono i suoi elementi (…) le cose unite in una relazione formano una struttura".

Ciò che Ortega y Gasset chiama *struttura* è dunque una realtà che include gli elementi, ma secondo un certo ordine, una certa disposizione o relazione. La conseguenza è che la cosa, presa singolarmente, ha una realtà molto scarsa, isolata; e le realtà effettive sono strutture in cui agli elementi materiali si sovrappongono ordini o disposizioni di diverso valore o significato.

---

strutture, di società, che a loro volta determineranno tipi di versi di atteggiamenti narrativi: di tipo argomentativo o di tipo narrativo).

4
Percezione e Cervello

Principi di Neuroscienze Sociali

Lo studio del comportamento umano e delle interazioni tra individui e ambiente non può più prescindere dal riferimento al cervello e al suo complesso funzionamento. Sebbene l'ineludibilità dei vincoli tra comportamento e cervello sembri documentata già dal 1.700 a. C. in un antico papiro egizio,[179] è solo a partire dall'Ottocento che, grazie agli esami anatomici e istologici sui cadaveri, cominciano a dimostrarsi con maggiore sistematicità tali relazioni. Quando, tra fine Ottocento e inizi Novecento, cominciano a realizzarsi i primi studi scientifici più approfonditi anche grazie a sempre più complesse procedure di stimolazione meccanica e poi elettrica del cervello umano, si spalancano le porte allo sviluppo di una nuova serie di discipline dal carattere necessariamente mulbltidisciplinare, tutte collocabili nell'ambito delle cosiddette "Neuroscienze".

Le *Neuroscienze* (non a caso indicate al plurale) possono pertanto essere definite come un insieme di discipline orientate allo studio delle strutture e delle attività funzionali del sistema nervoso, considerate da tutte le possibili prospettive d'analisi: da quella neuronale, sinaptica o dell'intero cervello, a livello biologico, molecolare, genetico, elettrico o anche puramente (e genericamente) "mentale". Per quanto si possa tendere a riferirsi a ulteriori sotto-discipline specifiche, come la neuroanatomia, la neurofisiologia, la neurobiologia, la neurochimica e così via, se si segue questa strada il loro numero rischierà di restare sempre

---

[179] Il riferimento è al celebre *Papiro Edwin Smith* (https://en.wikipedia.org/wiki/Edwin_Smith_Papyrus)

insufficiente e incompleto. Quello che si può sostenere con certezza, tuttavia, è che dal punto di vista storico esistono almeno due questioni fondamentali da tener presenti per cercare di spiegare l'attuale processo di "neurologizzazione" della società in cui viviamo e dell'immagine dell'uomo a essa associata.[180] La prima, concerne la stretta dipendenza tra gli sviluppi delle ricerche neuroscientifiche e quelli dei sofisticati strumenti tecnologici di analisi del funzionamento del cervello. Dai primi encefalogrammi realizzati a partire dagli anni Trenta, alle più recenti tecniche di indagine e di stimolazione non invasiva del cervello – come quelle derivanti dalle neuroimmagini funzionali consentite dalla PET (*Positron Emission Tomography*) o dall'fMRI (*Functional Magnetic Resonance Imaging*), solo per citarne un paio tra le più note – le conoscenze sul funzionamento di aree cerebrali sempre più specifiche è cresciuto enormemente. La seconda questione, che interessa più da vicino le tematiche che stiamo trattando in questo lavoro, concerne le trasformazioni del quadro teorico di riferimento che le Neuroscienze hanno seguito nel corso del Novecento, e in particolare il significativo mutamento paradigmatico che ha interessato la ridefinizione stessa del cervello, con la sua "apertura" ad altre discipline, prima tra tutte la sociologia fenomenologica.

Da questo punto di vista, come abbiamo notato, un momento di svolta cruciale può essere considerato quello dell'immediato secondo dopoguerra, che coincide con la nascita della *Cibernetica*, da una parte, e con la cosiddetta *Rivoluzione Cognitivista*, dall'altra. Il connubio tra questi due movimenti socioculturali ha avuto ripercussioni profondissime nel

---

[180] Cfr., per approfondimenti, il concetto di uomo neuronale in Pecchinenda 2018 (Op. cit.).

rideterminare l'approccio neuroscientifico oggi prevalente. A partire da questa svolta si è affermata infatti, con enfasi vieppiù crescente, una successiva trasformazione paradigmatica che ha condotto al riconoscimento della necessità di integrare le *Neuroscienze* con i molteplici possibili contributi che la sociologia, e le scienze della comunicazione più in generale, possono fornire all'analisi del rapporto tra cervello e comportamento umano.

Nascono così le *Neuroscienze Sociali*, che possono essere definite, in una prima approssimazione, come un settore interdisciplinare di studi che indaga le relazioni reciproche tra i meccanismi neuronali, ormonali, cellulari e genetici presenti negli esseri umani, e le strutture sociali di riferimento.

Nel tentativo di fornire una definizione maggiormente elaborata delle neuroscienze sociali, gli psicologi anglosassoni Nathan Emery e Alexander Easton[181] hanno introdotto una significativa distinzione, tra neuroscienze cognitive sociali e neuroscienze sociali tout court. Le prime costituirebbero, secondo questi autori, un approccio limitato soltanto allo studio nei meccanismi neurobiologici dei processi cognitivi superiori, come ad esempio la teoria della mente, l'empatia, l'autocoscienza, la morale, l'intenzionalità. Si tratta, in questi casi, di processi cognitivi controllati principalmente da aree corticali come la corteccia prefontale, che non risentono di influenze ormonali, e che possono essere alterati da lesioni cerebrali specifiche o a seguito di psicopatologie che interessano prevalentemente (anche se non esclusivamente) gli esseri umani o i primati superiori.

Le neuroscienze sociali, invece, si occuperebbero secondo questi autori dello studio neurobiologico del comportamento sociale, partendo da una prospettiva comparativa, analizzando i

---

[181] A. Easton - N. J. Emery (Eds.) (2005), *The Cognitive Neuroscience of Social Behavior*, Hove, East Sussex, UK: Psychology Press.

sistemi motivazionali (la sessualità, l'aggressività, l'atteggiamento affettivo, il gioco) controllati dall'interazione tra i sistemi neuronali e quelli endocrini (amigdala, ipotalamo, gangli basali) che sono presenti nella maggior parte dei vertebrati, dagli anfibi ai rettili, fino a giungere ai mammiferi.

Anche in considerazione di una tale precisazione, tenderei a definire ai nostri fini le neuroscienze sociali come lo studio interdisciplinare dei processi neurobiologici (nervosi, endocrini, immunitari) che ci consentono di interagire nell'ambiente circostante. Esse uniscono gli strumenti più avanzati delle neuroscienze cognitive (come le tecniche per le neuroimmagini e la neuropsicologia, le tecniche neurochimiche e la neuroimmunologia), insieme alle ricerche che derivano dalle scienze cognitive e dalle scienze sociali, come l'economia, la giurisprudenza, la politologia, l'antropologia, la psicologia sociale e – soprattutto – la sociologia e gli studi fenomenologici. Un particolare e assai stimolante ambito di applicazione della ricerca neuroscientifica andrebbe inoltre riservato, a mio parere, al rapporto tra processi neurobiologici, ambiente sociale e arte. Tale approccio ha una dimensione sia di carattere longitudinale, attenta cioè alla ricerca di tipo storico evolutivo, sia di carattere trasversale, ovvero teso a comprendere le reciproche influenze – più o meno causali – tra i diversi aspetti che caratterizzano il comportamento umano.
Assolutamente centrale all'impostazione neurosociologica (così come peraltro è sempre stato per tutti gli approcci neuroscientifici più in generale), risulta comunque essere il dialogo tra le diverse discipline nella definizione del campo e degli interessi di ricerca.

È possibile riassumere a questo punto alcuni principi di fondo che orientano le neuroscienze sociali: 1) il primo concerne quello che il neuroscienziato americano John Cacioppo definisce *multiple determinism* (determinismo multiplo), attraverso cui si sostiene come non sia possibile raggiungere una comprensione soddisfacente delle cause del comportamento umano se limitiamo la nostra analisi a un solo livello organizzativo.

Ad esempio, fino a non molto tempo fa era possibile sostenere (ed è ancora oggi una credenza di senso comune alquanto diffusa, oltre che propria di una certa visione delle scienze mediche) che le funzioni immunitarie di un organismo riflettessero semplicemente delle risposte fisiologiche alla presenza di agenti patogeni nell'organismo o al deterioramento di alcuni tessuti organici. Oggi è invece chiaramente dimostrato come le risposte immunitarie siano influenzate da processi nervosi centrali i quali, a loro volta, sono profondamente condizionati dalle interazioni interpersonali. Molte ricerche hanno chiaramente evidenziato come, una serie di difficoltà emergenti in determinate situazioni relazionali, finiscano per alterare le funzioni immunitarie attraverso il loro effetto sull'attività neuroendocrina. Sarebbe pertanto del tutto inappropriato, scientificamente, provare a spiegare alcune risposte immunitarie negli esseri umani in assenza di una serie di considerazioni relative all'analisi di fattori sociali e comportamentali.

Le neuroscienze sociali, in tal senso, intendono proprio stimolare il dialogo tra scienziati sociali e scienziati di altre discipline legate allo studio dell'organismo umano al fine di includere le diverse prospettive in un discorso quanto più possibile omogeneo e integrato.

2) Un secondo principio di riferimento, il *nonadditive determinism*, (determinismo non additivo), concerne il presupposto paradigmatico in base al quale l'insieme di una struttura organizzata – sia esso un organismo umano o

un'istituzione sociale – non corrisponde mai semplicemente alla somma delle sue singole componenti. In una ricerca condotta nel 1983 sugli effetti dell'anfetamina sull'organizzazione delle relazioni gerarchiche, erano stati analizzati i comportamenti dei membri di un gruppo di primati non umani a seguito della somministrazione di anfetamine e di farmaci placebo. A seguito di un lungo periodo di analisi e osservazione delle interazioni interne al gruppo, non era emersa alcuna differenza significativa di tipo determinista tra la somministrazione della droga e del placebo fino a quando i ricercatori non passarono a considerare la posizione di ogni singolo primate nell'ambito dell'organizzazione gerarchica. Ciò che emerse fu, infatti, che l'anfetamina contribuiva e stimolava considerevolmente il *comportamento dominante* dei primati che già si trovavano precedentemente in una posizione elevata nella gerarchia sociale, mentre, sorprendentemente, stimolava un atteggiamento opposto, di *sottomissione*, nei primati che precedentemente si trovavano in una posizione inferiore nella stessa gerarchia.

Nessun altro genere di analisi, fondato sulla ricerca di un fattore determinate di tipo esclusivamente fisiologico o esclusivamente sociale, indipendentemente dal grado di sofisticatezza tecnologica a disposizione, potrebbe rivelare più adeguatamente l'ordine causale del rapporto tra somministrazione di anfetamine e comportamento sociale. Casomai, pur correndo il rischio di forzare il pensiero di un grande artista, potrebbe contribuire a spiegare meglio di qualunque ricerca scientifica il vecchio aforisma di Goethe, secondo il quale "il codardo minaccia solo quando è al sicuro".

Sempre a tal proposito sono celebri gli esperimenti di Schachter e Singer (1962) in cui, dopo aver stimolato il sistema autonomo di alcuni soggetti con sostanze come l'epinefrina (adrenalina), li facevano poi accomodare in stanze diverse: in una era presente un attore felice, in un'altra un attore aggressivo e adirato. Tra i risultati più significativi dell'esperimento emerse che i soggetti reagivano in modo diverso, praticamente opposto, al senso di eccitazione indotto dalla sostanza, a seconda che si trovassero in una stanza o nell'altra. In altri termini, la medesima attivazione fisiologica di eccitazione veniva associata a un sentimento di rabbia, in presenza dell'attore adirato e, al contrario, a un sentimento di gioia, in presenza dell'attore felice. L'influenza del contesto emergeva in modo chiaro.

3) Un terzo principio, infine, è quello del *reciprocal determinism* (determinismo reciproco), secondo il quale esistono influenze reciproche tra fattori biologici e sociali nella determinazione del comportamento. Alcuni ricercatori hanno dimostrato non solo che il livello di testosterone nei maschi di primati stimola l'attività sessuale, ma anche che la disponibilità e la ricettività delle femmine influenza il livello di testosterone nei maschi. Questo principio implica la difficoltà nel poter spiegare un comportamento senza prendere in considerazione alcune particolari caratteristiche della biologia o delle relazioni dei soggetti osservati.

In conclusione, la crescente importanza dell'approccio suggerito dalle neuroscienze sociali, può essere attribuito in parte al continuo miglioramento delle tecnologie di indagine orientate a mappare l'anatomia funzionale del cervello, dei circuiti neuronali, dei sistemi endocrini e dei processi molecolari e cellulari; ma anche dalla sua apertura al dialogo con l'enorme retroterra proprio della ricerca sociologica.

Il cervello esteso

La nostra biologia ha contribuito a modellare l'ambiente che noi stessi abbiamo creato, allo stesso modo in cui l'ambiente sociale ha contribuito a modellare i nostri geni, i nostri cervelli e i nostri corpi. Da questo punto di vista, come abbiamo già ripetutamente

notato, l'approccio delle neuroscienze sociali è straordinariamente contiguo a quello elaborato dalla sociologia di derivazione fenomenologica, in particolare quella sistematizzata verso la metà degli anni Sessanta da Peter L. Berger e Thomas Luckmann.
Restando tuttavia allo specifico delle neuroscienze sociali, è sufficiente per il momento sostenere che esse perseguono l'obiettivo di elaborare una serie di paradigmi di riferimento attraverso cui indagare le basi neurobiologiche del comportamento umano, parallelamente allo studio dei fondamenti sociali e relazionali della formazione di aree neurobiologiche proprie del nostro complesso e plastico cervello.

Anche le neuroscienze, insomma, tendono oggi a ritenere che, così come abbiamo cominciato a considerare il corpo anche come un *concetto*, e non soltanto un oggetto materiale, così dovremmo fare anche con il cervello. Il cervello di cui s'interessano le neuroscienze – sostiene ad esempio il premio Nobel Gerald Edelman[182] – non è semplicemente l'organo materiale, perlopiù composto da una massa grassosa di carne, racchiusa all'interno di una scatola cranica. Il cervello inteso in questo senso, indipendentemente dalle sue connessioni con il resto dell'organismo (il corpo, appunto), non sarebbe molto diverso da un cadavere: un ammasso di materia inerte. Una cosa, insomma.
Il cervello – ribadisce dunque Edelman, riferendosi così al concetto di cervello esteso oramai affermatosi nelle neuroscienze contemporanee – è sempre e comunque un cervello incarnato.

---

[182] Gerald Edelman (2007), *Seconda natura. Scienza del cervello e conoscenza umana*, Raffaello Cortina, Milano 2007.

Il che significa che tutte le attività neurobiologiche possibili a livello materiale, dunque empiricamente descrivibili e verificabili scientificamente, sono possibili se e solo se il cervello invia dei segnali al corpo e il corpo invia dei segnali al cervello. Le mappe cognitive connesse alle aree cerebrali eventualmente attivate, sono modificate non solo da ciò che percepiamo attraverso i sensi, ma anche dal modo in cui ci muoviamo fisicamente. Oltre a ciò, il cervello regola a sua volta le funzioni biologiche fondamentali degli organi del nostro corpo, e gestisce i movimenti e le azioni che accompagnano e orientano i nostri sensi.

Lo stesso Edelman aggiunge però anche un altro importante tassello alla comprensione del funzionamento del nostro cervello, e cioè che il corpo (di cui è parte integrante il cervello) è immerso e situato in un ambiente particolare, che lo influenza e da cui è influenzato. È opportuno sottolineare, come d'altronde fa lo stesso Edelman, che la specie umana si è evoluta (insieme al suo corpo-cervello) in una sequenza di quelle che egli definisce delle "econicchie". Il che equivale a dire che la triade cervello-corpo-ambiente sociale dev'essere, sempre e comunque, considerata inscindibile.

Ciò a cui conduce questa semplice quanto fondamentale precisazione, è un'acquisizione di grande valore epistemologico, alla quale la sociologia fenomenologica lavora da tempo, che ritengo possa essere l'unica strada percorribile per poter approfondire adeguatamente il tema di cui stiamo discutendo.

La percezione visiva

Uno dei principi guida acquisito dalle Neuroscienze contemporanee può essere considerato il seguente: *ogni processo percettivo, emotivo, motorio o mentale si basa su gruppi distinti di circuiti neuronali specializzati, localizzati in regioni specifiche del cervello.* Ciò implica che, quando si vuole provare a comprendere e spiegare alcune funzioni legate alla percezione, è sempre utile concentrarsi su un senso specifico, ferma restando la consapevolezza che si tratta di distinzioni finalizzate principalmente a motivazioni didattiche. Nel nostro caso, a titolo esemplificativo, parleremo della visione. Prendiamo spunto, per introdurre il tema, dalla seguente esperienza tratta da una celebre ricerca Marshall McLuhan. Nel volume Galassia Gutenberg,[183] appare un capitolo dal curioso titolo: *Perché le società non letterate non sono in grado di vedere film o fotografie senza un'adeguata preparazione.* In esso, vengono citate le esperienze di un tale John Wilson, professore presso l'Istituto di Studi Africani dell'Università di Londra), legate ai suoi tentativi di servirsi di filmati per insegnare a leggere agli indigeni. Un ispettore sanitario – riporta McLuhan "fece un filmato a passo molto ridotto con una tecnica molto lenta per fare vedere quello che era necessario fare in ogni casa di un villaggio africano primitivo per evitare l'acqua stagnante: creare degli scoli, sbarazzarsi di tutti i barattoli vuoti, e così via. Dopo avere mostrato il filmato al pubblico, chiedemmo loro quello che avevano visto e loro ci dissero che avevano visto un pollo, una sorta di volatile, mentre noi non sapevamo neppure che ci fossero dei volatili nel filmato! Così esaminammo con molta cura i fotogrammi uno per uno e, in effetti, per circa un secondo un volatile apparve sull'angolo dello schermo. Qualcuno lo aveva spaventato e si era messo a svolazzare passando sulla parte destra inferiore dello schermo. E questo era tutto quello che essi avevano visto. Tutte le altre cose del filmato che l'ispettore aveva sperato essi avrebbero notato erano state ignorate, mentre invece avevano colto

---

[183] Marshall McLuhan, *Galassia Gutenberg. La nascita dell'uomo tipografico*, Armando, Roma 1976.

qualcosa di cui non ci eravamo neppure accorti fino a quando non esaminammo il film meticolosamente (…).

Quando li pressammo con altre domande ammisero di avere visto un uomo, ma la cosa veramente interessante è che non avevano ricostruito la storia e, in effetti, in seguito scoprimmo che essi non avevano visto un quadro intero– piuttosto avevano visto lo schermo cercando i dettagli. Scoprimmo poi, consultando un pittore e un oculista, che un pubblico raffinato, un pubblico abituato a vedere i filmati, mette a fuoco l'immagine un po' prima dello schermo piatto così da potere vedere tutta l'inquadratura."

Le persone non-letterate – commenta McLuhan – non avendo dimestichezza con la scrittura, non sono in grado di mettere a fuoco le immagini in modo tale da consentirgli di osservarle con un solo sguardo d'insieme. Diversamente da noi, insomma, esse osservano le immagini frammentandole, esplorandone un segmento alla volta, senza riuscire ad acquisirne una visione complessiva e distaccata. Le grandi innovazioni tecnologiche verificatesi nel corso della storia dell'umanità hanno avuto un ruolo primario e determinante nell'influenzare la vita degli uomini ovvero sia l'organizzazione sociale (in termini strutturali) sia quella psico-fisiologica (in termini antropologici) delle loro rispettive epoche.

Diversi anni dopo, gli studi neuroscientifici sulla percezione visiva hanno corroborato queste precoci intuizioni dello studioso canadese. Oggi sappiamo con certezza scientifica che, in effetti, la percezione non deriva in maniera esclusiva dai nostri sensi ma dall'interazione dei sensi con l'ambiente esterno e dalla sofisticata rete di operazioni elaborate e messe in atto dal cervello. Sono tali operazioni che conferiscono senso e significato all'insieme delle informazioni con cui il corpo entra in contatto attraverso i sensi. Dobbiamo pertanto considerare non solo *come* vediamo o percepiamo l'ambiente esterno, ma anche *perché* lo percepiamo in un modo (attribuendogli, ad esempio, un determinato significato) piuttosto che in un altro. È grazie all'attività inintenzionale del nostro cervello possiamo percepire un oggetto sulla base di informazione incompleta (*incompletezza prospettica*), così come ci rende possibile percepirlo come lo stesso oggetto anche in condizioni di illuminazione e di contesto completamente diverse.

Anche ricollegandoci all'intuitiva teoria popperiana del "senso comune" esposta in precedenza, potremmo riassumere questo tema osservando che le *percezioni* di un essere umano sono sempre plasmate dalle sue percezioni precedenti; in pratica, oltre ai sensi – ovvero agli strumenti visivi per vedere – vediamo e interpretiamo il mondo anche con le lenti delle nostre *esperienze* (spesso tradotte in termini di *concetti*). Le nostre percezioni sono pertanto fortemente modellate dalle nostre *aspettative*. In situazioni ambigue la conoscenza del mondo guida la nostra interpretazione delle informazioni sensoriali e ci aiuta a riconoscere rapidamente e in maniera accurata oggetti e persone. La *percezione* – detto in termini ancora diversi – non deriva in maniera esclusiva dai nostri sensi ma dall'interazione dei sensi con l'ambiente esterno e dalla sofisticata rete di operazioni elaborate e messe in atto dal cervello. Sono tali operazioni che conferiscono senso e significato all'insieme delle informazioni con cui il corpo entra in contatto attraverso i sensi.

La corteccia cerebrale ha quattro lobi: occipitale, temporale, parietale e frontale. La *visione* è il processo di scoperta, a partire dalle immagini, di *cosa* è presente nell'ambiente visivo circostante e di *dove* esso si trovi. Questo implica che il cervello disponga di due vie di elaborazione parallele: la *via del cosa* e la *via del dove*. Entrambe le vie iniziano nella retina (lo strato di

cellule fotosensibili che si trova nella parte posteriore
dell'occhio).
L'informazione visiva proveniente dalla retina giunge al lobo
occipitale. L'informazione visiva relativa ai volti viene tuttavia
elaborata nel lobo temporale. L'informazione visiva inizia come
luce riflessa (le lunghezze d'onda della luce – per esempio quelle
riflesse da un oggetto – vengono rifratte dalla cornea dell'occhio
e proiettate sulla retina).
L'immagine retinica è essenzialmente un *Pattern di luce* che
cambia di intensità e lunghezza d'onda nello spazio e nel tempo).
Le cellule della retina si dividono in due categorie: *Bastoncelli*
e *Coni.*
I *Bastoncelli* sono estremamente sensibili all'intensità della luce
e vengono usati per la visione in bianco e nero. I *Coni* sono meno
sensibili alla luce, ma contengono informazione sul colore (sono
di tre tipi, ciascuno dei quali risponde a lunghezze d'onda
diverse, coprendo tutti i colori dello spettro visibile). Sono
concentrati nella Fovea, dove vengono registrati i dettagli più
raffinati della visione.

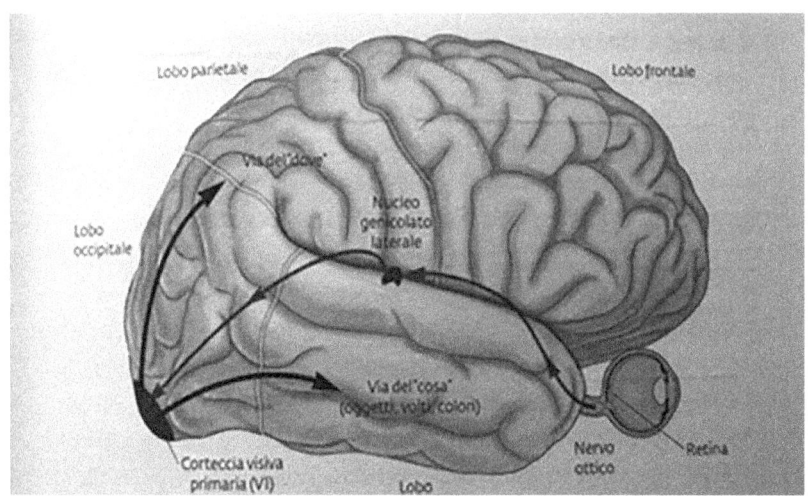

La retina invia l'informazione visiva al nucleo genicolato laterale (un gruppo di cellule che si trova nel *Talamo*), che trasmette informazione alla corteccia visiva primaria (V1 o corteccia striata), che si trova nel lobo occipitale, dove l'informazione visiva entra nel cervello e viene smistata su due diverse vie: *cosa* e *dove*. La *via del cosa*, procede nella parte inferiore del cervello, tra cui la corteccia temporale inferiore (dove avviene l'elaborazione dei volti). Questa via inferiore (*del cosa*) si occupa della natura degli oggetti o dei volti, ossia della loro *forma*, del loro colore, della loro identità, del loro movimento e della loro funzione.

Inoltre, è anche l'unico percorso visivo che conduce direttamente all'*Ippocampo*, la struttura del cervello che si occupa della memoria esplicita relativa a persone, luoghi e oggetti.

Memoria che poi viene reclutata dal cervello dell'osservatore per l'elaborazione *Top-Down*.

La via del dove procede verso la parte superiore del cervello e si occupa dell'elaborazione del movimento, della profondità e dell'informazione spaziale necessaria a determinare "dove" si trova un oggetto nell'ambiente esterno. La separazione non è assoluta (spesso, lungo il percorso avviene uno scambio di informazioni). Tuttavia, per quanto sembri assurdo, informazioni apparentemente inseparabili sono di fatto separate nel nostro cervello.

Esistono tre livelli di elaborazione visiva: basso, intermedio e alto, che interessano entrambe le vie della percezione visiva: 1) la retina si occupa di rilevare un'immagine; 2) nella corteccia visiva primaria avviene un'elaborazione intermedia; una scena visiva comprende migliaia di segmenti di linee e superfici. A questo livello si discernono le superfici e i confini che appartengono a oggetti specifici, da quelli che sono parte dello sfondo; 3) in più parti del cervello si integra l'informazione per *dare un senso* a ciò che abbiamo visto. Una volta raggiunto questo livello di elaborazione, si verifica l'elaborazione Top-Down. Attraverso l'elaborazione Top-Down il nostro cervello usa processi cognitivi come l'*attenzione*, l'*apprendimento* e la *memoria* per interpretare l'informazione.

Oltre ai processi relativi al *cosa* e al *dove,* esiste pertanto anche un *processo pre-attenzionale* (che si occupa solo del rilevamento dell'oggetto e in cui si rilevano le caratteristiche essenziali di forma e trama Bottom-Up), e un *processo attenzionale* Top-Down in cui centri cerebrali superiori elaborano inferenze sull'oggetto stesso, connesse alla memoria e all'esperienza.

La rivalutazione Top-Down a livello cerebrale superiore opera su 4 principi: 1) si trascurano i dettagli; 2) si cerca *ciò che è costante*; 3) si fa *astrazione* dalle caratteristiche fondamentali di oggetti, persone e paesaggi; 4) si *confronta* l'immagine attuale con immagini del passato (*memoria*).

I risultati delle ricerche biologiche e neurologiche confermano quelle che per lungo tempo sono state le intuizioni di artisti e scienziati di varia estrazione: che *la percezione visiva* non è una semplice finestra sul mondo esterno, ma una vera e propria *creazione del cervello.*

V

Le emozioni e i nuovi media

5
Impressionismi

Percezione e impressione

Torniamo brevemente alla questione del *realismo* ordinario, l'approccio secondo il quale la realtà è qualcosa che esiste indipendentemente da noi e a cui si può accedere solo ed esclusivamente attraverso l'esperienza mediata dai nostri sensi: *la realtà è quella cosa che io posso percepire* (direttamente o grazie alla mediazione di uno strumento, come ad esempio una lente) *con i miei sensi*. Anche il più rigoroso e ostinato realista, tuttavia, soprattutto a seguito delle straordinarie innovazioni tecnologiche, scientifiche e culturali verificatesi almeno a partire dalla fine dell'Ottocento,[184] sarà disposto ad ammettere che la "realtà" che i nostri sensi percepiscono, è qualcosa di sfuggevole e in continuo movimento.

Uno degli episodi filosofici più celebri della storia dell'arte, è costituito dalla polemica suscitata da Baudelaire in relazione all'invenzione della *fotografia*. Come sappiamo, l'immagine fotografica è, tecnicamente, il congelamento di un'impressione stimolata dalla luce. Una reazione (chimica), insomma, a uno stimolo ambientale. Anche etimologicamente, fotografare significa "scrivere con la luce". Tuttavia – sosteneva Baudelaire – la realtà "non sta mai ferma" e pertanto non potrà mai essere "catturata". Motivo per cui, la fotografia non sarebbe mai stata

---

[184] Cfr., ad esempio Kern 1988 (Op. cit.).

in grado di poter sostituire l'arte pittorica, per ciò che concerne la rappresentazione del "reale", proprio perché il vero artista si dovrebbe dare il compito di rappresentare *l'effimero, il fuggevole, il contingente…*, ovvero proprio quel fondamentale aspetto del reale che il fotografo è costretto ad ignorare.

La macchina fotografica, in sostanza, sarebbe bugiarda, perché pretenderebbe di poter fermare il tempo, cosa che nella realtà non avviene mai. La realtà non consiste in immagini statiche. Come dimostreranno circa un secolo dopo gli studi neuroscientifici, l'occhio non è una lente e il cervello non è una macchina.

Pochi anni dopo, anche ispirati dalla polemica di Baudelaire, sorgeranno una serie di movimenti artistici che faranno tesoro di un tale atteggiamento – primo tra tutti l'*impressionismo* – e che si assumeranno il compito di provare a rappresentare la realtà del tempo che scorre e che modifica continuamente le immagini che il nostro cervello percepisce attraverso precise strutture o *forme*. Agli impressionisti interessava rappresentare la transitorietà delle immagini, l'impressione della loro inevitabile, continua mutevolezza. L'umore dell'artista, la soggettività dei sensi che percepivano, si mescolava a ciò che egli rappresentava sulla tela.

In quella vera e propria scienza dell'avanguardia che potrebbe essere definita l'*impressionismo*, ci sono già tutti i prodromi della spiegazione che solo molto tempo dopo la scienza del cervello saprà fornirci; la spiegazione di come l'occhio trasformi la luce in un codice elettrico; di come l'energia scatenata dalla luce si trasformi in informazione; di come queste informazioni acquisiscano un senso per coloro che le percepiscono.

Sebbene la visione abbia inizio con delle semplici "impressioni", il cervello umano, d'altra parte, non è interessato (come lo potrebbe essere una macchina fotografica) a una qualche "realtà" o "verità". Il cervello è solo alla ricerca di un *significato*. Il nostro cervello pretende soltanto che l'immagine percepita abbia un senso, ovvero che elimini ogni possibile incertezza proveniente dall'ambiente circostante al fine di poterla controllare. È questo il processo che rende possibile che delle vibrazioni nell'aria producano quello che noi percepiamo come un rumore, o un suono oppure, ancora, la voce di una persona cara; ed è sempre questo il processo che rende possibile che una radiazione elettromagnetica produca quello che noi, attraverso gli occhi e il cervello (e la memoria, e il linguaggio concettuale) percepiamo come un colore.

Cervello e incertezze

Il cervello è un organo (o, se vogliamo, uno strumento) terrorizzato dall'*incertezza*. La sua evoluzione è stata determinata dalla capacità di prevedere. L'incertezza è il *problema* per la cui soluzione il nostro cervello si è evoluto. L'incertezza, come abbiamo visto, è anche *problema* per la cui soluzione le società umane si sono a loro volta evolute. La soluzione del *problema dell'incertezza* può essere dunque considerato il principio unificante che permea l'evoluzione biologica e sociale che ha caratterizzato la storia degli esseri umani.

D'altra parte, si può facilmente riconoscere come l'incertezza sia una condizione del tutto familiare per noi esseri umani. Non c'è nulla di inquietante in essa: noi viviamo abitualmente nell'incertezza. Non sappiamo cosa ci succederà domani. Non sappiamo neppure che tempo farà domani. Non sappiamo cosa davvero pensano le persone che amiamo. Non sappiamo come guarire neppure i raffreddori. «Io penso – sostiene il fisico italiano Carlo Rovelli – che i più grossi errori tanto pratici che filosofici che ha sempre fatto l'umanità siano sempre stati legati a un'assurda pretesa di trovare certezze. Le quali certezze vengono poi regolarmente gettate a mare in meno di una generazione. Io trovo che la certezza sia noiosa. L'incertezza è la bellezza della vita. Incertezza non vuol dire che non sappiamo nulla o che siamo nella totale oscurità. Sappiamo un sacco di cose e il nostro sapere è ragionevolmente affidabile. Fra la certezza e la completa oscurità c'è un prezioso spazio intermedio, che è quello dove si svolge la nostra vita».[185]

Bisogna inoltre riconoscere che un mondo sempre più interconnesso (corpi-tecnologie-cervelli) fa aumentare l'interdipendenza e – di conseguenza – l'imprevedibilità e l'incertezza nei comportamenti individuali e collettivi. Il compito dei processi di socializzazione (quello di plasmare – attraverso l'imposizione di regole relative a contesti sempre più rigidi – cervelli i cui automatismi biologici si associno ad automatismi sociali e culturali, ruoli e istituzioni) sta diventando, col tempo, sempre più complesso. Il suo fine – *ridurre l'incertezza* e creare automatismi e routines che svolgano la funzione altrimenti delegate, in altre specie viventi, agli impulsi – appare sempre più compromesso. Proporre alternative nei modi di percepire la "realtà", prevedere la possibilità di vedere *diversamente* e creare soluzioni diverse agli stessi problemi costituisce un grande valore evolutivo; il nostro cervello, d'altra parte, non si è evoluto per vedere-percepire "meglio" o con più accuratezza l'ambiente circostante, ma semplicemente per *sopravvivere*. Il programma che ha plasmato il nostro cervello si chiama *Evoluzione*.
Se, come abbiamo appena sottolineato, le informazioni (o i "dati") provenienti dall'ambiente, di per sé, non significano

---

[185] Carlo Rovelli, *Helgoland*, Adelphi, Milano 2020.

niente; se è vero, cioè, che le "cose" o gli "oggetti" non sono altro che forme di energia elettro-chimica, come possiamo ridefinire il concetto riferito a una "realtà" di cui noi siamo in grado di percepire "solo" il significato delle cose e non le cose stesse?

La risposta, ancora una volta, si può trovare affidandosi al metodo fenomenologico; affidandosi cioè al fatto (*controintuitivo*) fondamentale che ci ricorda come il *significato* non si trovi in una "realtà" esterna dissociabile dal soggetto che la percepisce. Che non è possibile separare la realtà da un cervello esteso, ovvero da un cervello che opera all'interno di *situazioni* (interazioni-relazioni con l'ambiente, con gli altri, con le "cose") al fine di elaborare significati, servendosi di uno strumento fondamentale, strutturato a partire dall'esperienza: la *memoria*.

Sono le esperienze a fornire al cervello quel repertorio storico di feedback (azione-reazione a situazioni, interazioni, relazioni con gli altri, l'ambiente, le cose) che scolpisce la sua particolare architettura neurale. Dato che i neuroni e la struttura della rete neuronale sono in continua evoluzione, e costituiscono la base a partire da cui noi prendiamo decisioni in relazione al nostro corpo e al mondo circostante, possiamo affermare di essere letteralmente *plasmati* da tale processo.

Come abbiamo visto attraverso il riferimento fenomenologico alle "strutture costanti della percezione", il cervello privilegia la coerenza e le forme. Il processo *Top-Down* di cui abbiamo parlato a proposito della visione, è un'operazione che ben descrive il modo attraverso cui gli strati corticali del cervello influenzino il significato delle nostre sensazioni. In riferimento a quanto detto nel paragrafo precedente, una volta che la corteccia prefrontale ha ricevuto la sua prima "impressione", un'immagine alquanto imprecisa, il *top* del cervello decide rapidamente cos'abbia visto il *bottom* e comincia a modificare i dati sensoriali. All'informe materiale giunto nell'area V1 viene così imposta una forma (*gestalt*) al mondo esterno che – in qualche modo – sarà "costretto" ad adattarsi alle nostre aspettative. William James ebbe a scrivere a tal proposito: "Una sensazione è come un cliente che ha affidato il proprio caso a un avvocato e che poi deve solo starsene seduto in tribunale ad ascoltare passivamente qualunque versione delle sue vicende l'avvocato trovi più opportuno raccontare".

La visione, per certi versi, è come l'arte: ciò che vediamo non è reale; è stato piegato per adattarlo alla nostra tela, cioè il cervello. Per questo l'arte è il migliore strumento per sfuggire al mito del realismo e dell'unicità della "realtà".

Tempo e durata

Unitamente alla fenomenologia, anche la filosofia della durata di Bergson può essere considerata una vera e propria teoria generale della temporalità. Il problema del significato da attribuire alle azioni appartiene sempre e comunque al problema del *tempo*. Ma non del tempo inteso in termini spaziotemporali fisici (divisibile, misurabile), né del tempo storico (il quale resta sempre determinabile per mezzo di dati esteriori), bensì di quello della *coscienza interiore del tempo*, della coscienza individuale della *durata* nella quale si costituisce il significato dei vissuti per colui che li vive.

Bergson, come è noto, ha stabilito una celebre distinzione tra l'esistenza vissuta come un "essere immersi" e coinvolti nel proprio vissuto, e l'esistenza riferita al mondo concettualizzato in termini spazio-temporali. Bergson distingue dunque la cosiddetta *durée*, il corso interno della durata (il flusso molteplice, continuo e qualitativo del trascorrere e del divenire), da un tempo *oggettivo*, strutturato, oggettivabile, uniforme, discontinuo e quantificabile.

Nella *durata* pura, si vive in uno stato di costante passaggio da un *qui e ora* (un *adesso*) a un nuovo qui e ora (un altro *adesso*) senza che tra l'uno e l'altro si possa chiaramente distinguere o percepire alcun confine o frontiera. Il flusso di coscienza riferito alla *durée* è insomma irriflesso.

La *riflessione* è invece una funzione dell'intelletto che appartiene all'universo già *oggettivato* in concetti, primi tra tutti quelli di carattere spazio-temporale. Bergson, in sostanza, sostiene che la struttura dei nostri vissuti sia sostanzialmente diversa a seconda del fatto che viviamo immersi nella durata pura o se riflettiamo concettualmente su di essa nell'ambito spazio-temporale. In questi termini, possiamo distinguere l'attività umana legata a una coscienza immersa nella durata pura, oppure come "attività già compiute", trascorse temporalmente e delimitabili spazialmente.

Parallelamente a quanto già rilevato a proposito della polemica di Baudelaire sulla fotografia, la realtà della percezione soggettiva della durata *non sta mai ferma*. La struttura di contenimento, la forma attraverso cui giungiamo a darle un senso e un significato, una denominazione o un concetto, la mettiamo noi; la forma, insomma, è *sfuggente*, a meno che non interveniamo noi con i nostri strumenti percettivi somatici o (come direbbe Popper) *esosomatici* (tecnologici).

Bergson giunge in tal modo alla stessa conclusione già indicata da Baudelaire secondo cui ogni delimitazione e separazione dei vissuti dall'unico corso unitario della durata sarebbe artificiale e cioè inadeguato alla comprensione della *realtà*, che dovrebbe essere invece fondata sull'unica modalità percettiva che veramente conta per l'esperienza umana: la *durata pura*. In essa non sono presenti elementi discreti e separabili di prossimità; in essa è riconoscibile solo un fluire continuo, una successione di "stati" di coscienza.

Come fa notare Schutz, sarebbe anzi addirittura inadeguato parlare di veri e propri "stati", perché ciò rimanderebbe a fenomeni del mondo oggettivo, a concetti spazio-temporali. Solo in una tale esteriorità oggettiva si può produrre una qualche permanenza sotto forme (strutture) di immagini, percezioni, oggetti.

Il flusso e le onde

Non solo le arti visive, ma anche le arti narrative recepiranno il senso di questa stessa rivoluzione nell'ambito della rappresentazione del Sé e della realtà. Furono molti i romanzieri che, tra fine Ottocento e inizi Novecento, tematizzarono nelle loro opere le difficoltà che erano costretti ad affrontare nel loro lavoro per rappresentare la *realtà* del trascorrere del *tempo*. Joyce, ad esempio, nell'*Ulisse*, utilizzò in modo magistrale e originale la tecnica del cosiddetto *flusso di coscienza*, introducendo ripetutamente drammatiche interruzioni del movimento in avanti del tempo narrativo. Una delle scene più celebri è quella in cui Bloom – uno dei personaggi centrali del romanzo – si avvicina ad un bordello e improvvisamente indietreggia per evitare una macchina per la pulizia stradale e riprende poi il suo cammino quaranta pagine e due secondi dopo. In questi pochi secondi del tempo di Bloom, il lettore è condotto in una lunga digressione che coinvolge dozzine di personaggi e ricopre un periodo di tempo (ovvero di *durata* della sua esperienza soggettiva), che eccede di molto i pochi secondi che il trascorrere del tempo pubblico avrebbe consentito.

Dal suo canto Virginia Woolf – autrice di grandi capolavori, tra cui *Le onde* – ebbe a scrivere nei suoi diari che fosse obbligo dello scrittore andare oltre *la formale linea ferroviaria della frase*. "Questo spaventoso compito narrativo del realista: andare avanti dal pranzo alla cena, è falso, irreale, puramente convenzionale".

Intorno al 1920, dopo aver scritto anch'essa alcuni romanzi che utilizzavano il classico schema realista, annunciò di essere giunta all'idea di una nuova forma per il suo prossimo romanzo, una *forma* che avrebbe seguito il *flusso della coscienza* nel suo dispiegarsi nel tempo. "Esaminate per un momento una mente qualsiasi in una giornata qualsiasi – scrisse in un suo saggio sulla narrativa moderna – non è forse compito del romanziere trasmettere questo spirito mutevole, sconosciuto e irriducibile, senza preoccuparsi di eventuali sue aberrazioni o complessità, contaminandolo il meno possibile con quanto gli è estraneo, esterno?".

Quando Virginia Woolf cominciò a lavorare a un tale progetto narrativo, si rese conto dell'enorme difficoltà cui andava incontro, ovvero di quanto fosse difficile il compito di esprimere una *mente*.

"Quando la Woolf guardò dentro di sé, quel che trovò fu una coscienza che non stava mai ferma. I suoi pensieri fluivano in una corrente turbolenta, e a ogni momento montava una nuova ondata di sensazioni. Diversamente dai *romanzieri all'antica*, che trattavano la mente come una cosa statica, la Woolf la descrisse come né solida né certa (…). A ogni momento le sembrava di essere sparpagliata in un milione di pezzettini. Il suo cervello *stava insieme* a stento.

Eppure, *stava insieme*. Pur essendo fatta di frammenti, la sua mente non era slegata mai. La Woolf sapeva che qualcosa ci impedisce di disintegrarci, almeno per la maggior parte del tempo.

L'arte della Woolf era la ricerca proprio di ciò che ci tiene insieme, qualsiasi cosa sia. Quel che trovò fu l'io, la *cosa*

essenziale. Sebbene il cervello sia solo un tessuto di neuroni elettrici, la Woolf capì che l'io ci rende una totalità. È la fragile fonte della nostra identità. È l'autore della nostra coscienza. se l'io non esistesse, non esisteremmo neanche noi (…).
Ma se la mente è così evanescente, come si forma l'io? Perché ci percepiamo come più di una raccolta di pensieri sconnessi? L'illuminazione della Woolf fu che noi emergiamo dalle nostre fugaci interpretazioni del mondo. Ogni qual volta sentiamo qualcosa, inventiamo un senziente per la nostra sensazione, un percettore per la nostra percezione. L'io non è altro che questo soggetto: è la storia che ci raccontiamo sulle nostre esperienze. *Come scrisse nelle sue memorie incompiute: Noi siamo le parole; noi siamo la musica; noi siamo la cosa stessa.*
A distanza di quasi un secolo, l'io continua a essere inafferrabile. Le neuroscienze hanno rovistato nel cervello e sezionato la corteccia, ma senza trovare la nostra sorgente. Sebbene gli esperimenti abbiano confermato molte delle sorprendenti intuizioni della Woolf – ma mente è composta di frammenti, eppure questi frammenti si riuniscono nell'essere – il nostro mistero persiste. Se vogliamo capire noi stessi, l'arte della Woolf è la risposta rivelatrice".[186]

La tensione della coscienza

La questione della duplicità della coscienza, legata alla temporalità come durata o come forma oggettiva e sociale del mutamento, è stata ripresa e approfondita da Husserl in riferimento alla cosiddetta duplice intenzionalità del *flusso di coscienza.*

---

[186] Jonah Lehrer (2007), *Proust era un neuroscienziato*, Codice, Milano 2008, p. 146.

Secondo Husserl, possiamo, in primo luogo, considerare il contenuto del flusso insieme con la forma del fluire; in questo caso, consideriamo la serie dei vissuti originari, cioè la serie dei vissuti intenzionali aventi la forma di coscienza. Oppure, diversamente, possiamo rivolgere lo sguardo alle unità intenzionali, a ciò che nell'avanzare del flusso viene conosciuto intenzionalmente come un'unità: in questo caso ci sta davanti un oggetto nel tempo oggettivo, il campo temporale in senso proprio di fronte al campo temporale del flusso dei vissuti.

Sempre in riferimento a tale questione, ci sono dei passaggi in cui Husserl parla di intenzionalità *longitudinale* e intenzionalità *trasversale*. La prima è basata sulla disposizione "quasi-temporale" delle fasi del flusso (il fluire dell'adesso, *il qui e ora*); la seconda è il tempo oggettivo vero e proprio, quello in cui si produce il mutamento di ciò che dura, di un prima e di un dopo.

La prima è un'intenzionalità *prefenomenica*, una forma della coscienza interna al tempo e che serve a costituirlo.

Scrive Schütz: "Se si parte dalla concezione bergsoniana della *durée*, l'opposizione fra vissuti fluenti nella durata pura e le immagini delimitate e discrete nell'omogeneo spazio temporale appare come opposizione tra due piani della coscienza: nell'azione e nel pensiero quotidiani l'io vive sul piano della coscienza di un mondo spazio-temporale e l'attenzione della vita (*attention à la vie*) gli impedisce di immergersi intuitivamente nella durata pura; se però, per un qualsiasi motivo, la tensione della coscienza si allenta, l'io constata che ciò che prima appariva delimitato si dissolve in passaggi continui, che l'essere rigido delle immagini si trasforma in uno scorrere e trascorrere in cui non è più reperibile alcuna linea di contorno, di delimitazione o di separazione. Bergson giunge in tal modo alla conclusione che ogni delimitazione e separazione dei vissuti dall'unico corso unitario della durata è artificiale e cioè inadeguato alla durata pura, e che ogni frammentazione del suo corso non fa che trasferire dei modi di rappresentazione spazio-temporali a quella realtà di tipo del tutto differente che è appunto la *durée*".[187]

In effetti, come nel caso di Sartre citato in precedenza, quando siamo immersi nella durata non troviamo alcuna delimitazione tra i vissuti: un adesso si succede a un altro adesso, intanto declina in un prima e in un poi. Affinché si possa cogliere il flusso stesso della durata, deve verificarsi un rivolgimento (*intenzionale*) dello sguardo in direzione contraria al flusso della durata (un atteggiamento particolare definito *riflessione*).

Il *prendere coscienza* del vivere per esperienza vissuta nel puro corso della durata, si modifica in ogni fase, diventando di volta in volta in un adesso appena stato ricordato; il ricordo fa emergere i vissuti individuandoli nel corso irreversibile della durata e, così, modifica le impressioni originarie del prendere coscienza in *ricordare*.

Husserl descrive con estrema precisione tale processo, distinguendo il fenomeno della *ritenzione* da quello della *protensione*. Bisogna distinguere – egli sostiene – la una coscienza dell'impressione originaria (ritenzione), da un ricordo (di tipo secondario) o rimemorazione, che egli definisce *riproduzione*. La ritenzione non è uno sguardo intenzionale, retrospettivo, che ha come oggetto una fase trascorsa. Nella ritenzione si ha ancora coscienza di ciò (dell'adesso) che è appena stato. Al contrario, nella rimemorazione-riproduzione si costituiscono l'identità dell'oggetto e il tempo oggettivo stesso. In altri termini, mentre nella ritenzione è ancora viva una coscienza originaria, nella riproduzione essa non è più presente.

---

[187] Alfred Schütz (1932), *La fenomenologia del mondo sociale*, Meltemi, Milano 2018, pp. 79-80.

"In nessun caso il vissuto può essere compiutamente percepito né può venir colto adeguatamente nella sua intera unità. La sua essenza è quella di un flusso che, a partire dal momento attuale, possiamo seguire rivolgendo su di esso lo sguardo riflessivo mentre i tratti precedenti sono perduti per la percezione. Di ciò che è immediatamente defluito abbiamo coscienza solo nella forma della ritenzione o della rimemorazione retrospettiva".[188]

Le modificazioni *ritenzionali*, insomma, possono emergere solo a seguito di uno sguardo retrospettivo. Io vivo allora nei miei atti, come dice Husserl, la cui vivente intenzionalità mi sospinge di presente in presente. Questo presente non può tuttavia essere inteso come un istante puntuale che divida in due parti il corso della durata. Per operare infatti una simile divisione artificiale della durata, dovrei intanto essere uscito dal corso della durata. Il semplice vivere della durata si verifica senza che sorgano delle delimitazioni. Quando rivolgo la mia attenzione ai vissuti trascorsi, col mio atto riflessivo esco dal corso della pura durata, dal semplice vivere irrazionale nel flusso: in questo caso i vissuti vengono colti, distinti, evidenziati e delimitati; i vissuti che si costituiscono come fasi nel vivere nella direzione del flusso della durata, ora vengono colti come vissuti costituiti. L'atto del rivolgimento presuppone un vissuto divenuto, già compiuto. Solo il vissuto passato può avere un senso o un significato, non il vivere presente.

---

[188] Edmund Husserl (1913), *Idee per una fenomenologia pura e per una filosofia fenomenologica*, Einaudi, Torino 2002.

6
Una sociologia della coscienza

Le discipline umanistiche hanno sempre avuto un rapporto difficile con la scienza. Anche le discipline scientifiche, dal canto loro, hanno una relazione non meno problematica con quelle umanistiche. La sociologia, fin dai suoi albori, ha cercato di proporre prospettive di ricerca empirica il più possibile aperte su entrambi i fronti. Il rischio di cedere a comode formule deterministiche, e gli inevitabili riduzionismi provocati dall'eventuale ricorso a metodi e tecniche eccessivamente specialistiche hanno rappresentato, almeno per i sociologi più responsabili, uno stimolo costante alla promozione dell'interdisciplinarietà della loro ricerca.

Ciononostante, alcuni concetti particolarmente cruciali per l'analisi del comportamento umano, primo tra tutti quello di *coscienza*, hanno vissuto un rapporto alquanto problematico con questa disciplina: da un uso acriticamente diffuso, direttamente ereditato da alcune filosofie del XIX secolo, si è passati a una progressiva delegittimazione del concetto stesso, che ha infine condotto al totale disconoscimento di ogni suo possibile statuto di scientificità.

Usando una metafora, si potrebbe dire che l'atteggiamento del *mainstream* dominante in sociologia nei confronti del tema della coscienza (e di alcuni suoi correlati) sembra ricordare l'esperienza di un uomo che, resosi conto di aver perso le chiavi di casa, comincia a cercarle percorrendo a ritroso la strada appena attraversata. Essendo questa illuminata per un brevissimo tratto solo dalla fioca luce di un lampione, l'uomo in questione decide di cercare le chiavi unicamente nei pressi del lampione stesso, ovvero nell'unico luogo dove avrebbe potute vederle con i suoi occhi. La ricerca si rivela presto vana. L'uomo ritiene di conseguenza di rinunciare: dati gli strumenti di cui dispone (gli occhi), ogni ulteriore tentativo risulterebbe comunque inutile. Al nostro uomo non resterà altro da fare se non cercare un modo alternativo per aprire la porta di casa.

Ecco, fuor di metafora, molta della ricerca sociologica contemporanea, al di là dei suoi indubbi meriti, sembrerebbe aver affrontato temi come quelli relativi alla coscienza allo stesso modo: non possedendo gli strumenti e le metodologie adatte per fare ricerca su un tale "oggetto", ha deciso di non perdere tempo. Pur permanendo molti riferimenti teorici fondamentali anche in autori classici (basti solo pensare al diffuso riferimento nella terminologia sociologica di concetti quali, ad esempio, coscienza collettiva e individuale o coscienza di classe), se a qualcuno interessa approfondire l'analisi di questo tema, non gli resta che rivolgersi a discipline quali la metafisica, la filosofia, la religione o, al massimo, alla psicoanalisi.

È tuttavia opportuno ricordare che nei decenni a cavallo tra Otto e Novecento, l'emergere di approcci di derivazione fenomenologica aveva rivitalizzato non poco la riflessione della sociologia sul tema della coscienza, facendo soprattutto convergere l'attenzione sul fatto che essa non andasse considerata una "cosa", bensì un processo. Il contributo che autori come Schutz, Berger e Luckmann o, tra gli altri, Norbert Elias, hanno fornito alla conoscenza sociologica della coscienza è stato per molti versi notevole, pur senza mai riuscire a problematizzarla in modo ben definito. Forse un minimo di responsabilità per una tale disattenzione potrebbe essere attribuita alla brillante intuizione di alcuni interazionisti simbolici – primo tra tutti George Herbert Mead – i quali, definendo l'identità umana come il risultato di un "processo" dinamico e dialettico tra una parte soggettiva e una parte

329

oggettiva della coscienza, hanno finito per dotare le scienze sociali di uno strumento euristico difficilmente migliorabile per l'analisi sociologica del comportamento umano, inducendo a considerare la questione della coscienza come un qualcosa di definitivamente risolto.

Coscienza strutturale e coscienza neuronale

È necessario a tal proposito rilevare che l'immagine dell'essere umano che le scienze sociali (compresa la psicologia sociale di Mead) hanno condiviso fino a qualche decennio fa, era fondata su un paradigma in base al quale gli individui non esistevano di per sé, ovvero considerati nella loro singolarità, ma potevano essere analizzati solo a partire dalle differenze che li separavano dagli altri e dalle relazioni che li tenevano eventualmente legati tra loro. In tal senso la coscienza umana sarebbe stata in ultima analisi determinata dalle situazioni sociali di riferimento: la classe (Marx), il tipo di solidarietà (Durkheim), la forma associativa (Toennies), la struttura familiare (Levi-Strauss) la storia individuale (Freud) e così via. Studiando le strutture (nei rapporti sociali così come nelle lingue o nell'inconscio), le scienze sociali potevano godere di un oggetto invariabile, formale e strettamente determinato, che non dipendeva dalle variazioni locali, dai punti di vista individuali, né tantomeno dalla coscienza stessa degli attori sociali.

Una notevole spinta a un ritorno d'interesse per la questione della coscienza in ambito scientifico può essere fatta risalire al verificarsi di una serie di avvenimenti che hanno percorso la cultura occidentale a partire dalla seconda metà del secolo scorso: la riflessione in fisica quantistica sull'inscindibilità di un evento dalla sua osservazione; la scoperta del DNA che ha posto definitivamente la biologia al comando di tutte le discipline scientifiche; il successo di una serie di teorie neoevoluzioniste di derivazione darwiniana; gli enormi progressi nelle capacità di calcolo in ambito informatico e lo sviluppo di network neurali nella programmazione, che ha aperto prospettive straordinariamente originali nel campo della robotica e dell'Intelligenza Artificiale. Infine, la dilagante diffusione delle neuroscienze legata agli straordinari progressi nelle tecnologie a supporto dello studio analitico del cervello, hanno fornito l'impulso forse determinate affinché anche nelle scienze sociali si cominciasse a riproporre un interesse per il tema della coscienza e ad accettare l'idea che lo studio del corpo (cervello compreso) umano (della sua biologia, ma anche della sua fisiologia) diventasse imprescindibile per formulare ipotesi scientifiche sulla nascita e la diffusione di istituzioni, tecnologie, modelli culturali e, più in generale, dei comportamenti collettivi.

Dal punto di vista teorico, quando agli inizi degli anni Ottanta il neurobiologo francese Jean-Pierre Changeux pubblicava la sua celebre ricerca dedicata all'uomo neuronale,[189] la sociologia, e più in generale tutte le scienze umane, hanno assistito al prepotente ripresentarsi, anche sul palcoscenico poco illuminato delle loro discipline, l'antica sagoma della coscienza, con cui per lungo tempo si erano illuse di aver chiuso definitivamente i conti. In un certo senso il lavoro di Changeux (ben presto seguito da molti altri neuroscienziati) sottolineava una caratteristica dell'esistenza umana che oggi, dopo oltre trent'anni, ci appare quasi banale, ovvero che l'attività mentale, oltre al riferimento socioambientale (o, se vogliamo, strutturale), possiede sia un'anatomia, sia una biologia. E che la scienza – intesa in senso ampio e umanistico – aveva il dovere di rimettere al centro della

---

[189] Jean-Pierre Changeux, *L'homme neuronal*, Fayard, Paris 1983.

propria riflessione la ricerca sui fenomeni mentali, primo tra tutte il fenomeno della coscienza. Il tabù era stato finalmente rimosso! Nonostante la persistenza dell'enorme influenza del pensiero di Cartesio e dei suoi epigoni contemporanei, la mente poteva essere studiata riavvicinando le scienze sociali a quelle della natura: cervello e mente ridiventavano entrambe legittimo oggetto (non ulteriormente divisibili) della ricerca scientifica.

L'imporsi di questa nuova visione antropologica dell'essere umano, nonostante l'apparente determinismo biologico di alcuni suoi tratti, rendeva difficilmente evitabile l'esigenza di dover rimettere in discussione l'irrisolta questione della coscienza.
Da allora in poi l'immagine di una coscienza neuronale ha cominciato progressivamente a sostituire, anche nell'ambito della ricerca sociale, il tradizionale concetto di coscienza legato all'immagine dell'uomo strutturale che aveva dominato la scena fin dalle origini delle diverse discipline – dall'antropologia alla psicologia sociale; dall'economia alla giurisprudenza e, ovviamente, alla sociologia stessa – che si occupavano di analizzare in modo scientifico il rapporto tra esseri umani e società.
I prodromi della crisi di una rappresentazione troppo riduzionista e semplificata dell'uomo strutturale si possono intuire, per la verità, già nel pensiero di alcuni grandi promotori del pensiero cibernetico e – come abbiamo visto – in autori come Marshall McLuhan, cui va soprattutto riconosciuto il grande merito di aver messo in evidenza l'ineludibile rapporto esistente tra mutamenti tecno-culturali e mutamenti dell'apparato psicosensoriale degli esseri umani.
Tuttavia, come già accennato, sarà soprattutto la dilagante e pervasiva diffusione delle neuroscienze e del paradigma cognitivista a rendere sempre più ineludibile la revisione di

alcune prospettive sociologiche basate sulle vacillanti fondamenta della tradizionale immagine dell'uomo strutturale. Ciò che caratterizza le ricerche interdisciplinari raggruppate intorno a questo nuovo nocciolo cognitivista, è la condivisione di una medesima posizione metodologica (la spiegazione naturalista), di uno stesso presupposto metafisico (il monismo materialista) e – soprattutto – una stessa immagine dell'uomo, considerato un essere vivente come tutti gli altri, frutto dell'evoluzione e dell'adattamento all'ambiente.

Il postulato metodologico di tutte le scienze cognitive è quello di considerare i processi che conducono alla conoscenza (la percezione, la memoria, l'apprendimento, l'immaginazione, il linguaggio, il ragionamento, la progettazione intenzionale di azioni), e più in generale i processi mentali (pensieri, emozioni, sentimenti e – soprattutto – la coscienza), come dei fenomeni naturali.[190]

Tutto ciò non potrà che condurre, inevitabilmente, all'affermazione di questa nuova e dilagante figura antropologica dell'umano.[191]

Per quanto concerne la sociologia, superati i primi e non del tutto infondati timori relativi al possibile diffondersi di una nuova ondata di determinismo biologico (come quella promossa, tra gli

---

[190] Cfr. per approfondimenti, il recente lavoro di Michael S. Gazzaniga (2018), *La coscienza è un istinto. Il legame misterioso tra il cervello e la mente*, Raffaello Cortina, Milano 2018.

[191] L'attualità di questa figura pare trovare robuste conferme dal grande fermento suscitato da lavori scientifici e saggi, anche divulgativi, pubblicati sull'argomento. Cfr. ad esempio, Gerald M. Edelman (2004), *Più grande del cielo. Lo straordinario dono fenomenico della coscienza*, Einaudi, Torino 2004, e Joseph Le Doux (2002), *Il Sé sinaptico*, Raffaello Cortina, Milano, 2012, o anche Patricia S. Churchland (2012), *Neurobiologia della morale*, Raffaello Cortina, Milano 2012; Beau Lotto (2017), *Percezioni. Come il cervello costruisce il mondo*, Bollati Boringhieri, Torino 2017; Peter Godfrey-Smith, 2016 (Op. cit.).

altri, dal primo Edward Osborne Wilson negli anni Sessanta), oggi i tempi sembrano essere più maturi per provare a riproporre una versione dell'essere umano più aperta all'interdisciplinarietà e, contestualmente, un approccio alla ricerca sul comportamento sociale che non trascuri ciò che non può essere indagato con i tradizionali e oramai obsoleti metodi di ricerca di derivazione strutturalista.

Lo spazio della coscienza

Tra i principali neuroscienziati il cui pensiero può essere riconducibile a una prospettiva apertamente sociologica, rientra certamente il portoghese António Damasio, il quale definisce la coscienza come "uno stato della mente in cui vi è conoscenza della propria esistenza e di quella dell'ambiente circostante".[192] Prendiamo spunto da questa semplice definizione per sottolineare il fatto che tale concetto è riferito, appunto, a uno stato della mente particolare, arricchito dalla percezione del particolare organismo in cui la stessa mente sta operando, e dalla percezione di un ambiente – e dunque di uno specifico contesto sociale – all'interno del quale lo stesso organismo è situato.

Notiamo subito che una tale definizione presuppone che la coscienza non sia situabile, come un qualunque altro oggetto, in un luogo piuttosto che in un altro, essendo essa stessa uno "stato della mente" il cui manifestarsi è determinato dalla contemporanea presenza di un organismo e di un contesto specifici.

---

[192] António Damasio (2010), *Il Sé viene dalla mente. La costruzione del cervello cosciente*, Adelphi, Milano 2012, p. 201. Considerata l'enorme e sempre crescente letteratura, anche semplicemente divulgativa, sul tema, nonché l'obiettivo prevalentemente introduttivo di questo saggio, non mi dilungherò sulle possibili alternative alle definizioni proposte da Damasio.

Soffermarci su questo punto consente di dotarci di uno stabile punto di partenza: la coscienza non si trova in alcun luogo fisico. Essa non si trova difatti né fuori, né tantomeno dentro un organismo. La coscienza è qualcosa che gli esseri umani realizzano attraverso la loro attività. Essa – per usare le parole di Alva Noë – assomiglia più alla danza che alla digestione. Ovvero, l'esperienza umana "è una danza che si svolge nel mondo in compagnia di altri individui". Noi, di fatto, non siamo il nostro cervello. "Non siamo rinchiusi nella prigione delle nostre proprie idee e sensazioni. Il fenomeno della coscienza, così come quello della vita, è un processo dinamico che coinvolge il mondo. Siamo di casa in ciò che ci circonda. Siamo fuori dalle nostre teste".[193]

Uno dei maggiori ostacoli alla comprensione del fenomeno della coscienza – come peraltro avevano già fatto notare la Fenomenologia fin dagli inizi del Novecento – era stata finora quella di cercarla in un qualche luogo materiale dove non potrebbe mai essere stata trovata, ovvero "dentro" di noi: in uno spirito o in una ghiandola, nel cuore o nel cervello. L'unico possibile luogo della coscienza è invece la vita dinamica dell'intera persona, o dell'intero animale, immersi nel loro ambiente.

Così come proposto da Noë, il miglior punto di partenza per affrontare il tema della coscienza è quello di smettere di guardare dentro di noi, nei recessi della nostra interiorità per volgere invece lo sguardo "ai modi in cui ciascuno di noi, nella sua interezza, porta avanti la propria vita in relazione al mondo che lo circonda, con esso e in risposta a esso. Il soggetto dell'esperienza non è una parte del nostro corpo. Noi non siamo

---

[193] Alva Noë (2009), *Perché non siamo il nostro cervello. Una teoria radicale della coscienza*, Raffaello Cortina, Milano 2010, p. XV.

il nostro cervello. Il cervello, piuttosto, è una parte di ciò che noi siamo".[194]

Il problema difficile della coscienza

Una volta condiviso questo fondamentale punto di partenza, ci troviamo però di fronte a una spinosa ulteriore questione. Se è vero che la coscienza non si trova all'interno del nostro cervello, e che pertanto non può essere totalmente identificata con esso, è altrettanto vero – come mette in chiara evidenza un po' tutta la letteratura neuroscientifica – che in assenza di un cervello è empiricamente impossibile rilevare alcuna attività cosciente.

Si tratta di una questione ben nota e dibattuta, per risolvere la quale David Chalmers[195,] intorno alla metà degli anni Novanta, aveva introdotto un'opportuna distinzione. La questione della coscienza, egli scriveva, può essere affrontata in due modi: uno semplice, l'altro ben più difficile.

Il nostro cervello, evidentemente, processa i vari contenuti e stimoli che riceve dal corpo e dall'ambiente. Questa è la parte facile. Rientrano in questo caso gli studi relativi alla capacità di discriminare, categorizzare e reagire agli stimoli ambientali; alla riferibilità neuronale di determinati stati mentali; alla capacità di un sistema di accedere ai propri stati interiori; alla focalizzazione dell'attenzione; al controllo deliberato del comportamento; alla differenza tra stati di veglia e di sonno.

Si tratta, in questi e altri casi simili, di problemi relativamente facili da affrontare (anche se non sempre altrettanto facilmente risolvibili) che sembrano poter essere affrontati con i metodi

---

[194] Ivi, pp. 7-8.
[195] David Chalmers (1996), *The conscious mind: In search of a fundamental theory*, Oxford University Press.

standard delle scienze cognitive, dove un fenomeno è spiegato in termini di meccanismi computazionali o neurali.

Tuttavia, il cervello sembra aggiungere un fattore addizionale che trasforma il puro processamento oggettivo dei contenuti, nell'esperienza soggettiva. È a questo punto che il discorso sulla coscienza cambia radicalmente, aprendo il campo al cosiddetto "problema difficile". Come sosteneva Thomas Nagel,[196] esiste qualcosa come essere un organismo conscio: quando vediamo, ad esempio, abbiamo esperienza di sensazioni visive; la qualità percepita del rosso, l'esperienza del buio e della luce, la peculiarità della profondità in un campo visivo. Altre esperienze accompagnano la percezione secondo modalità differenti: il suono di un sassofono, l'odore del caffè. Ci sono poi sensazioni corporee, dal dolore all'orgasmo; immagini mentali rievocate interiormente; la qualità sentita di un'emozione e l'esperienza di un flusso di pensiero conscio. Ciò che unisce tutti questi stati è il fatto che ci sia "qualcosa come" essere in loro: "cosa si prova a" / "what it is like".

Insomma, si è perlopiù concordi sul fatto che l'esperienza derivi da una base fisica, neuronale, ma non è ancora emerso alcun tipo di spiegazione convincente relativa al perché e al come avvenga una tale derivazione. Perché un processo fisico dovrebbe dare origine in generale a una vita interiore? Oggettivamente sembrerebbe immotivato che ciò debba avvenire e tuttavia accade. Il cervello non si emoziona, non vive esperienze soggettive, non prova sentimenti; tuttavia, quando ci emozioniamo, quando viviamo esperienze e quando proviamo

---

[196] Thomas Nagel (1974), *Che cosa si prova a essere un pipistrello?*, Castelvecchi, Roma 2013.

qualcosa, avvengono manifestazioni oggettivamente verificabili a livello cerebrale.

Sebbene le neuroscienze abbiano fatto passi da gigante nel rispondere alle questioni connesse al problema facile della coscienza, esse non sembrano in grado di poter affrontare isolatamente le complesse questioni legate al problema difficile.

La coscienza e il cervello sociale

Un passo avanti può essere quello di avvicinare ulteriormente l'approccio fenomenologico della sociologia a quello più puramente neuroscientifico. Per affrontare tale passaggio è necessario chiarire alcuni altri elementi riguardanti il rapporto tra coscienza e cervello, affiancando alla risposta relativa allo "spazio" (il luogo della coscienza), quello relativo al "tempo". Riprendiamo brevemente la definizione di coscienza precedentemente proposta da Damasio: l'attività in base alla quale riconosciamo come nostro l'organismo che ci consente di interagire nell'ambiente circostante.

"Riconoscere come nostro" l'organismo non deve essere letto come "il nostro cervello riconosce": il fatto che oggi le neuroscienze dispongano di strumenti in grado di dimostrare che quando un soggetto prende coscienza di qualcosa che accade al suo organismo, il suo cervello (o una parte di esso) reagisce in modo empiricamente misurabile, non implica che tale stato di coscienza sia equiparabile al suo cervello. Un cervello non è in grado di percepire un colore rosso; è lo stato di coscienza del colore rosso che rende possibile l'esperienza vissuta.

Noi emergiamo grazie a un momento di attenzione, quando rivolgiamo intenzionalmente il nostro sguardo verso qualche oggetto presente nel mondo esterno e – contemporaneamente – lo colleghiamo in qualche modo a una rappresentazione del nostro mondo interno. Una rappresentazione del tutto illusoria, se vogliamo, senza la quale però saremmo del tutto ciechi nei confronti dell'ambiente che ci circonda.

Affinché una tale esperienza si manifesti, è necessario che l'organismo in questione disponga di un cervello dotato di determinate caratteristiche (ovvero di una serie complesse di reti neurali particolarmente evolute e interconnesse tra loro). Tuttavia – come ricordava Gerald Edelman – il cervello che interessa la fenomenologia della coscienza non può essere ridotto semplicemente all'organo materiale, ma deve essere considerato nei termini, già descritti in precedenza, di un cervello incarnato ed esteso. Il primo concetto, si riferisce al fatto che tutte le attività neurobiologiche possibili a livello materiale, dunque empiricamente descrivibili e verificabili scientificamente, sono possibili se e solo se il cervello invia dei segnali al corpo e il corpo invia dei segnali al cervello. Questo equivale a dire che le mappe cognitive connesse alle aree cerebrali eventualmente attivate, sono modificate non solo da ciò che percepiamo attraverso i sensi, ma anche dal modo in cui ci muoviamo fisicamente. Oltre a ciò – come ribadisce lo stesso Edelman – il cervello regola a sua volta le funzioni biologiche fondamentali degli organi del nostro corpo, e gestisce i movimenti e le azioni che accompagnano e orientano i nostri sensi.

Il secondo concetto, relativo al cervello esteso, è riferito al fatto che il corpo (di cui è parte integrante il cervello stesso) è sempre immerso e situato in un ambiente particolare, che lo influenza e da cui è influenzato. Il che equivale a dire che la triade cervello-corpo-ambiente sociale dev'essere, sempre e comunque, considerata inscindibile.[197]

---

[197] Gerald M. Edelman, 2004 (Op. cit.).

Coscienza nucleare e coscienza autobiografica

Gli stati della mente cui si riferisce Damasio per definire la coscienza hanno sempre un contenuto (sono rivolti verso qualcosa) e contengono sempre e comunque un aspetto del sentire, ovvero fanno riferimento ad aspetti qualitativi dell'esperienza in prima persona (i cosiddetti *qualia*, sui quali torneremo tra breve).

Inoltre, gli stati mentali coscienti sono per definizione possibili solo in stato di veglia. Il che implica in altre parole che, al di sotto di una certa soglia di attività neuronale, essa non è attiva. Quando siamo molto stanchi e siamo sul punto di addormentarci, un'eventuale misurazione del grado d'intensità della nostra coscienza la collocherebbe molto in basso. In altri momenti, quando partecipiamo ad esempio a un intenso dibattito o a una lezione che richiede una forte consapevolezza di ogni dettaglio, l'intensità della nostra coscienza risulta essere molto elevata. Oltre che in base all'intensità, tuttavia, la coscienza può essere misurata, secondo Damasio, anche in base al suo raggio di estensione, ovvero a quella che viene definita la sua portata.

Un raggio minimo consente comunque una certa coscienza di sé, come quando stiamo bevendo una tazza di caffè a casa nostra senza preoccuparci della provenienza della tazza o del caffè, né di come la bevanda influirà sul nostro battito cardiaco, e nemmeno di quello che dobbiamo fare quel giorno. Siamo tranquillamente presenti in quel particolare momento, e questo è tutto.

A questo proposito Sartre aveva già rilevato, ad esempio, che quando siamo assorti da un qualche compito, come potrebbe essere la lettura di queste righe, noi abbiamo una coscienza dell'autoconsapevolezza narrativa e preriflessiva del processo di lettura in atto, ma non abbiamo alcuna coscienza di noi stessi.

Fin quando siamo assorti nelle nostre esperienze, finché le stiamo vivendo, non appare nessun "io" cosciente di sé. L'io diventa autocosciente solo quando adottiamo una presa di distanza, solo quando oggettiviamo l'esperienza riflettendo su di essa. In questo senso – come direbbe lo stesso Sartre – "l'io appare alla riflessione come un oggetto e non come il soggetto della riflessione stessa". E quando lo esaminiamo, esso come apparirà come se fosse l'io di un'altra persona.

Tuttavia, nonostante la paradossale illusorietà di questo nostro "io", e la fluidità temporale dei nostri stati di coscienza, non potremmo mai vedere o percepire il mondo esterno – la cosiddetta realtà oggettiva – in sua assenza. Anche le neuroscienze, insomma – come la fenomenologia sartriana e alcuni grandi artisti del Novecento avevano chiaramente delineato – confermano che la realtà oggettiva può essere percepita se e solo se siamo in grado di elaborare in modo appropriato la credenza o l'illusione di quella grande finzione che è l'io e l'idea di coscienza ad esso associata.

Se adesso immaginiamo di bere la tazza di caffè dell'esempio precedente in compagnia di un vecchio amico che non vediamo da anni, con il quale abbiamo condiviso vent'anni prima esperienze giovanili intense e profonde – vacanze, formazione universitaria, gare sportive, e così via – entrerebbe in azione quella che Damasio definisce la coscienza ad ampio raggio. Un tipo di coscienza con un'estensione ben diversa dalla prima, uno dei più straordinari risultati che caratterizzano il cervello umano. In sintesi, il primo tipo di coscienza – definita coscienza nucleare – sarebbe connessa dunque alla percezione temporale del qui e ora, "libera dal peso di troppo passato, e gravata da poco o nessun futuro"; l'altra – definita coscienza autobiografica – entra in gioco quando le sue attività sono dominate sia dal passato vissuto, sia dalle aspettative e dalle attese legate alle immagini del futuro anticipato.

Il linguaggio della coscienza

La questione fondamentale da sottolineare a tal proposito riguarda il fatto che i livelli di coscienza e la loro intensità dipendono dalle circostanze, ovvero dalla situazione, dal contesto, dalle relazioni in cui gli organismi sono coinvolti. Il che ci porta a ribadire che la coscienza non può essere considerata come un oggetto che esiste indipendentemente dagli stati soggettivi e indipendentemente dalle situazioni ma è, piuttosto, un'esperienza imprescindibilmente estesa in un tempo: essa è ciò che si prova a essere un soggetto.

Secondo Jean-Paul Sartre l'apertura della coscienza all'ambiente circostante, ci dovrebbe indurre a suddividere l'universo umano in due province: il mondo dell'in-sé (ovvero ciò che è), e il mondo del per-sé (ovvero l'autocoscienza).

L'immagine dell'uomo proposta da Sartre è fondata sulla costante e ineliminabile tensione tra questi due mondi inestricabilmente uniti. Il grande esistenzialista francese sosteneva inoltre che la coscienza non ha bisogno di nessun io di riferimento, ovvero di nessun principio di identità trascendente. Un'indagine accurata della coscienza dimostrerebbe, secondo Sartre – totalmente in linea con gran parte della ricerca neuroscientifica contemporanea – che non è presente in essa nessun homunculus, nessun io che la abiti o la possieda.

Già David Hume aveva a suo tempo anticipato questa interpretazione scettica sostenendo che è sempre necessaria una qualche impressione affinché possa prodursi un'idea reale. "Ma l'io – sosteneva il filosofo scozzese – non è un'impressione: è ciò a cui vengono riferite, per supposizione, le diverse nostre impressioni e idee. Se ci fosse un'impressione che desse origine all'idea dell'io, quest'impressione dovrebbe rimanere invariabilmente la stessa attraverso tutto il corso della nostra vita, poiché si suppone che l'io esista in questo modo. Invece non c'è nessuna impressione che sia costante e invariabile: dolori e piaceri, affanni e gioie, passioni e sensazioni, si alternano continuamente e non esistono mai tutte insieme. Non può essere, dunque, da nessuna di queste impressioni, né da alcun'altra, che l'idea dell'io è derivata: per conseguenza, non esiste tale idea".198

Ed è proprio prendendo spunto da queste riflessioni che è possibile introdurre il discorso sul rapporto tra linguaggio e autocoscienza, ricerca che ha annoverato Wittgenstein tra i suoi più originali interlocutori.

Considerare la coscienza come un fenomeno principalmente linguistico, consente in qualche modo di salvaguardare e di integrare dialetticamente i cosiddetti aspetti fisici e mentali ereditati dalla concezione dualistica, evitando però di scomodare l'oramai improponibile versione essenzialista così cara alla nostra tradizione culturale.

Da una parte troviamo dunque una serie di pratiche discorsive e dall'altra una serie di configurazioni neuronali che si autostimolano a vicenda, essendo assolutamente inconcepibili indipendentemente l'una dall'altra. Tale connubio, peraltro, non s'identifica completamente con il cervello (inteso tradizionalmente come un semplice organo materiale) in quanto esso si colloca evidentemente al di là della dimensione del singolo, per confondersi a sua volta con il contesto sociale di riferimento.

L'autocoscienza individuale è però un fenomeno caratterizzato da intermittenze e irregolarità. I singoli e circoscritti episodi in cui gli esseri umani, ricollegando i diversi fenomeni

---

198 Cfr., per approfondimenti, Pecchinenda, 2018 (Op. cit.).

autocoscienti, elaborano il loro senso unitario del sé, non possono essere spiegati se non facendo riferimento alla questione della narrazione e della temporalità.

L'essere umano – potremmo chiosare a questo punto – è un organismo che esiste grazie all'emergere della coscienza di un sé (resa possibile dalla presenza di un cervello sociale), se e solo se si riesce a trasformare un materiale più o meno grezzo depositato nella memoria in una narrazione.

La narrazione della coscienza

Oltre a Virginia Woolf, anche un gran numero di recenti opere neuroscientifiche sulla coscienza ne sottolinea il carattere essenzialmente narrativo. Lo stesso António Damasio, riserva una grande enfasi a questo aspetto. Ciò che accade a un organismo interagisce con un oggetto – egli dice – è una storia semplice, senza parole, che riguarda alcuni personaggi (l'organismo e l'oggetto) e si sviluppa nel tempo. Ha un inizio, una parte centrale e una fine … La fine sono le reazioni che hanno come risultato il cambiamento dello stato dell'organismo. Come dimostra l'uso della parola "organismo", Damasio non si riferisce solo a un'esperienza esclusivamente umana. Lo stesso processo avviene anche tra gli animali. Ma – prosegue lo studioso portoghese – la rappresentazione per immagini di sequenze di eventi nel cervello, che avviene in cervelli più semplici dei nostri, è la sostanza di cui sono fatte le storie. Un avvenimento pre-verbale naturale di narrazione può essere effettivamente la ragione per cui noi abbiamo finito con il creare il dramma e poi i libri. Il "raccontare delle storie", sostiene con un'espressione singolare, è probabilmente un'ossessione del cervello.

La coscienza umana, come abbiamo visto, è sostanzialmente un processo di auto-conoscenza. Non solo abbiamo delle esperienze, siamo anche consci di viverle, e di esserne influenzati. Come i ragni tessono la tela e i castori costruiscono dighe, così noi raccontiamo storie. La nostra tattica fondamentale di auto protezione, autocontrollo e auto definizione non è quella di tessere tele o costruire dighe, ma di raccontare storie, e più in particolare collegare e controllare la storia che raccontiamo agli altri – e a noi stessi – su chi siamo.

Il tempo della coscienza

La narrazione, in questo senso, può essere considerata il modo attraverso il quale gli esseri umani organizzano e costruiscono il proprio rapporto con la temporalità e – attraverso la sua "grammatica" – il modo che rende possibile la creazione di una "realtà" o di un "mondo" possibile, anche se non necessariamente certo, oggettivo o verificabile empiricamente: la realtà della coscienza.

Secondo una suggestiva intuizione di George Steiner il tempo, e in particolare la percezione umana del tempo futuro ("la capacità di discutere fatti che potrebbero succedere il giorno dopo il proprio funerale o fra un milione di anni nello spazio interstellare"), sarebbe una caratteristica apparsa relativamente tardi nell'evoluzione del linguaggio umano. E, cosa a mio avviso del massimo interesse, lo stesso vale per il congiuntivo e per i modi controfattuali collegati ai tempi futuri. «Soltanto l'uomo – scrive Steiner – per quanto possiamo concepire, dispone dei mezzi per modificare il proprio mondo attraverso le subordinate ipotetiche, generando espressioni come: "se Cesare non si fosse recato al Campidoglio quel giorno". Mi sembra che questa "grammatologia" immaginaria, formalmente incommensurabile, dei futuri verbali, dei congiuntivi e degli ottativi abbia svolto un ruolo indispensabile, ieri come oggi, per la sopravvivenza e per l'evoluzione dell'animale linguistico».

Sulla base di tali considerazioni inviterei a orientare il discorso sulla coscienza autobiografica dal tradizionale orientamento di carattere prevalentemente ontologico ad uno fondato principalmente sui processi comunicativi; ovvero, una ricerca orientata non più verso un'analisi descrittiva e formalizzata della coscienza, ma verso un'analisi narrativa delle intenzioni della coscienza nell'ambito di una realtà da coniugare "al congiuntivo".

Questa cosiddetta congiuntivizzazione della coscienza implicherebbe a sua volta la produzione di un universo di riferimento in cui abbiamo a che fare non più con delle stabili certezze ma con delle ipotetiche possibilità umane; quelle denotate dagli ottativi, dai modi grammaticali del desiderio che aprono il carcere della necessità fisiologica e delle leggi meccaniche. Secondo una felice espressione di Milan Kundera, si tratta di porre al centro dell'attenzione non tanto la cosiddetta realtà ma l'esistenza. E quest'ultima non è necessariamente limitata a ciò che si è effettivamente realizzato, ma è il campo delle possibilità umane, di tutto quello che l'uomo può immaginare di divenire, di tutto quello di cui è capace.

Sono questi i motivi che inducono coloro che, come me, tendono ad abbracciare tale prospettiva teorica, a concordare con un'immagine della coscienza come artificio narrativo mai completamente definibile, ma in continua evoluzione di fronte alle innumerevoli possibili alternative che si producono nel corso di un'esistenza.

Come hanno giustamente teorizzato alcuni studiosi, il cervello umano potrebbe essere definito una *macchina che produce futuri.*

L'evoluzione ci ha dotati con esso del più straordinario strumento di lotta contro ogni possibile antagonista presente nell'ambiente circostante. Non siamo la specie più forte, né tanto meno la più resistente presente sulla terra. Siamo però i più preparati per prevedere il futuro e agire di conseguenza.

Invece di affidarci alle pur efficaci, ma lente, direttive dei geni, prevediamo soluzioni inedite alle sfide dell'ambiente. Il nostro cervello costruisce immagini della realtà – simboli, rappresentazioni, copie – e ogni volta che percepisce una situazione rischiosa, non solo trova qualcosa di simile o di equivalente nella sua straordinaria memoria, ma addirittura è in grado di costruirne una ad hoc, con la sua immaginazione. Invece di calcolare (come fanno le macchine intelligenti), il cervello immagina distinti scenari possibili e sceglie quello che giudica il più conveniente in un frammento di secondo. Se il modello, il pattern (insomma questa configurazione neuronale efficace) funziona, esso si rafforza e si stabilizza; se non funziona, si autoelimina grazie a un meccanismo straordinariamente utile (quanto sottostimato): l'oblio.

Il flusso di informazioni che circola dai sensi al cervello e dal cervello ai sensi, produce modelli del mondo di una intricata complessità. Sarebbe praticamente impossibile indovinare quando questi modelli, nelle loro infaticabili e incessanti riconfigurazioni, abbiano potuto produrre quel salto logico ipotizzato da Dougles Hofstadter nel suo *I'm a Strange Loop*: l'istante in cui un'idea si trasforma all'improvviso in qualcosa di autoreferenziale. Ciò non impedisce di comprenderne i vantaggi: per quanto, nell'insieme della complessa architettura in parallelo dei neuroni l'Io possa apparire come un'anomalia (una specie di virus informatico o di infezione – come suggerisce Daniel Dennett), si tratta di un'anomalia benefica che ci consente di tenere uniti un insieme infinito di dati e di sensazioni di camera iperbarica.

Grazie a una tale illusione (illusione nel senso che un tale coscienza dell'io non si può ritrovare materialmente in nessuna parte del cervello), siamo ben attenti e concentrati nel fare attenzione, preservare e curare il corpo che gli appartiene e al quale appartiene. Lo sforzo è destinato a realizzare il nostro principale obiettivo in quanto esseri viventi: permettere che i nostri geni si replichino.

Richard Dawkins, in un suo celebre saggio[199], sosteneva che l'insieme dei nostri organismi sarebbero in un certo senso succubi dell'egoismo dei nostri geni, in quanto questi ci obbligano a soddisfare la loro ansia di immortalità. I nostri *io* non sarebbero altro, da questo punto di vista, che una sorta di pilota automatico che serve a far atterrare i suoi passeggeri nel modo migliore possibile: *una geniale invenzione*.

Nulla avrebbe potuto però far prevedere che le idee che circolano nel nostro cervello potessero acquisire una loro vita propria. I *memi* – secondo un'altra brillante definizione dello stesso Dawkins – non meno egoisti dei geni, hanno fatto in modo che il cervello divenisse un organo completamente e indistinguibilmente ibrido: anche se a livello materiale è costituito da neuroni, sinapsi, atomi, molecole, sostanze chimiche e spinte elettriche, esso è inestricabilmente integrato dalle idee che emergono al suo interno, che ad un certo punto sono a loro volta diventate capaci di modificare la materia stessa da cui erano state prodotte. Il punto cruciale è quello di rendersi conto e di accettare il fatto che le idee non sono però così immateriali ed eteree come potrebbe apparire ad uno sguardo superficiale, bensì sono il risultato di configurazioni ben precise di sinapsi e reti neuronali.

Uno dei fenomeni più interessanti a tal proposito, è che esse sembrano sottomesse alle stesse regole evolutive che governa

---

[199] Richard Dawkins (1976), *Il gene egoista*, Mondadori, Milano 1995.

tutti gli esseri viventi: quelle che meglio si adattano all'ambiente, sopravvivono; quelle che non si adattano, si estinguono irrimediabilmente.

Da questo punto di vista l'*io* andrebbe considerato come uno dei *memi* (o insieme di *memi*) più adatti e vincenti mai concepiti dal cervello.

Quale capacità adattativa potrebbe mai essere migliore, per un'idea, di quella di integrarsi in quella parte della coscienza che consideriamo essenziale per noi? Quando un *meme* entra a far parte della nostra identità, esso si assicura la sua stessa sopravvivenza.

7
Le emozioni al cospetto dei nuovi media

Nel corso degli ultimi trent'anni, come abbiamo visto, le neuroscienze hanno lanciato una sfida epocale alle tradizionali teorie sociologiche e psicologiche relative all'analisi del comportamento umano. Gli stessi paradigmi che avevano sostenuto l'immagine dell'uomo affermatasi in Occidente da Cartesio in poi, sono stati messi fortemente in discussione, in particolare per ciò che concerne il ruolo dell'ambiente e del corpo (e, soprattutto, del cervello) nella formazione delle emozioni e dei sentimenti.

Nella storia della cultura occidentale il discorso scientifico sulle emozioni non è stato elaborato sempre nell'ambito delle stesse discipline, ma è possibile assistere a un continuo processo di avvicendamento in cui diversi approcci, fondati perlopiù su una determinata antropologia di riferimento, hanno proposto una loro definizione delle emozioni. Inoltre, anche all'interno di uno stesso ambito disciplinare, come ad esempio la psicologia sperimentale in lingua inglese, si possono contare, a partire dalla metà dell'Ottocento, circa un centinaio di diverse definizioni del concetto di emozione.

Per provare a fare un po' di chiarezza su questo così controverso concetto, ripercorriamo schematicamente, nei limiti del possibile, la sua storia fin dalle origini della cultura occidentale, ben consapevoli dei rischi connessi a un simile processo di schematizzazione.

È possibile, infatti, sostenere che esista una storia di almeno duemilacinquecento anni di riflessione filosofica sulla questione delle emozioni, la cui analisi non può essere tenuta separata dall'immagine dell'uomo e della società di riferimento di volta in volta prevalente, nonché delle tecnologie in ogni epoca disponibili.

Le figure letterarie di Omero, com'è noto, si vedevano abbandonate senza difesa al potere delle emozioni, percepite come una forza estranea ed esterna, qualcosa che proveniva dal mondo soprannaturale e non certamente prodotta nell'interiorità dell'uomo.

I personaggi omerici – come a suo tempo spiegava magistralmente Eric R. Dodds – riconoscono chiaramente una distinzione tra azioni normali e azioni compiute in stato di *ate*. Questo ate, questo stato d'animo che indica «l'annebbiarsi o lo smarrirsi temporaneo della coscienza normale», viene nella cultura omerica attribuito non a cause fisiologiche o psicologiche, ma ad una o più entità esterne. Volendo essere più precisi, le azioni compiute in stato di ate vengono fatte risalire, indifferentemente, «o alla propria moira o alla volontà di un dio, secondo che consideravano la cosa dal punto di vista soggettivo o oggettivo».[200] Ora, questa moira, pur non potendo essere considerata alla stregua di una vera e propria divinità personale, secondo l'accezione che verrà successivamente diffusa nel mondo romano, rappresenta tuttavia un più che probabile antesignano del nucleo emotivo interiore, nonché delle cosidette teorie dell'homunculus.[201]

Mentre nella cultura omerica (come anche, molto probabilmente, nel pensiero primitivo in generale) questo homunculus occupava uno spazio sempre e comunque esterno al corpo, successivamente esso verrà via via sempre più

---

[200] Eric Dodds, *I greci e l'irrazionale*, La Nuova Italia, Firenze 1978, p. 11. "Domandarsi se i personaggi omerici sono deterministi o credono al libero arbitrio, è fantasioso anacronismo: non si posero mai la questione; e se gliela si ponesse, difficilmente si riuscirebbe a farne loro intendere il senso" (ivi, p. 10).
[201] Per approfondimenti cfr. Gianfranco Pecchinenda, *Homunculus. Sociologia dell'identità e autonarrazione*, Liguori, Napoli 2008.

interiorizzato. In precedenza esso poteva essere più o meno vicino all'essere di cui manovrava le gesta, così come poteva penetrare in esso più o meno intensamente, ma derivava sempre e in ogni caso da un'esteriorità alquanto imprecisata, che lo rendeva assolutamente "altro": il tratto più caratteristico dell'Odissea – sosteneva ancora Dodds a tal proposito – è che i suoi personaggi attribuiscono ogni specie di accadimenti spirituali (e anche fisici) all'intervento di un demone, "dio", o "dei", anonimo e indeterminato. Questi esseri vagamente concepiti possono ispirare coraggio in un frangente, o togliere il senno, proprio come fanno gli dèi nell'Iliade. Ma si attribuisce loro anche uno svariato assortimento di quelle che potremmo definire vere e proprie emozioni.

Ogni emozione – in tal senso – è da considerarsi insomma di origine esterna e indipendente dal corpo dell'essere che se ne fa portatore.

Sarà poi solo con Platone, e successivamente soprattutto con Aristotele, che faranno la loro comparsa i primi riferimenti alle emozioni intese come stati interiori dell'essere umano. In alcuni passi della sua Retorica appaiono infatti inequivocabili riferimenti alle passioni intese come moti interiori a causa dei quali gli esseri umani, mutando, differiscono in rapporto ai giudizi, e a esse seguono il dolore e il piacere, o emozioni come l'ira, la pietà, la paura "e quante altre sono di questo genere".

Le interpretazioni successive, relative a questi riferimenti aristotelici, appaiono tuttavia discordanti. Per alcuni, nell'elenco delle passioni aristoteliche si potrebbero già rinvenire le celebri emozioni di base messe in luce dallo psicologo Paul Ekman alla fine del XX secolo; per altri il concetto aristotelico di emozione e la rilevanza della componente valutativa anticiperebbero la versione elaborata dalla psicologia sperimentale incentrata sulla cosiddetta *appraisal*; per altri ancora, infine, esse rimanderebbero all'attuale enfasi sulle funzioni interattive e cognitive delle emozioni. Ritorneremo tra breve su alcune di tali questioni. Prima è però opportuno ricordare che, intorno al II secolo d. C., il medico greco Galeno, filosoficamente molto vicino a Platone, propose un concetto di emozione che influenzerà intere generazioni di medici arabi ed europei almeno fino al Rinascimento. Per Galeno le azioni dell'anima erano determinate dal temperamento del corpo, il quale era a sua volta dipendente, secondo una tradizione risalente ad Ippocrate, dal giusto equilibrio tra i quattro liquidi corporei.

Sorvolando adesso sull'evidente rapporto tra il successivo e progressivo affermarsi del Cristianesimo, da un lato, e l'altrettanto progressivo assestarsi del soggettivismo umanistico occidentale, va evidenziato un aspetto a mio avviso molto importante in relazione a quella cruciale fase di passaggio nella ridefinizione delle emozioni durante il periodo medioevale. Con un atto interpretativo non privo di una certa audacia, si potrebbe considerare l'intera età medioevale come il tempo che il soggettivismo in Occidente impiegherà per "sbarazzarsi", appunto esasperando alcuni tratti della dottrina cristiana, di tutti quegli aspetti della religione antica che avevano creato luoghi d'incontro tra uomini e divinità, come appunto i luoghi emozionali: ecco che si forma dinanzi a noi l'immagine di un uomo la cui anima (opposta al corpo) è drammaticamente sempre più sola di fronte a Dio.

La svolta rinascimentale

Dal momento in cui vengono meno i tradizionali luoghi sovrannaturali in cui elaborare e collocare le emozioni, comincia a divenire sempre più urgente riposizionarle all'interno del corpo. Giungiamo così alla cosiddetta "svolta rinascimentale". Si tratta di un'epoca in cui, com'è noto, una serie complessa di fenomeni di carattere sia culturale sia tecnologico (dall'invenzione della prospettiva a quella di Gutenberg) faranno sì che un tale spazio interiore delle emozioni cominci ad ampliarsi sempre più. Nel corso di tutta la modernità – e fino ad oggi – la ricerca di questo luogo privilegiato del Sé, lo spazio delle emozioni, dell'immaginazione e dell'autocoscienza, inteso non più come un ente estraneo o una divinità che affianca l'uomo, ma come una qualità intrinseca specificamente umana, diventerà uno dei percorsi più seguiti da filosofi, psicologi, sociologi e, più di recente, da alcuni neuroscienziati.

Quando nel XVII secolo Cartesio si pose la questione del rapporto tra le due entità distinte e separate che costituivano l'uomo, quella mentale e quella fisica, provò a risolvere il problema del luogo delle emozioni ricorrendo alla ghiandola pineale, da lui considerata la sede dell'interazione mente-corpo, un luogo in cui i comandi provenienti dalla prima potevano influenzare il secondo, e dove l'informazione (relativa sia al corpo stesso, sia alla realtà esterna), a partire dal corpo, poteva giungere alla mente sotto forma di percezioni, emozioni, conoscenza. Oggi, ad alcuni secoli di distanza, e al culmine di un articolato e controverso dibattito sul tema della coscienza, alcuni neuroscienziati, accantonata definitivamente (almeno così pare!) l'idea di un possibile "luogo" materiale dove le emozioni possano "accadere", sembrano comunque ancora proseguire la loro ricerca nei termini di un rinnovato e difficilmente precisabile dualismo cervello (materia)-mente (spirito).

Dualismi a parte, concentriamoci ora sul tema del passaggio dalle emozioni come fonte di *eterodirezione*, alle emozioni come fonte di *autodirezione*.

Il processo di civilizzazione

Nella sua monumentale opera sul processo di civilizzazione il sociologo tedesco Norbert Elias[202] scriveva che ogni sociologia della conoscenza che abbia la pretesa di studiare il comportamento umano prendendo in considerazione solo il pensiero cosciente, la sua "ratio" e le sue "idee", senza tenere in conto "la struttura delle pulsioni e dell'orientamento e conformazione delle emozioni e passioni umane", era destinato a essere poco fertile.

Come è noto, al centro della sua riflessione, in buona parte derivata da Freud, spiccava l'idea secondo cui la civilizzazione occidentale sarebbe intimamente connessa a un graduale mutamento dell'equilibrio tra eterocostrizione e autocostrizione: quest'ultima – egli sosteneva – inizia a funzionare indipendentemente dalla presenza di organi repressivi esterni e prende il sopravvento sull'eterocostrizione, assumendo un aspetto interiore automatico e onnipervasivo. Da ciò deriverebbe un costante processo di privatizzazione, di separazione di certi ambiti della vita personale (legati al cibo, al vestiario, al sonno) dalla sfera della comunicazione sociale tra gli uomini. Parallelamente a questo sviluppo del controllo e della repressione delle emozioni, farebbero la loro comparsa emozioni quali il disgusto, la vergogna e la pena.

A tal proposito lo storico della cultura Thomas Dixon[203] sostiene che l'ascesa della metacategoria *emotion* non sia altro che l'esito di un processo di riduzione concettuale durante il quale la complessità di tale categoria è stata progressivamente

---

[202] Norbert Elias (1939), *Il processo di civilizzazione*, Il Mulino, Bologna 1988.
[203] Dixon Thomas, *From Passions to Emotions. The Creation of a SecularPsychological Category,* Cambridge University Press 2003.

semplificata. A suo avviso si tratterebbe di un processo di condensazione di un fenomeno la cui origine può essere fatta risalire alla prima metà del Settecento, grazie all'azione dei filosofi morali scozzesi alle prese con la necessità di dover riformulare le proprie dottrine di fronte all'incombente e inarrestabile processo di secolarizzazione. Fu, insomma, innanzitutto a causa delle esigenze teoriche legate alla secolarizzazione che, secondo Dixon, il campo semantico *emotion* finì per risucchiare in sé tutta una serie di significati in origine assai differenti, precedentemente veicolati da termini specifici quali *passion, affection of the soul, sentiment, desire o lust*. E fu probabilmente a causa di questo definitivo colpo di grazia concettuale alla cosmologia cristiana che le emozioni cominciarono a essere considerate indipendenti da flussi e influenze di tipo metafisico, spianando finalmente la strada a filosofie di tipo materialista, in cui le emozioni potevano essere considerate manifestazioni derivanti dal corpo (o almeno dalla sua interiorità) e, addirittura, alla cosiddetta "animalizzazione" dei sentimenti.

Che cos'è un'emozione

Nel 1872 Darwin pubblica Le espressioni delle emozioni nell'uomo e negli animali. Da questo testo fondativo per la storia dello studio scientifico delle emozioni emergeranno, tra le altre, le seguenti considerazioni: la struttura delle emozioni è innata; la regolazione delle emozioni è legata alla cultura; le emozioni hanno una funzione adattativa per la specie nel processo evolutivo in relazione all'ambiente e alle altre specie. Il lavoro di Darwin – è quasi pleonastico ribadirlo – costituirà un punto di riferimento imprescindibile (in positivo o in negativo) per qualunque possibile teoria scientifica moderna delle emozioni.

Parallelamente all'approccio evoluzionista, il concetto moderno di emozione verrà in seguito integrato da una serie di ipotesi di carattere neurofisiologico, soprattutto a partire dalle teorie di uno studioso il cui prestigio e centralità nell'ambito dell'intero dibattito scientifico scaturito a cavallo tra il XIX e il XX è indiscutibile: William James.

What is an Emotion? È proprio il titolo di un articolo di William James pubblicato nel 1884, in cui l'autore sostiene la tesi secondo cui i cambiamenti corporei seguirebbero direttamente la percezione della cosa eccitante, e che la nostra sensazione di questi cambiamenti, così come accadono, è ciò che può essere definita con il termine emozione. In altri termini, noi non fuggiamo davanti a un serpente perché proviamo l'emozione della paura, bensì le nostre reazioni fisiche (dilatazione delle pupille, respirazione rapida, tensione dei muscoli, flusso sanguigno accelerato) conseguenti allo stimolo (percezione del serpente), sarebbero esse stesse ciò che chiamiamo emozione.

Un tale principio guida, relativo al carattere sostanzialmente neurofisiologico e corporeo delle emozioni, è stato successivamente arricchito da psicologi quali, ad esempio, Carl Lange o Walter Cannon. Il primo, sulla falsariga di William James, sosteneva l'idea secondo cui sarebbero principalmente le aree periferiche del corpo a essere responsabili dell'emergere delle emozioni, mentre il secondo può essere considerato uno dei capostipiti delle cosiddette Teorie Centrali delle Emozioni. Secondo gli approcci rapportabili al primo modello, le emozioni sarebbero elaborate prima dalla periferia del nostro corpo e solo successivamente passerebbero al Sistema Nervoso Centrale. Noi avvertiamo le nostre emozioni soprattutto attraverso il corpo, ed esse sono da considerare come una conseguenza dei cambiamenti fisiologici viscerali e non la loro causa (semplificando, è come dire che non piangiamo perché siamo tristi, ma siamo tristi perché piangiamo). Una delle teorie più celebri riferibile a un tale approccio, è quella delle sei emozioni di base (basic emotions) proposta da Paul Ekman, improntata sull'analisi delle espressioni facciali. Secondo questo autore la sola espressione del volto sarebbe sufficiente per comprendere e spiegare le emozioni. Tale considerazione lo porterà a stilare una lista delle cosiddette emozioni primarie: gioia, tristezza, rabbia, disgusto, paura e sorpresa (alle quali, per completezza, se ne aggiungeranno successivamente altre cinque: disprezzo, vergogna, colpa, imbarazzo e rispetto).

Sul versante opposto, troviamo invece i sostenitori dell'idea secondo cui i centri di attivazione, controllo e regolazione delle emozioni sarebbero collocati non alla periferia ma nel centro stesso del Sistema Nervoso, e precisamente nel talamo (vero e proprio terminale di raccolta, elaborazione e smistamento delle informazioni sensoriali). In entrambi i casi, tuttavia, resta condivisa l'idea che un'emozione disincarnata sarebbe improponibile, secondo un'impostazione che oggi ben si integra con la cornice teorica portata avanti nell'ambito del cognitivismo, ovvero la cosiddetta *embodied cognition*.

L'insieme delle molteplici teorie cognitiviste delle emozioni, si strutturano invece tutte intorno al seguente assioma: per poter attivare un'emozione è necessario che si manifestino due componenti – una componente fisiologica e una componente psicologica – interconnesse attraverso un'attribuzione causale per cui la componente fisiologica viene attivata da uno stimolo emotigeno elaborato a livello cognitivo. Secondo Schachter, ad esempio, si prova un'emozione quando si elabora un'etichetta cognitiva al fine di identificare uno stato diffuso di attivazione fisiologica, cui attribuiamo il nome di una particolare sensazione. A differenza di James, Schachter non avanza l'ipotesi che le sensazioni fisiologiche siano emozioni e che ciascuna emozione è accompagnata da modificazioni fisiologiche differenziate. Egli suggerisce invece che la stimolazione produrrà soltanto un'attivazione generalizzata del Sistema Nervoso Autonomo, almeno finché non lo collegheremo cognitivamente a un'interpretazione relativa a un'emozione. Secondo la cosiddetta teoria dell'*appraisal* di Lazarus, invece, le emozioni sarebbero determinate dalla valutazione delle cause degli eventi e dai significati che le persone attribuiscono agli stessi. Un'altra teoria di carattere cognitivista (Frijda), sostiene che le emozioni non si producono casualmente, ma soltanto a seguito di un processo di analisi e valutazione di un evento in riferimento alle implicazioni che questo potrebbe avere sul benessere della persona coinvolta.

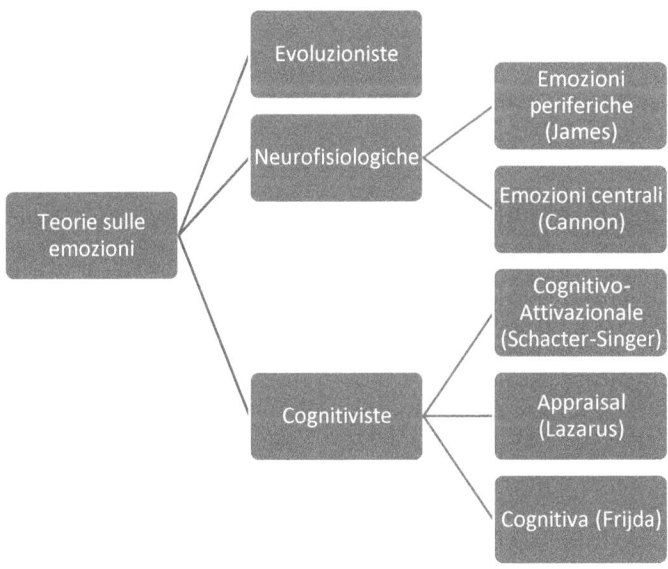

Emozioni, ragione e sentimenti

Una delle tesi più diffuse nell'ambito delle neuroscienze cognitive è quella sostenuta da António Damasio. Secondo questo studioso, l'emozione dovrebbe essere considerata parte integrante del circuito della ragione e del processo di razionalizzazione. Nel suo tentativo di superare definitivamente la visione cartesiana dell'uomo, lo scienziato portoghese sostiene che alcuni aspetti del processo dell'emozione e del sentimento siano indispensabili per la razionalità. Più nello specifico, egli sostiene che le reti su cui si fondano i sentimenti, comprendono non soltanto l'insieme delle strutture cerebrali che costituiscono il sistema limbico, ma anche alcune aree della corteccia prefrontale e, soprattutto, quei settori dell'encefalo che integrano i segnali provenienti dal corpo e ne generano mappe. Damasio si riferisce ai sentimenti come a qualcosa che possiamo vedere attraverso una finestra che si apre direttamente su un'immagine della struttura e dello stato del corpo. I sentimenti, insieme alle emozioni da cui provengono, sarebbero una sorta di guida interiore: la base di quello che da millenni gli esseri umani hanno descritto come "spirito" o "anima" dell'essere umano. Il corpo, nella riflessione damasiana, lungi dall'essere un mero sostegno per il cervello, costituirebbe a sua volta la base materiale per le rappresentazioni cerebrali, punto di riferimento essenziale del già citato approccio della *embodied cognition.*

Secondo Damasio, emozioni e sentimenti forniscono dei ponti fra processi razionali e non razionali, fra strutture corticali e strutture subcorticali.
È possibile innanzitutto effettuare una distinzione tra emozioni primarie e secondarie. Rientrano nel primo tipo quelle emozioni definite innate, preorganizzate, come ad esempio la paura di fronte ad alcuni stimoli; ciò che accade è l'instaurarsi di uno

stato corporeo tipico dell'emozione in questione, che modifica l'elaborazione cognitiva in una maniera che si adatta allo stato di paura. La risposta emotiva consente, ad esempio, di celarsi a un predatore. Il passaggio successivo è il sentire l'emozione, ovvero avere consapevolezza del legame tra oggetto e stato emotivo del corpo.

I sentimenti fornirebbero qualcosa in più al processo innescato dalle emozioni, perché essendo consci delle emozioni si ha l'opportunità, evolutivamente più efficace, di possedere un ventaglio di possibilità di risposta più ampio.

Ad esempio, se si è consapevoli che un determinato animale, oggetto o situazione può provocare paura, ci sono due possibili risposte: una è innata e non specifica per quella determinata condizione, l'altra è basata sull'esperienza. Essere consci delle emozioni apre a una potenziale flessibilità nella risposta, valutata sulla base della particolare storia delle nostre interazioni con l'ambiente: prefigurarsi dei mondi possibili rappresenta una capacità umana estremamente adattativa in termini evolutivi.

Le emozioni primarie, pur costituendo l'elemento di base del comportamento emotivo, non sono esaustive. Le emozioni secondarie rappresentano il gradino successivo e vengono attivate dopo che si inizia a provare sentimenti e a costruire connessioni tra oggetti, situazioni, ed emozioni primarie.

Per descrivere le emozioni secondarie, Damasio si serve di un esempio: supponiamo di incontrare un amico che non vedevamo da molto tempo o di apprendere della morte di una persona a cui siamo legati.

In entrambi i casi si provano delle emozioni e Damasio descrive ciò che avviene a livello neurobiologico per spiegare cosa significhi provare un'emozione. Dopo avere elaborato delle immagini mentali delle caratteristiche chiave della scena, si verifica un cambiamento fisico. L'insieme delle alterazioni definisce un profilo di scostamento da una gamma di stadi medi che corrispondono all'equilibrio funzionale (omeostasi) entro il quale l'economia dell'organismo opera probabilmente al proprio meglio, con minore dispendio di energia e adeguamenti più semplici e più rapidi. Questo equilibrio funzionale non va inteso come qualcosa di statico, ma è il risultato di un continuo adattamento del corpo. È una successione continua di cambiamenti del profilo generale entro limiti superiori e inferiori in movimento costante. Quando proviamo un'emozione, i cambiamenti divengono significativi. Il processo ha inizio con la valutazione cognitiva del contenuto dell'evento di cui si è partecipi. Ovvero le considerazioni intenzionali riguardo a una persona.

A livello non conscio ci sono reti che rispondono in modo non volontario. Questo tipo di risposta viene da rappresentazioni disposizionali acquisite piuttosto che innate; ciò che in questo caso viene incorporata è l'esperienza.

Per Damasio l'emozione è nella sua essenza l'insieme dei cambiamenti dello stato corporeo che sono indotti in miriadi di organi dai terminali delle cellule nervose. Ma c'è di più: l'emozione è il frutto del combinarsi di un processo valutativo mentale con risposte disposizionali a tale processo, per lo più dirette verso il corpo, che hanno come risultato uno stato emotivo dell'organismo, ma anche verso il cervello stesso, che hanno come risultato altri cambiamenti mentali. L'essenza del sentire un'emozione, ovvero il sentimento, è l'esperienza dei cambiamenti corporei in giustapposizione alle immagini mentali che hanno innescato il processo. Il sentimento deriverebbe così dalla giustapposizione di un'immagine corporea all'immagine di qualcos'altro, come ad esempio l'immagine visiva di un volto o l'immagine uditiva di una melodia.

Emozioni incorporate

Uno dei contributi più rilevanti dell'approccio damasiano consiste nella realizzazione di una paziente opera di scomposizione del concetto di emozione in rapporto al concetto di sentimento, soprattutto in relazione al loro essere irrimediabilmente incorporati.

Prendiamo queste poche battute tratte dal capolavoro shakespeariano Riccardo II (*The Tragedie of King Richard the Second* – 1595)

> *La mia afflizione – dice il Re osservandosi allo specchio – me la tengo dentro e questi riflessi esterni, ombre di una pena che non si vede; queste lamentazioni, sono meri riflessi dello strazio invisibile che si gonfia in silenzio entro un'anima torturata. È là che sta la sostanza.*

In sole quattro righe – commenta Damasio – Shakespeare proclama che il processo dell'affetto, in apparenza unico e monolitico – quel processo che tanto spesso, con disinvoltura, noi chiamiamo indifferentemente emozione o sentimento – può invece essere scomposto e analizzato nelle sue parti.

Secondo Damasio le emozioni vanno considerate come azioni o movimenti in larga misura pubblici, ossia visibili ad altri nel momento in cui hanno luogo, manifestandosi nel volto, nella voce o in comportamenti specifici. Sicuramente – egli precisa – alcune componenti del processo non sono percepibili a occhio nudo, ma possono oggi essere rese visibili grazie ai metodi d'indagine scientifica di cui attualmente disponiamo, per esempio effettuando dosaggi ormonali e registrando il comportamento di parametri elettrofisiologici.

I sentimenti, d'altro canto, sono invece sempre nascosti, come lo sono necessariamente tutte le immagini mentali, invisibili a chiunque, salvo che al loro legittimo proprietario; essi rimangono pertanto la proprietà più spiccatamente privata dell'organismo nel cui cervello hanno luogo.

Le emozioni – egli scrive – si esibiscono nel teatro del corpo; i sentimenti in quello della mente.

Fatta questa necessaria precisazione, Damasio riflette sul fatto che tutta l'ambiguità introdotta dalle battute di Shakespeare nel Riccardo II, hanno a che vedere con il suo riferimento alla parola riflesso, e con la possibilità che, sebbene emozioni e sentimenti siano distinti, il secondo preceda la prima.

Le forme esteriori del rammarico – come recita, infatti, Riccardo – sono ombre di un dolore non visto, una sorta d'immagine speculare dell'oggetto principale – cioè del sentimento di dolore –, proprio come il volto di Riccardo nello specchio è il riflesso dell'oggetto principale del dramma: Riccardo stesso. Una tale ambiguità entra facilmente in risonanza con i suggerimenti di un'intuizione non guidata. Tutti noi – commenta il neuroscienziato portoghese – tendiamo a vedere la fonte di ciò che viene espresso in qualcosa di nascosto. Quest'ultima riflessione è un chiaro riferimento critico all'insuperato platonismo insito nel nostro pensiero occidentale.[204]

Inoltre – prosegue Damasio – nel senso comune noi sappiamo che quel che conta davvero, per quanto riguarda la mente, è il sentimento. Qui sta la sostanza! dice infatti Riccardo, parlando del suo dolore nascosto, e noi siamo d'accordo. Sono i sentimenti autentici a dispensarci sofferenza o piacere. In senso stretto le emozioni sono solo esteriorità. D'altra parte, principale non significa primo o causativo. La centralità dei sentimenti finisce per oscurare la materia stessa da cui essi derivano,

---

[204] António Damasio (1994), *L'errore di Cartesio*, Adelphi, Milano 1995.

favorendo quindi l'idea che essi sorgano per primi e vengano successivamente espressi come emozioni.

Tale concezione – conclude Damasio, evidenziando ancor più chiaramente il suo antidualismo – non è corretta ed è almeno in parte responsabile del nostro ritardo nell'ottenere una descrizione neurobiologica plausibile dei sentimenti.

A ben vedere, infatti, risulta che sono soprattutto i sentimenti, le ombre (i riflessi) dei lamenti esteriori delle emozioni. In effetti – conclude Damasio – ecco che cosa avrebbe dovuto dire Riccardo, con tutte le dovute scuse a Shakespeare: "Oh, queste forme esteriori dei miei lamenti gettano un'ombra (riflesso) di dolore invisibile e intollerabile nel silenzio del mio animo torturato…".

A questo punto è legittimo chiedersi perché le emozioni precedano i sentimenti.

La risposta, secondo Damasio, è piuttosto semplice: se abbiamo prima le emozioni e poi sentimenti, è perché nell'evoluzione essi comparvero in questo stesso ordine. Le emozioni emergono a partire da semplici reazioni che promuovono la sopravvivenza di un organismo e che pertanto si conservarono nell'evoluzione.[205]

Emozioni e coscienza

Un recente lavoro di Joseph LeDoux, tra i più importanti studiosi contemporanei dei comportamenti emotivi,[206] suggerisce alcuni elementi particolarmente suggestivi per ciò che concerne

---

[205] Per approfondimenti cfr. anche António Damasio (1999), *Emozione e coscienza*, Adelphi, Milano 2000 e António Damasio (2003), *Alla ricerca di Spinoza. Emozioni, sentimenti e cervello*, Adelphi, Milano 2003.

[206] L'autore ha dedicato a questo tema un altro monumentale saggio: Joseph LeDoux (2015), *Ansia. Come il cervello ci aiuta a capirla*, Raffaello Cortina, Milano 2016.

l'analisi dei processi comunicativi legati alle emozioni, in particolare per ciò che concerne il loro legame con la loro espressione linguistica e narrativa.

Riprendendo una celebre affermazione di William James, secondo cui bisognerebbe sempre fare molta attenzione nel formulare ipotesi tratte dal senso comune per ciò che concerne il ruolo svolto dalla paura, dall'ansia o da altre emozioni nel determinare il comportamento umano, LeDoux riesce a dimostrare in modo peraltro rigorosamente scientifico, come la correlazione tra l'esperienza soggettiva della paura e le risposte comportamentali e fisiologiche che ricorrono insieme ad essa, sia più debole di quanto le persone in genere credano.

Noi tutti ereditiamo un corpo significativo di "credenze" – nel senso orteghiano del termine[207] – dalla società in cui ci ritroviamo a far parte e, soprattutto, le rinforziamo con assunti che derivano dal linguaggio di senso comune proprio della nostra cultura. Una volta recepita tale credenza, essa diviene un punto di riferimento dato per scontato per riflettere sulle nostre intuizioni e per motivare i nostri comportamenti. Ciò che risulta incoerente o contraddittorio con le nostre credenze, viene in genere ignorato. Questo discorso, ovvero il cosiddetto pregiudizio della conferma, come ci ricorda LeDoux, vale tuttavia anche per la scienza e per gli scienziati.

Per esempio, l'area cerebrale più spesso considerata responsabile della paura è l'amigdala. Il collegamento tra l'amigdala e la paura era stato individuato per la prima volta negli anni Cinquanta. Ma l'idea che l'amigdala fosse il centro della paura del cervello aveva iniziato a prendere piede in seguito a una ricerca condotta negli anni Ottanta da un gruppo coordinato dallo stesso LeDoux, in cui veniva usato il

---

[207] Ortega y Gasset (Op. cit.).

condizionamento pavloviano per studiare tale emozione. In questa procedura, l'associazione di uno stimolo di per sé non significativo, come un suono, a una leggera scossa elettrica, suscitava comportamenti difensivi e aggiustamenti fisiologici (ad esempio la cavia si immobilizzava e la frequenza cardiaca si accelerava, così come si modificavano il livello di pressione sanguigna o i livelli ormonali).

La ricerca del gruppo di Ledoux dimostrava in modo scientifico, insomma, che l'amigdala era una parte essenziale del circuito cerebrale che controllava le risposte comportamentali e fisiologiche suscitate dalla minaccia condizionata. E poiché l'oggetto della ricerca era il condizionamento alla "paura", era nata in modo naturale l'ipotesi secondo cui lo stato della paura fosse ciò che veniva condizionato, e che l'amigdala fosse un centro determinate della paura.

Da allora in poi, una molteplicità di altre ricerche aveva continuato a confermare tale ipotesi, al punto che oggi, la tesi che l'amigdala sia il centro della paura non è più solo una dottrina scientifica, ma anche una sorta di *meme* culturale entrato nella *routine* e nelle conversazioni abitudinarie della vita quotidiana, nonché naturalmente presente in film, cartoni animati, canzoni, racconti eccetera.

Tuttavia – dando qui un'ulteriore prova della sua irreprensibile onestà intellettuale, nonché del suo genuino e rigoroso spirito scientifico – LeDoux ammette che una tale associazione di senso comune, benché fondata sulle sue stesse teorie scientifiche – soprattutto a partire dalla pubblicazione di un altro dei suoi importanti lavori[208] – è sbagliata. "Quando ho scritto *il cervello*

---

[208] Joseph LeDoux (1995), *Il cervello emotivo. Alle origini delle emozioni*, Baldini e Castoldi, Milano 2014.

emotivo" – egli ammette – "non ero ancora a conoscenza degli scritti di Bacon".

Francis Bacon, già nel lontano 1620, aveva infatti messo in guardia gli scienziati dal concedere tacitamente realtà alle cose semplicemente perché abbiamo parole per esse. "In altre parole – scrive LeDoux – quando diamo un nome alle cose le reifichiamo, conferendo a esse le proprietà implicite nel nome che diamo a esse". L'uso di nomi soggettivi come etichette per stati non soggettivi che controllano il comportamento, espone al rischio di infettare il comportamento con proprietà dello stato soggettivo implicite nel nome.

Infatti – egli continua – quando si chiamano i comportamenti e i circuiti che li controllano usando parole relative a emozioni come paura, i comportamenti e i circuiti acquisiscono le implicazioni emotive del nome.

La ricostruzione che LeDoux propone per risalire ai motivi che hanno generato il suo errore, costituiscono a mio avviso una delle vette delle riflessioni proposte in questo suo libro: "Fin dai primi giorni della mia ricerca sugli animali – scrive – ho sostenuto che l'amigdala fosse responsabile del controllo delle cosiddette risposte alla paura, ma non della generazione del sentimento cosciente di paura. Per concettualizzare semanticamente questa differenza, ho preso in prestito la distinzione tra esplicito e implicito che stava emergendo nella ricerca sulla memoria. In particolare, ho proposto che l'amigdala fosse responsabile della paura inconscia o implicita per il controllo delle risposte. Per contro, la paura cosciente esplicita, ho sostenuto, emerge dai circuiti cognitivi corticali che sono responsabili di altre esperienze coscienti. L'amigdala contribuisce così al sentimento cosciente della paura, ma solo indirettamente, senza esserne essa stessa la responsabile (…). Tuttavia, molti (sia profani sia scienziati) non erano consapevoli della distinzione tra paura implicita ed esplicita (…), così, invece di considerarla parte di un circuito implicito della paura, l'amigdala è stata vista come un centro della paura. E senza l'aggettivo qualificante (cioè, implicita), si è dato per scontato che la paura indicasse la paura cosciente".[209]

Dopo essersi assunto la responsabilità dell'equivoco – sottolineando l'importanza del fatto che spesso l'ovvio non è così scontato quando si è immersi nelle cose, LeDoux si ripropone di contribuire alla soluzione della confusione da lui stesso generata, consigliando di "ripulire il linguaggio della paura" a partire dalla considerazione, di derivazione puramente fenomenologica, secondo cui il modo in cui parliamo del nostro lavoro ha effetti profondi sul modo in cui lo pensiamo e procediamo nella nostra ricerca.
"Retrospettivamente – conclude LeDoux su questo punto – penso che la distinzione tra paura implicita e paura esplicita fosse destinata a fallire perché il termine paura costringe la mente umana a completare il *pattern concettuale* di paura. Anche se una migliore attenzione al linguaggio potrebbe aiutare a chiarire la semantica del controllo comportamentale, penso che sia necessario un approccio più radicale, che ci permetta di discutere del modo in cui gli animali e gli esseri umani danno una risposta comportamentale a stimoli significativi nella loro vita, senza essere confusi e/o intrappolati nei dibattiti su ciò che sperimentano quando ciò avviene.
Questa concezione, credo, ci aiuterà a spianare la strada per abbandonare l'idea che la coscienza emotiva tragga origine da antichi circuiti ereditati da antenati animali a favore di una

---

[209] Joseph LeDoux (2019), *Lunga storia di noi stessi*, Raffaello Cortina, Milano 2020, pp. 413-414.

visione che si basi sulla scienza moderna della coscienza umana".[210]

Per una semantica della coscienza

Pur ribadendo le mie perplessità relative al diffuso ottimismo connesso alla possibile realizzazione di una vera e propria "scienza" della coscienza, a meno che questa non includa in sé un approccio più radicalmente fenomenologico (e quindi, ahimè, paradossalmente, anche poco "scientifico"), mi piace notare come la proposta di LeDoux di ridefinire una "semantica delle emozioni", da porre alla base di una riflessione che faccia progredire la conoscenza in questo delicato ambito dell'esistenza umana, lasci intravedere quanto meno alcuni squarci di luce tra le pareti finora apparentemente inviolabili del linguaggio troppo "oggettivizzante" di questa pretesa "scienza" della coscienza. L'idea di una maggiore apertura, insomma, ai fondamentali contributi interdisciplinari che possano derivare dalle scienze umane e sociali, dal mondo dell'arte e, soprattutto, dalla letteratura.

In tal senso il riferimento di LeDoux al completamento (fenomenologico) di patterns concettuali, mi sembra un passaggio determinante.

Le parole, insomma, "contano".

Contano per la scienza, così come per i discorsi di senso comune. Proviamo dunque a riformulare, in conclusione, alcune delle riflessioni fin qui proposte.

Gli esseri umani, così come tutti gli organismi viventi, sono dotati di comportamenti guidati da meccanismi non coscienti, che ne promuovono la sopravvivenza e la riproduzione. I

---

[210] Ivi, p. 416.

meccanismi di base di tali comportamenti sono implementati nel sistema nervoso e vengono definiti, nel linguaggio scientifico di LeDoux, circuiti di base. Nel senso comune (ma, come abbiamo appena visto, anche nella scienza), ci si riferisce spesso a questi "circuiti" che sono alla base del comportamento, in termini di stati mentali. Si parla pertanto di circuito della paura, di circuito dell'ansia e così via, inducendo talvolta (erroneamente) a presupporre che lo stato mentale sia la causa del comportamento. Abbiamo tuttavia appena chiarito come tali circuiti (che lo stesso LeDoux definisce, infine, circuiti di sopravvivenza), e gli stati globali che essi generano negli organismi, controllano il comportamento in modo inconsapevole.

Negli organismi che, come gli esseri umani, sono in grado di prendere coscienza delle attività del proprio cervello, le varie componenti degli stati di sopravvivenza globale "possono anche influenzare le emozioni coscienti che, a loro volta, possono portare a un controllo deliberativo del comportamento emotivo, tanto non conscio quanto cosciente. I sentimenti emotivi possono, quindi, avere conseguenze reali nella nostra vita (…). Per comprendere le loro reali conseguenze dobbiamo però separarle da quelle che sono impropriamente attribuite ai sentimenti".[211]

Provo a chiarire quest'ultima fondamentale riflessione proposta da LeDoux, attraverso un esempio:
Posto di fronte a una minaccia (la presenza di un serpente) il sistema sensoriale di cui è dotato un determinato organismo, reagisce attivando un circuito (istintuale e inconsapevole) di sopravvivenza, che a sua volta condurrà a una determinata risposta comportamentale (ad esempio, la fuga). In tale

---

[211] Ivi, p. 417.

processo, il ruolo dell'amigdala, a livello del circuito di sopravvivenza, può essere considerato determinante.

Al contempo, però, negli organismi dotati di un sistema nervoso caratterizzato dalla presenza di circuiti cognitivi corticali, come quello di cui siamo dotati noi esseri umani, oltre a una risposta inconsapevole, compare anche uno stato correlato che produce un'esperienza cosciente che può essere definita *paura*, ovvero un sentimento consapevole che conduce la persona in questione a sentirsi impaurita o ansiosa.

La differenza tra i due stati è sostanziale.

Come fa notare lo stesso LeDoux, se un farmaco che agisce sull'amigdala viene somministrato a un paziente ansioso, avrà effetti per ciò che concerne l'attivazione di strategie inconsce di difesa, ma non otterrà grandi risultati (probabilmente non ne otterrà alcuno) dal punto di vista del lenimento del sentimento di paura o di ansia correlato alla vista del serpente (o anche solo a una fotografia di un serpente o della semplice parola "serpente").

"Siamo stati troppo soddisfatti – conclude LeDoux – delle correlazioni superficiali tra il comportamento e gli stati mentali coscienti. Avremmo dovuto scavare più a fondo per capire le condizioni in cui gli stati coscienti controllano e non controllano il comportamento negli esseri umani. E avremmo dovuto usare queste informazioni per temperare le nostre naturali intuizioni antropomorfe sul ruolo dei sentimenti emotivi coscienti negli animali. Quando tutto ciò su cui dobbiamo fare affidamento è il modo in cui si comportano gli animali, tutto ciò che possiamo fare è avvicinarci con cautela alla coscienza."[212]

Ecco: dobbiamo approcciarci sempre con molta cautela alle questioni che riguardano la parola coscienza, compresi i significati che tale concetto suscita nell'esperienza del soggetto

---

[212] Ivi, p. 423.

in questione, sia per ciò che concerne il linguaggio comune, sia per quanto riguarda la cosiddetta "scienza" della coscienza.

Emozioni sociali e nuove tecnologie

Tutti gli organismi viventi, dall'umile ameba all'essere umano, nascono dotati di meccanismi progettati per risolvere automaticamente, senza bisogno di alcun ragionamento, i fondamentali problemi della vita, e precisamente: il reperimento di fonti di energia; l'incorporazione e la trasformazione di quell'energia nell'organismo; la conservazione di un equilibrio chimico interno compatibile con la vita. Infine, e soprattutto, considerata la precarietà del corredo biologico degli esseri umani, questi ultimi si sono dotati anche di un meccanismo ulteriore – l'emozione, appunto – progettato dalla natura per promuovere e incentivare comportamenti prosociali.

In un certo senso una società umana potrebbe essere vista come il risultato permanente – seppur in continuo mutamento – di una dinamica evolutiva che tende costantemente a bilanciare spinte di natura egocentrica (soddisfacimento bisogni primari e secondari, necessità di sfuggire al dolore fisico, impulsi a ricercare il piacere) e spinte tendenti alla coesione sociale. Da questa prospettiva, le emozioni possono essere considerate, biologicamente, dei veri e propri strumenti decisionali, caratterizzati da due componenti fondamentali: la loro irrazionalità e la loro immediatezza.

L'evoluzione della specie umana è sempre stata, com'è noto, di carattere anche esosomatico. Il che vuol dire, seguendo il già citato schema popperiano,[213] che così come l'evoluzione animale procede in larga misura attraverso l'emergere di nuovi organi e della loro modificazione, così l'evoluzione della cultura

---

[213] Popper ,1983 (Op. cit.).

procederebbe, in larga misura, attraverso lo sviluppo di nuovi organi al di fuori del corpo: esosomaticamente. Per ciò che concerne i processi emotivi – invece di sviluppare memorie e cervelli più complessi, l'uomo produce carta e penne, cos' come computer e smartphone. Ovvero protesi esterne cui delegare funzioni precedentemente interiorizzate.

Le tecnologie sono strumenti prodotti dall'uomo per ampliare le proprie capacità di adattarsi all'ambiente in modo sempre più efficace. Ad esse possono essere delegati compiti materiali, come frantumare massi di pietra di svariate tonnellate per poi sollevarli e spostarli.

Oppure le possono essere delegati compiti mentali, come eseguire calcoli matematici in pochi secondi, che altrimenti richiederebbero una concentrazione e un consumo di energia cerebrale insostenibile, nonché un tempo di risoluzione infinitamente più lungo. Oppure, ancora, esse possono essere generatrici di emozioni come la gioia, la tristezza, la rabbia, il disgusto, la paura o la sorpresa, per limitarci soltanto alle cosiddette emozioni di base.

Come già aveva intuito Platone, o come molto più recentemente ha brillantemente teorizzato Marshall McLuhan, le tecnologie non sono mai degli strumenti inerti. Una cospicua parte della ricerca in ambito neuroscientifico, nonché dell'ingegneria dell'automazione e dell'intelligenza artificiale (AI), è oggi rivolta ad approfondire l'analisi delle profonde ripercussioni sulla struttura del cervello generate dal cosiddetto feedback di stimolazione, ovvero dagli effetti che l'uso delle tecnologie ha sul cervello degli utenti, in particolare in termini emozionali.

"Nell'analisi del rapporto tra macchine, uomo e felicità, il feedback di stimolazione è tanto rilevante quanto lo sono i motivi utilitaristici, o presunti tali, per cui costruiamo le macchine".[214]

La nostra dipendenza dalle tecnologie si manifesta, dunque, non solo perché esse ci consentono di eseguire una serie di azioni più velocemente ed efficacemente, ma anche e soprattutto perché, a causa del della *neuroplasticità*, il loro utilizzo crea delle abitudini emotive particolarmente significative. Come fa notare Paolo Gallina, studioso di robotica, delegare compiti alle tecnologie è spesso una questione di abitudine più che di efficienza. Ciò è dovuto al fatto che l'esecuzione di compiti impegnativi dal punto di vista mentale (tramite, ad esempio, l'uso di argomentazioni logico-razionali) implicherebbe un consumo troppo elevato di energia mentale. Al contrario, ottenere uno stesso obiettivo delegandolo a una tecnologia, oppure attivando meccanismi mentali automatizzati (attraverso routine stabilizzate e attuate "in automatico" dal cervello, senza la necessità di attivare la corteccia prefrontale), implica un dispendio di energia molto minore.[215]

In tal senso, scrive ancora questo studioso, non necessariamente impiegare una macchina o una tecnologia specifica per raggiungere uno scopo ci rende felici o migliora la qualità della nostra vita.

Ma non farne uso, quando è intervenuta un'abitudine, ci impegna mentalmente e, a volte, comporta palpabili sensazioni di disagio emotivo. Sempre seguendo la tesi di questo stesso autore, è utile sottolineare come, in alcune situazioni, le tecnologie possano essere progettate in modo tale da produrre emozioni equiparabili a quelle indotte dall'interazione con altri esseri viventi. "Se poi ci si sposta dall'ambito dei semplici

---

[214] Paolo Gallina, *La mente liquida. Come le macchine condizionano, modificano o potenziano il cervello*, Dedalo, Bari 2019, p. 21.

[215] E, quindi, anche un senso di benessere (un vero e proprio piacere, in termini neurobiologici).

oggetti inanimati a quello dei sistemi digitali, della robotica e dell'intelligenza artificiale, allora il meccanismo della generazione dei sentimenti – che potremmo definire emozioni artificiali – raggiunge dimensioni tutt'altro che trascurabili. L'industria della Information Technology ne ha compreso gli effetti persuasivi già da tempo, incanalandoli scientificamente al fine di incrementare i profitti".[216]

I nuovi luoghi delle emozioni

È evidente che, a questo punto, si potrebbe dischiudere il campo delle possibili riflessioni a un ampio dibattito di carattere multidisciplinare. In conclusione, anche richiamandomi al titolo di questo intervento, preferirei tuttavia ritornare alla questione del "luogo" delle emozioni.

In fondo – potremmo chiosare – le emozioni umane, almeno in termini collettivi, hanno sempre trovato il modo di depositarsi da qualche parte. Innanzitutto, come abbiamo visto, in qualche luogo trascendente, o almeno in qualche essere divino che invadeva questo o quell'eroe; questo o quello spirito collettivo. È quella che abbiamo definito – seguendo la terminologia proposta da Norbert Elias – come la fase dell'eterodirezione.

Le emozioni cominceranno poi a depositarsi nei corpi. A questo luogo, si sarebbero accompagnati via via delle tecnologie e dei supporti materiali, nonché delle vere e proprie protesi come, ad esempio, la carta. Dopo un primo, lungo periodo (durato circa mille anni) di diffusione, la tecnologia della scrittura si è stabilizzata e cristallizzata con la stampa, e le emozioni hanno trovato il loro luogo di deposito privilegiato nei libri e nelle biblioteche. Sempre rifacendoci a Elias, ci troviamo nella fase culminante dell'autodirezione e del distacco.

---

[216] Gallina, 2019 (Op. cit.), p. 197.

Nel periodo della cosiddetta comunicazione orale, il tipo di relazione privilegiato socialmente era da soggetto-a-soggetto (o a gruppi di soggetti collocati in spazi appositamente predisposti, come l'agorà). Il concetto di emozione si fondava sulla certezza soggettiva incentrata sulla prossimità fisica e sul coinvolgimento assoluto.

Quando si affermerà la comunicazione scritta, il rapporto si concentrerà principalmente sulla distanza soggetto-oggetto. Il modello base sarà quello del lettore che si pone di fronte a un testo (libro) a una certa distanza (distacco) da esso. Il concetto di emozione si relativizza in base alle possibili interpretazioni del testo che lo contiene. La comprensione dell'emozione degli individui diventa quindi una semplificazione; il modello della comprensione delle emozioni si trasforma in analogico (visuale): quello del lettore che guarda, osserva, interpreta una pagina. Si tratta del modello del soggetto (sempre più individualizzato) che contempla un mondo, quello delle emozioni, da un punto di vista distaccato, come nella prospettiva visiva occidentale affermatasi nel Rinascimento.

Nella fase della comunicazione elettronica e delle tecnologie digitali, infine, la relazione privilegiata si trasforma in oggetto-oggetto (soggetto e oggetto condividono la capacità di importare ed esportare emozioni). Il modello è quello di un operatore irretito, coinvolto (involvement, nel senso proposto da Norbert Elias), con la sua protesi tecnologica, sempre più necessariamente incorporata nel soggetto, o indossabile (wearebles) da esso. Il modello della comprensione delle emozioni si trasforma in digitale (tattile): l'individuo che interagisce tramite le tecnologie digitali è il modello di un soggetto che produce, utilizza e manipola le emozioni come se fossero una realtà nuovamente coinvolgente, seppur originale, diversa e inedita. Questa volta, però, essa non sarà più di derivazione trascendente, né sarà ancora e soltanto umanamente incorporata. Il nuovo mondo, il nuovo luogo delle emozioni umane, sarà sempre più inestricabilmente un luogo tecnologico, uno spazio tecnologicamente aumentato.

8
Comunicazione e Coscienza

Uno dei grandi problemi della scienza resta ancor oggi quello del rapporto tra la *coscienza* e il *corpo*, tra *mente* e *materia*. In che modo il sentire e l'esperienza di sé si rapportano al mondo fisico? In che modo il cervello può dare origine alla coscienza?

La lunga storia della coscienza

Negli ultimi trent'anni le neuroscienze hanno orientato in particolare la loro attenzione allo studio di questa tematica, nel tentativo di approfondire le dinamiche biochimiche e neurofisiologiche che è possibile rintracciare alla base di questo straordinario fenomeno.

Joseph LeDoux, studioso di fama mondiale al quale abbiamo appena fatto riferimento in relazione alla neurobiologia delle emozioni, ha recentemente provato ad affrontare la titanica impresa di ricostruire "la lunga storia" dell'evoluzione della coscienza, a partire dal modo in cui gli organismi più semplici hanno usato il comportamento per soddisfare, nel corso della loro vita, gli stessi requisiti di sopravvivenza, fino ad arrivare agli esseri umani.[217]

La sua tesi, in estrema sintesi, è che "il linguaggio, la cultura, la capacità di pensare e ragionare e la capacità di riflettere su chi siamo", per quanto rappresentino una novità assoluta e rivoluzionaria nella storia dell'evoluzione, abbiano radici profonde che risalgono agli albori della vita.

In questo monumentale lavoro, LeDoux prende spunto da un'affermazione a suo dire incontrovertibile: *l'essenza di chi siamo dipende dal nostro cervello.* "Il cervello ci permette di

---

[217] LeDoux, 2020 (Op. cit.).

pensare, di provare gioia e dolore, di comunicare attraverso la parola, di riflettere sui momenti della nostra vita e di anticipare, pianificare e preoccuparci del futuro che immaginiamo".[218] Tuttavia, la diffusa tradizione secondo cui, al fine comprendere la nostra psicologia e, soprattutto, l'emergere della nostra coscienza, si debba guardare ai cervelli di altre specie animali, e in particolare ai mammiferi e agli altri vertebrati, sarebbe secondo LeDoux una strategia sbagliata. Sarebbe un po' come voler cercare di capire la storia dei computer digitali partendo dai primi dispositivi esteriormente simili ai computer di oggi: Commodore, Apple e Personal Computer IBM della fine degli anni Settanta. A suo parere, per comprendere davvero le complesse funzioni psicologiche dei nostri cervelli, dovremmo invece prendere in considerazione la storia più profonda, andando alle radici della vita stessa, fino agli antichi microrganismi unicellulari. Questi ultimi, pur non avendo un sistema nervoso, né tantomeno un cervello, hanno comunque messo in atto comportamenti tesi a risolvere i problemi fondamentali della sopravvivenza, trasmettendo attraverso i millenni la loro soluzione a tutti gli organismi successivi.

Una delle questioni chiave da cui l'autore prende spunto, è dunque proprio questa: studiare il comportamento umano non in quanto strumento della mente ma – soprattutto – come strumento di sopravvivenza. La connessione del comportamento con la vita mentale sarebbe, come la vita mentale stessa, soltanto una tappa di passaggio frutto del nostro portato evolutivo. "Per apprezzare veramente il modo in cui il nostro cervello ci fa essere quello che siamo" – è, insomma, la sua tesi portante – "dobbiamo capire le strategie di sopravvivenza che sono state messe in atto in antichi organismi unicellulari, conservate in forme di vita

---

[218] Ivi, p. 31.

primitive multicellulari, recepite da cellule specializzate, dette neuroni, quando nei primi invertebrati si è sviluppato il sistema nervoso, per essere poi mantenute nel sistema nervoso degli invertebrati antenati dei vertebrati, e successivamente usate dall'uomo e da tutti gli altri animali nella loro vita quotidiana, indipendentemente dal livello di semplicità o complessità del loro corpo".[219] È insomma necessario comprendere soprattutto quali siano quegli aspetti del comportamento umano legati a processi ereditati da vari altri organismi, in modo tale da poter spiegare meglio quelli che non lo sono.

Chiarito il tema di fondo della prospettiva di LeDoux, è particolarmente interessante la parte della sua ricerca che egli ha dedicato alle *origini della cognizione*, nonché il suo tentativo di spiegare *come il cervello sia diventato cosciente*.

Un cervello che pensa

Nonostante io non possa evitare di ammettere – come d'altronde fa lo stesso LeDoux – che il nostro cervello sia indispensabile per consentirci di pensare, provare gioia e dolore, comunicare attraverso la parola, immaginarci il passato e, soprattutto, il futuro; trovo allo stesso modo del tutto scontata l'affermazione secondo cui *non è* il cervello a pensare, provare gioia e dolore, a comunicare attraverso la parola o a progettare eventi futuri. Un cervello, infatti, *non* pensa, *né* prova dolore o piacere. Sono "io" (o, se vogliamo, la mia "coscienza") a vivere tali esperienze puramente soggettive. Certo, il cervello è indispensabile, ma non lo è più del corpo in cui è incarnato o del contesto sociale (gli "altri" con cui inevitabilmente interagisce) in cui è situato. Insomma, la fenomenologia ci insegna che nessun "cervello", di per sé, può diventare "cosciente". Anzi, al contrario, la *coscienza*

---

[219] Ivi, p. 34.

costituisce il vero problema irrisolto, la vera "sfida" di ogni approccio scientifico finalizzato allo studio del cervello in relazione al comportamento umano.

Una volta condiviso questo fondamentale punto di partenza, ci troviamo però di fronte alla spinosa biforcazione del problema, individuata, come abbiamo visto, dal filosofo australiano David Chalmers.

Come abbiamo già ricordato, sebbene le neuroscienze abbiano fatto grandi progressi nel rispondere alle questioni connesse al *problema facile* della coscienza, esse – nonostante i ripetuti sforzi di prestigiosi studiosi, tra i quali spicca per originalità e competenza lo stesso Joseph LeDoux – non sembrano in grado di poter risolvere le questioni legate al *problema difficile*.

Un cervello incarnato ed esteso

Un passo avanti può essere fatto avvicinando ulteriormente l'approccio fenomenologico a quello più specificamente neuroscientifico. Per affrontare tale passaggio è necessario chiarire alcuni altri elementi riguardanti il rapporto tra coscienza e cervello, associando alla risposta relativa allo "spazio" (il luogo della coscienza), quello relativo al "tempo". Ricordiamo la definizione di António Damasio, secondo cui la coscienza sarebbe "uno stato della mente in cui vi è conoscenza della propria esistenza e di quella dell'ambiente circostante".[220] Si tratterebbe, insomma, di uno *stato della mente* caratterizzato dalla percezione del particolare *organismo* in cui la stessa mente

---

[220] António Damasio (2010), *Il Sé viene dalla mente. La costruzione del cervello cosciente*, Adelphi, Milano 2012, p. 201. Considerata l'enorme e sempre crescente letteratura, anche semplicemente divulgativa, sul tema, nonché l'obiettivo prevalentemente introduttivo di questo scritto, non mi dilungherò sulle possibili alternative alle definizioni proposte da Damasio.

sta operando, e dalla percezione di uno specifico contesto sociale in cui lo stesso organismo è situato.

"Riconoscere come nostro" l'organismo, non equivale però a dire che "il nostro cervello riconosce": il fatto che oggi le neuroscienze dispongano di strumenti in grado di dimostrare che quando un soggetto prende coscienza di qualcosa che accade al suo organismo, il suo cervello (o una parte di esso) reagisce in modo empiricamente misurabile, non implica che tale *stato di coscienza* sia equiparabile al suo cervello. Come abbiamo già osservato, un cervello non è in grado di percepire un colore rosso; *è lo stato di coscienza del colore rosso che rende possibile l'esperienza vissuta.*

Noi emergiamo grazie a un momento di attenzione, quando rivolgiamo intenzionalmente il nostro sguardo verso qualche oggetto presente nel mondo esterno e – contemporaneamente – lo colleghiamo in qualche modo a una rappresentazione del nostro mondo interno. Una rappresentazione del tutto illusoria, se vogliamo, senza la quale però saremmo del tutto ciechi nei confronti dell'ambiente che ci circonda.

Affinché una tale esperienza si manifesti, è necessario che l'organismo in questione disponga di un cervello dotato di determinate caratteristiche (ovvero di una serie complesse di reti neurali particolarmente evolute e interconnesse tra loro). Tuttavia – come, ad esempio, sostiene il premio Nobel Gerald Edelman – il cervello che interessa il fenomeno esperenziale della coscienza non può essere ridotto semplicemente all'organo materiale, perlopiù composto da una massa grassosa di carne, racchiusa all'interno di una scatola cranica. Il cervello inteso in questo senso, indipendentemente dalle sue connessioni con l'ambiente e con il resto dell'organismo, non sarebbe molto diverso da un ammasso di materia inerte.

Il cervello che ha a che fare con il "problema difficile della coscienza", ovvero con il *vissuto esperenziale*, è sempre un cervello incarnato ed esteso. Il primo concetto, relativo alla cosiddetta *embodied cognition*, si riferisce al fatto che tutte le attività neurobiologiche possibili a livello materiale, dunque empiricamente descrivibili e verificabili scientificamente, sono possibili se e solo se il cervello invia dei segnali al corpo e il corpo invia dei segnali al cervello. Questo equivale a dire che le mappe cognitive connesse alle aree cerebrali eventualmente attivate, sono modificate non solo da ciò che percepiamo attraverso i sensi, ma anche dal modo in cui ci muoviamo fisicamente. Oltre a ciò – come ribadisce lo stesso Edelman – il cervello regola a sua volta le funzioni biologiche fondamentali degli organi del nostro corpo, e gestisce i movimenti e le azioni che accompagnano e orientano i nostri sensi.

Il secondo concetto, relativo al *cervello esteso*, è riferito al fatto che il *corpo* (di cui è parte integrante il cervello stesso) è sempre immerso e situato in un *ambiente* particolare, che lo influenza e da cui è influenzato. Il che equivale a dire che la triade *cervello-corpo-ambiente* sociale dev'essere, sempre e comunque, considerata inscindibile.[221]

Una fenomenologia della coscienza: Michel Bitbol

Gran parte di queste riflessioni non sono del tutto estranee ai ragionamenti proposti nelle pagine del saggio di LeDoux, il quale tuttavia permane sempre coerentemente ingabbiato in un paradigma scientifico che non prende neppure in considerazione la possibilità di rivolgersi a una diversa modalità di affrontare la questione della coscienza, come potrebbe essere quella derivante da un approccio più genuinamente fenomenologico.

---

[221] Edelman, 2005 (Op. cit.). Edelman, 2007 (Op. cit.).

A tal proposito il filosofo francese Michel Bitbol[222] rileva l'opportunità di considerare innanzitutto il fatto che il metodo scientifico è semplicemente inappropriato per poter affrontare adeguatamente il tema della coscienza.

Le scienze, infatti, fondano i loro sforzi su un'analisi di tipo "differenziale". Il loro obiettivo è stabilire delle categorie distintive in grado di guidare alcune attività selettive di ordine tecnologico. Quella che Bitbol definisce la "desaturazione" del loro campo di studi, appare dunque come una insormontabile condizione limitante, che si impone fin dai primi passi della ricerca scientifica.

L'allontanamento di questo genere di ricerca da quella che resta l'unica possibile fonte della coscienza – *il soggetto stesso portatore di un'esperienza cosciente* – finisce per essere il principio portante di ogni "scienza della coscienza". E questo nonostante le difficoltà di poter dimostrare in alcun modo che possano esistere processi mentali totalmente "privi" di coscienza; nonostante le difficoltà di poter dimostrare la plausibilità di tesi alternative che sostengano come tutti i processi mentali siano in qualche modo coscienti, anche se non necessariamente memorizzati o riflessivi; nonostante il carattere incerto dell'esistenza di un "punto zero" della coscienza che possa finalmente renderla una variabile oggettiva, categorizzata e utilizzabile quantitativamente dalla "scienza della coscienza".[223]

Un simile approccio, sostiene insomma Bitbol, è destinato, a causa dei suoi stessi principi, a risultare fallimentare. E questo

---

[222] Michel Bitbol, *La conscience a-t-elle une origine? Des neurosciences à la pleine conscience: une nouvelle approche de l'esprit*, Flammarion, 2014.
[223] Ivi, p. 474.

proprio perché, una volta stabiliti i suddetti criteri di "correttezza scientifica", sarebbe semplicemente impossibile separare ciò che *è* coscienza da ciò che *non lo è*. Se lo strumento per definire la coscienza dev'essere una categoria chiusa che separa qualcosa come un'esperienza da un altro "qualcosa", si finisce per non cogliere l'essenza stessa della coscienza, che si caratterizza proprio per collocarsi "qui e ora" – prima dell'apparire stesso delle cose del mondo, degli oggetti come delle persone. La coscienza è come la finestra attraverso cui osserviamo ciò che sta al di là della finestra stessa.

La proprietà principale di ogni parola, in fondo, è "significare" qualcosa che si trova "altrove". La parola "tavolo" rinvia, ad esempio, attraverso il "suono" percepito nel presente "qui e ora", a qualcosa che si trova in un "altrove" (distante nello spazio e, necessariamente, anche nel tempo). Per la loro stessa natura, le parole definiscono, classificano, allontanano dal *qui* e *ora* dove, invece, si svolge l'esperienza cosciente.

Citando Ernest Cassirer, potremmo dire che la coscienza è "la meta a cui tutta la nostra conoscenza volta le spalle". Una conoscenza delle cose che si trovano davanti a noi, o di lato, dietro, etc.. Ma la coscienza – suggerisce Bitbol – non si trova davanti a noi, ma alle spalle degli oggetti verso cui orientiamo il nostro desiderio di conoscere. "La coscienza è ciò che ci consente di conoscere qualcosa che si trova "là"; ma essa non si trova "là", bensì "qua".

Il modo migliore per affrontare fenomenologicamente il tema della coscienza diventa dunque, secondo Bitbol, quello di rinunciare a un approccio cocciutamente e rigidamente scientifico ed aprirsi fiduciosamente al metodo fenomenologico. Il che significa, in altri termini, evitare di provare a rispondere alla questione, se questa viene posta in termini ontologici (smettere cioè di provare a rispondere alla domanda "che cos'è" la coscienza?), e rivolgere la nostra domanda di ricerca al *processo* che rende possibile l'emergere dell'esperienza cosciente, chiedendosi: "Chi" pone la domanda "che cos'è la coscienza?".

In altri termini si rende necessario provare a tornare "là" (*hic* et *nunc*) dove la domanda di carattere ontologico è stata eventualmente posta. È quello, il "là" del soggetto, l'unico possibile "luogo" da cui cominciare la nostra ricerca sulla coscienza come processo esperenziale.

Un tale approccio non è tuttavia esclusivamente critico nei confronti delle neuroscienze cognitive, disciplina rispetto alla quale lo stesso Bitbol nutre il più grande rispetto, soprattutto per l'enorme contributo che la ricerca continua incessantemente ad apportare allo studio e alla comprensione del "problema facile" della coscienza.

Tuttavia – egli sostiene – non possiamo pretendere di far dire alle neuroscienze qualcosa che esse non potranno mai essere in grado di dirci. Non è possibile, ad esempio, dire qualcosa sulla coscienza soggettiva – l'esperienza in prima persona – senza chiedere, in un modo o nell'altro, al soggetto stesso, "cosa lui senta", "cosa lui provi". Dall'esterno, attraverso l'analisi delle correlazioni tra attività cerebrali e comportamenti osservabili, possiamo trovarci solo di fronte al manifestarsi di processi elettrici o biochimici misurabili, il che ha solo molto parzialmente a che vedere con l'esperienza cosciente.

Se l'approccio è quello di definire il proprio oggetto di ricerca definendo, classificando, sottraendo, eliminando tutto ciò che ci può essere di "soggettivo" in ciò che appare e si manifesta all'osservazione (umana o puramente strumentale), esso è, comunque, inevitabilmente destinato a fallire il bersaglio. Se si cercano le *invarianti* (ciò che non varia in base all'esperienza soggettiva), ricercando gli aspetti oggettivi-formali delle manifestazioni dei soggetti studiati, si evita di osservare proprio l'elemento che maggiormente caratterizza l'esperienza cosciente.

In tal senso la proposta fenomenologica potrebbe essere letta proprio come lo studio di ciò che è troppo evidente per essere osservato. Va però ricordato che, secondo molti (ma non certo per Bitbol e, più modestamente, neanche per me), sarebbe proprio questo il suo lato debole, il suo non essere "scientifica". Certo, la fenomenologia non è una "scienza", così come non è neppure una "filosofia". Essa è principalmente una *pratica*. O meglio, è una disciplina fondata su una pratica di trasformazione continua e costante dello sguardo; della percezione di ciò che chiamiamo "coscienza".

L'*epoché* – che, come abbiamo ricordato, costituisce lo strumento principale e fondamentale di ogni fenomenologia – pretende in fondo proprio di marcare una pausa, una *sospensione* rispetto al nostro abituale modo di osservare il mondo che ci circonda. Fare dei ragionamenti su dei concetti già precedentemente definiti, come appunto può essere il concetto di *coscienza*, sarebbe pertanto un atteggiamento per definizione estraneo a un approccio genuinamente fenomenologico.

VI

Questione di abitudini. L'Io e la coscienza

9
Fenomenologia e biologia del XXI secolo

L'essere umano, come qualunque altro essere vivente, è un animale precario, soggetto a molteplici forme di *dipendenza*. Innanzitutto, c'è una dipendenza implacabilmente connessa al suo stesso sostrato biologico. Alla nascita, essendo relativamente prematuro (apparato istintuale inefficace e capacità di mobilità praticamente nulla), l'essere umano dipende totalmente dai genitori e dal loro gruppo di appartenenza per poter sopravvivere. Si tratta di una dipendenza che, com'è noto, si protrae inoltre molto più a lungo che in qualunque altro mammifero. In secondo luogo, e di conseguenza, tale dipendenza si estende all'ambiente più in generale e, in particolare, alla società, alle tecnologie, alle istituzioni e alle possibili interazioni con altri organismi, compresi gli individui della sua stessa specie.

D'altra parte, si tratta di un assunto di partenza di qualsivoglia analisi sociologica: l'essere umano è innanzitutto un *animale sociale*.

Quando si parla specificamente di dipendenze, tuttavia, questo secondo aspetto – relativo alla "naturale" socialità dell'essere umano – tende a far trascurare il primo, ovvero il suo essere dipendente, sempre e comunque, da un organismo dotato di una sua specifica biologia. È invece buon criterio fenomenologico quello di considerare la bio-antropologia un elemento imprescindibile per poter comprendere alcune caratteristiche legate all'emergere di stati di dipendenza più o meno specifici, compresi quelli in apparenza più palesemente riconducibili a fenomeni strettamente sociali, quali ad esempio la tossicodipendenza, il cibo, l'alcol o la sempre più diffusa dipendenza dalle tecnologie.

Com'è noto, il nostro è un corpo che interagisce con gli altri corpi in un ambiente dato. Il nostro corpo è parte di noi, ci appartiene. Esso è un elemento imprescindibile di noi stessi, anche perché lo percepiamo – seppure non allo stesso modo attraverso cui possiamo percepire gli altri oggetti presenti nel mondo circostante. Edmund Husserl, padre fondatore della fenomenologia, sosteneva che riflettere sulla questione del "nostro" corpo, fa emergere un evidente paradosso epistemologico: dobbiamo riconoscere, infatti, che c'è un corpo che noi governiamo e che agisce nell'ambiente seguendo le nostre intenzioni, la nostra volontà: si tratta, a tutti gli effetti, in questo caso, del nostro corpo. Tuttavia, al contempo, non possiamo evitare di considerare che esiste anche un altro corpo, un corpo che non ci appartiene, quanto piuttosto noi apparteniamo ad esso, ne siamo oggetti; un corpo che segue intenzioni e volontà che noi ignoriamo e che spesso ci si impongono: è un corpo che si ammala a causa di una banale caduta o di un minuscolo virus; è un corpo che si consuma, che invecchia e che condiziona le nostre intenzioni e le nostre volontà allo stesso modo in cui lo condizionano gli altri organismi viventi e gli altri oggetti presenti nell'ambiente. Insomma, è un corpo da cui dipendiamo.
Per risolvere un tale paradosso, Husserl distingueva, anche terminologicamente, il primo tipo di corpo, il *Leib*, da un secondo tipo, il *Korper*: noi non siamo "soltanto" l'insieme degli organi che compongono il nostro corpo, eppure dobbiamo

perlomeno riconoscere che siamo anche il corpo che di tanto in tanto avvertiamo come il nostro corpo.

Nonostante l'impagabile gratitudine nei confronti del padre fondatore di questo fondamentale paradigma, bisogna pur riconoscere quanto una tale soluzione risenta eccessivamente dei modelli culturali e scientifici dell'epoca in cui veniva proposto (gli albori del XX secolo). Oggi possiamo sostenere che la fenomenologia stessa, anche a seguito delle grandi innovazioni paradigmatiche intervenute in molte delle scienze contemporanee – dalla fisica alla chimica, dalla genetica alle neuroscienze – e, soprattutto, dal passaggio da una biologia determinista e dualista a una biologia finalmente aperta alle scienze sociali e decisamente contraria ad ogni forma di essenzialismo – debba ripensare alcuni termini della sua riflessione. "Nella nostra nuova comprensione delle dinamiche biologiche – scrive il neuroscienziato Pier Vincenzo Piazza – la parola o il contesto sociale sono in grado di modificare la biologia dell'uomo quanto un farmaco. Scienze umane, psicologia, psicofarmacologia e ingegneria genetica non sono che approcci complementari per accedere alla materia dell'uomo e di conseguenza alla sua umanità". Il nostro corredo biologico – sembra insomma sostenere questo nuovo approccio – è estremamente mutevole ed elastico. E soprattutto, esso si nutre ed emerge dall'interazione con l'ambiente al punto tale da poter essere plasmata dalle nostre esperienze di vita.

Libertà, dipendenza, Routine

Se è vero, pertanto, che ogni essere vivente soffre di un'insormontabile dipendenza nei confronti dell'ambiente in cui si trova, ciò che caratterizza gli esseri umani sono le strategie messe in atto per adattarsi al proprio contesto, trasformando tale ineluttabile dipendenza in un'illusione di indipendenza: la cosiddetta *libertà*.

"La" libertà è un concetto la cui analisi, per essere compresa, deve essere necessariamente riferita a un qualche soggetto. Essa potrebbe infatti assumere una sua autonomia ontologica solo se preceduta dall'opportuno articolo "la", che ci consentirebbe di riferirci alla "libertà" in sé, come se fosse una realtà distinta e separata dalle persone (libere) e dal contesto cui si riferisce.

Si tratterebbe, in questo caso, di un processo di sostantivizzazione le cui conseguenze ci condurrebbero ad una serie di infinite possibili speculazioni di carattere metafisico. La libertà, così come la in-dipendenza, data la nostra costituzione bio-antropologica, altro non sarebbe se non una fuorviante illusione ontologica, che lasciamo volentieri alla riflessione degli specialisti del settore.

Per quanto riguarda la nostra sociologia fenomenologica, invece, la libertà deve sempre essere considerata come una libertà di qualcuno da qualcosa.

Diventa pertanto indispensabile, prima di proseguire, riflettere sul fatto che non esiste, storicamente, un unico concetto di *libertà*, applicabile a tutti gli esseri umani in ogni tempo e in ogni luogo. Se ci riferiamo alla cultura occidentale, è possibile infatti evidenziare almeno tre grandi modelli di riferimento succedutisi, a partire dai greci, a proposito della libertà.

Il primo, ascrivibile per grandi linee al pensiero aristotelico, indica la presenza negli esseri viventi (non solo umani) di una sorta di istinto (la forza vitale) che li induce a ricercare il soddisfacimento dei propri impulsi (ricerca di piacere e felicità, secondo gli epicurei). Il limite posto a tale libertà è quello che deriva dalle esigenze degli altri e dunque del bene collettivo. Gli antichi romani legittimeranno tale idea di libertà sia attraverso l'invenzione di una vera e propria divinità (Libertas, la cui effige riemergerà durante la Rivoluzione Francese), sia – soprattutto – sul piano legislativo, introducendo lo statuto riferito all'uomo libero, proprietario di beni privati, libero di esercitare i propri diritti in relazione ad essi. La libertà, nel contesto di questi principi, nasce dunque come regolamentata, circoscritta e controllata da Leggi precise; resterà al nostro "arbitrio" la scelta di esercitarla o meno in funzione di determinate costrizioni esterne.

Il secondo modello, introdotto e portato avanti dalla cultura Cristiana, sarà profondamente diverso, soprattutto grazie all'introduzione del *liberum arbitrium*, da parte di Sant'Agostino, nel corso del IV secolo. La libertà diventa così una facoltà specifica dell'anima umana, introdotta per preservare l'indiscutibile bontà di Dio e per riversare, di conseguenza, tutte le responsabilità di ogni possibile male alla (libera) volontà degli esseri umani. In altre parole, Dio ha conferito all'uomo, con il libero arbitrio, la libertà di scegliere tra il bene e il male e quindi la responsabilità (individuale) di ogni peccato. Complesse argomentazioni teologiche arricchiranno successivamente tale questione relativa al libero arbitrio, considerandolo così una facoltà della volontà e, soprattutto, della ragione. L'essere umano si comincerà anzi a distinguere dal resto del mondo animale per questa sua capacità, unica della sua specie, di poter esercitare la propria libertà grazie all'uso della volontà e a seguito di un'analisi razionale che si oppone ai propri istinti "naturali". Si afferma così, attraverso tale percorso, una concezione di libertà – molto diffusa ancora oggi nel senso comune – come di una facoltà autonoma, separata da qualunque sostrato biologico, che anzi si contrappone e combatte le (peccaminose) pulsioni dettate dall'irragionevole corpo biologico.

Il terzo modello, infine, sarà quello che si affermerà a seguito della dichiarazione dei diritti dell'uomo nel XVIII secolo e che darà vita al moderno concetto di libertà, che può essere racchiuso, anche se semplificando molto, nell'idea che ogni individuo può fare tutto ciò che desidera, purché non nuoccia ad altri individui. Solo la Legge può limitare l'azione degli individui, al fine di garantire i diritti "naturali" di tutti, tra cui, appunto, il diritto alla libertà. Le anime che eravamo, di cui Dio ci aveva dotati per resistere ai peccati del corpo, sono diventate menti (guidate da cervelli) di individui che potranno aspirare ad ogni libertà, inclusa quella di non credere in Dio.

Un ulteriore tassello andrebbe però considerato, a monte e a valle dei modelli appena esposti. Esso riguarda una specificità tipicamente umana: la libertà non solo di scegliere, ma anche e soprattutto quella di non scegliere. L'uomo – come sosteneva già Marx a suo tempo – è immediatamente una cosa sola con la sua attività sociale. Non si distingue da essa. A partire da tale considerazione, Felice Cimatti riflette sul fatto che essa sembrerebbe non valere per gli animali non umani. Prendendo ad esempio l'attività di un animale non umano qualunque – come il castoro – egli sottolinea come, per compiere la sua attività vitale – ad esempio il costruire dighe sul corso dei fiumi – un castoro si basi essenzialmente su abilità innate, abilità appunto che non deve imparare, che sono fuori di lui. Essere un castoro significa appunto nascere con un insieme di aspettative e abilità innate. In questo senso se il costruire dighe è un'attività che distingue il castoro dagli altri animali, se questa è la sua essenza animale, allora questa stessa essenza è presente in modo implicito in lui già dalla nascita: l'essenza del castoro è dentro il castoro. Ciò che l'animale può imparare è vincolato in modo più o meno rigido dalla sua costituzione biologica innata. Espresso in altro modo – continua nel suo esempio Cimatti – "ogni castoro è ogni altro castoro, nel senso che ovunque vi sia un castoro, troveremo più o meno le stesse attività, la stessa forma di vita, le stesse esperienze".

Per l'animale umano, al contrario, questa identificazione fra essenza organica e individuo non vale, perché: "l'uomo fa della sua attività vitale l'oggetto stesso della sua volontà e della sua coscienza. Ha un'attività vitale cosciente. Non c'è una sfera determinata in cui l'uomo immediatamente si confonda (l'arte, lo sport, la musica…). L'attività vitale cosciente dell'uomo distingue l'uomo immediatamente dall'attività vitale dell'animale. Proprio soltanto per questo egli è un essere appartenente ad una specie". Mentre per un castoro – sostiene Cimatti – il costruire una diga è un'attività spontanea e naturale (nessuno glielo spiega o glielo insegna attraverso l'esperienza), per l'animale umano ogni attività presuppone una presa di posizione cosciente rispetto alla propria esistenza.

Il castoro, appena è fisicamente in grado di farlo, comincia a occuparsi del fiume e della diga; il castoro, cioè, non deve interrogarsi su quel che c'è da fare, il compito del castoro è già inscritto nella sua natura; è la selezione naturale che "ha pensato" a quello che devono fare i castori. L'essere umano, invece, fin dall'inizio, si trova nella situazione di doversi chiedere cosa fare, dove farlo e perché farlo, e così – appunto: "l'uomo fa della sua attività vitale l'oggetto stesso della sua volontà e della sua coscienza".

Il castoro, in pratica, è libero di costruire una diga, nel senso che non occorre cha qualcuno lo spinga a farlo o glielo imponga con la forza; ma non è libero di non costruire una diga, e invece costruire, ad esempio, un ponte.

L'umano è libero in questo secondo senso: ogni volta si trova nella situazione di dover scegliere fra costruire una diga o un ponte, o non costruire proprio niente, "soltanto per ciò la sua attività è un'attività libera".

La caratteristica distintiva, specie-specifica dell'homo sapiens la ritroviamo dunque nell'insieme delle attività che egli mette in atto (o può mettere in atto).

Ogni organismo umano può diventare costruttore di dighe, oppure di ponti, ma può anche decidere di attraversare a nuoto gli ostacoli acquatici o decidere di distruggere le costruzioni preesistenti: in questo senso la specificità distintiva umana la ritroviamo non nel singolo comportamento individuale, ma nell'insieme delle relazioni sociali umane: sia di quelle effettivamente esistenti che di quelle ancora soltanto possibili.

Mentre il castoro deve seguire il programma innato, l'uomo, per imparare a costruire una diga o un ponte, deve prima imparare una lingua, poi deve imparare a progettarlo, poi deve organizzare un gruppo di lavoro e attuare l'intervento; è questo il senso in cui diciamo che la caratteristica distintiva si trova al di fuori del singolo individuo umano. Esso emerge dall'insieme delle relazioni umane. Non è soltanto il fatto che l'animale umano sia un animale fortemente sociale: il punto è che l'umano diventa umano soltanto al di fuori di sé, nelle relazioni con gli altri umani. La libertà (umana) può essere determinata solo ed esclusivamente in relazione agli altri. Si può essere liberi solo in relazione agli altri.

La dipendenza edonistica

Questa "nuova" libertà, che sancisce in modo irrimediabile l'inestricabilità dell'elemento biologico e di quello socio-ambientale, è caratterizzata da una crescente indipendenza dell'essere umano dall'ambiente ai fini della sopravvivenza. Essa valorizza inoltre enormemente la ricerca di una situazione di benessere che si è tradotta sempre più nella libertà di potersi dedicare ad attività che procurino piacere; le pulsioni al soddisfacimento dei desideri di carattere edonistico, diventano in tal modo importanti almeno quanto quelle relative alla sopravvivenza.

Questa nuova declinazione della libertà – caratteristica esclusivamente umana – ha finito col produrre l'istituzionalizzazione di tutta una serie di attività ricreative, nel senso attribuitole dal filosofo spagnolo José Ortega y Gasset, cui possono essere ricondotte le attività sportive, quelle artistico-culturali e ludiche, nonché quelle legate al sesso (ovviamente quello indipendente da ogni finalità riproduttiva) e all'uso di droghe e alcolici: la lista di tutta questa serie di attività non finalizzate direttamente alla sopravvivenza, eppure così fondamentali per la nostra autorealizzazione, è enorme; sembrerebbe proprio che attività come drogarsi, giocare d'azzardo, o dedicarsi a competizioni di vario genere, anche a rischio della propria incolumità fisica, costituiscano oramai tra le principali aspirazioni della nostra ricerca di libertà.

Indipendentemente da ogni possibile considerazione di carattere morale, politico, economico o quant'altro, è un dato di fatto indiscutibile che l'industria del tempo libero e del divertimento sia diventata oggi assolutamente centrale nell'organizzazione delle nostre società. Come spiegare l'affermarsi di questo secondo pilastro della libertà umana – la ricerca e la dipendenza dal piacere – che si affianca (talvolta addirittura sovrastandola) alla ricerca della sopravvivenza stessa? Per provare a rispondere a tale questione, può essere utile rivolgersi alle più recenti acquisizioni che emergono nell'ambito della ricerca neuroscientifica.

10
La questione omeostatica

Gli organismi viventi premiati dall'evoluzione hanno sempre messo in atto nei confronti dell'ambiente circostante, come abbiamo visto, tutte le strategie possibili per poter sopravvivere e riprodursi. È dall'ambiente circostante che essi ricavano ciò di cui hanno bisogno. È in questo senso che si manifesta la prima e più essenziale forma di dipendenza. In altre parole, ogni dipendenza si manifesta soprattutto quando ciò di cui abbiamo bisogno ci viene a mancare. Mancare a quale scopo? È qui necessario introdurre un concetto fondamentale, quello di *omeostasi*.

Tutti gli organismi viventi sono sottoposti a una modalità di funzionamento fisiologica caratterizzata dalla tendenza a mantenere un livello di attività "ideale", definito punto di equilibrio omeostatico. In pratica, qualunque organismo è in grado di adattarsi ai cambiamenti ambientali modificando (aumentando o diminuendo) la propria attività. Tale allontanamento dal punto di equilibrio omeostatico è da considerarsi però sempre transitorio, in quanto l'organismo tenderà, come una corda di chitarra dopo essere stata pizzicata, a tornarci appena possibile.

Come spiega molto efficacemente Pier Vincenzo Piazza, i mammiferi presentano un sistema biologico connesso all'omeostasi caratterizzato da almeno tre fasi: la *prestasi*, che previene la comparsa di una mancanza imminente, l'*endostasi*, che corregge una mancanza interna attuale, dunque presente, e l'*esostasi*, che prepara l'organismo ad affrontare una ipotetica mancanza esterna futura.

L'esempio più efficace per comprendere la *prestasi* è quello della respirazione. Abitualmente noi non avvertiamo una mancanza di ossigeno e non mettiamo in atto coscientemente la respirazione per rispondere a un bisogno (lo stimolo); il nostro sistema respiratorio funziona in maniera automatica e ritmica per prevenire ogni possibile, eventuale emergere del bisogno. Insomma, il sistema omeostatico funziona in modo automatico e il nostro organismo assorbe la necessaria quantità di ossigeno per poter mantenere il suo equilibrio, senza che sia necessaria nessuna decisione consapevole, nessuna volontà. Quando, tuttavia, siamo sottoposti a uno sforzo eccessivo, o proviamo a trattenere volontariamente il fiato per un lungo periodo, la boccata d'ossigeno successiva ci procurerà un senso di godimento e di piacere che, in situazioni abituali, non proveremmo. Si tratta di uno dei meccanismi più straordinari di cui l'evoluzione ci ha probabilmente forniti: il piacere.

Un discorso simile può essere fatto per il sistema *endostatico*: l'esempio più calzante, in questo caso, può essere quello dell'acqua. Ai fini di non allontanare troppo il nostro organismo dal suo punto di equilibrio omeostatico, l'acqua è molto meno reperibile nell'ambiente circostante rispetto all'ossigeno. Tuttavia, in questo caso, la mancanza delle risorse nell'organismo fanno emergere una sorta di bisogno, per soddisfare il quale viene attivato il meccanismo endostatico. Il bisogno di bere stimolato dalla sensazione di sete, ci spinge a cercare l'acqua. Non appena la mancanza viene colmata, il sistema viene inibito. Se questo non si verificasse, e noi continuassimo a bere aldilà del bisogno fisiologico, la sensazione diventerebbe molto sgradevole, fino a provocare vera e propria repulsione.

Il sistema *esostatico* è, infine, quello che più specificamente caratterizza l'organizzazione fisiologica dell'organismo umano. Esso, come abbiamo accennato, serve a gestire le risorse cui è ipoteticamente più difficile poter accedere in un dato ambiente.

Al fine di poter immagazzinare risorse potenzialmente poco disponibili (o comunque di cui non si può essere certi di poter disporre in caso dell'emergere del bisogno organico), l'evoluzione ha dotato il nostro organismo di una complessa struttura che, in determinate condizioni, rende l'eccesso (ovvero l'allontanamento dal punto di equilibrio omeostatico) fisiologico. Dato che superare il punto di equilibrio è sgradevole, il sistema esostatico fa ricorso al piacere che, mascherando il malessere dovuto al superamento dell'equilibrio, rende piacevoli lo squilibrio e l'eccesso. Accade molto spesso, ad esempio, con il cibo.

L'elaborazione di tali concetti presentati dal professor Piazza apre il campo ad una possibile teoria generale dell'edonismo, fornendo inoltre un'originale prospettiva sulla tipicità delle dipendenze sempre più diffuse tra gli esseri umani. Comprendere lo sviluppo del comportamento umano a partire dall'analisi della sua dipendenza organica dall'ambiente (quindi dall'aria, dall'acqua e dal cibo, per cominciare), per poi estendere l'applicazione dei meccanismi individuati all'analisi delle dipendenze acquisite (*esostatiche*), come possono essere quelle ad esempio tecnologiche, farmacologiche o legate all'eccesso di cibo, sembra poter fornire un contributo molto significativo ai fini dell'elaborazione di una prospettiva paradigmatica interdisciplinare, rivolta allo studio di molti degli aspetti, anche quelli più specificamente sociali, legati al fenomeno della dipendenza.

La prima cosa da comprendere, in tal senso, è che non esisterebbe una sola dimensione edonistica, un unico tipo di piacere, ma due. La prima, generata dal *sistema endostatico*, risulterebbe dal raggiungimento di uno stato di equilibrio interno (ovvero il ritorno al punto di equilibrio omeostatico). La seconda, originata dal sistema *esostatico*, sarebbe il frutto degli effetti piacevoli legati a certi stimoli esterni al nostro cervello, indipendentemente dall'allontanamento dal punto di equilibrio omeostatico.

Quando abbiamo sete, la soddisfazione associata all'atto di dissetarsi si verifica quando il bisogno viene soddisfatto, ovvero quando una carenza viene colmata (ad esempio, quando l'organismo viene rifornito della quantità d'acqua sufficiente ad eliminare la fastidiosa sensazione di sete). "Questa sensazione edonistica positiva – fa notare Piazza – si ottiene nonostante il fatto che l'acqua di per sé non abbia nessun effetto piacevole, e che bere divenga persino sgradevole una volta superato l'equilibrio idrico dell'organismo. Lo stesso vale per l'aria (…). L'acqua e l'aria non sono dunque delle fonti di godimento, ma degli stimoli che ci permettono di ristabilire un equilibrio interno che, lui sì, produce una sensazione piacevole".

La dimensione edonistica legata al sistema esostatico sarebbe invece, secondo Piazzi, completamente diversa, in quanto essa sarebbe originata dagli effetti piacevoli provocati da determinati stimoli esterni sul nostro cervello, indipendentemente dall'equilibrio dell'organismo: nel caso del cibo, ad esempio, la sua funzione sarebbe quella di consentirci di superare uno stato di equilibrio, allo scopo di immagazzinare risorse alimentari.

"Che siamo sazi o meno – scrive il neuroscienziato – un delizioso dessert è sempre desiderabile, e il piacere che ci procura non viene realmente modificato dallo stato di equilibrio in cui si trovano le nostre risorse energetiche interne. Nel caso del sistema esostatico, la sensazione di godimento che ne traiamo è una proprietà intrinseca di certe sostanze e attività, e non una conseguenza della correzione del disequilibrio del nostro organismo".

Media e cervello

A tal proposito la ricerca neuroscientifica è giunta inoltre a spiegarci come i nostri neurotrasmettitori siano in grado di generare due distinte tipologie di piacere: una per stimolare la ricerca, ad esempio, del cibo, e l'altra per godere del cibo trovato. La celebre frase di Gotthold Ephraim Lessing, *await a pleasure, is itself a pleasure* – frase prepotentemente diffusa dai media grazie alla pubblicizzazione di un prodotto alcolico – esprime molto bene tale caratteristica del funzionamento del nostro cervello.

L'evoluzione, a quanto pare, avrebbe eretto intorno a tutti i piaceri e a tutti i dolori possibili, le stesse impalcature di sostegno neurofisiologico: una per la punizione e le altre due per la ricompensa (ricercare la ricompensa e goderne).

Per quanto a qualcuno possa apparire avvilente ridurre la nostra ricerca del piacere (da quello procurato dalla contemplazione di un dipinto a quello derivante da un ballo in discoteca) alla visione deterministica secondo cui gli esseri umani sarebbero governati sostanzialmente dalla pura ricerca di ricompense di carattere neurofisiologico, la prospettiva teorica che tale proposta lascia intravedere è certamente stimolante. Le sue fondamenta riguardano l'ipotesi che l'evoluzione ci avrebbe dotati di un meccanismo elaborato e complesso, che ci aiuterebbe a destreggiarci nel nostro ambiente (e nelle nostre interazioni), alimentando dei meccanismi di ricompensa e punizione specifici.

Tale orientamento è peraltro molto spesso suffragato anche da rigorose ricerche empiriche. Il piacere della ricerca e del godimento della ricompensa sembrerebbero infatti legati a due diversi neurotrasmettitori specifici. La ricerca, ad esempio, è stimolata dalla dopamina, presente nell'ipotalamo; il piacere legato alla ricompensa, invece, sembrerebbe legato al lavoro di neurotrasmettitori quali gli oppioidi e le endorfine.

Gli esseri umani, come sappiamo, sono stati in grado di creare diversi "strumenti" in grado di agire direttamente sul sistema esostatico, attivando i cosiddetti moduli della ricompensa. Tanto per fare un esempio, le anfetamine e la cocaina sono prodotti che attivano il piacere per la ricerca della ricompensa; l'eroina e la morfina attivano invece il piacere per il godimento della stessa.

11
Media e Routine: il fattore neuroplastico

Sempre le neuroscienze ci confermano inoltre che, anche dal punto di vista strettamente neurobiologico, si è tanto più appagati quanto più si eseguono azioni abitudinarie. Pur essendo troppo schematica, è la migliore formulazione attraverso cui poter spiegare in poche parole come mai gli esseri umani siano così facilmente soggetti alla dipendenza da alcune sostanze, da alcune tecnologie o, anche, da alcune relazioni o situazioni specifiche. La formulazione di questa riflessione presuppone però la precisazione di un altro concetto, quello di *neuroplasticità*, peraltro già incontrato in precedenza. Tale concetto si riferisce ai mutamenti della configurazione neuronale del cervello nel tempo, abbracciando sia i cambiamenti strutturali, riguardanti l'insieme dei neuroni e le loro connessioni, sia quelli funzionali, relativi al comportamento del singolo neurone. Include quindi anche le trasformazioni che intervengono a livello sinaptico (cioè nelle connessioni tra neuroni) e alle variazioni dei percorsi neuronali.

Da un punto di vista cognitivo, considerando le interazioni dell'uomo con gli stimoli esterni, la *neuroplasticità* si manifesta attraverso la capacità del cervello di riorganizzare la propria configurazione neuronale in maniera tale da adattarsi agli stimoli provenienti dall'ambiente e, di conseguenza, anche a quelli prodotti dalle tecnologie, dalle sostanze o – soprattutto – da determinati *patterns* relazionali e comportamentali.
Da un punto di vista evolutivo, la *neuroplasticità* è invece fondamentale per rendere più efficaci le azioni che presuppongano delle decisioni da assumere di fronte a situazioni di *incertezza*. Quando un individuo impara (attraverso l'esperienza e l'educazione) a rispondere in modo efficace ed

automatico a uno stimolo esterno, egli tende a ripetere tale risposta in maniera inconsapevole (senza cioè necessità di dover compiere lo sforzo di ricorrere alla corteccia prefrontale per affrontare una serie di complicate e dispendiose deduzioni di tipo logico-razionali). L'acquisizione di un tale automatismo, di un tale "istinto", ovvero l'acquisizione di un *pattern* comportamentale abitudinario, aggiunta all'altra grande acquisizione tipicamente umana (il pensiero razionale, appunto) sembra costituire la strategia evolutiva che ha consentito agli esseri umani di aumentare la flessibilità, ovvero la sua capacità di adattamento al mutare delle situazioni ambientali.

L'evoluzione ha fatto in modo che la componente razionale e quella istintiva del cervello si alternassero a seconda delle situazioni: a causa dell'enorme dispendio energetico che il suo utilizzo comporta, il cervello ricorre però al modulo cognitivo-razionale solo se necessario. Il ragionamento logico-deduttivo risulta inoltre essere poco utile in situazioni di emergenza (quando è necessario prendere decisioni immediate o in tempi ridotti). A tal fine, l'evoluzione ha introdotto meccanismi di incentivo o di disincentivo il più possibile equilibrati del rapporto tra azione razionale o istintuale. Questo è il motivo per cui gli esseri umani sono disincentivati a ricorrere all'uso del ragionamento, a meno che non sia strettamente necessario (il dispendio di energia implicherebbe in tal caso una grande fatica mentale). Ed è anche questa, probabilmente, la causa principale per cui, come accennavamo, gli esseri umani si sentono tanto più appagati quanto più eseguono azioni abitudinarie.

L'uso di determinate tecnologie e i comportamenti connessi all'uso eccessivo di tali tecnologie, ad esempio, generano talvolta dei *patterns* comportamentali e delle azioni abitudinarie talmente solide da procurare un vero e proprio stato di benessere fisico. Se però ricordiamo che ogni volta che ciò accade il cervello inevitabilmente si modifica, diventa più agevole comprendere quali siano i meccanismi organici che inducono alla stabilizzazione di determinate dipendenze.

Attraverso le abitudini che inducono, talune tecnologie, così come talune sostanze o relazioni, finiscono per diventare parte delle nostre abitudini quotidiane. Interrompere un'abitudine non è facile, soprattutto dopo che, grazie alla *neuroplasticità*, alcune funzioni cerebrali sono state riorganizzate. Agire in modo non consuetudinario intaccherebbe quei processi mentali rassicuranti e a "bassa energia" ai quali il cervello ha imparato ad affidarsi.

Nell'ambito delle nostre abitudini, possiamo individuare almeno tre fasi temporalmente distinte: il *segnale*, l'*azione* e la *gratificazione*. Lo schema è grossomodo il seguente: prendere il caffè è un segnale che mi spinge ad accendermi una sigaretta, il che mi procura un piacere. Se, a seguito dell'assunzione del caffè, mi rendo conto di non poter fumare la mia sigaretta (ad esempio perché intanto erano finite e non me n'ero accorto) sento che mi manca qualcosa. In un certo senso, il *pattern* non viene completato. Schematizzando, potremmo sostenere che soddisfare un'abitudine, così come completare una *gestalt*, generi di per sé una gratificazione. La ricompensa mentale si ottiene grazie al completamento dello schema costituito dai tre momenti indicati.

La nostra quotidianità è ricca di tali *patterns*, costituiti da catene di azioni abitudinarie associate a precisi processi mentali automatici, compiuti tutti con un consumo minimo di energia cerebrale. In genere non abbiamo alcuna consapevolezza delle nostre abitudini; nessuno sceglie razionalmente di seguire un'abitudine. Anche le tecnologie, ovviamente, entrano molto spesso a far parte della nostra vita quotidiana grazie all'assuefazione a determinati schemi abitudinari.

Sarebbe molto ingenuo, pertanto, ritenere che si possa cadere in una dinamica di dipendenza solo a causa delle gratificazioni dirette ad essa collegabili, come allo stesso modo sarebbe insensato ritenere che l'abuso di una determinata tecnologia possa essere imputato solo ai suoi eventuali benefici funzionali. Come scrive Paolo Gallina, arguto studioso di robotica, se consideriamo ad esempio lo *smartphone*, è facile riconoscere come, da un lato, esso sia sicuramente uno strumento funzionale che consente di comunicare a distanza; d'altra parte, è altrettanto vero che ne abbiamo bisogno perché siamo abituati alla sua presenza. Dimenticare il telefono a casa è molto spesso fonte di enorme ansia, principalmente perché la sua assenza interrompe un'abitudine. Il 34% degli utenti di uno *smartphone* – ricorda Gallina a seguito di una recente ricerca – controlla l'account mail durante tutto l'arco della giornata, con picchi di 150 verifiche al giorno, di gran lunga più di quanto sarebbe necessario con un utilizzo ottimale dello strumento. Ciò avviene perché l'abitudine di controllare le e-mail genera piccole dosi di gratificazione: cliccare su "aggiorna" è un po' come tirare la leva di una *slot machine*, si spera sempre di ricevere una *gratificazione* (una "vincita economica" o una e-mail "interessante").

La "normalità" della dipendenza tecnologica

Molto spesso, soprattutto nel senso comune, tendiamo a riferirci alle norme sociali per definire il concetto di *normalità*. In sostanza finiamo per definire normale (nel senso di "non patologico" o addirittura "non malato") un comportamento che rispetta le norme e anormale (o malato) un comportamento che non le rispetta. Si tratta di un ragionamento particolarmente fuorviante: un comportamento criminale o un vizio (per esempio assumere regolarmente droghe o alcol, oppure utilizzare per oltre dodici ore al giorno una o più tecnologie, come il pc, la televisione o lo smartphone) sono deviazioni dalle norme, ma non hanno nulla a che fare con malattie o patologie, che sono invece deviazioni dalla normalità.

In altri termini le norme servono per tracciare dei limiti che indicano quale "deve essere" un comportamento socialmente corretto e condivisibile. Oltrepassarle, equivale a trasgredire e a diventare pertanto *deviante*. Le norme servono implicitamente anche a definire cosa sia giusto o bene fare, e cosa sia ingiusto o male. Hanno a che fare con la morale, ma non ci dicono niente a proposito della normalità o della patologicità, né dal punto di vista medico né organico, di colui che trasgredisce. Le norme, di fatto, possono variare enormemente da una società o da un contesto all'altro. Le istituzioni, e in particolare le istituzioni religiose, in genere sono i principali promulgatori di regole e precetti tesi a indicare i limiti (normativi e morali) dei nostri comportamenti.

Tali norme e precetti non hanno però niente a che fare con la normalità del comportamento umano, anzi. Si potrebbe dire che le norme religiose e civili esistano proprio per farci evitare di seguire comportamenti che sarebbero altrimenti, istintivamente o "naturalmente", messi in atto. Esistono norme e punizioni di carattere sacro-religioso, così come esistono norme (leggi) laiche (governate da un complesso stuolo di magistrati, avvocati, poliziotti e sistemi penitenziari) e punizioni di carattere civile e penale che non servono a descrivere il comportamento normale della nostra specie, ma al contrario puniscono chi trasgredisce ciò che "naturalmente" saremmo portati a fare.

La *normalità* non consiste dunque nell'agire correttamente, così come la *patologia* non consiste nel fare ciò che non si dovrebbe (moralmente) fare. Agire "correttamente" (seguendo le regole) o fare ciò che si "dovrebbe", riguardano la sfera della morale, non la natura umana. La normalità, dal punto di vista medico, è semplicemente ciò che siamo in grado di fare quando i nostri organi (e soprattutto il nostro cervello) funzionano in maniera adatta alla sopravvivenza e alla riproduzione. Se emerge qualche problematica di tipo organico in tal senso, allora si entra nel campo della possibile patologia (legata all'anormalità del funzionamento a livello organico).

D'altra parte, un comportamento normale in termini medici è di carattere transculturale e transtorico. Il cervello stesso si può dire che non abbia subito particolari trasformazioni funzionali nel corso degli ultimi millenni, e ancor meno negli ultimi secoli. Tutte le norme sociali hanno d'altro canto subito continui mutamenti nel corso della storia e sono tuttora molto diverse a seconda della geografia e della cultura. Vizi, crimini e peccati sono per definizione legati alla trasgressione di norme di carattere geograficamente e temporalmente variabili.

La dipendenza relazionale

A corredo di tali considerazioni, concludiamo dicendo che l'esempio della dipendenza potrebbe anche essere considerato un'ottima cartina di tornasole per mettere in evidenza alcune delle possibili conseguenze di questo genere di confusione concettuale. Con il termine "dipendenza" si definiscono in generale quei comportamenti che conducono a un consumo eccessivo di alcune sostanze (tra cui droghe, alcol, cibo), o anche all'abuso di determinate tecnologie, le cui conseguenze risultano essere nocive per la salute degli individui e per la società di cui egli fa parte.

Riprendendo ancora una volta la tesi *neurosociologica* appena citata, ricordiamo che una delle funzioni fondamentali del cervello umano consiste proprio nell'eseguire comportamenti (abitudinari) destinati a rendere automatici (e non consapevoli) le nostre dipendenze primordiali per aria, acqua e cibo, i tre elementi principali di cui abbiamo bisogno per poter sopravvivere. Pertanto, non risulta poi così sorprendente se un cervello che si è sviluppato per soddisfare delle dipendenze indispensabili possa sbagliare oggetto e sviluppare una dipendenza per un'altra cosa.

Una tale ipotesi, dopo averci spiegato quanto le dipendenze siano innanzitutto una malattia di carattere biologico legate al funzionamento del cervello e del nostro complesso sistema omeostatico, richiama necessariamente anche l'attenzione sull'importanza dell'influenza ambientale e sociale nel loro emergere e stabilizzarsi. Fondamentale, però, è cogliere l'invito a rivolgere il nostro sguardo non già a un non ben definito sistema psichico immateriale interno agli individui, né tantomeno a una generica società (o a una sua qualche istituzione), ma a quei complessi meccanismi di *interazione* tra individui e ambiente sociale.

Quando si parla di dipendenze, insomma, non ci troviamo di fronte a vizi, perversioni o peccati, quanto soprattutto a vere e proprie patologie dei rapporti umani.

12
Leggere: Comunicare il Sé

Essere Narratori

Noi umani ci distinguiamo per una serie di capacità peculiari: la prima – come già accennato – è l'innata predisposizione ad elaborare e riconoscere schemi regolari di eventi che si ripetono, i cosiddetti *pattern*. Il riconoscimento di schemi rappresenta, per gli esseri umani, il fondamento di ogni possibile tipo di conoscenza dell'ambiente circostante e di coloro che lo abitano, umani o meno che essi siano. Senza una tale capacità – impressa e stabilizzatasi nei nostri cervelli nel corso di un lungo processo evolutivo – non saremmo in grado di cogliere le somiglianze e le differenze tra i vari oggetti presenti nell'ambiente; non saremmo, in sostanza, in grado di poter creare (e poi riconoscere) alcun ordine nelle cose.

E senza una tale capacità di classificare e ordinare gli oggetti e gli altri esseri viventi, l'ambiente in cui viviamo resterebbe caotico e indomabile. Come scrive Henry Gee, in un originale saggio, "in epoche precedenti, la capacità di riconoscere rapidamente la struttura e quindi di capire la natura di un qualsiasi oggetto in avvicinamento, poteva essere preziosa per la sopravvivenza. Quei primi ominidi che non fossero stati in grado di cogliere la differenza tra un ramo secco d'albero e un mamba nero, o che avessero scambiato il ringhio sordo di un leopardo col rumore delle fusa di un tenero cucciolo, avrebbero avuto chiaramente poche probabilità di passare i loro geni alla nuova generazione, rispetto ai loro simili capaci di distinguere, catalogare correttamente e fare in tempi rapidi le scelte giuste. Così noi continuiamo a usare questi meccanismi mentali del passato ancora oggi, e tutti i giorni, per dare un senso al nostro mondo".[224]

Affinché il mondo possa però acquisire un vero e proprio "senso", alla capacità di elaborare schemi, connessioni, forme e strutture, è necessaria aggiungere un'altra straordinaria capacità, anch'essa tipicamente umana: quella di *narrare* storie. Non solo siamo esseri in grado di intuire strutture e forme (e, laddove queste non esistano, inventarle e fare "come se" esistessero), ma tendiamo ad intrecciarle tra loro in storie che diano senso e continuità a quelle che resterebbero altrimenti una serie distinta di fenomeni (più o meno schematizzati) senza alcun ordine prevedibile.

Bisogna innanzitutto riconoscere, per spiegare meglio quanto già ricordato, che l'ambiente che abitiamo, la cosiddetta realtà esterna, di per sé, non possiede alcun significato, nessun "senso" autonomo. Come dicono gli esistenzialisti, *l'universo è puro silenzio*.

Il *senso* dipende dagli esseri umani. Ma anche gli esseri umani dipendono a loro volta dal *senso*. Sì, perché c'è una terza caratteristica assolutamente distintiva della nostra specie, che è peraltro inestricabilmente connessa con la nostra capacità di *Esseri Narratori*, e che ha molto a che vedere con l'invenzione del *Tempo*. Tutti gli animali, in un modo o nell'altro, percepiscono, registrano, riflettono. I loro sensi trasmettono delle informazioni relativamente vaghe e imprecise ai loro cervelli, i quali costruiscono, a partire da tali informazioni, l'immagine del mondo in cui si ritrovano ad agire per poter sopravvivere nel modo migliore. Senza chiedersi un "perché".

---

[224] Henry Gee, *La specie imprevista. Fraintendimenti sull'evoluzione umana*, Il Mulino 2016, pp.175-176.

La caratteristica distintiva di noi umani a cui mi riferivo, da aggiungere alle prime due, è proprio questa: il "perché".
Perché il perché? Da dove viene fuori una tale curiosa quanto onnipresente caratteristica umana?
La risposta è: il *perché* emerge grazie all'invenzione del *tempo*!

L'essere umano è un organismo che, alla pari di tutti gli altri organismi viventi, ha un'esistenza caratterizzata dal *mutamento* e dalle continue trasformazioni della materia di cui è formato il suo corpo. Non possiamo sapere con certezza quanti altri organismi abbiano consapevolezza del fatto che tali trasformazioni condurranno necessariamente alla decomposizione organica, e che in un dato momento tale decomposizione porterà, inevitabilmente, alla scomparsa di qualunque attività vitale. In altre parole, l'uomo è l'animale consapevole della propria finitudine. L'organismo umano, a partire da una certa fase evolutiva, acquisisce una forma particolare di consapevolezza – possiamo definirla una forma specie specifica di *autocoscienza*; quella dell'ineluttabilità del processo di progressiva dissoluzione che caratterizza la sua vita organica.
È molto probabile che sarà proprio a partire dall'acquisizione di tale forma peculiare di autocoscienza che prenderanno poi vita determinate modalità di *autopercezione* del proprio organismo, che diventerà perlopiù suddiviso in una parte materiale e in una parte immateriale, destinata, quest'ultima, ad un'esistenza indipendente, autonoma e presumibilmente eterna. Si tratta però di disquisizioni (è fin troppo evidente il riferimento a modelli platonico-cartesiani) che non ci interessano in questa sede, se non a partire dall'ultimo concetto citato: *l'eternità*.
Essere eterni significa percepirsi indipendenti dal mutamento e dunque implica il collocarsi "fuori dal tempo". Il tempo è sempre stato concepito dagli esseri umani in maniera, per così dire,

strumentale, ovvero come mezzo di sopravvivenza da affiancare all'eternità, dunque all'immortalità. L'organismo umano (in cui è dualisticamente custodita l'essenza inorganica del suo *Essere*) vive ed esiste "nel" tempo; l'essenza inorganica (spirito, anima, coscienza, mente…) vive ed esiste "fuori" dal tempo.

Il tempo ha a che vedere dunque con la materia e solo con essa. A partire da una certa epoca storica, come ha mostrato magistralmente Norbert Elias,[225] il tempo, anche grazie al supporto di un altro straordinario strumento umano come il linguaggio, è stato investito da un processo di oggettivazione che lo ha reso definitivamente autonomo. Il tempo "scorre"; il tempo "passa"; "non abbiamo molto tempo", sono tutte locuzioni linguistiche, ad elevato livello di sintesi e di astrazione simbolica, che rappresentano molto bene questo processo di ipostatizzazione. Il tempo è diventato *oggettivo*; esso esiste e vive autonomamente, indipendentemente dalla percezione che l'uomo ne possa avere.

Detto in altri termini, ci sono due conoscenze relative al tempo che ci caratterizzano: sapere di essere nati; sapere di dover morire. Si tratta di due "saperi" che non possiedono neppure i nostri parenti evolutivamente più vicini, come gli scimpanzé e i bonobo, e che ci collocano in una situazione esistenziale assolutamente originale, strutturata intorno alla consapevolezza dell'immagine della *forma* di una *vita intera*.

Siamo gli unici esseri a percepire la nostra esistenza come una traiettoria dotata di un *senso* (con un significato e una direzione). Un arco che, come abbiamo visto, può essere racchiuso in una forma circolare, oppure spezzato come una retta, un segmento, una freccia. Una forma che si dispiega con un inizio, delle peripezie intermedie e un finale. In altri termini, in una *storia*.

---

[225] Elias, 1991 (Op. cit.).

La narrazione conferisce alla nostra vita – grazie al *Tempo* – una dimensione di *Senso* che manca assolutamente a tutti gli altri esseri viventi.

La capacità narrativa si è sviluppata nella nostra specie come una tecnica di sopravvivenza. Essa è oramai inscritta nei circuiti neuronali dei nostri stessi cervelli. Raccontare significa intessere dei legami tra il passato, il presente e il futuro; significa rendere reale il passato e il futuro nel presente (capacità resa possibile dal linguaggio e, soprattutto, dalla scrittura). Tutti gli altri animali vivono solo ed esclusivamente nel presente.

I grandi primati sono in grado, come noi, di provare *empatia*,[226] riconoscono e valorizzano il gruppo al quale appartengono e sono in grado di combattere anche ferocemente per difenderlo. Sono pertanto anche in grado di provare quel sentimento che noi definiamo *compassione*. Ciò che differenzia la nostra empatia c la nostra compassione, è la giustificazione e la spiegazione del nostro comportamento (il *perché*) empatico. Tali spiegazioni e giustificazioni sono sempre state, e sempre resteranno, delle finzioni narrative: delle *storie*.

La verità sorprendente è che è più facile mettersi al posto di un altro, che mettersi al posto di sé stessi; ovvero: è più facile avere empatia che avere un "io".

Per mettersi al posto di un altro, non c'è bisogno della capacità narrativa; per mettersi al posto di sé stessi, per sdoppiarsi e raccontarsi (avere cioè autocoscienza identitaria), la narrazione è invece necessaria e indispensabile. La differenza tra i primati e noi è esattamente la differenza che intercorre tra *intelligenza* e *autocoscienza*; tra il *fatto* di esistere e il *sentimento* di esistere. Affinché vi sia autocoscienza, è necessario integrare

---

[226] Cfr. Frans de Waal (2013), *Il bonobo e l'ateo*, Raffaello Cortina, Milano 2014.

l'intelligenza con la percezione del tempo, vale a dire: con la *narrazione*.

È questa la migliore risposta che si può trovare al "perché il tempo": per poter disporre di un "io" è necessario imparare a raccontare storie; a raccontar*si* storie. Innanzitutto, la storia del proprio "sé". Tendiamo a dimenticarlo, ma tutti noi abbiamo impiegato molta fatica per diventare *qualcuno*. Ci sono volute migliaia e migliaia di informazioni percettive intessute e intrecciate in storie, per poterlo diventare: canzoni, racconti, gesti, proverbi, regole, nomi.

Siamo stati socializzati dalle storie.

Poi siamo diventati noi stessi una storia, una costruzione narrativa particolarmente elaborata, una configurazione mobile, in trasformazione permanente, che è stata fissata per pura convenzione: il sé potrebbe essere definito come un dato genetico intorno al quale sono state elaborate delle storie. Una narrazione specifica, relativa a un organismo, attivata a partire da un determinato contesto storico-sociale.

La letteratura o l'arte di costruire gli "io"

Ma cosa possono dirci di nuovo le neuroscienze, sull'io, la coscienza e la mente, rispetto ai grandi contributi e alle brillanti intuizioni della filosofia e della psicologia degli ultimi due secoli?

Una prima risposta è che possono certamente dirci qualcosa di importantissimo su quelle che sono le fondamenta scientifiche del discorso dell'uomo sull'uomo. Ma il contributo più significativo, a mio parere, è che i più grandi neuroscienziati ci confermano qualcosa che, finora, avevamo soltanto potuto intuire grazie agli stimoli derivanti dalle suggestioni dei grandi artisti che ci hanno preceduto: che potremo imparare sempre di più sull'esistenza dell'uomo – ovvero continuare a conoscere e comprendere sempre meglio il suo comportamento (il suo *io*, la sua *coscienza*, la sua *mente*) – solo se continuiamo ad integrare tali conoscenze scientifiche con gli straordinari contributi dell'arte e della letteratura.

La psicologia o la sociologia, la genetica o l'etologia, la biologia o le neuroscienze stesse, possono fornirci contributi fondamentali per spiegare alcuni aspetti del comportamento umano, tuttavia ognuno di questi approcci risulterà essere di per sé sempre carente, se non accompagnato da un altro genere di approccio: quello *artistico*.

Il motivo di una tale conclusione è alquanto semplice da comprendere: mentre gli approcci scientifici sperimentali tendono a frammentare, suddividere, tagliare a pezzetti l'ineludibile unità dell'essere umano, le arti si sforzano di tenerlo insieme: l'artista descrive tutto ciò che allo scienziato è precluso.

Ai fini della conoscenza dell'essere umano, l'esperienza è, insomma, più importante dell'esperimento; *l'illusione della verosimiglianza è più importante della probabilità di verità.*

La verità della realtà vissuta, dell'esperienza di cui si ha coscienza, è qualcosa di troppo reale per poter essere misurata. In altre parole – parole non a caso di una grande artista come Virginia Woolf – "l'io è un'illusione troppo reale per poter essere trattata come un fatto". La convinzione finale è "credere in una finzione, che tu sai essere una finzione, perché non c'è null'altro".

Come abbiamo già evidenziato nel corso di questo lavoro, tutta la conoscenza umana è, sostanzialmente, di tipo *congetturale*. Ne consegue che se il nostro cervello, a un certo punto della sua storia evolutiva, si è sviluppato in maniera così sproporzionata rispetto al resto del corpo, è stato per renderci capaci di reagire meglio e in modo più immediato di fronte alle incombenti minacce esterne. Detto in altri termini: ci ha resi esperti nel generare conoscenze di carattere congetturale sempre più affidabili. È questo il meccanismo che ha reso effettivamente possibile un enorme e imprevedibile salto evolutivo, che nessun'altra specie ha perfezionato con la stessa intensità, e che a un certo punto ci ha consentito osservarci a noi stessi e convincerci che, in qualche parte della nostra interiorità, esista un centro, un *io* che ci struttura, ci controlla, ci rende quello che siamo. L'Io sarebbe sorto, in questo caso, sotto le sembianze di una sorta di *homunculus*.[227]

L'arte, ma soprattutto l'arte della narrazione e della fiction, in questo senso, avrebbe rappresentato lo strumento evolutivo necessario di cui l'uomo si è dotato per generare e gestire la conoscenza congetturale.

In un suo celebre saggio,[228] il critico e romanziere inglese David Lodge, prendendo spunto dalle ricerche di Daniel Dennett e Francis Crick, ha proposto un'originale analisi del rapporto tra coscienza e letteratura. Dennett – affermato filosofo – ritiene che per comprendere la coscienza umana possa essere sufficiente pensare al funzionamento di una macchina virtuale implementata sull'*architettura parallela* di un cervello. Tale *macchina virtuale*, che rappresenterebbe appunto la coscienza, svolgerebbe le funzioni di sostegno necessarie all'*hardware biologico* sul quale gira. Francis Crick – il popolare neuroscienziato che, insieme a James Watson, ha scoperto la struttura molecolare del DNA – sostiene invece che ognuno di noi (con la nostra identità personale, i nostri piaceri, dolori, ambizioni e ricordi) sarebbe il risultato del comportamento di

---

[227] Pecchinenda 2008 (Op. cit.)
[228] David Lodge (2002), *La coscienza e il romanzo*, Bompiani, Milano, 2011.

"un vasto assemblaggio di cellule nervose e delle molecole loro associate"; insomma noi saremmo un pacchetto di neuroni.

Tali posizioni – riflette Lodge – mettono molto chiaramente in evidenza la sfida che i recenti studi scientifici sulla coscienza hanno lanciato a quell'idea di natura umana gelosamente custodita nella tradizione religiosa giudaico-cristiana. E proprio partendo da queste premesse, Lodge propone di riflettere su due interessanti connessioni tra la letteratura, il romanzo e l'analisi della coscienza. Il primo tipo di collegamento mette in evidenza le *differenze* tra il discorso letterario e quello scientifico sulla coscienza; l'altro sottolinea i punti d'accordo:

La letteratura – egli sostiene – è un vero e proprio documento della coscienza umana; la testimonianza più ricca ed esauriente che si possa avere che l'uomo ha realizzato per descrivere i *qualia*. Mentre la scienza cerca di formulare leggi esplicative generali che si applicano universalmente, leggi che erano in funzione prima di essere scoperte, e che presto o tardi qualcuno avrebbe scoperto, *le opere di letteratura descrivono sotto forma di narrazione la solida specificità dell'esperienza personale*, che è sempre unica, perché ognuno di noi ha una propria, più o meno diversa, storia personale, che modifica ogni nuova esperienza; e la creazione di testi letterari riassume questa unicità.

Qualia

A proposito dei "qualia", anche Gerald Edelman sottolinea tutta l'inadeguatezza di un approccio troppo radicalmente legato alla rigidità delle regole del metodo scientifico. Il problema di fondo – sostiene il neurobiologo statunitense – deriva dal fatto che l'esperienza *fenomenica* è sempre, inevitabilmente, vissuta in in *prima persona*, e ciò impedisce la formulazione di un resoconto completamente e scientificamente oggettivo. La scienza, invece – altrettanto inevitabilmente – è un discorso in *terza persona*.

"Non si usa la prima persona nelle opere scientifiche – scrive Edelman. Qualsiasi accenno ai *qualia* in un discorso scientifico, sarebbe eliminato dal revisore".

Tuttavia, come abbiamo già notato analizzando il pensiero di Bitbol, nessuno studio scientifico della coscienza potrebbe mai evitare di affrontare un discorso sull'esperienza soggettiva legata ai *qualia*.

Nel 2002 David Herman ha pubblicato un libro[229] le cui tesi hanno segnato probabilmente una svolta decisiva per quel complesso campo del sapere che prova a studiare i *qualia* e la coscienza, sforzandosi di far dialogare arte, letteratura e neuroscienze. La svolta epistemologica impressa da Herman è consistita principalmente nell'arricchire il dibattito introducendo un'originale analisi dei concetti di *Frame* e di *Script*.

Originariamente formulata nell'ambito del *gestaltismo* a partire dagli anni Venti del secolo scorso, la teoria del *frame* si basa sulla convinzione che ogni nostra esperienza venga compresa sulla base di un confronto con un modello stereotipato, derivato da esperienze simili registrate nella memoria: ogni nuova esperienza verrebbe dunque valutata sulla base della sua conformità o difformità rispetto a uno schema pregresso. Nell'esperire in prima persona un evento, o assistendo quali spettatori a una situazione determinata, il ricorso a un *frame* costituisce un prerequisito cognitivo per la sua leggibilità. Lo schema si riferisce a oggetti statici o relazioni, e cioè concerne le attese relative al modo in cui le aree esperienziali sono strutturate/classificate in una certa situazione.[230]

---

[229] David Herman, *Story Logic: Problems and Possibilities of Narratives*, University of Nebraska Press, Lincoln, 2002.
[230] Cfr. Stefano Calabrese, *Introduzione*, in Calabrese (a cura di), *Neuronarratologia. Il futuro dell'analisi del racconto*, Archetipolibri, Padova, 2009, p. 11.

A tale sistema di attese situazionali definite dai *frames* più o meno astratti,[231] è necessario aggiungere – come sottolinea il semiologo Stefano Calabrese – la capacità di codificare ciò che avviene al loro interno, e che i neuroscienziati definiscono *script* (sceneggiature).

Gli *script* si riferiscono a processi dinamici, e cioè al modo in cui si producono attese relativamente al verificarsi di sequenze di eventi. Un *frame* fornisce il paradigma semantico di un accadimento, lo *script* ne costituisce l'articolazione sintagmatica; senza il primo non si comprende nulla, senza il secondo non accade letteralmente nulla. "Soltanto l'acquisizione di questa duplice competenza narrativa ci consente di agire e leggere le azioni altrui (…). Per comprendere il rilievo degli script è sufficiente ricordare che gli studiosi li classificano come (i) *situazionali* (riguardanti l'orizzonte d'attesa delle situazioni quotidiane, come andare al ristorante o prendere l'autobus), (ii) *personali* (riguardanti i ruoli in senso gofmanniano, come l'uomo geloso, il corteggiatore, ecc.), (iii) *strumentali* (riguardanti le micro-azioni necessarie a pervenire a uno scopo, come ad esempio accendere una sigaretta, mettere in moto un'automobile, spalmare la marmellata su una fetta di pane). Tutto – tutto – si articola dunque secondo una sintassi convenuta di gesti e azioni, radicata nella tradizione culturale di uno spazio sociale, e qualsiasi trasgressione a tale sintassi ordinaria su cui si fonda il nostro sistema di attese viene letta sullo sfondo di un repertorio convenuto di *script*.

Il nostro destino, le *life stories*, sia pure inconsistenti, di cui siamo giornalmente attori o spettatori, i testi letterari denominati

---

[231] È importante notare la similitudine di questo approccio con i fondamenti della sociologia fenomenologica e con autori quali José Ortega y Gasset e lo stesso Karl Popper.

romanzi, le news giornalistiche tanto quanto le fiction televisive si costruiscono attraverso le ascisse e le ordinate rappresentate da *frames* e *scripts*.

Come fa notare ancora lo stesso Calabrese, è della massima importanza rilevare come oggi la ricerca neuroscientifica sia oramai in grado di localizzare i corrispondenti accadimenti neuronali di tali fenomeni. L'emisfero sinistro del cervello, ad esempio, sembrerebbe delegato alla lettura delle connessioni sintattiche (memoria sequenziale, *script*), e quello destro alla decodifica delle catene paradigmatiche (memoria semantica, *frame*).

Si tratta, a questo punto, di riflettere sulla possibilità della formazione di modelli schematici di riferimento (*frames*, appunto) la cui manifestazione possa trovare un corrispettivo a diversi livelli di sintesi.

Come spesso accade in questi casi, è sempre opportuno accordarsi innanzitutto sulle definizioni: quando parliamo di una "forma" ci riferiamo a un'organizzazione – relativamente stabile nello spazio e nel tempo – di elementi semplici. La questione fondamentale che si può porre, a diversi livelli del sapere, è quella di *comprendere e spiegare da dove derivi una tale organizzazione*.

Il darwinismo neurale e la forma "temporale" delle cose

Qual è l'origine delle forme organizzate che ritroviamo all'interno del cervello (come sostiene Damasio), così come nelle forme narrative (come sostiene Herman), nelle società (le strutture e le istituzioni di diverse dimensioni) e in tutto l'ambiente che ci circonda?

Jean-Pierre Changeux ha proposto a tal proposito una distinzione tra due principali teorie:[232] La prima, di derivazione platonico-teologica, che si colloca aldilà di ogni canone scientifico, sostiene che le forme sono delle *essenze*, ovvero delle astrazioni non materiali, non fisiche ed extramentali. Tali forme sarebbero state create da un demiurgo e sarebbero collocate, platonicamente, in uno spazio "aldilà del cielo"; l'altra definizione, di tipo darwiniano, deriva da una spiegazione scientifica e si fonda sulla causalità storica. Si tratta di scomporre i sistemi (di qualunque livello si tratti) nelle loro parti e identificare le regolarità che le caratterizzano, riferendole a dei principi teorici generalizzabili il più possibile.

Questa seconda ipotesi presuppone che la transizione da un livello formale dato a quello seguente, richieda due elementi fondamentali: un *generatore di diversità* e un *sistema di selezione*. Il generatore funziona nel modo seguente: gli elementi si combinano tra loro in modo stocastico, portando alla formazione di forme transitorie di un determinato livello (è importante sottolineare che queste forme si svilupperanno a partire da elementi già strutturati provenienti a loro volta da un livello soggiacente, secondo una cosiddetta *variazione darwiniana*). A questo punto un sistema di selezione rende stabili alcune variazioni, eliminandone altre possibili. Infine, il modello generale di cui stiamo discutendo farebbe intervenire un concetto ulteriore: quello della *funzione*, ovvero quello relativo agli effetti della forma sul mondo esteriore fisico, biologico, sociale e culturale; questo si manifesta, in particolare, attraverso una retroazione sulla stabilizzazione della forma che, da transitoria, diventa stabile.

---

[232] Jean-Pierre Changeux (a cura di), *La Vie des formes et les formes de la vie*, Odile Jacob, Paris 2012.

Per ciò che concerne l'applicazione di questa ipotesi all'analisi della formazione della coscienza (intesa come forma stabilizzata che si manifesta attraverso i suoi effetti sul mondo esteriore), Edelman traduce questa retroazione nei termini di un cosiddetto *rientro*.

Riferendosi ad una forma basilare di coscienza molto simile a quella che Damasio definisce *coscienza nucleare*, Edelman utilizza come strumento *generatore* la *temporalità*.

Sposando quella che lui definisce la "teoria del darwinismo neurale", egli sostiene che la coscienza primaria emergerebbe a partire da una sorta di attività *rientrante* che collegherebbe la *categorizzazione* percettiva alla memoria rappresentata, in una *forma* di categoria-valore.

Il *rientro* sarebbe dunque per Edelman la segnalazione da una certa regione cerebrale (una *forma* o mappa) a un'altra e poi di nuovo alla prima. "Per capire come funziona il rientro – egli scrive – consideriamo un ipotetico quartetto d'archi composto da musicisti indisciplinati, ognuno dei quali suona la propria parte con un ritmo diverso. Ora colleghiamo i corpi dei suonatori con fili molto sottili (un gran numero di fili per ogni parte del corpo – assoni). Ogni suonatore, mentre si muove, segnalerà *inconsapevolmente* agli altri i propri movimenti. In breve tempo, il ritmo e in una certa misura le melodie diventeranno più coerenti. Il processo continuerà, producendo nuovi risultati coerenti. Qualcosa del genere avviene anche nelle improvvisazioni jazz, ovviamente senza fili".[233]

Una delle questioni chiave da sottolineare in questa definizione è l'*inconsapevolezza* della segnalazione che si manifesta attraverso l'azione fisica dei corpi in azione: come dire che *la coscienza della coscienza* emergerebbe a partire da

---

[233] Edelman (2007), Op. cit., p. 25.

atteggiamenti inconsapevoli del corpo, cui solo successivamente si aggiungerebbe il linguaggio.[234]

"Nel caso della coscienza primaria – egli prosegue – la consapevolezza e la pianificazione sono limitate al presente ricordato. Un animale dotato di coscienza primaria non ha alcun concetto di passato in forma di narrazione esplicita, non può pianificare in maniera approfondita uno scenario per un futuro distante e non ha un sé sociale nominabile.

Affinché possano comparire questi tratti, deve aver luogo un altro evento evolutivo, che ancora una volta coinvolge "connessioni rientranti". A un certo punto dell'evoluzione dei primati superiori, si sarebbe sviluppato un nuovo insieme di vie reciproche, che ha realizzato connessioni rientranti fra mappe concettuali del cervello e aree capaci di riferimento simbolico o semantico.

È noto che gli scimpanzé si possono addestrare a riconoscere e usare simboli, quindi gli scimpanzé dotati di qualche capacità semantica potrebbero possedere un barlume di coscienza di ordine superiore. Per raggiungere il suo pieno sviluppo, tuttavia, la coscienza di ordine superiore ha dovuto attendere il momento dell'evoluzione umana in cui è comparso il linguaggio vero e proprio. Ne è emersa la possibilità di *essere coscienti della coscienza*.

È diventato possibile fare riferimento a un lessico, i cui elementi potevano essere collegati attraverso una sintassi, e ne sono sorti ricchi concetti del passato, del futuro e di un sé sociale. La coscienza non era più limitata al presente ricordato: era possibile la coscienza della coscienza".[235]

---

[234] Ipotesi che peraltro sembrerebbe confermare la teoria di Damasio secondo cui la coscienza precede la comparsa del linguaggio.

[235] Edelman (2007), Op. cit., pp. 34-35. Su questo tema, cfr. anche le recenti riflessioni di Frans De Waal (2019), *L'ultimo abbraccio. Cosa dicono di noi le emozioni degli animali*, Raffaello Cortina, Milano 2020.

Gli specchi e le forme

Il tema dell'autocoscienza è oggi difficilmente separabile dal sempre più diffuso riferimento, anche nel senso comune, alla questione dell'empatia, legata a sua volta agli oramai celebri *neuroni specchio*. La scoperta di questa tipologia di neuroni nei primi anni Novanta, grazie al lavoro di ricerca dell'equipe di Giacomo Rizzolatti dell'Università di Parma, costituisce, in effetti, una delle pietre miliari intorno alle quali è maturato nel tempo un interesse di ricerca interdisciplinare relativo alle basi neurobiologiche e psicosociologiche del comportamento e della coscienza umana.

Gli esseri umani sono certamente i più empatici tra tutti gli esseri viventi. Ciò che il tipo di empatia umana ha di più caratteristico, come abbiamo appena visto, è che essa– grazie al linguaggio – è un'empatia *immaginativa*.

Il nostro cervello contiene all'incirca cento miliardi di neuroni. Tra questi, meno del 20 per cento fanno parte della sua sostanza grigia, la più recente. Ogni singolo neurone è connesso attraverso migliaia di contatti sinaptici (si calcola fino a diecimila) attraverso cui scambia informazioni con gli altri neuroni. Questi contatti si attivano, si disattivano, deviano, si intensificano, creano circuiti, percorsi, legami. Nasciamo con una base neuronale determinata, e di giorno in giorno essa viene più o meno profondamente modificata nel corso della nostra esistenza e delle nostre interazioni.

Alcuni neuroni del sistema motorio si attivano quando mettiamo il nostro corpo in movimento al fine di compiere una determinata azione. Ad esempio, prendere un bicchiere d'acqua per bere. Un bel giorno Giacomo Rizzolatti e la sua equipe di ricerca hanno scoperto che tali neuroni motori si attivavano invece *anche* quando restiamo fermi e osserviamo qualcun altro prendere un bicchiere e bere dell'acqua. Non ricevendo stimoli sensoriali (attraverso i neuroni sensitivi con cui restano evidentemente comunque collegati), l'unica ipotesi plausibile – da allora in avanti sottoposta a continue verifiche empiriche – era che tali neuroni simulassero virtualmente l'azione, si mettessero nei panni dell'altro, dalla sua prospettiva, leggessero lo scopo della sua azione.

Le speculazioni possibili a partire dalle ipotesi connesse alla scoperta dei neuroni specchio, sono molteplici e variegate. Tra queste, di particolare interesse ai nostri fini possono risultare quelle che fanno riferimento alle *narrazioni* e alle possibili strutture formali ad esse relative. Proverò ad approfondire questa tematica prendendo spunto da un esempio personale.

Da ragazzo ho molto giocato al calcio. Tra i miei ricordi più solidi, ce n'è uno che ritengo particolarmente adatto alla speculazione teorica che sto cercando di proporre in questo capitolo. Era un giorno molto caldo ed era appena finito il primo tempo di una partita alquanto combattuta. Stremato, sudato e molto assetato, mi avviavo con i miei amici verso gli spogliatoi per bere e rinfrescarmi, quando venni a sapere che non c'era una goccia d'acqua in giro (non ricordo i motivi; posso immaginare una rottura delle tubature) e che il bar più vicino era troppo distante per poter pensare di poterlo raggiungere. Si prospettava una sola alternativa: abbeverarsi da un vecchio barile di ferro arrugginito verso il quale si erano già diretti, correndo e sgomitando, alcuni degli altri calciatori già evidentemente abituati a situazioni del genere. Mentre mi avvicinavo alla mia meta, tutto il mio corpo e il mio cervello erano già protesi verso il momento della prossima ingestione di quel liquido vitale. Ricordo però distintamente che, quando giunsi in prossimità dell'acqua, vidi compagni e avversari che si accalcavano immergendo le mani nel barile e portando in qualche modo l'acqua alla bocca. Alcuni di essi introducevano addirittura direttamente la testa in quell'acqua. Più mi avvicinavo, meglio percepivo la crescente sporcizia di quel liquido dall'oramai imprecisata consistenza. Quando giunse il mio turno, immersi le mani nell'acqua e mi resi inoltre conto che tutta la sua superficie era infestata da zanzare, moscerini e altri insetti di vario genere. Nonostante ciò, la sete mi spinse a bere. Dopo aver placato il mio vitale bisogno di ingerire un liquido fresco nel mio organismo, la mia reazione fu (come peraltro è ovvio) di profondo disgusto. Dopo alcuni secondi mi allontanai e vomitai. Bere e vedere al contempo quegli insetti, e le mani sporche e sudate dei miei compagni immerse nell'acqua da me appena ingerita, aveva provocato uno stimolo in quella che oggi sappiamo essere un'area del cervello denominata *insula* (in particolare la sua porzione anteriore), alla quale corrispondono un'inconfondibile contrazione dei muscoli facciali e un accenno di conato di vomito.

Grazie alla scoperta dei neuroni specchio sappiamo che, se invece di dissetarmi la mia reazione fosse stata quella di ritrarre le mani, allontanarmi e non bere, la mia reazione alla vista degli altri compagni mentre compivano la stessa azione sarebbe stata la medesima. Se, ad esempio, avessi anche solo assistito alla smorfia di disgusto di un mio compagno (ed eventualmente anche a un suo conato di vomito) dopo aver compiuto il gesto, il mio cervello, se sottoposto in quei momenti a una risonanza magnetica, avrebbe mostrato l'attivazione della stessa porzione anteriore dell'insula. Tale attivazione – ci assicurano i neuroscienziati – risulterebbe ampiamente sovrapponibile nei due casi: bere in prima persona un liquido disgustoso, oppure osservare un altro mentre compie la stessa azione.

Nel primo caso, il disgusto viene esperito tramite la diretta percezione di uno stimolo diretto. Nel secondo caso invece, l'attivazione di una configurazione neurale corrispondente sopraggiunge in conseguenza dell'osservazione dell'espressione facciale di un altro individuo. L'azione dell'altro viene in qualche modo ricopiata nel mio sistema sensomotorio, che tuttavia si mantiene al di sotto dell'esecuzione effettiva del gesto. Il gesto dell'altro stimola un mio gesto *fantasma* che attiva la stessa configurazione neurale che si attiverebbe se la compissi in prima persona. È questo il processo attraverso il quale io riesco a codificare le intenzioni dell'altro, consentendomi di entrare in empatia con lui.

La questione più importante da sottolineare, dal punto di vista sociologico, è che si tratta di un processo che, passando attraverso l'interazione sensomotoria, è riferita a un tipo di comprensione assolutamente pre-teoretica, che precede cioè ogni procedimento linguistico e riflessivo. È questo, probabilmente, lo stesso processo che noi umani mettiamo in atto nelle prime fasi della socializzazione, intesa nei termini di cui ci parla George Herbert Mead.

A questo punto, però, è necessario aggiungere un ulteriore caso ipotetico al nostro esempio.

Prendendo spunto da una suggestiva ipotesi speculativa del semiologo italiano Luca Berta,[236] viene da chiedersi che tipo di esperienza si verifichi, a livello fenomenologico, quando il "dato di partenza" del processo neuronale non sia uno stimolo sensoriale diretto (e quindi, diversamente dai due esempi citati, non sollecita in alcun modo il nostro apparato percettivo) ma semplicemente una *narrazione*.

In riferimento al nostro esempio, cosa accadrebbe se la sensazione di disgusto non venisse attivata dall'esperienza diretta e neppure dall'osservazione sensoriale di un'espressione

---

[236] Luca Berta, *Dai neuroni alle parole. Come l'accesso al linguaggio ha riconfigurato l'esperienza sensibile*, Mimesis, Milano, 2010.

disgustata, ma solo ed esclusivamente da un'evocazione linguistica, ovvero dalla narrazione di una storia in cui non siano sensorialmente presenti né l'acqua disgustosa, né una persona disgustata dall'acqua?

L'ipotesi che di fronte a me non ci sia l'acqua disgustosa e neppure un mio amico che mostri segni di disgusto, bensì solo una sequenza di parole che generano un mondo fittizio in cui qualcuno racconta una storia disgustosa, rende in qualche modo plausibile l'ipotesi che il meccanismo connesso ai neuroni specchio funzioni a livello neuroanatomico anche indipendentemente da uno stimolo sensoriale da "rispecchiare"? È insomma plausibile che, al fine di attivare il meccanismo "specchio", sia sufficiente la narrazione linguistica? La parola è in grado di sostituire lo stimolo percettivo (diretto o mediato) necessario per attivare i neuroni specchio?

La risposta, stando ai risultati di alcune ricerche empiriche,[237] sembrerebbe essere decisamente positiva.

Come sostiene anche Herman a proposito dei *frames* e degli altri schemi narrativi, è possibile prospettare l'ipotesi per cui a un certo punto dell'evoluzione umana, ai riferimenti provenienti dall'ambiente cui si connettono i neuroni specchio, si sia aggiunto anche l'ambito del linguaggio narrativo. Il nostro sistema di comprensione specchio avrebbe cominciato a non discriminare più in modo assoluto tra gli stimoli provenienti dall'ambiente tramite l'apparato percettivo, e quelli provocati dall'elaborazione di sequenze linguistiche.[238] Il corpo umano avrebbe cominciato a comprendere con il corpo tanto ciò che è *presente* (i dati che derivano dall'ambiente) quanto ciò che non

---

[237] Cfr., per approfondimenti, Luca Berta, *Narrazione e neuroni specchio*, in Calabrese (2009), cit., pp. 187-203.

[238] Cfr., a tal proposito, Stanislas Dehaene (2007), *I neuroni della lettura*, Raffaello Cortina, Milano 2009.

necessariamente ha una corrispondenza con riferimenti percettivi esterni (i dati puramente linguistici).

Questa straordinaria capacità di *distacco* (altrove descritta dal punto di vista storico-processuale da Norbert Elias) e di *astrazione* simbolica dall'ambiente, ha evidentemente segnato un'epocale trasformazione del senso dell'esperienza umana: l'uomo è diventato un organismo in grado di fare esperienza nella sua mente anche di cose, eventi e relazioni che non presentano direttamente al suo campo sensoriale.

Si tratta dei prerequisiti indispensabili connessi alla capacità di proiezione immaginaria, di rappresentazione controfattuale, di formulazione di ipotesi, e anche dell'elaborazione formale di strutture narrative. Il mondo dell'uomo, l'esperienza corporea, si è cominciato a estendere all'infinita dimensione del possibile; all'ambito del *vero* si è aggiunto quello del *verosimile*. Ogni narrazione è diventata una potenziale esperienza "anche" corporea.

Le narrazioni poi, come abbiamo già accennato, si trasformano a loro volta in vere e proprie strutture cognitive di supporto che rientrano incessantemente in causa anche nel nostro rapporto al mondo fisico: esse diventano "frames", "script", sceneggiature che ci assistono nel catturare la ricchezza informazionale indipendente dal contesto ambientale, creando quegli anelli ricorsivi dove il dato sensoriale non è mai nudo, ma sempre già reinvestito in un frame di connessioni spazio-temporali.

Il linguaggio, le narrazioni, e l'insieme delle esperienze cui esse danno vita, fanno parte a tutti gli effetti della *realtà* (a questo punto inestricabilmente esterna e interna; ambientale e mentale) in cui l'individuo si forma, al pari degli oggetti materiali.

Oggi cominciamo insomma ad avere delle evidenze sperimentali di come il linguaggio e la narrazione possano innescare esperienze pienamente corporee, confermando qualcosa che la letteratura ci ha sempre, più o meno implicitamente, suggerito.

Coscienza e mente "bicamerale"

Il rapporto tra narrazione e neuroni specchio ci consente altresì di introdurre nel nostro discorso un'ulteriore riflessione sul rapporto tra neuroscienze e processi comunicativi, in particolare per ciò che concerne quella straordinaria attività umana che è la *lettura*. Come abbiamo visto, quando gli scienziati sociali affrontano il tema della scrittura e della lettura, pur riconoscendone la fondamentale importanza storico-culturale, aderiscono in genere a un modello implicito di cervello tipico del relativismo culturale, che vede in ultima istanza l'organismo come effetto di una causa sociale. Secondo tale visione, in breve, il cervello sarebbe un organo talmente plastico e malleabile da non condizionare per nulla l'estensione delle attività umane.

Si tratta di una vecchia ma solida prospettiva epistemologica che ritroviamo già nella filosofia empirista britannica, e che nel corso dei secoli è stata ripresa e rimaneggiata dal relativismo culturale per confermare la tesi strutturalista secondo cui la natura umana sarebbe sostanzialmente determinata dall'immersione in una cultura data. Già Karl Popper, come abbiamo visto, aveva criticato con la sua teoria della "mente recipiente" tale ipotesi del cervello inteso come *tabula rasa*. Oggi, esaminando più nel dettaglio l'organizzazione cerebrale dei circuiti della lettura, è possibile confermare ulteriormente quanto sia falsa l'immagine di un cervello illibato, totalmente flessibile, in grado di assorbire passivamente in maniera neutra i dati provenienti dal suo ambiente naturale.

Il nostro cervello è evidentemente capace di apprendere. "Senza tale capacità – scrive Jean-Pierre Changeux – non potrebbe mai incorporare le regole della scrittura latina, giapponese o araba.

Ma questo apprendimento è limitato. In tutti gli individui, in tutte le culture del mondo, interviene la stessa regione cerebrale, con uno scarto di qualche millimetro, per decodificare le parole scritte. Che si legga in italiano o in cinese, l'apprendimento della lettura avviene sempre in un identico circuito".[239]

Ed è proprio sulle basi di questa riflessione che questo stesso studioso, opponendosi radicalmente ad ogni determinismo lineare, ha proposto la tesi del cosiddetto "riciclaggio neuronale" secondo cui l'architettura del nostro cervello, pur sorretta da forti vincoli genetici, possederebbe in alcuni circuiti specifici (come quelli della *corteccia visiva*), un certo margine di adattamento all'ambiente, nella misura in cui l'evoluzione li ha dotati di plasticità e di regole di apprendimento.

Secondo la tesi del *riciclaggio neuronale*, in altri termini, il nostro cervello si adatterebbe all'ambiente culturale "non assorbendo ciecamente in ipotetici circuiti vergini tutto ciò che gli si presenta, ma riconvertendo ad altro uso le predisposizioni cerebrali già presenti. Il nostro cervello non è una *tabula rasa* – chiosa Changeux – dove si accumulano costruzioni culturali; piuttosto, è un organo fortemente strutturato che usa cose vecchie per farne di nuove. Per imparare nuove competenze ricicliamo i nostri antichi circuiti neuronali di primati – nella misura in cui questi tollerano un minimo di cambiamento".[240]

Contrariamente alla diffusa opinione (di senso comune, ma anche scientifica o pseudotale) secondo cui il nostro cervello potrebbe essere considerato una sorta di variabile dipendente, incapace di imporre alcun vincolo alle culture umane, l'esempio della lettura dimostrerebbe definitivamente, secondo Changeux, come ogni organizzazione culturale sarebbe inestricabilmente legata a quella del nostro cervello. "Nel corso della sua lunga

---

[239] Jean-Pierre Changeux, *Introduzione*, in Dehaene 2009 (Op. cit.), pp. 6-7.
[240] Ivi, p. 7.

storia culturale l'umanità ha scoperto che poteva riconvertire il suo sistema visivo per riconoscere la scrittura (...). La matematica, l'arte e la religione sono forse solo dei dispositivi plasmati da secoli di evoluzione con il fine di invadere rapidamente i circuiti dei nostri cervelli da primati".[241]
Tutto ciò in linea con le ipotesi sull'importanza decisiva dei neuroni specchio nel forgiare la civiltà umana, avanzata da Rizzolatti e Sinigaglia in riferimento alla formazione di quel "terreno di esperienza comune che è all'origine della nostra capacità di agire come soggetti non soltanto individuali ma anche e soprattutto sociali".[242]

Sul versante opposto a quello del determinismo sociale, intorno alla metà degli anni Settanta ha riscosso un certo successo la tesi molto suggestiva e originale (e criticata) dello psicologo sperimentale Julian Jaynes, secondo cui la struttura mentale dei popoli vissuti nel periodo precedente la cosiddetta fase *assiale*,[243] sarebbe sostanzialmente diversa dalla nostra e che tale differenza si caratterizzerebbe per la presenza in essi di una mente di tipo "bicamerale". La *mente bicamerale* è una mente divisa in una parte direttiva chiamata "dio" e una parte "soggetta" alla prima, chiamata "uomo". Nessuna delle due parti sarebbe di per sé "cosciente". L'uomo bicamerale non era cosciente; nonostante ciò, i popoli "bicamerali" furono in grado

---

[241] Ivi, pp. 9-10.
[242] Giacomo Rizzolatti-Corrado Sinigaglia, *So quel che fai. Il cervello che agisce e i neuroni specchio*, Raffaello Cortina, Milano, 2006.
[243] Cfr. Jaspers 1949 (Op. cit.). Il concetto è riferito a un periodo della storia compreso tra l'800 a.C. e il 200 a.C. in cui, secondo Jaspers, si sarebbe verificata una profonda trasformazione dell'immagine del cosmo e dell'essere umano. Nelle sue parole, nel corso di questo periodo, *la coscienza divenne ancora una volta consapevole di sé stessa, il pensiero prese il pensiero ad oggetto.*

di progettare e costruire città, organizzare monarchie, fondare grandi civiltà. E, soprattutto, essi utilizzavano un linguaggio complesso.

Per spiegare come sia possibile svolgere in modo inconsapevole tutte queste complesse attività, Jaynes ha provato a dimostrare nella sua ricerca, attraverso molteplici esempi, come molte attività umane (anche puramente mentali, come elaborare concetti e pensieri) possano essere messe in atto anche in un modo automatico e routinario del tutto inconsapevole. Insomma, secondo la tesi di Jaynes, la coscienza sarebbe una conquista piuttosto recente, legata a quello che egli definisce il "crollo" della mente bicamerale e l'emergere di un'interruzione dei legami organici che unisce i due diversi emisferi di cui è costituito il nostro cervello.

Jaynes, tra le altre cose, prova anche a fornire uno schema di sviluppo della mente bicamerale, analizzando l'evoluzione del linguaggio, che a suo parere costituirebbe il motore fondamentale dello sviluppo della mente umana; la causa e non la conseguenza. La coscienza, pertanto, in questa discussa quanto celebre tesi, così come la "mente bicamerale", sarebbero uno degli esiti virtuosi dell'evoluzione del linguaggio umano.

Per legittimare la sua tesi, Jaynes ci ricorda come le aree cerebrali del linguaggio siano localizzate nell'emisfero sinistro. Come è noto, esse sono denominate area di *Broca*, nel lobo frontale in basso, l'area motoria supplementare, nel lobo frontale in alto e l'area di *Wernicke* nel lobo temporale. Delle tre aree, la più importante è senza dubbio quest'ultima, la cui rimozione chirurgica conduce inevitabilmente alla perdita permanente della parola sensata. L'aspetto più interessante messo in rilievo da questo studioso, tuttavia, è che l'area di *Wernicke* che si trova nell'emisfero sinistro, ha una sorta di area gemella nell'emisfero destro alla quale è legata per mezzo di un fascio chiamato *commissura anteriore*.[244] Questa zona, strutturalmente identica alle aree del linguaggio, sembrerebbe non avere alcuna funzione. Se, infatti, essa viene rimossa chirurgicamente, non succede nulla, come se fosse del tutto inutile. In un bambino, la lesione dell'area di Wernicke dell'emisfero sinistro determina, di fatto, il completo trasferimento della funzione nell'emisfero destro. Alcune rare persone realmente ambidestre pare abbiano sviluppato le aree del linguaggio in entrambi gli emisferi. Tutti i cervelli, dunque, hanno aree del linguaggio anche nell'emisfero destro, che però non possiede gli strumenti per poter parlare verso l'esterno.

Il lobo temporale destro organizzerebbe pertanto nell'area di Wernicke, secondo Jaynes, il linguaggio degli dèi, che arriverebbe fino alle aree uditive del lobo temporale sinistro, il quale ascolterebbe una voce divina. Secondo Jaynes, insomma, questa porzione cerebrale, oggi silente, un tempo era attiva e rappresentava proprio quell'area allucinatoria da cui provenivano gli ordini che gli esseri umani ricevevano dalle divinità.

Secondo Jaynes, sarebbe quel piccolo tratto di fibre definito *commissure* ad aver costituito lo stretto ponte attraverso il quale le istruzioni che resero possibile le nostre civiltà e fondarono le religioni del mondo, vennero elaborate.

Per sostenere la tesi dell'esistenza di una "parte direttiva autonoma ed esterna", Jaynes presenta indizi ricavati

---

[244] Bande di fibre che connettono parti del cervello. La più importante proviene dalla maggior parte della corteccia del lobo temporale, ma in particolare dalla circonvoluzione media del lobo temporale incluso nell'area di Wernicke, e poi si comprime in un tratto di poco più di 3 millimetri di diametro il quale, superando l'amigdala e passando sopra l'ipotalamo, penetra nell'altro lobo temporale.

dall'archeologia e da libri antichi, quali il Vecchio Testamento, l'Iliade e l'Odissea. Infatti, per indicare le emozioni, il desiderio, o un impulso interno (di movimento, o agitazione), nelle opere di Omero, veniva utilizzato il termine *"thumos"*, che stava a esprimere il desiderio umano per il riconoscimento e una sorta di concezione di "anima emozionale", in associazione fisica con il respiro o il sangue. "Nell'Iliade in generale non esiste coscienza – egli scrive – perciò, non vi compaiono neppure parole per designare la coscienza o gli atti mentali. Le parole presenti nell'Iliade che in seguito vennero a designare cose mentali hanno significati diversi, tutti più concreti. [...] Il *thumos*, che passerà in seguito a significare qualcosa di simile all'anima emozionale, designa semplicemente il movimento o l'agitazione. Quando un uomo cessa di muoversi, il *thumos* abbandona le sue membra. Il *thumos* può dire a un uomo di mangiare, bere o combattere. Diomede dice in un punto che Achille combatterà «quando nel petto il *thumos* gli parla e un dio lo sospinge». Ma il *thumos* non è in realtà un organo e non è sempre localizzato. Quando un eroe è sotto stress emotivo può esternalizzarlo, conversando con questo suo *thumos*, quasi fosse un'altra persona. Quindi, questo era visto quale permanente "possessione" d'un vivente, a cui apparteneva sia il pensiero sia il sentimento".[245]

Insomma, secondo Jaynes, l'uomo dell'*Iliade* non avrebbe una soggettività come noi; così come non avrebbe consapevolezza della sua consapevolezza, né uno spazio mentale interno sui cui esercitare l'introspezione. La sua volontà, i suoi progetti, le sue iniziative sarebbero organizzate senza alcuna coscienza (*intenzionale*) e verrebbero quindi "dettati" all'individuo nel linguaggio che gli è più familiare, a volte con l'aura visuale di

---

[245] Julian Jaynes (1976), *Il crollo della mente bicamerale e l'origine della coscienza,* Adelphi, Milano 1996, p. 172.

un amico a lui caro o di una figura autorevole o di un "dio", altre volte da una semplice e generica *voce*.

Per quanto questa tesi di Jaynes possa apparire alquanto eccentrica, essa resta comunque per molti versi interessante e attuale, soprattutto se collegata alla diffusione dell'immagine dell'uomo *neuronale* sviluppatasi di recente nell'ambito della cultura neuroscientifica e sociologica contemporanea.[246]

Leggere dentro, leggere l'altro...

Una sorta di leggenda vuole che sia stata una scommessa a indurre Ernest Hemingway a dimostrare che sarebbe possibile raccontare la propria vita in mezza dozzina di parole. La frase da lui coniata – *Vendesi: scarpine per neonato, mai indossate* (*For sale: baby shoes, never worn*) è rimasta storica nella letteratura anglosassone; una specie di piccolo capolavoro narrativo di pathos e brevità. Se difficilmente verrà uguagliata l'intensità di questo racconto in miniatura dell'autore de *Il vecchio e il mare*, i tentativi di imitazione continuano a moltiplicarsi ancora oggi. Più che sulla geniale capacità della scrittura di Hemingway, la studiosa di letteratura e neuroscienziata Maryanne Wolf, ha preso spunto da questa minuscola storia per richiamare l'attenzione sulla capacità delle immagini stimolate dalla lettura di aiutarci a entrare nei molti strati di significato che possono essere sottesi ai testi, e a comprendere i pensieri e le emozioni degli altri.

«L'atto di assumere la prospettiva e le emozioni degli altri – scrive – è uno dei contributi più intensi e meno riconosciuti dei processi della lettura profonda (...): la capacità di comunicare

---

[246] Gianfranco Pecchinenda, *The Neuronal Identity: strategies of immortality in contemporary Western culture*, in Michael H. Jacobsen (ed.), *Postmortal Society, Studies in Death, Materiality and Origin of Time*, Routledge, London & New York, 2017, pp. 138-155.

con un altro essere e di sentirne le emozioni senza spostarsi di un centimetro al di fuori del proprio mondo privato».[247] Il processo d'incontro e di cambio di prospettiva che avviene grazie alla lettura (come atto di «passare oltre» i propri confini per immedesimarsi nei pensieri e nell'immaginario degli altri) costituisce un particolare genere di empatia: *ci spostiamo dal nostro punto di vista intrinsecamente circoscritto sul mondo, per immedesimarci in un altro e ritornare in noi arricchiti*. Si tratta, a ben vedere, di una sorta di preparazione allo sforzo di arrivare a conoscere gli altri esseri umani, capire che cosa provano e iniziare a cambiare la nostra percezione di chi o che cosa signifchi essere «altro».

L'atto di leggere, da questo punto di vista, è un processo molto particolare attraverso cui gli esseri umani vengono liberati da se stessi per andare *altrove*, negli *altri* e, così facendo, imparano che cosa significa essere un'altra persona, con aspirazioni, dubbi ed emozioni che altrimenti non potrebbe conoscere; è un *cambio di prospettiva* che non solo mette in contatto il nostro senso di empatia con ciò che abbiamo appena letto, ma espande anche la conoscenza del mondo che abbiamo interiorizzato, ampliando gli spazi della consapevolezza dell'esperienza vissuta.

Tuttavia, non bisogna dimenticare che gli esseri umani non sono nati per leggere. L'essere umano, potendo disporre di prerequisiti neuronali adatti, si può dire che nasca con una predisposizione al linguaggio, ma non certamente alla lettura. L'alfabetizzazione può in tal senso essere considerata una delle più importanti conquiste epigenetiche dell'Homo sapiens. Come scrive la Wolf, l'invenzione della lettura «ha portato con sé una parziale riorganizzazione del nostro cervello, che, a sua volta, ha

---

[247] Maryanne Wolf (2007), *Proust e il calamaro. Storia e scienza del cervello che legge*, Vita e pensiero, Milano 2009, p. 13.

allargato i confini del nostro modo di pensare mutando l'evoluzione intellettuale della nostra specie (…). Ma questa invenzione dei nostri antenati è stata possibile solo grazie alla straordinaria capacità del cervello umano di stabilire nuovi collegamenti tra le sue strutture preesistenti; un procedimento reso possibile dalla sua capacità di essere modellato dall'esperienza. Questa plasticità che sta al cuore della struttura del cervello è la base di gran parte di ciò che siamo e di ciò che possiamo diventare».[248]

L'atto di imparare a leggere – dunque – sembra aver aggiunto un circuito del tutto nuovo al repertorio preesistente di cui era dotato il nostro cervello ominide. «Il lungo processo evolutivo di imparare a leggere bene e in profondità ha cambiato la struttura stessa delle connessioni di quel circuito, il che ha ricablato il cervello, e questo a sua volta ha riplasmato la natura del pensiero umano. Ciò che leggiamo, come leggiamo e perché leggiamo cambia il modo in cui pensiamo, e ora questi cambiamenti procedono a un ritmo più rapido. In un arco di soli seimila anni, la lettura è diventata il catalizzatore che ha trasformato lo sviluppo intellettuale degli individui e delle culture alfabetizzate».[249]

A partire da questa fondamentale premessa, la Wolf, più recentemente, si è interrogata sulle possibili conseguenze, per i cervelli delle nuove generazioni, legate all'attuale fase di transizione a un tipo di cultura fondata sulla digitalizzazione dei processi comunicativi. «L'origine innaturale, culturale dell'alfabetizzazione – primo fatto ingannevolmente semplice

---

[248] Ivi, p. 9.
[249] Maryanne Wolf (2018), *Lettore vieni a casa. Il cervello che legge in un mondo digitale*, Vita e pensiero, Milano 2018, pp. 9-10.

relativo alla lettura – significa che i piccoli lettori non hanno un programma su base genetica per lo sviluppo di queste connessioni. I circuiti del cervello che legge sono plasmati e sviluppati da fattori naturali e ambientali, incluso lo strumento tramite il quale la lettura viene acquisita e si sviluppa. Ciascun mezzo di comunicazione avvantaggia determinati processi cognitivi a scapito di altri. Traduzione: il giovane lettore potrebbe sviluppare tutti i molteplici processi di lettura attualmente incarnati nel cervello esperto e pienamente sofisticato; oppure il neofita cervello che legge potrebbe subire un "corto circuito" nel suo sviluppo; o, ancora, potrebbe acquisire sistemi interamente nuovi in circuiti diversi. Ci saranno profonde differenze, in futuro, nel modo in cui leggiamo e pensiamo, a seconda dei processi che saranno determinanti nella formazione del circuito di lettura del bambino (…) ad esempio, la combinazione della lettura su mezzi digitali e l'immersione quotidiana in una varietà di altre esperienze digitali – dai social media ai giochi virtuali – impedirà la formazione di processi cognitivi più lenti, quali il pensiero critico, la riflessione personale, l'immaginazione e l'empatia, che fanno tutti parte della lettura profonda (…). In altre parole, la crescente dipendenza dei nostri giovani dai server informatici si dimostrerà, benché inintenzionalmente, la più grande minaccia per la capacità del giovane cervello di costruirsi i fondamenti di conoscenza, così come per il desiderio di pensare e immaginare da sé? (…). Esaminare sistematicamente, dal punto di vista cognitivo, linguistico, fisiologico ed emotivo – conclude la studiosa americana –l'impatto dei vari media sull'acquisizione e il mantenimento del cervello che legge è il miglior modo di prepararsi a proteggere le nostre capacità più fondamentali, nei giovani come in noi stessi».[250]

---

[250] Ivi, pp. 14-16.

In conclusione, lo sforzo che ci invitano a compiere i neuroscienziati contemporanei, ben si sposa con lo stesso genere di sollecitazione *fenomenologica* che ci chiede di riflettere su ciò che significa, mediamente, *vivere*: su ciò che significa, quando tutto va bene, vivere la *routine* (inevitabile, perché, come abbiamo visto, indispensabile all'esistenza sociale).

Tra tante cose buone, essa include tuttavia anche la noia, l'indifferenza e la meschina frustrazione dell'adattamento passivo alle «circostanze». Il problema è di scegliere di fare il lavoro di adattarsi a questa nostra unica e sola prospettiva «naturale» e «codificata» in noi, che ci fa essere profondamente e letteralmente «centrati su noi stessi», portandoci a vedere e interpretare ogni cosa attraverso questa *lente del nostro sé...;* oppure sforzarsi di accettare l'invito dell'educazione umanistica e fenomenologica di "imparare a pensare", il che significa in realtà nient'altro che imparare a esercitare un qualche controllo su *come* e *cosa* si pensa.

Significa anche essere abbastanza consapevoli e coscienti per scegliere a *cosa* prestare attenzione e *come* dare un senso alla nostra esperienza, facendo tesoro delle parole di un grande artista come David Foster Wallace, il quale suggeriva ai giovani laureati di una grande università americana di evitare a tutti i costi di trascorrere la loro confortevole, prosperosa, rispettabile esistenza senza esercitare un minimo di atteggiamento critico, consapevole, restando incoscienti, schiavi delle loro teste e della loro solita *configurazione di base.*

Quella sorta di *routine* grazie alla quale – nonostante la continua immersione nelle onnipresenti e avvolgenti reti comunicative globali – avrebbero rischiato, in ogni momento della loro vita, «di restare sostanzialmente, unicamente, completamente, imperiosamente soli».[251]

---

[251] David Foster Wallace (2005), *Questa è l'acqua*, Einaudi, Torino 2009.

Non sai quanto fortunata sei ad essere una scimmia,
perché la consapevolezza è una vera maledizione:
io sento, io penso, io soffro... e tutto quello che vorrei
in cambio è l'opportunità di fare il mio lavoro e loro
non me lo fanno fare perché io svelo le contraddizioni

- Dimmi Craig: perché ami le marionette?
- Sai Maxine, non lo so con certezza.
Forse perché per un po' puoi diventare qualcun altro,
puoi essere nei suoi panni, pensarla in modo diverso,
muoverti in modo diverso, provare cose diverse

Sono entrato nel mio inconscio e ho visto cose,
un mondo che nessun altro essere umano dovrebbe
vedere... bisogna assolutamente chiudere quel buco!

La verità è la madre degli imbecilli, ragazzo.

Essere John Malkovich[252]

---

[252] *Essere John Malkovich* (*Being John Malkovich*, 1999) è uno film-cult che hanno chiuso il millennio appena trascorso. Scritto da Charlie Kaufman, nel 2000 è stato candidato all'Oscar come miglior sceneggiatura originale.

CPSIA information can be obtained
at www.ICGtesting.com
Printed in the USA
BVHW031552171121
621856BV00001B/11